"十三五"普通高等教育本科系列教材

电工电子技术

主编 房 晔

编写 康 涛 周 湛

主审 刘 晔

中国电力出版社

CHINA ELECTRIC POWER PRESS

内容提要

全书共 13 章，主要内容包括直流电路、正弦交流电路、电路的暂态分析、三相电路与安全用电、变压器、三相电动机、半导体二极管及其应用电路、双极型晶体管与基本放大电路、集成运算放大器及其应用、数字电路的基础知识、组合逻辑电路、时序逻辑电路、脉冲波形的产生和整形等。内容重点突出、深入浅出、循序渐进、实践性强。

本书既适合于应用型本科学校使用，也适合于作为电工电子工程设计技术人员的参考用书。

图书在版编目（CIP）数据

电工电子技术 / 房晔主编 . —北京：中国电力出版社，2017.11（2022.7 重印）
"十三五"普通高等教育本科规划教材
ISBN 978-7-5198-1334-5

Ⅰ．①电⋯　Ⅱ．①房⋯　Ⅲ．①电工技术－高等学校－教材②电子技术－高等学校－教材Ⅳ．① TM ② TN

中国版本图书馆 CIP 数据核字（2017）第 267367 号

出版发行：中国电力出版社
地　　址：北京市东城区北京站西街 19 号（邮政编码 100005）
网　　址：http://www.cepp.sgcc.com.cn
责任编辑：陈　硕 010-63412532　夏华香 huaxiang-xia@sgcc.com.cn
责任校对：闫秀英
装帧设计：赵姗姗
责任印制：吴　迪

印　　刷：北京天泽润科贸有限公司
版　　次：2017 年 11 月第一版
印　　次：2022 年 7 月北京第二次印刷
开　　本：787 毫米 ×1092 毫米　16 开本
印　　张：20.75
字　　数：504 千字
定　　价：45.00 元

前　言

电工电子技术是高等工科院校实践性很强的专业技术基础课程。为了培养高素质的专业人才，在理论教学的同时，必须注重理论与实践的有机结合。这样既能提高学生对理论的认知和理解能力，又能提高学生独立分析和解决问题的能力。这是我们编写该教材所遵循的基本原则。

本书在编写过程中，首先在内容的选择上立足于基础，在保证基本理论、基本概念和基本教学方法的前提下，力求把当前电工电子技术方面的新技术展示出来；其次教材本着突出重点、深入浅出、循序渐进并做到承上启下的原则，在内容顺序的安排上，注意既便于教师组织教学，又便于学生阅读和自学；为了便于和工程实际相结合，编者结合多年从事科学研究实践的体会，选择了较多例题及实例，并介绍了一些工程实践中常用的分析和设计方法，以便帮助读者提高分析问题和解决问题的能力。

全书共13章，内容包括直流电路、正弦交流电路、电路的暂态分析、三相电路与安全用电、变压器、三相电动机、半导体二极管及其应用电路、双极型晶体管与基本放大电路、集成运算放大器及其应用、数字电路的基础知识、组合逻辑电路、时序逻辑电路、脉冲波形的产生和整形。

本书可以作为高等学校电气类及非电类等专业的电工电子技术课程的教材，也可供从事电工技术方面工作的工程技术人员参考和学习。

本书由西安工程大学房晔教授主编。由西安交通大学电气工程学院刘晔教授担任该书的主审。参加编写工作的人员有：房晔（编写第7～13章）、康涛（编写第1～4章）、周湛（编写第5、6章及附录）。在本书的编著过程中，房晔、周湛负责全书的筹划和组织工作，并完成了全书的统一修改、统稿和定稿工作。

限于水平和经验，在教材的编写工作中可能存在疏漏，恳请广大读者批评指正，以便在今后的教材修订中，使其不断提高。

编　者
2017 年 9 月

目　　录

第一章 直 流 电 路

本章是电工电子技术课程的重要理论基础，着重讨论电路的基本知识、基本定律及电路的分析和计算方法。这些知识对直流电路和交流电路、电机电路和电子电路都具有实用意义。

1.1 电路的作用和组成

电路是电流流通的路径。它是由一些电气设备和元器件按一定方式连接而成的。复杂的电路呈网状，又称网络。电路和网络是两个通用的术语。电路的组成方式不同，功能也不同，它的一种作用是实现能量的输送和转换。

常见的各种照明电路和动力电路就是用来输送和转换能量的。例如，在图 1.1.1 所示的简单照明电路中，电池把化学能转换成电能供给照明灯，照明灯再把电能转换成光能做照明之用。对于这一类电路来说，一般要求它具有较小的能量损耗和较高的效率。

电路的另一种作用是传递和处理信号。常见的例子如收音机和电视机电路。收音机和电视机中的调谐电路是用来选择所需要的信号。由于收到的信号很弱，需要放大电路对信号进行放大。调谐电路和放大电路的作用就是完成对信号的处理。

图 1.1.1 简单照明电路

组成电路的元器件及其连接方式虽然多种多样，但都包含有电源、负载和连接导线等三个基本组成部分。电源是将非电形态的能量转换为电能的供电设备。例如：蓄电池、发电机和信号源等。其中，蓄电池将化学能转换成电能，发电机将机械能转换成电能，而信号源则将非电量转换成电信号。负载是将电能转换成非电形态能量的用电设备，例如电动机、照明灯和电炉等。其中，电动机将电能转换成机械能，照明灯将电能转换成光能，而电炉则将电能转换成热能。导线起着沟通电路和输送电能的作用。

实际的电路除以上三个基本部分以外，还常常根据实际工作的需要增添一些辅助设备。例如：接通和断开电路用的控制电器（如刀开关）和保障安全用电的保护装置（如熔断器）等。

从电源来看，电源本身的电流通路称为内电路，电源以外的电流通路称为外电路。当电路中的电流是不随时间变化的直流电流时，这种电路称为直流电路，简称 DC。当电路中的电流是随时间按正弦规律变化的交流电流时，这种电路称为交流电路，简称 AC。根据国家标准规定不随时间变化的物理量用大写字母表示，随时间变化的物理量用小写字母表示，因此本书用 I、U、E 表示直流电路物理量（电流、电压、电动势），用 i、u、e 表示交流电路物理量。

1.2 电 路 的 状 态

电路有三种工作状态，分别是开路、短路和通路。下面对这三种电路工作状态分别加以简单介绍。

1. 开路

开路就是将电路断开。如图 1.2.1 所示，E 为理想电源（电压源）的电动势，当开关处于断开位置时，整个电路中的电阻可以认为为无穷大，因此电路中的电流为零。

开路时，电路中没有电流，负载上也没有电压，即 R 两端电压为零。

开路时，电源输出的端电压称为开路电压或者空载电压，如图 1.2.1 所示 U_0，显然此时 $U_0 = E$。

开路时，由于电路中电流为零，所以负载上的功率也为零。

2. 短路

如图 1.2.2 所示，将电源的外部端子间用导线直接相连，称为电源的外部端子被短路。因为短路导线的电阻很小，可以近似认为为零，所以负载 R 上已没有电压，负载上电流为零。而短路导线上会流过一个非常大的短路电流。

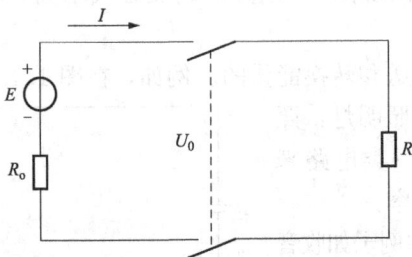

图 1.2.1 电路开路　　　　　图 1.2.2 电路短路

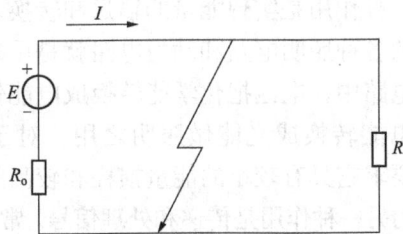

短路后电源回路的电流为 $I_S = \dfrac{U_S}{R_0}$，R_0 为电源内阻，通常很小，所以短路电流很大，电源产生的能量全部被内阻发热消耗掉，会引起电源或导线绝缘的损坏。

短路一般来说是一种电路事故，应尽量避免，但在供电线路中，由于绝缘破损、设备故障或操作不当等多种原因，短路现象是难以避免的，所以要有保护措施。简单可行的方法是在电路中装设熔断器，使熔断器内的熔丝（又称保险丝）与负载串联。这样如果负载发生短路，熔丝会很快发热烧断，使电源和供电线路得到保护。

3. 通路

通路就是接通电路。如图 1.2.3 所示，开关闭合后电路处于接通状态，电源给负载 R 提供能量。在一般计算中，不考虑连接导线的电阻值，电路接通后的电流用 I 表示，其大小可以用全电路欧姆定律计算，即

$$I = \frac{E}{R_0 + R} \tag{1.2.1}$$

可见，电流的数值与电路中的电源电动势成正比，与电路总的电阻值成反比。当 $R_0 \ll R$ 时，则 $U \approx E$，表明当负载变化时，电源的端电压变化不大，即带负载能力强。

电源的输出电压称为端电压。如图 1.2.3 所示，如果不考虑连接导线的电阻，则电源端电压就是负载电压，易得电源端电压和电流的关系为

$$U = IR = E - R_0 I \tag{1.2.2}$$

可见，当电动势一定时，电源的端电压随着电流的增大而减小，减小的程度取决于电源

的内阻。电源端电压与电流的关系称为电源的外特性。电源的外特性可用曲线来表示，如图 1.2.4 所示，其为一条略向下倾斜的直线。

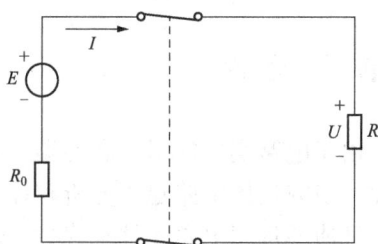

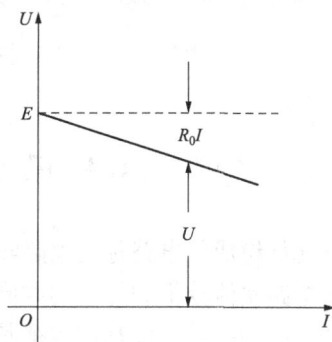

图 1.2.3　电路通路　　　　　　图 1.2.4　电源的外特性

如果电源的内阻为零，则端电压等于电动势，其值将不随电流而变，外特性曲线则是一条平行于横轴的直线，如图 1.2.4 中虚线所示。类似这样的电源称为理想电源。理想电源有理想电压源和理想电流源之分，这里虚线所示的为理想电压源，进一步的解释见第1.4 节。

1.3　电路中的参考方向

在进行电路的分析和计算时，需要知道电压和电流的方向。在简单直流电路中，可以根据电源的极性判别出电压和电流的实际方向，但在复杂的直流电路中，电压和电流的实际方向往往是无法预知的，而且可能是待求的；而在交流电路中，电压和电流的实际方向是随时间不断变化的。因此，在这些情况下，只能给它们假定一个方向作为电路分析和计算时的参考。这些假定的方向称为参考方向或正方向。如果根据假定的参考方向解得的电压或电流为正值，说明假定的参考方向与其实际方向一致；如果解得的电压或电流为负值，说明所假定的参考方向与实际方向相反。因而在选定的参考方向下，电压和电流都是代数量。今后在电路图中所画的电压和电流的方向都是参考方向。

原则上参考方向是可以任意选择的，但是在分析某一个电路元件的电压与电流的关系时，需要将它们联系起来选择，这样设定的参考方向称为关联参考方向。今后在单独分析电源或负载的电压与电流的关系时选用如图 1.3.1 所示的关联参考方向。其中电源电流的参考方向是由电压参考方向所假定的低电位经电源流向高电位，负载电流的参考方向是由电压参考方向所假定的高电位经负载流向低电位。符合这种规定的参考方向称为参考方向一致。

电路分析中的许多公式都是在规定的参考方向下得到的，例如大家熟悉的欧姆定律，在 U 与 I 的参考方向一致时

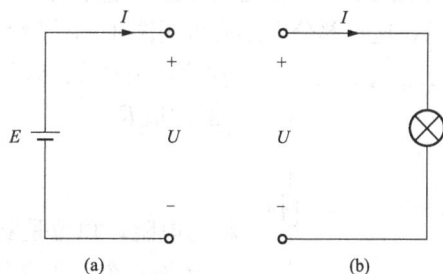

图 1.3.1　关联参考方向

(a) 电流参考方向；(b) 电压参考方向

$$R = \frac{U}{I} \tag{1.3.1}$$

当 U 与 I 的参考方向不一致时，为了使所得结果与实际符合，式（1.3.1）应改写为

$$R = -\frac{U}{I} \tag{1.3.2}$$

1.4　理　想　电　路　元　件

由实际电路元件组成的电路称为电路实体。由于电路实体的形式和种类多种多样、不胜枚举，为了找出电路实体分析和计算的共同规律，研究具体电路建立分析和计算的方法，把电路实体中各个实际的电路元件都用表征其物理性质的理想电路元件来代替。这种用理想电路元件组成的电路称为电路实体的电路模型。电路理论就是以电路模型而不是以电路实体为研究对象的。

实际电路元件的物理性质，从能量转换的角度来看，有电能的产生、电能的消耗以及电场能量和磁场能量的储存。理想电路元件就是用来表征上述这些单一物理性质的元件，它有以下两类。

1.4.1　理想无源元件

理想无源元件包括电阻元件、电容元件和电感元件三种。表征上述三种元件电压与电流关系的物理量为电阻、电容和电感，它们又称为元件的参数。一提起这三个名词，人们往往会立即联想起实际电路元件：电阻器、电容器和电感器，它们都是人们为得到一定数值的电阻、电容或电感而特意制成的元件。严格地说，这些实际电路元件都不是理想的，但在大多数情况下，可将它们近似看成理想电路元件。正是这个缘故，人们习惯上也以这三种参数的名字来称呼它们。这样，电阻、电容和电感这三个名词既代表了三种理想电路元件，也是表征它们量值大小的参数。

1. 电阻

电阻是表征电路中消耗电能的理想元件；电容是表征电路中储存电场能的理想元件；电感是表征电路中储存磁场能的理想元件。电阻又称耗能元件，电容和电感又称储能元件。

欧姆定律是用来说明电阻的电压与电流关系的基本定律。电流流过电阻时要消耗电能，所以电阻是一种耗能元件。当电路的某一部分只存在电能的消耗而没有电场能和磁场能储存的话，这一部分电路便可用图 1.4.1 所示的电阻元件来代替它。图 1.4.1 中电压和电流都用小写字母表示，以示它们可以是任意波形的电压和电流。电压 u 与电流 i 的比值 R 为

$$R = \frac{u}{i} \tag{1.4.1}$$

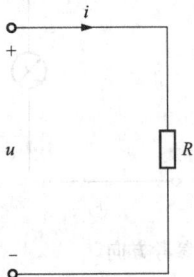

图 1.4.1　电阻

称为电阻，单位是欧〔姆〕（Ω）。在图 1.4.1 所示的关联参考方向下，若 R 为一个大于零的常数，这种电阻称为线性电阻。虽然大于零，但不是常数，这种电阻称为非线性电阻。本章主要讨论由线性电阻和理想有源元件组成的线性电路。

在直流电路中，电阻的电压与电流的关系可用式（1.4.1）表示，它们的乘积即为电阻上消耗的功率：

$$P = UI = I^2R = \frac{U^2}{I} \tag{1.4.2}$$

2. 电感

电感是用来表征电路中磁场能存储的理想元件。如图 1.4.2（a）所示是用导线绕制的实际电感线圈，通入电流 i 会产生磁通 Φ，若磁通 Φ 与线圈 N 匝相交链，则磁通链 $\Psi = N\Phi$。根据法拉第电磁感应定律，电感元件两端电压和通过电感元件的电流关联参考方向时，有

$$u = N\frac{\mathrm{d}\Phi}{\mathrm{d}t} = \frac{\mathrm{d}\Psi}{\mathrm{d}t} \tag{1.4.3}$$

$$L = \frac{\Psi}{i} \tag{1.4.4}$$

$$u = L\frac{\mathrm{d}i}{\mathrm{d}t} \tag{1.4.5}$$

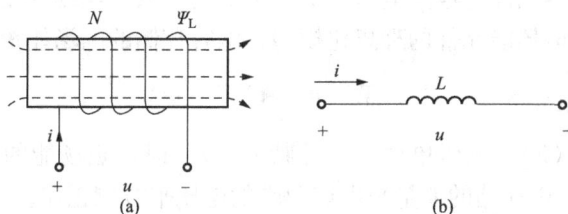

图 1.4.2　电感

（a）电感器；（b）理想电感的电路符号

上式中当电压单位为 V，电流单位为 A，磁通链单位为 Wb，时间单位为秒（s）时，电感的单位为亨［利］（H）。

式（1.4.5）表明：对 L 值一定的线性电感线圈而言，任意时刻元件两端产生的自感电压与通过该元件的电流变化率成正比。电感线圈上的这种微分（或积分）的伏安关系说明，当通入电感中的电流是恒值电流时，由于电流变化率为零，电感两端的自感电压 u_L 也为零，即直流下电感相当于短路；当电感电压 u_L 为有限值时，通入元件的电流的变化率也为有限值，此时电感中的电流不能跃变，只能连续变化。即电流变化时，伴随着自感电压的存在，因此又把电感线圈称为动态元件。

本书只讨论线性电感。线性电感的图形符号如图 1.4.2（b）所示，理想电感是电路中存储磁场能器件的理想化模型，储存的磁场能为

$$W_L = \frac{1}{2}LI^2 \tag{1.4.6}$$

当电感单位为亨［利］（H），电流单位为安［培］（A）时，磁场能的单位为焦［耳］（J）。式（1.4.6）说明：电感中所存储的能量与电感中的电流平方成正比。

3. 电容

电容是用来表征电路中电场能储存的理想元件。如图 1.4.3 所示是电容的电路符号，电容的参数用电容量 C 表示。当电容两端的电压与电容充、放电电流为关联参考方向时，则电容器极板上的电荷与电容器两端的电压的关系为

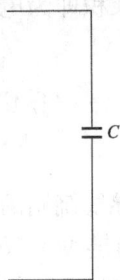

$$C = \frac{Q}{u} \tag{1.4.7}$$

式中电容 C 的大小反映了电容储存电场能的能力，同电感 L 相似。

当电压的单位为伏［特］（V），电量的单位为库［仑］（C）时，电容的单位为法［拉］（F）。当电容两端电压和流经其电流参考方向关联时，则

$$i = C \frac{\mathrm{d}u}{\mathrm{d}t} \tag{1.4.8}$$

式（1.4.8）表明：对一定容量 C 的电容元件而言，任意时刻，元件中通过的电流与该时刻电压变化率成正比。电容也是动态元件。

图1.4.3　电容的电路符号

由式（1.4.8）可知，只要电容电流不为零，它一定是在充电（或放电）状态下，充电时极间电压随充电过程逐渐增加；放电时极间电压随放电过程不断减小。当电容元件极间电压不变化时即电压变化率为零时，电容流过的电流也为零，因此直流稳态情况下电容元件相当于开路。只要通过电容元件的电流为有限值，电容元件两端电压的变化率也必定为有限值，说明电容元件的极间电压不能发生跃变，只能连续变化。

电容是电路中存储电场能元件的理想化模型，电容存储的电场能量为

$$W_\mathrm{C} = \frac{1}{2} C U^2 \tag{1.4.9}$$

当 C 的单位为法［拉］（F），电压单位为伏［特］（V）时，磁场能的单位为焦［耳］（J）。式（1.4.9）说明：电容中存储的能量与电容两端的电压平方成正比。

1.4.2　理想电源元件

理想电源元件是从实际电源元件中抽象出来的。当实际电源本身的功率损耗可以忽略不计，而只起产生电能的作用，这种电源便可以用一个理想电源元件来表示。理想电源元件分理想电压源和理想电流源两种。

1. 理想电压源

理想电压源又称恒压源，符号如图1.4.4（a）所示。

它的输出电压与输出电流之间的关系称为伏安特性，如图1.4.4（b）所示。理想电压源的特点：输出电压 U 是由它本身所确定的定值，与输出电流和外电路的情况无关，而输出电流 I 不是定值，与输出电压和外电路的情况

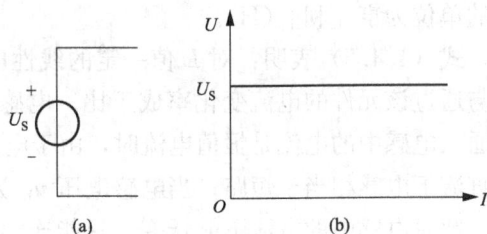

图1.4.4　理想电压源
（a）电路符号；（b）伏安特性

有关。例如空载时，输出电流 $I=0$；短路时，$I \to \infty$；输出端接有电阻 R 时，$I = \frac{U}{R}$，而电压 U 却始终不变。因此，凡是与理想电压源并联的元件（包括下面即将介绍的电流源在内）其两端的电压都等于理想电压源的电压。

实际的电源，例如大家熟悉的干电池和蓄电池，在其内部功率损耗可以忽略不计时，即电池的内电阻可以忽略不计时，便可以用理想电压源来代替，其输出电压 U 就等于电池的电动势 E。

2. 理想电流源

理想电流源又称恒流源，符号如图1.4.5（a）所示。图1.4.5（b）是它的伏安特性。

理想电流源的特点是：输出电流 I 是由它本身所确定的定值，与输出电压和外电路的情况无关，而输出电压 U 不是定值，而与输出电流和外电路的情况有关。例如：短路时，输出电压 $U=0$；空载时，$U \to \infty$；输出端接有电阻 R 时，$U=IR$。而在这三种情况下，电流 I 却始终保持不变。因此，凡是与理想电流源串联的元件（包括理想电压源在内），其电流都等于理想电流源的电流。

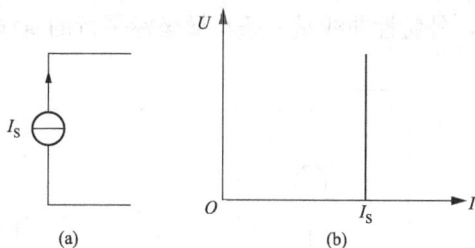

图 1.4.5 理想电流源
(a) 电路符号；(b) 伏安特性

实际的电源，例如光电池在一定的光线照射下，能产生一定的电流，称为电激流。在其内部的功率损耗可以忽略不计时，便可以用理想电流源来代替，其输出电流就等于电池的电激流。

1.4.3 电源与负载的判别

实际电源元件，例如可充电的蓄电池，它既可以用作电源，将化学能转换成电能供给负载，而充电时，它又是负载，输入电能并转换成化学能。

理想电源元件也有两种工作状态，电源状态和负载状态。可根据 U、I 的实际方向判别电源的工作状态，当它们的电压和电流的实际方向与图 1.3.1（a）中规定的电源关联参考方向相同，即电流从"+"端流出，则电源发出功率；当它们的电压和电流的实际方向与图 1.3.1（b）中规定的负载关联参考方向相同时，即电流从"-"端流出，则电源吸收功率。

【例 1-1】 在图 1.4.6 所示直流电路中，已知电压源的电压 $U_S=6V$，电流源的电流 $I_S=6A$，电阻 $R=2\Omega$。求：（1）电压源的电流和电流源的电压。

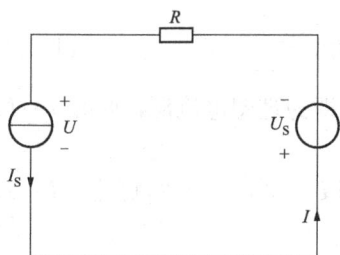

图 1.4.6 例 1-1 图

（2）讨论电路的功率平衡关系。

解 （1）由于电压源与电流源串联，故
$$I = I_S = 6A$$
根据电流的方向可知
$$U = -(U_S + RI_S) = -(6 + 2 \times 6)V = -18V$$
（2）由电压和电流的方向可知，电压源处于负载状态，它取用的电功率为
$$P_L = U_S I = (6 \times 6)W = 36W$$

电流源处于电源状态，它输出的电功率为
$$P_O = UI_S = (18 \times 6)W = 108W$$
电阻 R 消耗的电功率为
$$P_R = RI_S^2 = 2 \times 6^2 = 72(W)$$
可见，$P_O = P_L + P_R$，电路中的功率是平衡的。

由此可以看出，在电路分析中，理想电源不仅可以用作电源输出能量，还可以作为负载来消耗能量，究竟是用作电源还是用作负载，根据具体电路分析去求解。

1.5 实际电源两种模型的等效变换

实际电源模型可以由电压源 U_S 和内阻 R_S 串联组成，如图 1.5.1（a）所示。其端口电压

与电流之间的伏安特性可表示为

$$U = U_S - R_S I \tag{1.5.1}$$

电压源的外特性曲线如图 1.5.1 （b）所示。当 $R_S = 0$ 时，即为理想电压源，此时 $U = U_S$，外特性曲线是一条与横坐标平行的直线。

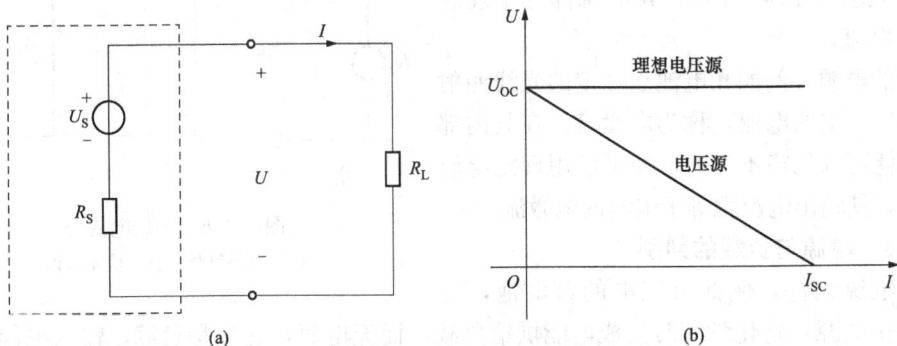

图 1.5.1　实际电压源

（a）电压源电路；（b）电压源的外特性曲线

当 $I = 0$ 时，电路开路，$U = U_{OC}$（开路电压）$= U_S$；当 $U = 0$ 时，电路短路，$I = I_{SC}$（短路电流）$= \dfrac{U_S}{R_S}$。

实际电流源模型也可以由电流源 I_S 和内阻 R_S 并联组成，如图 1.5.2 （a）所示。其端口伏安特性可表示为

$$I = I_S - \frac{U}{R_S} \tag{1.5.2}$$

电流源的外特性曲线如图 1.5.2 （b）所示。当 $R_S = \infty$ 时，即为理想电流源，此时 $I = I_S$，外特性曲线是一条与纵坐标平行的直线。

当 $I = 0$ 时，电路开路，$U = U_{OC}$（开路电压）$= I_S R_S$；当 $U = 0$ 时，电路短路，$I = I_{SC}$（短路电流）$= I_S$。

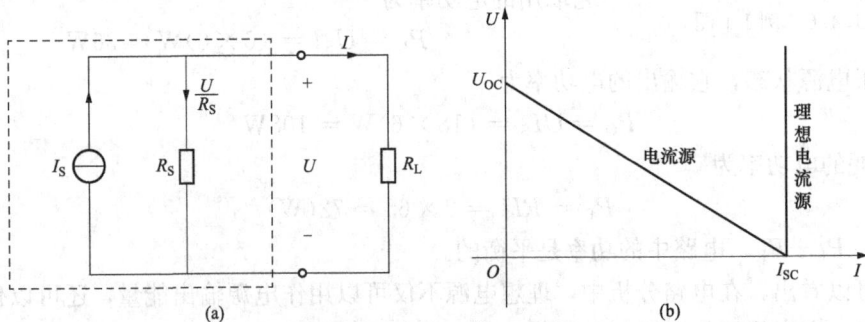

图 1.5.2　实际电流源

（a）电流源电路；（b）电流源的外特性曲线

由图 1.5.3 （a），得

$$U = U_S - I R_S$$

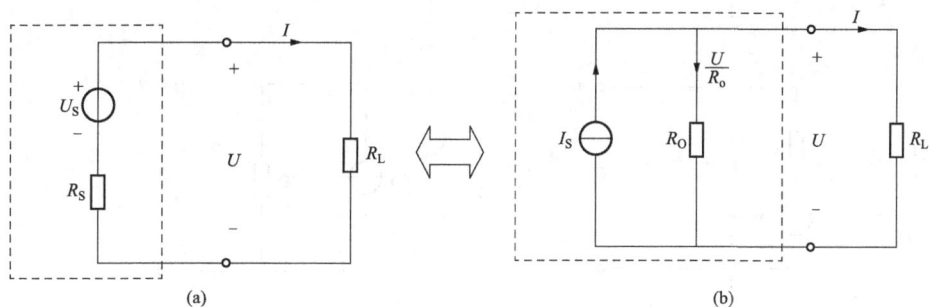

图 1.5.3 电压源模型与电流源模型的等效变换

(a) 电压源电路；(b) 电流源电路

由图 1.5.3（b），得

$$U = I_S R_O - I R_O$$

可见，等效变换条件：

$$\begin{cases} U_S = I_S R_O \\ R_S = R_O \end{cases} \tag{1.5.3}$$

在进行电源等效变换时，要注意以下几点：

(1) 电压源模型和电流源模型的等效关系只对外电路而言，对电源内部则是不等效的。

例如当 $R_L = \infty$ 时，电压源模型中的内阻 R_S 不损耗功率，而电流源模型中的内阻 R_O 则损耗功率。

(2) 等效变换时，两电源的参考方向要一一对应，如图 1.5.4 所示。

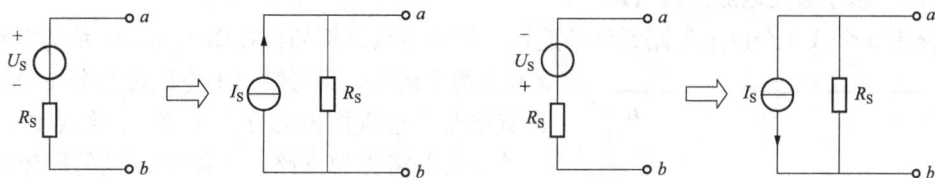

图 1.5.4 实际电压源与实际电流源等效互换

(3) 理想电压源与理想电流源之间不能等效互换。因为对理想电压源（内阻为零）来说，其短路电流 I_{SC} 为无穷大，对理想电流源（内阻为无穷大）来说，其开路电压 U_{OC} 为无穷大，两者之间都不能得到有限的数值，故不存在等效变换的条件。

【例 1-2】 将图 1.5.5 所示的电源等效变换为电流源和电压源。

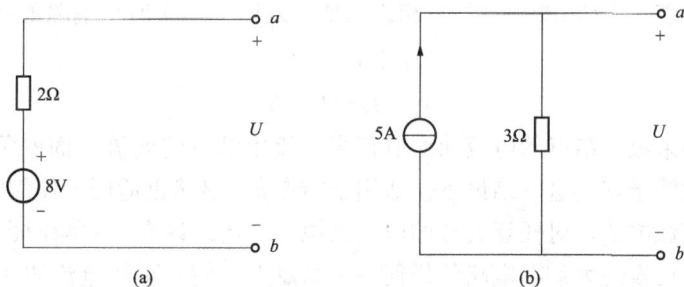

图 1.5.5 例 1-2 图

解

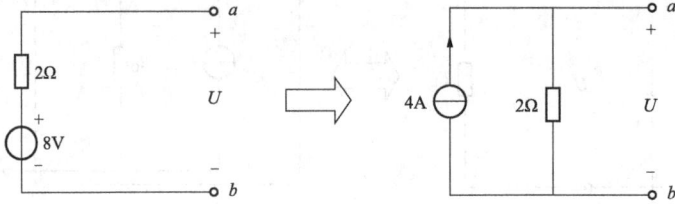

图 1.5.6　图 1.5.5（a）的等效电路

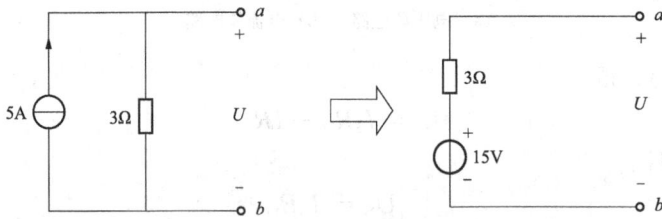

图 1.5.7　图 1.5.5（b）的等效电路

1.6　基 尔 霍 夫 定 律

基尔霍夫定律是分析与计算电路的基本定律，又分为电流定律和电压定律。

1.6.1　基尔霍夫电流定律（KCL）

电路中 3 个或 3 个以上电路元件的连接点称为结点。例如：在图 1.6.1 所示的电路中有

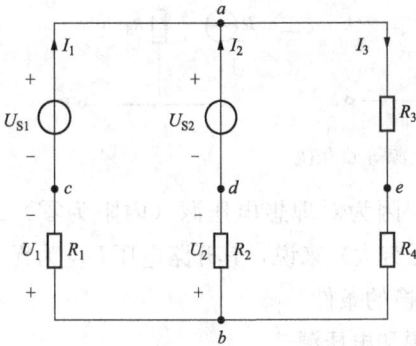

图 1.6.1　基尔霍夫定律

a 和 b 两个结点。具有结点的电路称为分支电路，不具有结点的电路称为无分支电路。两结点之间的每一条分支电路称为支路。支路中通过的电流是同一电流。在图 1.6.1 所示电路中有 acb、adb、aeb 三条支路。

基尔霍夫电流定律（Kirchhoff's Current Law，KCL），是说明电路中任何一个结点上各部分电流之间相互关系的基本定律。由于电流的连续性，流入任何结点的电流之和必定等于流出该结点的电流之和。例如：对图 1.6.1 所示电路的结点 a 来说

$$I_1 + I_2 = I_3$$

或写成
$$I_1 + I_2 - I_3 = 0 \tag{1.6.1}$$

这就是说，如果流入结点的电流前面取正号，流出结点的电流前面取负号，那么结点 a 上电流的代数和就等于零。这一结论不仅适用于结点 a，显然也适用于任何电路的任何结点，而且不仅适用于直流电流，对任意波形的电流来说，上述结论在任一瞬间也是适用的。因此基尔霍夫电流定律可表述为：在电路的任何一个结点上，同一瞬间电流的代数和等于零。用公式表示，即

$$\sum i = 0 \tag{1.6.2}$$

在直流电路中为

$$\sum I = 0 \tag{1.6.3}$$

基尔霍夫电流定律不仅适用于电路中任何结点，而且还可以推广应用于电路中任何一个假定的闭合面。例如：在图 1.6.2 所示的闭合面来说，电流的代数和应等于零，即

$$I_1 - I_3 - I_6 - I_7 = 0$$

由于闭合面具有与结点相同的性质，因此称为广义结点。

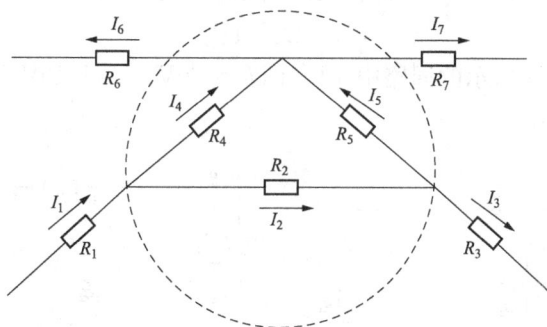

图 1.6.2　广义结点

【例 1-3】　如图 1.6.2，已知 $I_1=3A$，$I_3=-2A$，$I_6=7A$，求 I_7。

解　根据图中标出的电流参考方向，应用基尔霍夫电流定律，分别由结点对图中假想一封闭面（如图虚线），列出电流方程（称结点电流方程）

$$I_1 - I_3 - I_6 - I_7 = 0$$
$$I_7 = I_1 - I_6 - I_3 = 3 - 7 + 2 = -2A$$

I_7 为负值。说明实际方向与正方向相反。

1.6.2　基尔霍夫电压定律（KVL）

由电路元件组成的闭合路径称为回路，在图 1.6.1 所示电路中有 $adbca$、$adbea$、$aebca$ 三个回路未被其他支路分割的单孔回路称为网孔，例如图 1.6.1 中有 $adbca$、$aebda$ 两个网孔。

基尔霍夫电压定律（Kirchhoff's Voltage Law，KVL），是说明电路中任何一个回路中各部分电压之间相互关系的基本定律。例如：对图 1.6.1 所示电路中的回路 $adbca$ 来说，由于电位的单值性，若从 a 点出发，沿回路环行一周又回到 a 点，电位的变化应等于零。因而在该回路中与回路环行方向一致的电压（电位降）之和，必定等于与回路环行方向相反的电压（电位升）之和，即

$$U_{S2} + U_1 = U_{S1} + U_2$$

或改写成

$$U_{S2} + U_1 - U_{S1} - U_2 = 0 \tag{1.6.4}$$

这就是说，如果与回路环行方向一致的电压前面取正号，与回路环行方向相反的电压前面取负号，那么该回路中电压的代数和应等于零。这一结论不仅适用于回路 $adbca$，显然也适用于任何电路的任一回路。而且不仅适用于直流电压，对任意波形的电压来说，上述结论在任一瞬间也是适用的。因此基尔霍夫电压定律可表述为：在电路的任何一个回路中，沿同

一方向循行一周，同一瞬间电压的代数和等于零。用公式表示，即

$$\sum u = 0 \tag{1.6.5}$$

在直流电路中为

$$\sum U = 0 \tag{1.6.6}$$

基尔霍夫电压定律不仅适用于电路中任一闭合的回路，而且还可以推广应用于任何一个假想闭合的一段电路，例如在图 1.6.3 所示电路中，只要将 a、b 两点间的电压作为电阻电压降一样考虑进去，按照图中选取的回路方向，由式（1.6.6）可列出

$$-U_s + IR_o + U_{ab} = 0$$

则

$$U_{ab} = U_s - IR_o$$

【例 1-4】 在图 1.6.4 所示的回路中，已知 $U_{S1} = 20V$，$U_{S2} = 10V$，$U_{ab} = 4V$，$U_{cd} = -6V$，$U_{ef} = 5V$，试求 U_{ed} 和 U_{ad}。

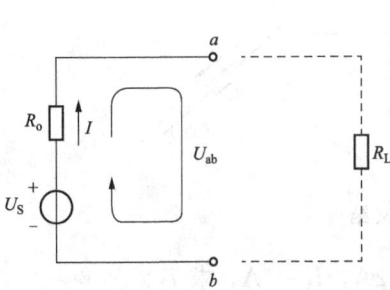

图 1.6.3　KVL 推广电路　　　　　图 1.6.4　例 1-4 图

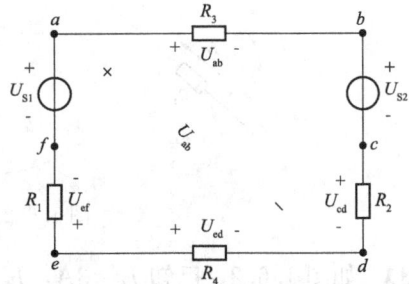

解　由回路 $abcdefa$，根据 KVL 可列出

$$U_{ab} + U_{cd} - U_{ed} + U_{ef} = U_{s1} - U_{S2}$$
$$U_{ed} = U_{ab} + U_{cd} + U_{ef} - U_{s1} + U_{S2}$$
$$= [4 + (-6) + 5 - 20 + 10] = -7(V)$$

由假象的回路 $abcda$，根据 KVL 可列出

$$U_{ab} + U_{cd} - U_{ad} = -U_{S2}$$

求得

$$U_{ad} = U_{ab} + U_{cd} + U_{S2} = [4 + (-6) + 10] = 8(V)$$

1.7　支路电流法

支路电流法是求解复杂电路最基本的方法，它是以支路电流为求解对象，直接应用基尔霍夫定律，分别对结点和回路列出所需的方程组，然后解出各支路电流。现以图 1.7.1 所示电路为例，解题的一般步骤如下：

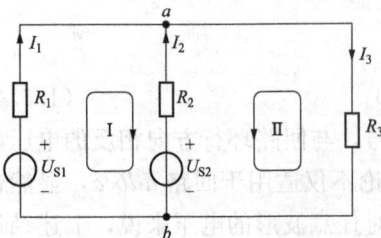

（1）确定支路数，选择各支路电流的参考方向。图 1.7.1 所示电路有 3 条支路，即有 3 个待求支路电流。解题时，需列出 3 个独立的方程式。选择各支路电流的参考方向如图 1.7.1 所示。

图 1.7.1　支路电流法

（2）确定结点数，列出独立的结点电流方程式。在图 1.7.1 所示电路中，有两个结点 a、b，利用 KCL 列出的结点方程式如下：

对结点 a 　　　　　　　　　　　　$I_1 + I_2 = I_3$

对结点 b 　　　　　　　　　　　　$I_3 = I_1 + I_2$

这是 2 个相同的方程，所以对于两个结点只能有 1 个方程是独立的。一般来说，如果电路有 n 个结点，那么它只能列出 $(n-1)$ 个独立的结点方程式，解题时可在 n 个结点中任选其中 $(n-1)$ 个结点列出方程式。

（3）确定余下所需的方程式数，列出独立的回路电压方程式。如前所述，本题共有 3 条支路，只能列出 1 个独立的结点方程式，剩下的 2 个方程式可利用 KVL 列出。

对图 1.7.1 所示的电路，选择网孔的回路方向如图中虚线所示，列出回路方程式如下。

回路Ⅰ：　　　　　　　　$-U_{S1} + R_1 I_1 - R_2 I_2 + U_{S2} = 0$ 　　　　　　　(1.7.1)

回路Ⅱ：　　　　　　　　$-U_{S2} + R_3 I_3 + R_2 I_2 = 0$ 　　　　　　　　　　(1.7.2)

　　　　　　　　　　　　$-U_{S1} + R_1 I + R_3 I_3 = 0$ 　　　　　　　　　　　(1.7.3)

然而式（1.7.1）（1.7.2）（1.7.3）不独立。

为了得到独立的 KVL 方程，应该使每次所选的回路至少包含 1 条前面未曾用过的新支路，通常选用网孔列出的回路方程式一定是独立的。一般来说，电路所列出的独立回路方程式数加上独立的结点方程式数正好等于支路数。

（4）解联立方程式，求出各支路电流的数值。

【例 1-5】 在图 1.7.2 所示的电路中，已知 $U_{S1}=12\text{V}$，$U_{S2}=12\text{V}$，$R_1=1\Omega$，$R_2=2\Omega$，$R_3=2\Omega$，$R_4=4\Omega$，求各支路电流。

解　（1）设备电流的参考方向和回路方向如图 1.7.2 所示。对上结点列电流方程

$$I_1 + I_2 - I_3 - I_4 = 0$$

（2）选网孔回路为顺时针方向得回路电压方程如下。

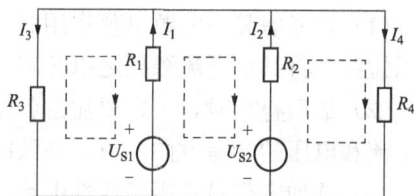

图 1.7.2　例 1-5 图

左网孔：　　　　　　　　$R_1 I_1 + R_3 I_3 - U_{S1} = 0$

中网孔：　　　　　　　　$R_1 I_1 - R_2 I_2 - U_{S1} + U_{S2} = 0$

右网孔：　　　　　　　　$R_2 I_2 + R_4 I_4 - U_{S2} = 0$

（3）将已知数据代入方程式，整理后，得

$$I_1 + I_2 - I_3 - I_4 = 0$$
$$I_1 + 2I_3 - 12 = 0$$
$$I_1 - 2I_2 - 12 + 12 = 0$$
$$2I_2 + 4I_4 - 12 = 0$$

最后解得 $I_1=4\text{A}$，$I_2=2\text{A}$，$I_3=4\text{A}$，$I_4=2\text{A}$。

1.8　叠　加　定　理

在有多个电源作用的线性电路中，任意支路中的电流都可认为是由各个电源单独作用时

分别在该支路中产生的电流的代数和。对于各个元件上的电压也是一样，可认为是各个电源单独作用时分别在该支路中产生的电压的代数和。这就是叠加定理。

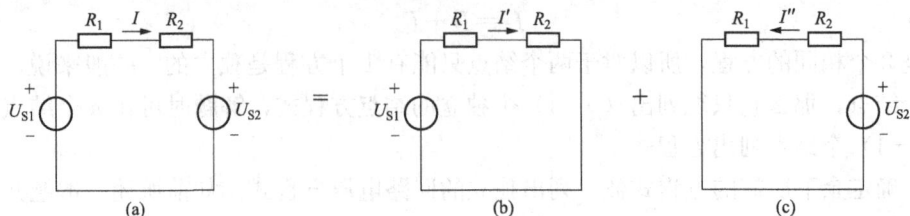

图 1.8.1　叠加定理

例如在如图 1.8.1（a）所示的电路中，R_1、R_2、U_{S1}、U_{S2} 已知，求在电路中的电流 I。

$$I = \frac{U_{S1} - U_{S2}}{R_1 + R_2} = \frac{U_{S1}}{R_1 + R_2} - \frac{U_{S2}}{R_1 + R_2} = I' - I''$$

式中　　　　　　　　$I' = \frac{U_{S1}}{R_1 + R_2}$　　　　　　　　$I'' = \frac{U_{S2}}{R_1 + R_2}$

　　由上式可以看出电流 I 可分为 I' 和 I'' 两部分。其中 I' 为 U_{S1} 单独作用时产生，I'' 为 U_{S2} 单独作用时产生，与之相对应的电路如图 1.8.1（b）、（c）所示。所以图 1.8.1（a）可看作是这两个图的叠加。

　　应用叠加定理时，要注意以下几点：

　　（1）在考虑某一电源单独作用时，应令其他电源的 $U_S = 0$，$I_S = 0$，即应将其他电压源代之以短路，将其他电流源代之以开路。

　　（2）最后叠加时，一定要注意各个电源单独作用时的电流和电压分量的参考方向是否与总电流和电压的参考方向一致，一致时前面取正号，不一致时前面取负号。

　　（3）叠加定理只适用于线性电路，不能用于非线性电路。

　　（4）叠加定理只能用来分析和计算电流和电压，不能用来计算功率。因为电功率与电流、电压的关系不是线性关系，而是平方关系。例如图 1.8.1 中电阻 R_1 消耗的功率为 $P_1 = R_1 I = R_1 (I' - I'')^2 = R_1 I'^2 - 2R_1 I' I'' + R_1 I''^2 \neq R_1 I'^2 + R_1 I''^2$。

【例 1-6】 用叠加定理求图 1.8.2（a）所示电路中的电流 I。已知 $R_1 = 1\Omega$，$R_2 = 2\Omega$，$R_3 = 3\Omega$，$R_4 = 4\Omega$，$U_S = 35V$，$I_S = 7A$。

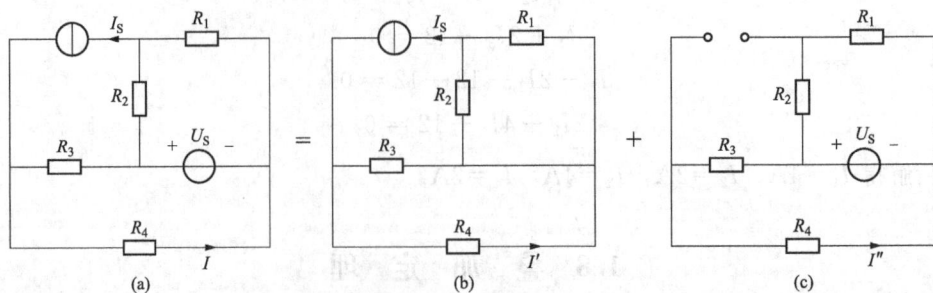

图 1.8.2　例 1-6 图

解 电流源 I_S 单独作用时，电路如图 1.8.2（b）所示，求得

$$I' = \frac{R_3}{R_3 + R_4} I_S = 3A$$

电压源 U_S 单独作用时，电路如图 1.8.2（c）所示，求得

$$I'' = \frac{U_S}{R_3 + R_4} = 5A$$

两个电源共同作用时 $I = I' + I'' = 8A$

1.9 戴 维 宁 定 理

戴维宁定理又称等效电源定理，该定理指出，对外部电路而言，任何一个线性有源二端网络都可以用一个理想电压源 U_{S0} 和内阻 R_0 相串联来代替。如图 1.9.1 所示。戴维宁等效电源中的电压源 U_{S0} 等于该网络的开路电压 U_{OC}，内阻 R_0 等于有源二端网络中除去所有电源（电压源短路，电流源开路）后所得到的无源二端网络的等效电阻 R_0，也等于原有源二端网络的开路电压 U_{OC} 与短路电流 I_{SC} 之比。

二端网络就是有两个出线端的部分电路。二端网络中没有电源时称为无源二端网络，二端网络中含有电源时称为有源二端网络。

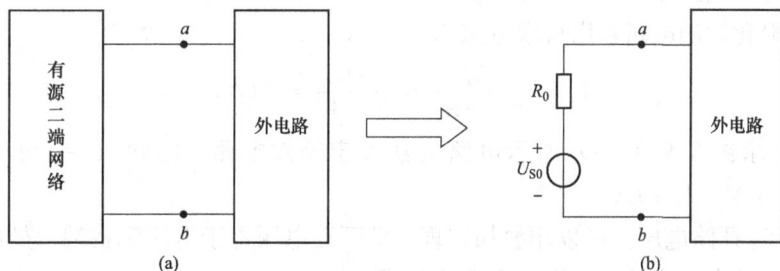

图 1.9.1 戴维宁定理

（a）有源二端网络；（b）理想电压源 U_{S0} 和内阻 R_0 串联

【例 1-7】 电路如图 1.9.2（a）所示，已知 $U_{S1} = 40V$，$U_{S2} = 20V$，$R_1 = R_2 = 4\Omega$，$R_3 = 13\Omega$，试用戴维宁定理求电流 I_3。

解 （1）断开待求支路求等效电源电压的 U_{OC}。如图 1.9.2（b）所示

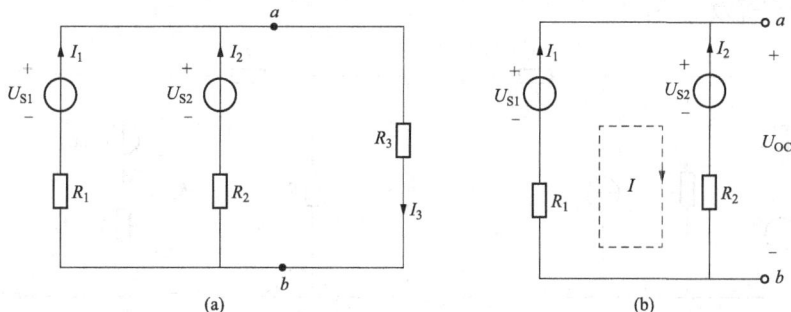

图 1.9.2 例 1-7 图（一）

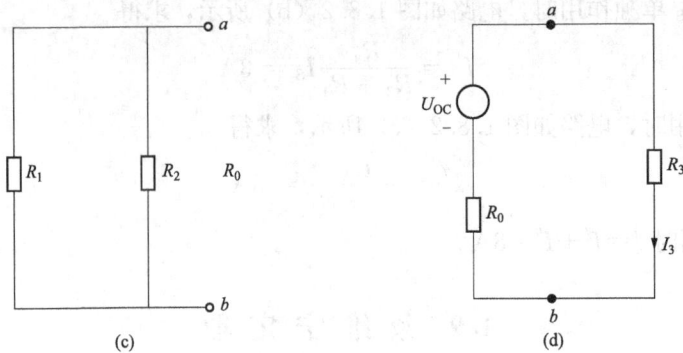

图 1.9.2 例 1-7 图 (二)

$$U_{OC} = U_{S2} + IR_2 = U_{S2} + \frac{U_{S1} - U_{S2}}{R_1 + R_2} \times R_2 = 20V + \frac{20}{8} \times 4V = 30V$$

(2) 求等效电源的内阻 R_0。除去所有电源（理想电压源短路，理想电流源开路），如图 1.9.2 (c) 所示，求得

$$R_0 = \frac{R_1 \times R_2}{R_1 + R_2} = 2\Omega$$

(3) 画出等效电路如图 1.9.2 (d) 所示。

(4) 利用简化后的电路求出待求电流 I_3。

$$I_3 = \frac{U_{OC}}{R_0 + R_3} = \frac{30}{2 + 13} = 2(A)$$

【例 1-8】 求图 1.9.3 (a) 所示电路的戴维宁等效电路，已知 $R_1 = 20\Omega$，$R_2 = 30\Omega$，$R_3 = 2\Omega$，$U_S = 50V$，$I_S = 1A$。

解 (1) 计算开路电压。可以用叠加定理，即开路电压等于电压源在端口处的电压与 1A 电流源在端口处的电压之和。如图 1.9.3 (a) 所示。

$$U_{OC} = U'_{OC} + U''_{OC} = U_S \times \frac{R_2}{R_1 + R_2} + I_S \times \frac{R_1 \times R_2}{R_1 + R_2} = 50 \times \frac{30}{20 + 30} + 1 \times \frac{20 \times 30}{20 + 30} = 42(V)$$

(2) 计算等效电阻。将有源二端网络内部的电源置为零，如图 1.9.3 (b) 所示。

$$R_0 = R_3 + \frac{R_1 \times R_2}{R_1 + R_2} = 2 + \frac{20 \times 30}{20 + 30} = 14(\Omega)$$

(3) 图 1.9.3 (c) 所示为 42V 电压源与 14Ω 电阻的串联，即为图 1.9.3 (a) 中有源二端网络的戴维宁等效电路。

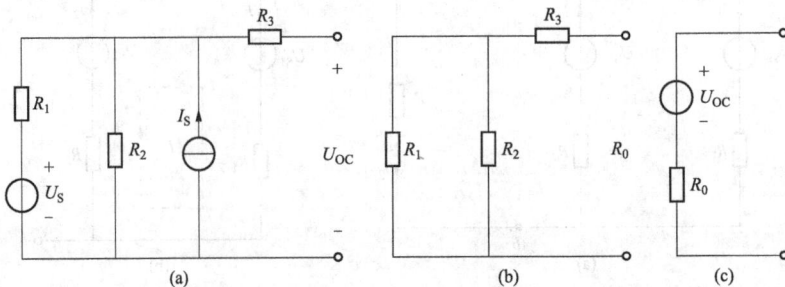

图 1.9.3 例 1-8 图

1.10 电路中的电位

电路中只要讲到电位，就会涉及电路的参考点，工程中常选大地作为参考点，在电子线路中常以多数支路的连接点作为参考点，参考点在电路图中应标上"接地"符号。"接地"，并非真与大地相接。

实际上，电路中某点电位就是该点到参考点之间的电压。电压在电路中用 u 来表示，通常采用双下标标注；电位用 V 表示，一般只用单下标标注。

在电工技术中大多数场合都用电压的概念，而在电子技术中电位的概念得到普遍应用。因为，在绝大多数的电子电路中，诸多元器件都汇集到一点上，通常把这个汇集点选为电位参考点，其他各点都相对该参考点来表明各自电位的高低。这样做不仅简化了电路的分析与计算，还给测量与实际应用带来很大的方便。

【例 1-9】 求图 1.10.1 所示电路中各点的电位值 V_a、V_b、V_c、V_d。

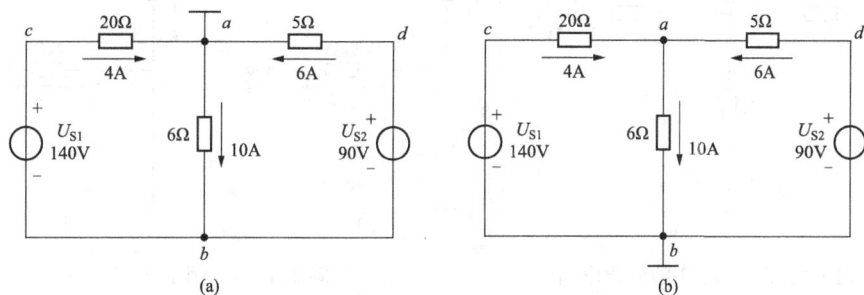

图 1.10.1 例 1-9 图

(a) $V_a = 0V$；(b) $V_b = 0V$

解 设 a 为参考点，即 $V_a = 0V$，如图 1.10.1 (a) 所示。

$$V_b = U_{ba} = -10 \times 6 = -60(V)$$

$$V_c = U_{ca} = 4 \times 20 = 80(V)$$

$$V_d = U_{da} = 6 \times 5 = 30(V)$$

$$U_{ab} = 10 \times 6 = 60(V)$$

$$U_{cb} = U_{S1} = 140V$$

$$U_{db} = U_{S2} = 90V$$

设 b 为参考点，即 $V_b = 0V$，如图 1.10.1 (b) 所示。

$$V_a = U_{ab} = 10 \times 6 = 60(V)$$

$$V_c = U_{cb} = U_{S1} = 140V$$

$$V_d = U_{db} = U_{S2} = 90V$$

$$U_{ab} = 10 \times 6 = 60(V)$$

$$U_{cb} = U_{S1} = 140V$$

$$U_{db} = U_{S2} = 90V$$

从上面的结果可以看出：

（1）电位值是相对的，参考点选取得不同，电路中各点的电位也将随之改变。

（2）电路中两点间的电压值是固定的，不会因参考点的不同而变，即与零电位参考点的选取无关。

为简化电路，常常不画出电源元件，而标明电源正极或负极的电位值。尤其在电子线路中，连接的元件较多，电路较为复杂，采用这种画法常常可以使电路更加清晰明了，分析问题更加方便。图 1.10.1 也可简化为图 1.10.2 所示的电路。

【例 1-10】 如图 1.10.3 所示的电路，计算开关 S 断开和闭合时 A 点的电位 V_A。

解 （1）当开关 S 断开，如图 1.10.3（a）所示，此时由于 A 点悬空，所以电路并没有形成闭合回路，故有

电流 $I_1 = I_2 = 0$，　　　　电位 $V_A = 6V$。

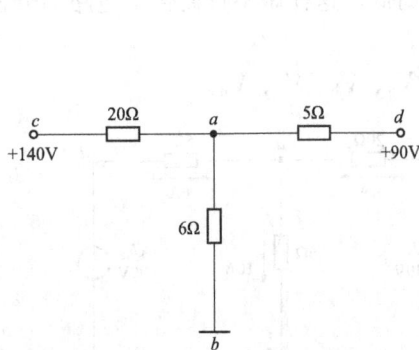

图 1.10.2　图 1.10.1 的简化电路

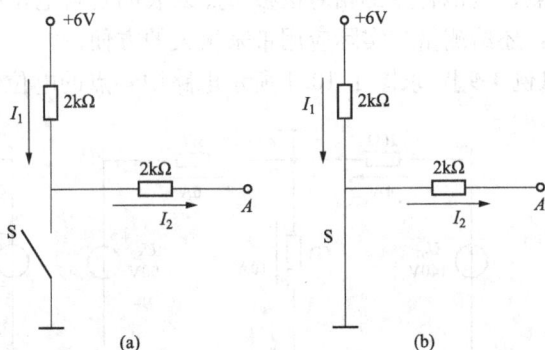

图 1.10.3　例 1-10 图
（a）开关 S 打开；（b）开关 S 闭合

（2）当开关 S 闭合时，电路如图 1.10.3（b）所示，此时 S 将两个电阻的中间点直接短路接地，无电流流经 I_2 所对应的支路，故有

电流 $I_2 = 0$，　　　　电位 $V_A = 0V$。

习　题

1.4.1　求图示电路中等效电阻 R_{ab}。

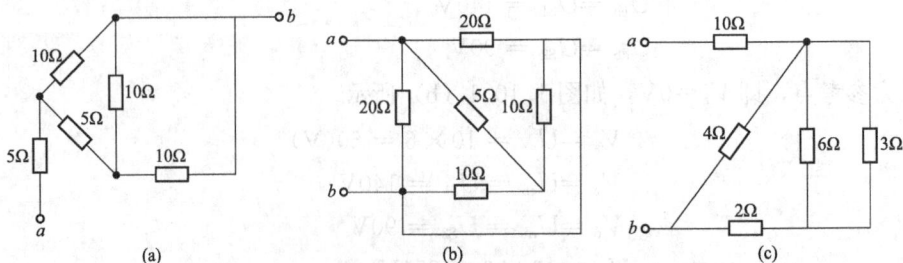

习题 1.4.1 图

1.4.2　求图示电路中电流 I、电压 U 及 3Ω 电阻的功率。

1.4.3　求解图示电路中电压 U。

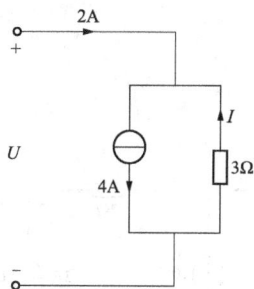

习题 1.4.2 图

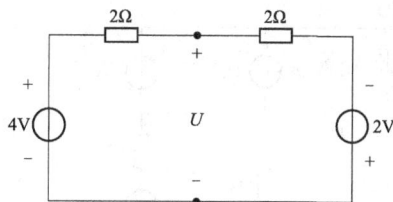

习题 1.4.3 图

1.4.4 电路下图所示，求解 12V 电压源的发出功率。

1.4.5 求图示电路中电流源两端的电压及其功率，并说明是起电源作用还是起负载作用。

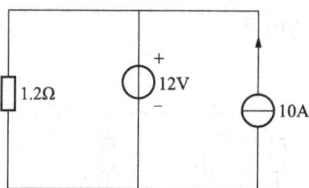

习题 1.4.4 图

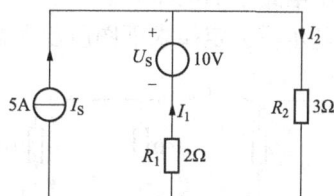

习题 1.4.5 图

1.5.1 试用电源等效变换的方法，求图示电路中的电流 I。

1.5.2 试用电源等效变换的方法求图示电路中的 U_{ab}。

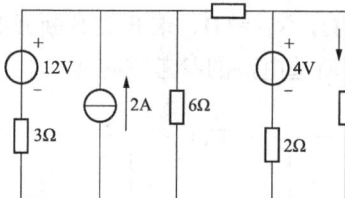

习题 1.5.1 图

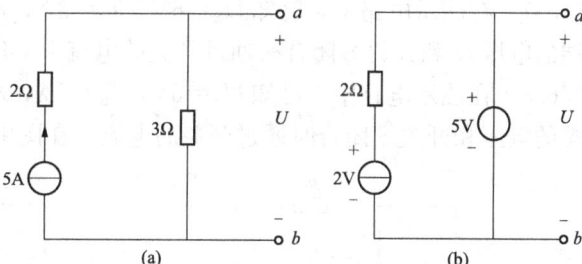

习题 1.5.2 图

1.6.1 如下图所示的电路中，求解整个电路的等效电阻 R 和端口电压 U。

1.6.2 如下图所示的电路，已知 $I_1 = -5A$，$I_2 = 1A$，$I_6 = 2A$，求 I_4。

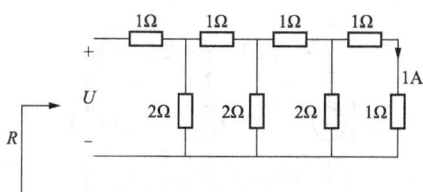

习题 1.6.1 图

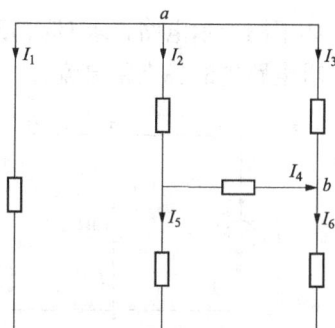

习题 1.6.2 图

1.6.3 求图示电路中端口电压 U_{ab}。

1.6.4 求图示电路中的电压 $U=$ _____ V。

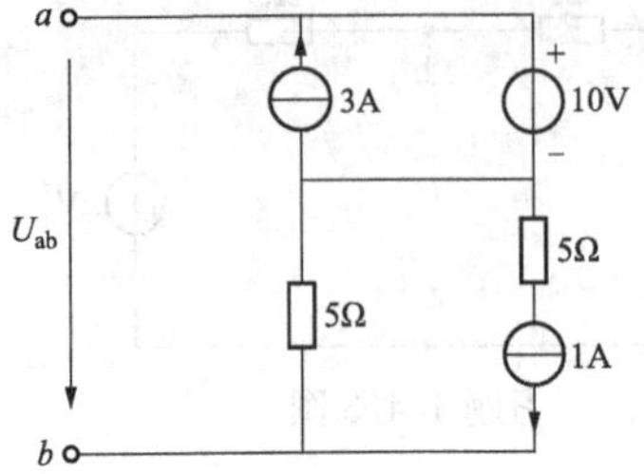

习题 1.6.3 图 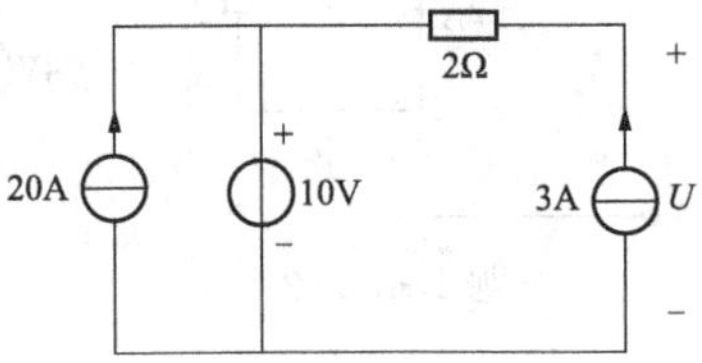   习题 1.6.4 图

1.6.5 求图示电路中的电压 U_{ab}。

1.6.6 根据基尔霍夫定律求下图所示电路中的电流 I_1、I_2。

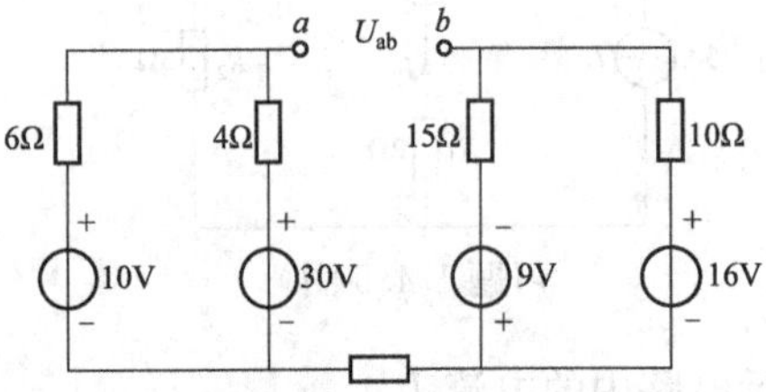

习题 1.6.5 图 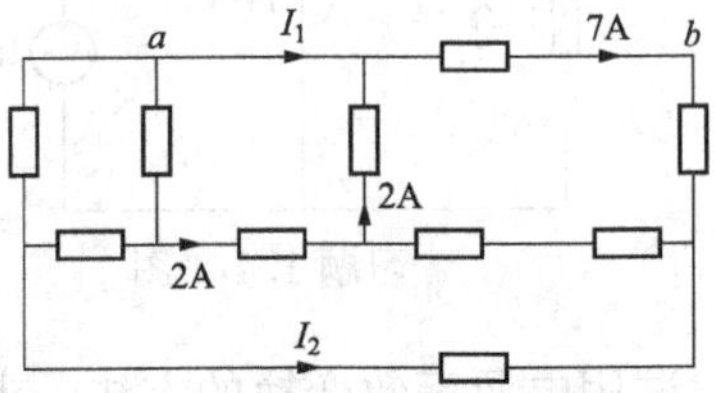   习题 1.6.6 图

1.6.7 在图示电路中，已知 $U_S=6V$，$I_S=2A$，$R_1=2\Omega$，$R_2=1\Omega$。求开关 S 断开时开关两端的电压 U 和开关 S 闭合时通过开关的电流 I（不必用支路电流法）。

1.6.8 在图示电路中，已知 $U_S=6V$，$I_S=2A$，$R_1=2\Omega$，$R_2=1\Omega$。求开关 S 断开时开关两端的电压和开关 S 闭合时通过开关的电流（在图中注明所选电流的参考方向）。

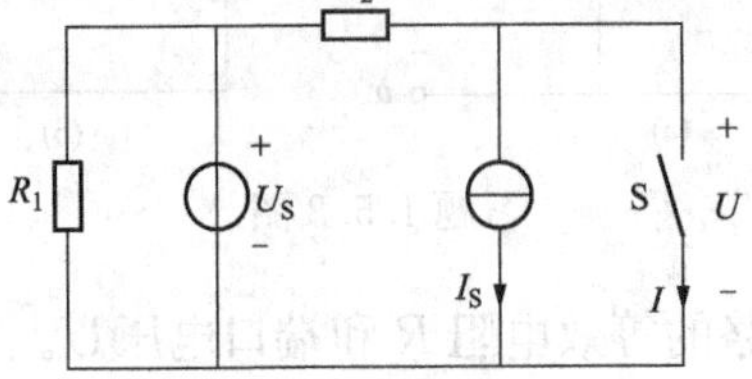

习题 1.6.7 图 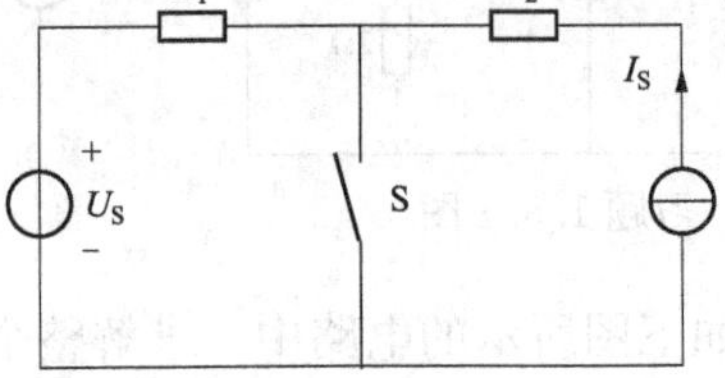   习题 1.6.8 图

1.6.9 如下图所示电路，求 U_{ab}、I 和 I_1。

1.7.1 求电路中的各支路电流。

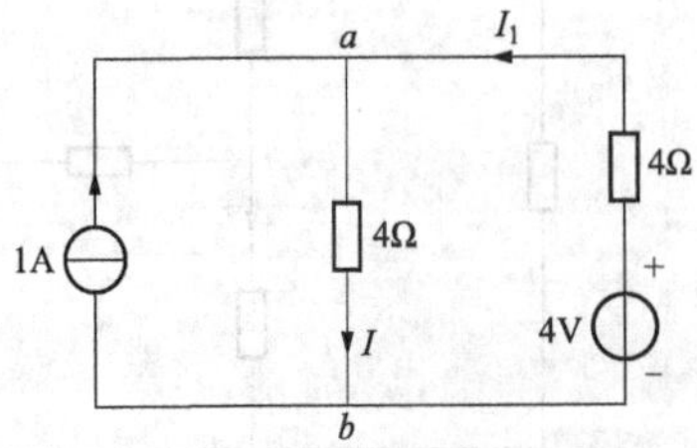

习题 1.6.9 图 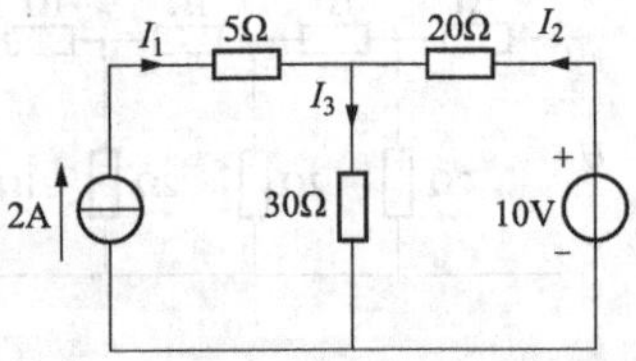   习题 1.7.1 图

1.7.2 用支路电流法求图示电路中的 I_1、I_2。

1.7.3 用支路电流法求图示电路中各支路电流。

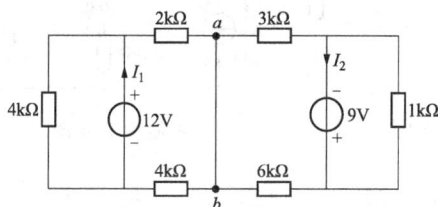

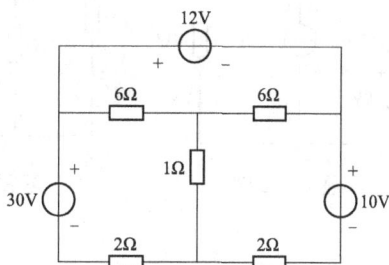

习题 1.7.2 图　　　　　　　习题 1.7.3 图

1.8.1 在图示电路中，当 $U_S=16V$ 时，$U_{ab}=8V$，试用叠加定理求 $U_S=0$ 时的 U_{ab}。

1.8.2 用叠加定理求图示电路中的电流 I。

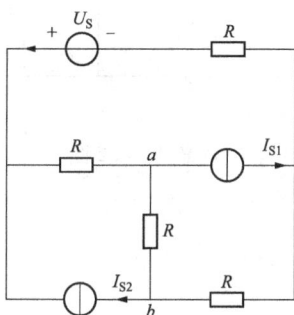

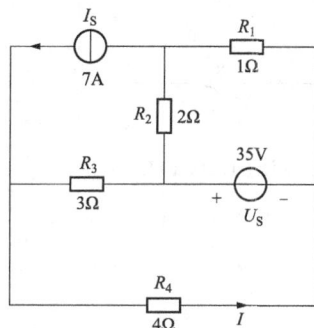

习题 1.8.1 图　　　　　　　习题 1.8.2 图

1.8.3 用叠加定理求 U 和 I。

1.9.1 用戴维宁定理求图示电路中的电流 I。

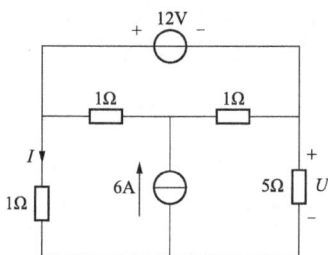

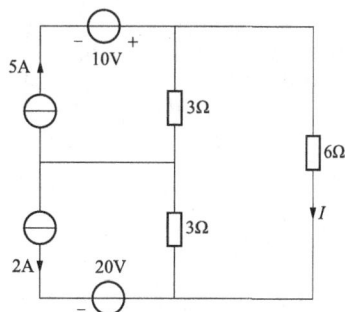

习题 1.8.3 图　　　　　　　习题 1.9.1 图

1.9.2 用戴维宁定理求图示电路中的电流 I。

1.9.3 用戴维宁定理求图示电路中的电流 I。

1.9.4 求图示电路中二端网络 ab 的戴维宁等效电路。

1.10.1 求图示电路中开关 S 闭合和断开两种情况下 a、b、c 三点的电位。

1.10.2 图示电路中 a 点的电位为 30V，求 b、c、d 点的电位。

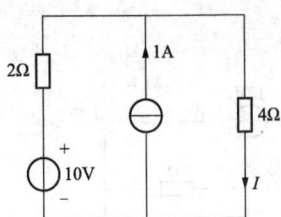

习题 1.9.2 图

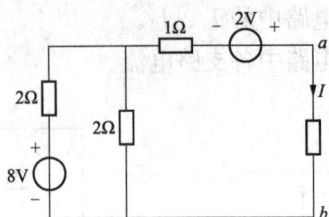

习题 1.9.3 图

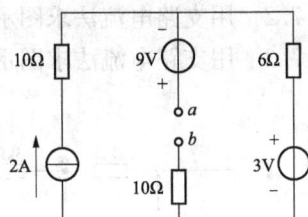

习题 1.9.4 图

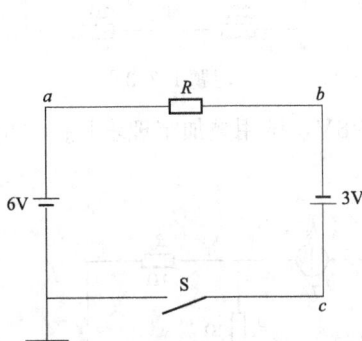

习题 1.10.1 图

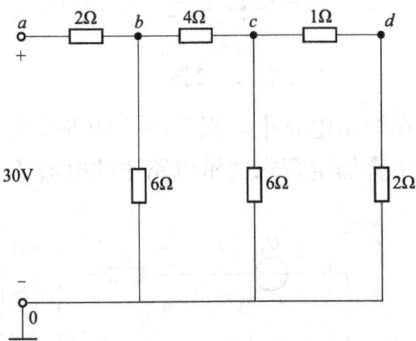

习题 1.10.2 图

第二章　正　弦　交　流　电　路

正弦交流电路，是指含有正弦交流电源（激励）而且电路各部分所产生的电压和电流（响应）均按正弦规律变化的电路。交流发电机中所产生的电动势和正弦信号发生器中所输出的信号电压，都是随时间按正弦规律变化的。在生产和日常生活中所用的交流电，一般都是指正弦交流电。因此正弦交流电是电工学中很重要的一部分。

本章首先介绍正弦交流电的基本概念和表征方法，然后重点讨论不同结构、不同参数的几种正弦交流电路中电压电流的关系及功率。

2.1　正弦交流电的基本概念

在第一章的直流电路里，我们讨论的电压和电流都是直流的形式，即电压和电流的大小、方向均不随时间变化，如图 2.1.1（a）所示。而本章要讨论的是交流电路，交流是指电压和电流的大小、方向均随时间做周期性的变化，如图 2.1.1（b）～（d）所示为几种常见的交流信号。交流在人们的生产和生活中有着广泛的应用。常用的交流电是正弦交流电，即电压和电流的大小、方向按正弦规律变化，如图 2.1.1（b）所示。正弦交流电是目前供电和用电的主要形式。这是因为交流发电机等供电设备比直流等其他波形的供电设备性能好、效率高；交流电压的大小又可以通过变压器比较方便地进行变换。

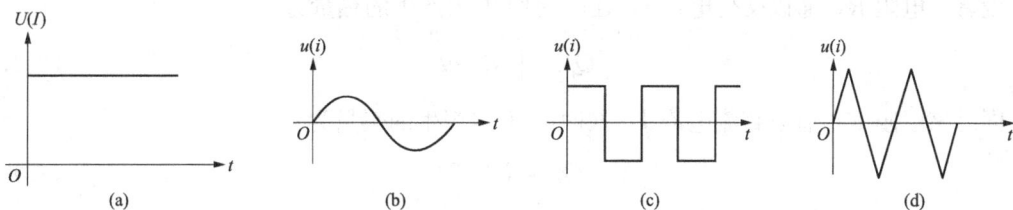

图 2.1.1　常用电信号

（a）直流；（b）正弦交流；（c）方波；（d）锯齿波

正弦交流电包括正弦电压和正弦电流，以电流为例，其数学表达式为

$$i = I_{\mathrm{m}}\sin(\omega t + \Psi_i) \tag{2.1.1}$$

式中　i——瞬时值；

I_{m}——最大值或幅值；

ω——角频率；

Ψ_i——初相位或初相角。

其波形如图 2.1.2 所示。只要最大值、角频率和初相位一定，则正弦交流电与时间的函数关系也就一定了，所以将这三个量称为正弦交流电的三要素。分析正弦交流电时也应从以下三个方面进行。

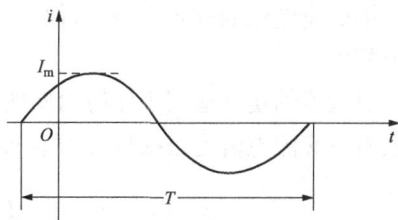

图 2.1.2　正弦电流的波形图

2.1.1　交流电的周期、频率和角频率

正弦量交变一次所需要的时间称为周期 T，单位是秒（s）。每秒内完成的周期数称为频率 f，单位是赫［兹］（Hz）。所以 T 与 f 是互为倒数的关系，即

$$f = \frac{1}{T} \tag{2.1.2}$$

每秒内完成的弧度数称为角频率 ω，单位是弧度每秒（rad/s）。因为一个周期内经历的弧度是 2π，所以角频率与周期、频率的关系为

$$\omega = \frac{2\pi}{T} = 2\pi f \tag{2.1.3}$$

在我国和大多数国家都采用 50Hz 作为电力标准频率，有些国家（如美国、日本等）采用 60Hz。这种频率在工业上应用广泛，习惯上也称为工频。除工频外，某些领域还需要采用其他的频率，如无线电通信的频率为 $30\mathrm{kHz} \sim 3 \times 10^4 \mathrm{MHz}$，有线通信的频率为 $300 \sim 5000\mathrm{Hz}$ 等。

2.1.2　交流电的瞬时值、最大值和有效值

正弦量在任一瞬间的值称为瞬时值，用小写字母表示，如 i、u 和 e 分别表示瞬时电流、瞬时电压和瞬时电动势。最大的瞬时值称为最大值或幅值，用带下标 m 的大写字母来表示，如 I_m、U_m 和 E_m 分别表示电流、电压和电动势的幅值。

正弦电流、电压和电动势的大小往往不是用它们的幅值来计量，而是用有效值来计量其大小。有效值是从电流的热效应来规定的，它的定义为：如果一个交流电流 i 和一个直流电流 I 在相等的时间内通过同一个电阻而两者产生的热量相等，那么这个交流电流 i 的有效值在数值上就等于这个直流电流 I。

设有一电阻 R，通以交变电流 i，在一周期 T 内产生的热量为

$$Q_\mathrm{j} = \int_0^T R i^2 \, \mathrm{d}t \tag{2.1.4}$$

同时该电阻 R，通以直流电流 I，在时间 T 内产生的热量为

$$Q_\mathrm{z} = R I^2 T \tag{2.1.5}$$

根据上述定义，热效应相等的条件为 $Q_\mathrm{j} = Q_\mathrm{z}$，即

$$\int_0^T R i^2 \, \mathrm{d}t = R I^2 T$$

由此可得出交流电流的有效值为

$$I = \sqrt{\frac{1}{T} \int_0^T i^2 \, \mathrm{d}t} \tag{2.1.6}$$

即交流电流的有效值等于瞬时值的平方在一个周期内的平均值的开方，故有效值又称为均方根值。

有效值的定义适用于任何周期性变化的量，但不能用于非周期量。

假设有一交流电流为正弦量 $i = I_\mathrm{m} \sin\omega t$，则

$$I = \sqrt{\frac{1}{T} \int_0^T I_\mathrm{m}^2 \sin^2 \omega t \, \mathrm{d}t}$$

因为

$$\int_0^T \sin^2 \omega t\, \mathrm{d}t = \int_0^T \frac{1 - \cos 2\omega t}{2}\, \mathrm{d}t = \frac{1}{2}\int_0^T \mathrm{d}t - \frac{1}{2}\int_0^T \cos 2\omega t\, \mathrm{d}t = \frac{T}{2}$$

所以

$$I = \sqrt{\frac{1}{T}I_{\mathrm{m}}^2 \frac{T}{2}} = \frac{I_{\mathrm{m}}}{\sqrt{2}} \tag{2.1.7}$$

式（2.1.7）就是交流电流的有效值与最大值的关系。同理，正弦交流电压和电动势的有效值与它们的最大值的关系为

$$U = \frac{U_{\mathrm{m}}}{\sqrt{2}}, \quad E = \frac{E_{\mathrm{m}}}{\sqrt{2}} \tag{2.1.8}$$

有效值都用大写字母表示，和表示直流的字母一样。如上式中的 I、U 和 E 分别表示交流电流、交流电压和交流电动势的有效值。

一般所说的正弦电压或正弦电流的大小，如交流电压 380V 或 220V，电器设备的额定值等都是指它的有效值。交流电能表的刻度数值也是指它们的有效值。

2.1.3　交流电的相位、初相位和相位差

交流电在不同的时刻 t 具有不同的 $(\omega t + \Psi)$ 值，交流电也就变化到不同的位置。所以 $(\omega t + \Psi)$ 代表了交流电的变化进程，因此称 $(\omega t + \Psi)$ 为相位或相位角。$t = 0$ 时的相位称为初相位或初相位角 Ψ。显然，初相位与所选时间的起点有关，正弦量所选的计时起点不同，正弦量的初相位不同，其初始值也就不同。原则上，计时起点是可以任意选择的，不过，在进行交流电路的分析和计算时，同一个电路中所有的电流、电压和电动势只能有一个共同的计时起点。因而只能任选其中某一个的初相位为零的瞬间作为计时起点。这个初相位被选为零的正弦量称为参考量，这时其他各量的初相位就不一定等于零了。

任何两个同频率的正弦量的相位角之差称为相位差，用 φ 表示。例如

$$u = U_{\mathrm{m}}\sin(\omega t + \psi_u)$$
$$i = I_{\mathrm{m}}\sin(\omega t + \psi_i)$$

它们的相位差为

$$\varphi = (\omega t + \Psi_u) - (\omega t + \Psi_i) = \Psi_u - \Psi_i \tag{2.1.9}$$

可见，相位差也等于初相位之差。相位差与时间无关。

因为 u 和 i 的初相位不同，所以它们的变化步调不一致，即不是同时到达正的幅值或零值。那么它们在相位上的关系有常见的以下四种，如图 2.1.3 所示。

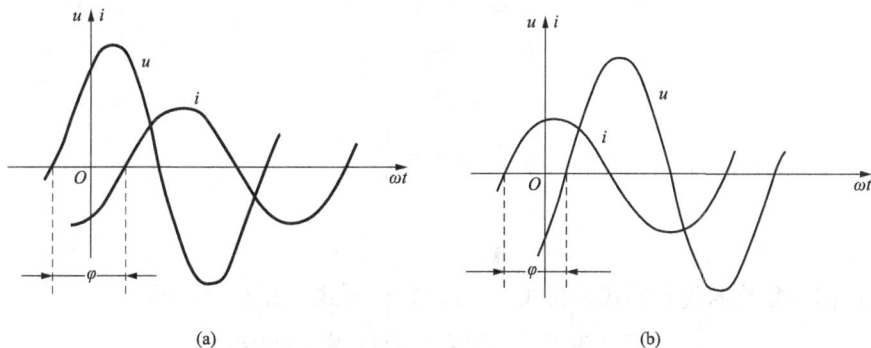

(a)　　　　　　　　　　　　(b)

图 2.1.3　同频率正弦量的相位关系（一）

(a) $0° < \varphi < 180°$；(b) $-180° < \varphi < 0°$

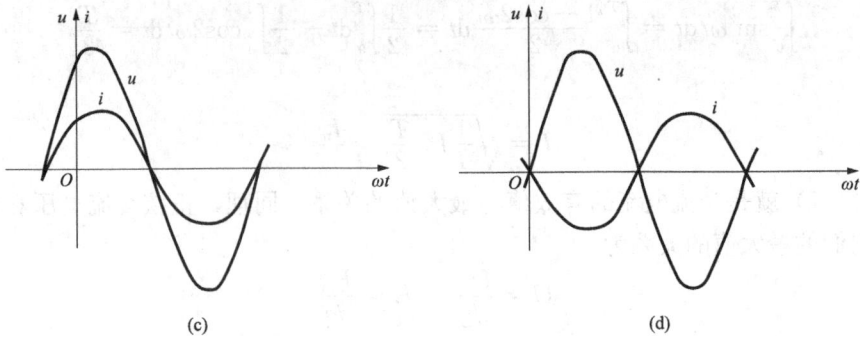

图 2.1.3　同频率正弦量的相位关系（二）

(c) $\varphi=0°$；(d) $\varphi=180°$

2.2　正弦交流电的相量表示法

前面讨论了正弦量的两种表示法：①三角函数式表示，如 $i=I_{\mathrm{m}}\sin(\omega t+\psi_i)$；②正弦波形表示，如图 2.1.2 所示。但是这两种表示法在进行电路分析和计算时非常困难和不便，因此下面我们要重点讨论正弦量的第三种表示法——相量表示法。相量表示法的基础是复数，也就是用复数来表示正弦量，这样可以把复杂的三角函数运算转化成简单的复数形式的代数运算。首先回顾一下曾经学过的复数的一些相关知识。

2.2.1　矢量的复数形式及复数的运算法则

1. 复数的四种形式及相互转换

复平面中的任一矢量都可以用复数来表示，如图 2.2.1 所示，该直角坐标的横轴为 ±1，

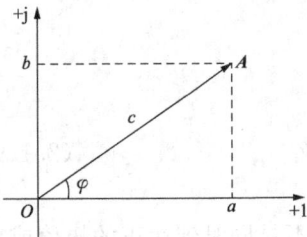

图 2.2.1　复数

称为实轴，纵轴为 $\pm\mathrm{j}$，称为虚轴，$\mathrm{j}=\sqrt{-1}$，称为虚数单位，在数学中我们用 i 表示虚数，而在电工学里，为了与电流瞬时值的符号相区别，改用 j 来表示。设一矢量 A，在实轴上的投影长度为 a，称为复数的实部，在纵轴上的投影长度为 b，称为复数的虚部，长度 c 称为复数的模，它与正实轴之间的夹角 Ψ 称为复数的辐角。

它们之间的关系是

$$\left.\begin{array}{l}a=c\cos\psi\\b=c\sin\psi\\c=\sqrt{a^2+b^2}\\\psi=\arctan\dfrac{b}{a}\end{array}\right\}\tag{2.2.1}$$

而

$$A=a+\mathrm{j}b\tag{2.2.2}$$

式（2.2.1）称为复数的代数形式。将式（2.2.1）代入式（2.2.2），得

$$A=c\cos\psi+\mathrm{j}c\sin\psi=c(\cos\psi+\mathrm{j}\sin\psi)\tag{2.2.3}$$

式（2.2.3）称为复数的三角形式。

由数学中的欧拉公式

$$\left.\begin{aligned}\cos\psi &= \frac{e^{j\psi}+e^{-j\psi}}{2}\\\sin\psi &= \frac{e^{j\psi}-e^{-j\psi}}{2j}\end{aligned}\right\} \qquad (2.2.4)$$

得出

$$\cos\psi + j\sin\psi = e^{j\psi} \qquad (2.2.5)$$

则 $e^{j90°}=j$，$e^{j(-90°)}=-j$，$e^{j0°}=1$，$e^{j180°}=-1$。

因为从上式可以看出：j 既是一个虚数单位，同时又是一个 90°旋转因子。任何相量与 j 相乘意味着该相量按逆时针方向旋转了 90°，与 $-j$ 相乘意味着该相量按顺时针方向旋转了 90°。

根据式（2.2.5）可将式（2.2.3）写成

$$A = ce^{j\psi} \qquad (2.2.6)$$

或简写成

$$A = c\ \underline{/\Psi} \qquad (2.2.7)$$

式（2.2.6）为复数的指数形式。式（2.2.7）为复数的极坐标形式。

2. 复数的运算法则

设两个复数分别为

$$A_1 = a_1 + jb_1$$
$$A_2 = a_2 + jb_2$$

则

$$A_1 \pm A_2 = (a_1+jb_1) \pm (a_2+jb_2)$$
$$= (a_1 \pm a_2) + j(b_1 \pm b_2)$$
$$A_1 \cdot A_2 = c_1e^{j\psi_1} \cdot c_2e^{j\psi_2} = c_1c_2e^{j(\psi_1+\psi_2)}$$

或

$$A_1 \cdot A_2 = c_1\ \underline{/\psi_1} \cdot c_2\ \underline{/\psi_2} = c_1c_2(\underline{/\psi_1+\psi_2})$$

$$\frac{A_1}{A_2} = \frac{c_1e^{j\psi_1}}{c_2e^{j\psi_2}} = \frac{c_1}{c_2}e^{j(\psi_1-\psi_2)}$$

或

$$\frac{A_1}{A_2} = \frac{c_1\ \underline{/\psi_1}}{c_2\ \underline{/\psi_2}} = \frac{c_1}{c_2}\ \underline{/\psi_1-\psi_2}$$

小结：复数的四种表示形式可以相互转换，复数在进行加减运算时，应采用代数形式或三角形式，实部与实部相加减，虚部与虚部相加减。在进行乘除运算时，应采用指数形式或极坐标形式，模与模相乘除，辐角与辐角相加减。

【例 2-1】 已知复数 $A=-8+j6$，$B=3+j4$，求 $A+B$，$A-B$，$A\cdot B$，$\frac{A}{B}$ 的值。

解 $A+B=(-8+3)+j(6+4)=-5+j10$

$A-B=(-8-3)+j(6-4)=-11+j2$

根据运算法则，乘除时要先把代数形式转化为指数形式或极坐标形式。所以

$$A = \sqrt{(-8)^2+6^2}\ \underline{/\arctan\left(-\frac{6}{8}\right)} = 10\ \underline{/143°}$$

$$B = \sqrt{3^2+4^2}\ \underline{/\arctan\frac{4}{3}} = 5\ \underline{/53°}$$

$$A\cdot B = 10\ \underline{/143°} \cdot 5\ \underline{/53°} = 50\ \underline{/196°} = 50\ \underline{/-164°}$$

$$\frac{A}{B} = \frac{10 \angle 143°}{5 \angle 53°} = 2 \angle 90° = \text{j}2$$

2.2.2 旋转矢量和正弦量之间的关系

设有一正弦电流 $i = I_{\text{m}} \sin(\omega t + \psi)$，其波形图如图 2.2.2（b）所示，（a）是一旋转有向线段 A，在复平面中，有向线段 OA 的长度 c 等于正弦量的幅值 I_{m}，它的初始位置与实轴正方向的夹角等于正弦量的初相位 ψ，则矢量在虚轴上的投影为 $b = c\sin\psi$。当这个矢量以 c 为半径，并以正弦量的角频率 ω 作为角速度在复平面内做逆时针方向的匀速旋转时，则任意时刻这个旋转矢量在虚轴上的投影为 $b = c\sin(\omega t + \psi)$。可见，这一旋转有向线段具有正弦量的三个特征，与正弦量的表达式有着相同的形式，故可用来表示正弦量。即正弦量在任意时刻的瞬时值可以用这个旋转有向线段任意瞬间在纵轴上的投影来表示。例：如图所示在 $t = 0$ 时，$i_0 = I_{\text{m}} \sin\psi$；在 $t = t_1$ 时，$i_1 = I_{\text{m}}$；在 $t = t_2$ 时，$i_2 = I_{\text{m}} \sin(\omega t_2 + \psi)$。

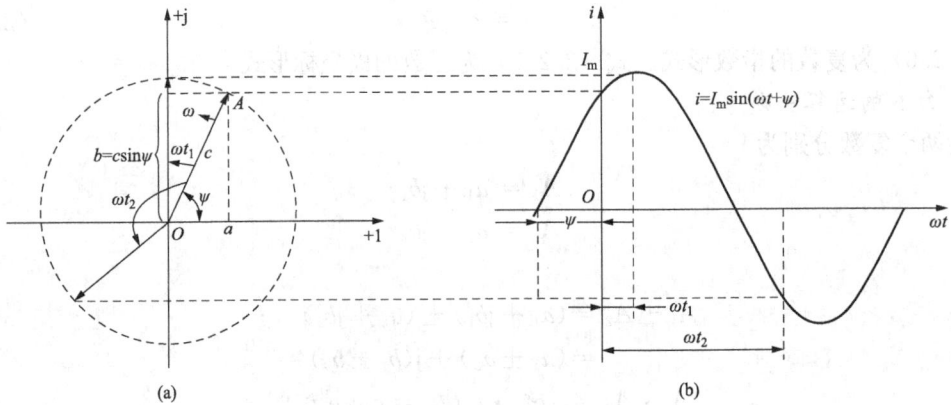

图 2.2.2　复平面中的旋转矢量

2.2.3 相量及相量图

以上分析说明，正弦量可以用旋转有向线段来表示，而有向线段可用复数来表示，所以正弦量也可用复数来表示。故表示正弦量的矢量或复数称为相量。复数的模即为正弦量的幅值或有效值，复数的辐角即为正弦量的初相位。模长等于最大值的相量称为最大值相量，模长等于有效值的相量称为有效值相量。那么，既然相量就是复数，因而相量也有四种形式。由于相量是用来表示正弦量的复数，为了与一般的复数相区别，在相量的字母顶部打上"·"。例如：表示正弦电压 $u = U_{\text{m}} \sin(\omega t + \psi)$ 的相量为

$$\dot{U}_{\text{m}} = U_{\text{m}}(\cos\psi + \text{j}\sin\psi) = U_{\text{m}} \text{e}^{\text{j}\psi} = U_{\text{m}} \angle \psi$$

或

$$\dot{U} = U(\cos\psi + \text{j}\sin\psi) = U\text{e}^{\text{j}\psi} = U \angle \psi$$

其中，$\dot{U}_{\text{m}}$ 称为电压的最大值相量，$\dot{U}$ 称为电压的有效值相量。最大值相量与有效值相量之间的关系为

$$\dot{U}_{\text{m}} = \sqrt{2}\dot{U}$$

同频率的若干相量画在同一个复平面上构成了相量图。在相量图上能清晰地看出各正弦量的大小和相位关系。

最后要提醒注意以下几点：

(1) 相量只表示正弦量，而不等于正弦量。

例如：$\dot{U}_m = U_m \angle \psi \neq U_m \sin(\omega t + \psi)$，相量是个复数，而正弦量是个时间函数。相量只是正弦量进行运算时的一种表示方法和主要工具。

(2) 只有正弦量才能用相量表示，非正弦量不能用相量表示。

(3) 只有同频率的正弦量才能进行相量运算，才能画在同一个相量图上进行比较。

【例 2-2】 写出下列正弦量的有效值相量形式，要求用代数形式表示，并画出相量图。

(1) $u_1 = 10\sqrt{2}\sin\omega t\, \text{V}$；

(2) $u_2 = 10\sqrt{2}\sin(\omega t + 90°)\, \text{V}$；

(3) $u_3 = 10\sqrt{2}\sin\left(\omega t - \dfrac{3}{4}\pi\right)\text{V}$。

解 (1) $\dot{U}_1 = 10\angle 0° = 10(\cos 0° + j\sin 0°) = 10(\text{V})$

(2) $\dot{U}_2 = 10\angle 90° = 10(\cos 90° + j\sin 90°) = j10(\text{V})$

(3) $\dot{U}_3 = 10\angle -\dfrac{3}{4}\pi = 10\left[\cos\left(-\dfrac{3}{4}\pi\right) + j\sin\left(-\dfrac{3}{4}\pi\right)\right]$

$\qquad = 10\left[-\dfrac{\sqrt{2}}{2} - j\dfrac{\sqrt{2}}{2}\right] = -5\sqrt{2} - j5\sqrt{2}(\text{V})$

相量图如图 2.2.3 所示。

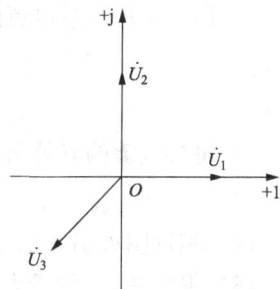

图 2.2.3 例 2-2 的相量图

【例 2-3】 写出下列相量所代表的正弦量，设频率为 50Hz，并画出相量图。

(1) $\dot{I}_m = 4 - j3\,\text{A}$；

(2) $\dot{U} = -8 + j6\,\text{V}$；

(3) $\dot{I} = -12 - j16\,\text{A}$。

解 只要知道正弦量的三要素，就可以正确地写出正弦量的表达式，一般将相量的代数形式转换成指数形式或极坐标形式，可以很方便地得出最大值、初相位和角频率。

$$\omega = 2\pi f = 2 \times 3.14 \times 50 = 314(\text{rad/s})$$

(1) $\dot{I}_m = \sqrt{4^2 + 3^2}\angle\arctan\left(-\dfrac{3}{4}\right) = 5\angle -37°(\text{A})$

$\qquad i = 5\sin(314t - 37°)(\text{A})$

(2) $\dot{U} = \sqrt{(-8)^2 + 6^2}\angle\arctan\left(-\dfrac{6}{8}\right) = 10\angle 143°(\text{V})$

$\qquad u = 10\sqrt{2}\sin(314t + 143°)(\text{V})$

(3) $\dot{I} = \sqrt{(-12)^2 + (-16)^2}\angle\arctan\left(\dfrac{16}{12}\right) = 20\angle -127°(\text{A})$

$\qquad i = 20\sqrt{2}\sin(314t - 127°)(\text{A})$

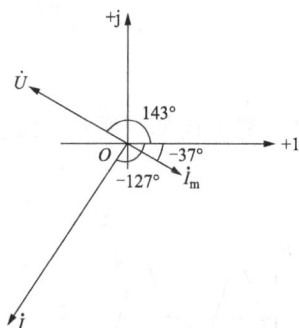

图 2.2.4 例 2-3 的相量图

相量图如图 2.2.4 所示。

【例 2-4】 电路如图 2.2.5 所示，已知 $i_1 = 100\sqrt{2}\sin(\omega t + 45°)\text{A}$，$i_2 = 60\sqrt{2}\sin(\omega t - 30°)\text{A}$。试求：(1) 总电流 i；(2) 画出相量图；(3) 说明 i 的最大值是否等于 i_1 和 i_2 的最大值

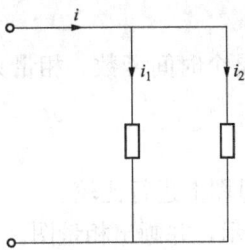

图 2.2.5　例 2-4 图

之和？i 的有效值是否等于 i_1 和 i_2 的有效值之和？为什么？

解　（1）因为正弦电流 i_1 和 i_2 的频率相同，可用相量求得

1）先作最大值相量

$$\dot{I}_{1m} = 100\sqrt{2}\ \underline{/45^\circ}\ \text{A} \qquad \dot{I}_{2m} = 60\sqrt{2}\ \underline{/-30^\circ}\ \text{A}$$

2）用相量法求总电流的最大值相量

$$\dot{I}_m = \dot{I}_{1m} + \dot{I}_{2m} = \sqrt{2}(100\ \underline{/45^\circ} + 60\ \underline{/-30^\circ})$$
$$= 182.7\ \underline{/18.4^\circ}\ (\text{A})$$

3）将电流的最大值相量变换成电流的瞬时值表达式

$$i = 182.7\sin(\omega t + 18.4^\circ)\text{A}$$

也可以用有效值相量进行计算，方法如下：

1）先作有效值相量

$$\dot{I}_1 = 100\ \underline{/45^\circ}\ \text{A} \qquad \dot{I}_2 = 60\ \underline{/-30^\circ}\ \text{A}$$

2）用相量法求总电流的有效值相量

$$\dot{I} = \dot{I}_1 + \dot{I}_2 = 100\ \underline{/45^\circ} + 60\ \underline{/-30^\circ}$$
$$= 129\ \underline{/18.4^\circ}\ (\text{A})$$

3）将总电流的有效值相量变换成电流的瞬时值表达式

$$i = 129\sqrt{2}\sin(\omega t + 18.4^\circ)\text{A}$$

（2）相量图如图 2.2.6 所示。

（3）很显然，i 的最大值不等于 i_1 和 i_2 的最大值之和，i 的有效值也不等于 i_1 和 i_2 的有效值之和。因为它们的初相位不同，即起始位置不同，到达最大值的时刻也不相同，所以不能简单地将它们的最大值或有效值相加来计算。

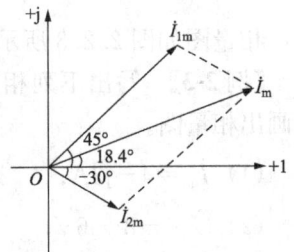

图 2.2.6　例 2-4 的相量图

2.3　单一参数的正弦交流电路

了解了正弦交流电及其相量表示法后，现在可以讨论正弦交流电路了。首先讨论只含有一种无源元件的电路。

2.3.1　纯电阻电路

1. 电压和电流的关系

图 2.3.1（a）是一个线性电阻元件的交流电路，电压和电流的参考方向如图所示。两者的关系由欧姆定律确定，即

$$u = Ri$$

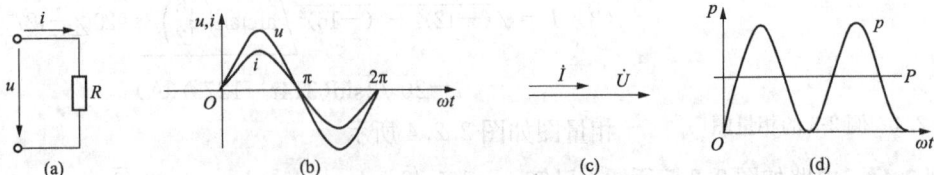

图 2.3.1　纯电阻电路

（a）电路图；（b）电压与电流的波形图；（c）电压与电流的相量图；（d）功率波形图

为了分析方便，选电流为参考相量，也就是令电流的初相位为零，即

$$i = I_{\mathrm{m}}\sin\omega t$$

则

$$u = Ri = RI_{\mathrm{m}}\sin\omega t = U_{\mathrm{m}}\sin\omega t$$

比较两式，不难看出 i 和 u 有如下关系：

（1）u 和 i 是同频率的正弦量。

（2）u 和 i 相位相同。

（3）u 和 i 的最大值之间和有效值之间的关系分别为

$$\left. \begin{array}{l} U_{\mathrm{m}} = RI_{\mathrm{m}} \\ U = RI \end{array} \right\} \qquad (2.3.1)$$

（4）u 和 i 的最大值相量之间和有效值相量之间的关系分别为

$$\left. \begin{array}{l} \dot{U}_{\mathrm{m}} = R\dot{I}_{\mathrm{m}} \\ \dot{U} = R\dot{I} \end{array} \right\} \qquad (2.3.2)$$

可见，在纯电阻电路中，电压与电流表达式的各种形式均符合欧姆定律。

波形图和相量图分别如图 2.3.1（b）、（c）所示。

2. 功率

（1）瞬时功率。在任意瞬间，电压瞬时值 u 与电流瞬时值 i 的乘积，称为瞬时功率。用小写字母 p 表示。

$$p = ui = U_{\mathrm{m}}\sin\omega t \times I_{\mathrm{m}}\sin\omega t = U_{\mathrm{m}}I_{\mathrm{m}}\sin^2\omega t$$

$$= \sqrt{2}U\sqrt{2}I\sin^2\omega t = 2UI\frac{1-\cos2\omega t}{2}$$

$$= UI(1-\cos2\omega t) = UI - UI\cos2\omega t$$

由上式可见，p 是由两部分组成的，第一部分是常数 UI，第二部分是幅值为 UI，角频率为 2ω 的正弦量，p 随时间变化的波形如图 2.3.1（d）所示。

由 p 的波形图可以看出来，$p \geqslant 0$，这正是因为交流电路中电阻元件的 u 和 i 同相位，即同正同负，所以 p 总为正值。p 为正，表示外电路从电源取用能量。在这里就是电阻元件从电源取用电能转换为热能，说明电阻是一个耗能元件。

（2）平均功率。一个周期内电路消耗电能的平均速度，即瞬时功率在一个周期内的平均值，称为平均功率，也称有功功率，用大写字母 P 表示。

$$P = \frac{1}{T}\int_0^T p\,\mathrm{d}t = \frac{1}{T}\int_0^T (UI - UI\cos2\omega t)\,\mathrm{d}t$$

$$= UI = I^2R = \frac{U^2}{R}$$

平均功率的波形如图 2.3.1（d）所示。

【例 2-5】　电路如图 2.3.1（a）所示，已知通过电阻 $R = 10\Omega$ 的电流为 $i = 2\sin(t+30°)\mathrm{A}$，求电阻两端的电压 u，并画出相量图。

解　由电压和电流关系，得

$$\dot{U}_{\mathrm{m}} = R\dot{I}_{\mathrm{m}} = 10 \times 2\underline{/30°} = 20\underline{/30°}(\mathrm{V})$$

则　$u = 20\sin(\omega t + 30°)\mathrm{V}$

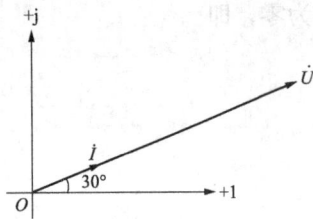

图 2.3.2　例 2-5 的相量图

相量图如图 2.3.2 所示。

2.3.2　纯电感电路

1. 电压和电流的关系

图 2.3.3 （a）是一个线性电感元件的交流电路，电压和电流的正方向如图所示。为了分析方便，选电流作为参考量，即

$$i = I_{\mathrm{m}}\sin\omega t \, \mathrm{A}$$

则　$$u = L\frac{\mathrm{d}i}{\mathrm{d}t} = L\frac{\mathrm{d}I_{\mathrm{m}}\sin\omega t}{\mathrm{d}t} = \omega L I_{\mathrm{m}}\cos\omega t = U_{\mathrm{m}}\sin(\omega t + 90°)\,\mathrm{V}$$

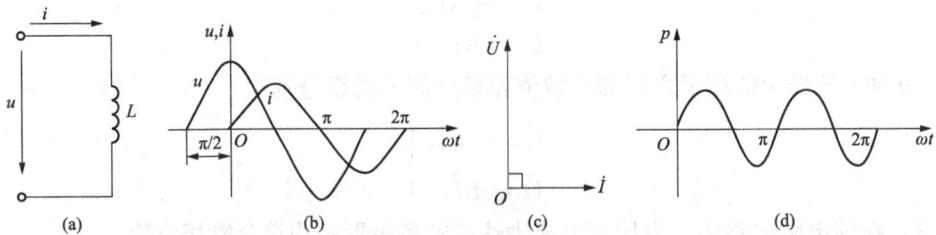

图 2.3.3　纯电感电路

（a）电路图；（b）电压与电流的波形图；（c）电压与电流的相量图；（d）功率波形图

比较两式，不难看出 i 和 u 有如下关系：

（1） u 和 i 是同频率的正弦量。

（2） u 在相位上超前 i 90°。

（3） u 和 i 的最大值之间和有效值之间的关系分别为

$$\left.\begin{array}{r} U_{\mathrm{m}} = X_{\mathrm{L}} I_{\mathrm{m}} \\ U = X_{\mathrm{L}} I \end{array}\right\} \tag{2.3.3}$$

其中，$X_{\mathrm{L}} = \omega L = 2\pi f L$，$X_{\mathrm{L}}$ 称为感抗，单位为 Ω。电压一定时，X_{L} 越大，则电流越小，所以 X_{L} 是表示电感对电流阻碍作用大小的物理量。X_{L} 的大小与 L 和 f 成正比，L 越大，f 越高，X_{L} 就越大。在直流电路中，由于 $f=0$，$X_{\mathrm{L}}=0$，所以电感可视为短路，故电感有短路直流的作用。

（4） u 和 i 的最大值相量之间和有效值相量之间的关系分别为

$$\left.\begin{array}{r} \dot{U}_{\mathrm{m}} = \mathrm{j}X_{\mathrm{L}}\dot{I}_{\mathrm{m}} \\ \dot{U} = \mathrm{j}X_{\mathrm{L}}\dot{I} \end{array}\right\} \tag{2.3.4}$$

波形图和相量图如图 2.3.3 （b）（c）所示。

2. 功率

（1）瞬时功率。电感的瞬时功率

$$p = ui = U_{\mathrm{m}}\sin(\omega t + 90°) \times I_{\mathrm{m}}\sin\omega t$$

$$= U_{\mathrm{m}}\cos\omega t \times I_{\mathrm{m}}\sin\omega t = \frac{1}{2}U_{\mathrm{m}}I_{\mathrm{m}}\sin 2\omega t$$

$$= \frac{1}{2}\sqrt{2}U \times \sqrt{2}I\sin 2\omega t$$

$$= UI\sin 2\omega t \tag{2.3.5}$$

波形图如图 2.3.3（d）所示。由图可知，瞬时功率 p 有正有负，$p>0$ 时，$|i|$ 在增加，这时电感中储存的磁场能量在增加，电感从电源取用电能并转换成了磁场能量；$p<0$ 时，$|i|$ 在减小，这时电感中储存的磁场能量转换成电能送回电源。电感瞬时功率的这一特点说明了以下两点：

1）电感不消耗电能，它是一种储能元件。

2）电感与电源之间有能量的互换。

（2）平均功率

$$P = \frac{1}{T}\int_0^T p\,\mathrm{d}t = \frac{1}{T}\int_0^T UI\sin2\omega t\,\mathrm{d}t = 0 \tag{2.3.6}$$

从平均功率（有功功率）为零这一特点也可以看出电感是一种储能元件而不是耗能元件。

（3）无功功率。刚才提到了电感和电源之间有能量的互换，这个互换功率的大小通常用瞬时功率的最大值来衡量。由于这部分功率并没有被消耗掉，所以称为无功功率，用 Q 表示，为与有功功率区别，Q 的单位用乏（var）表示。根据定义，电感的无功功率为

$$Q = UI = I^2 X_\mathrm{L} = \frac{U^2}{X_\mathrm{L}} \tag{2.3.7}$$

【例 2-6】　电路如图 2.3.3（a）所示，已知电感两端的电压 $u = 6\sin(10t + 30°)\mathrm{V}$，$L = 0.2\mathrm{H}$，求通过电感的电流 i，并画出相量图。

解　$\dot{U} = \dfrac{6}{\sqrt{2}} \underline{/30°}\ \mathrm{V}$

$X_\mathrm{L} = \omega L = 10 \times 0.2 = 2(\Omega)$

$\dot{I} = \dfrac{\dot{U}}{\mathrm{j}X_\mathrm{L}} = \dfrac{\frac{6}{\sqrt{2}}\underline{/30°}}{2\underline{/90°}} = \dfrac{3}{\sqrt{2}}\underline{/-60°}\ \mathrm{(A)}$

$i = 3\sin(10t - 60°)\mathrm{A}$

相量图如图 2.3.4 所示。

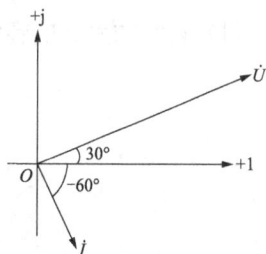

图 2.3.4　例 2-6 的相量图

2.3.3　纯电容电路

1. 电压和电流的关系

图 2.3.5（a）是一个线性电容元件的交流电路，电压和电流的正方向如图所示。为了分析方便，选电压作为参考量，即

$$u = U_\mathrm{m}\sin\omega t\ \mathrm{V}$$

则　　$i = C\dfrac{\mathrm{d}u}{\mathrm{d}t} = C\dfrac{\mathrm{d}U_\mathrm{m}\sin\omega t}{\mathrm{d}t} = \omega C U_\mathrm{m}\cos\omega t = I_\mathrm{m}\sin(\omega t + 90°)\mathrm{A}$

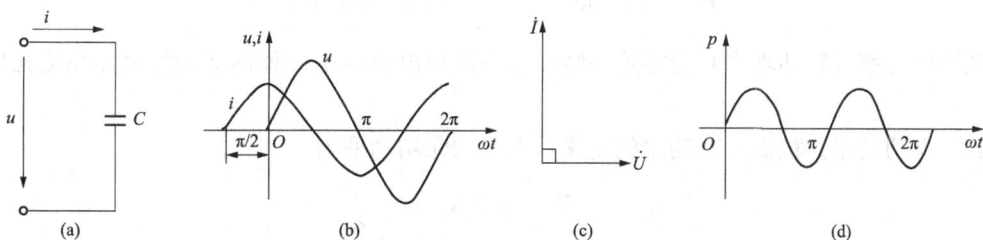

图 2.3.5　纯电容电路

（a）电路图；（b）电压与电流的波形图；（c）电压与电流的相量图；（d）功率波形图

比较两式，不难看出 i 和 u 有如下关系：

(1) u 和 i 是同频率的正弦量。

(2) u 在相位上滞后 $i\,90°$。

(3) u 和 i 的最大值之间和有效值之间的关系分别为

$$\left.\begin{array}{c} U_\mathrm{m} = X_\mathrm{C} I_\mathrm{m} \\ U = X_\mathrm{C} I \end{array}\right\} \tag{2.3.8}$$

式中 $X_\mathrm{C} = \dfrac{1}{\omega C} = \dfrac{1}{2\pi f C}$ 称为容抗，单位为 Ω。电压一定时，X_C 越大，则电流越小，所以 X_C 表示电容对电流阻碍作用大小的物理量。X_C 的大小与 C 和 f 成反比，C 越大，f 越高，X_C 就越小。在直流电路中，由于 $f = 0$，$X_\mathrm{C} \to \infty$，所以电容可视为开路，故电容有隔离直流的作用。

(4) u 和 i 的最大值相量之间和有效值相量之间的关系分别为

$$\left.\begin{array}{c} \dot{U}_\mathrm{m} = -\mathrm{j} X_\mathrm{C} \dot{I}_\mathrm{m} \\ \dot{U} = -\mathrm{j} X_\mathrm{C} \dot{I} \end{array}\right\} \tag{2.3.9}$$

波形图和相量图如图 2.3.5 (b) (c) 所示。

2. 功率

(1) 瞬时功率。电容的瞬时功率

$$\begin{aligned} p &= ui = U_\mathrm{m}\sin\omega t \times I_\mathrm{m}\sin(\omega t + 90°) \\ &= U_\mathrm{m}\sin\omega t \times I_\mathrm{m}\cos\omega t = \frac{1}{2} U_\mathrm{m} I_\mathrm{m} \sin 2\omega t \\ &= \frac{1}{2}\sqrt{2}U \times \sqrt{2}I \sin 2\omega t \\ &= UI \sin 2\omega t \end{aligned} \tag{2.3.10}$$

波形图如图 2.3.5 (d) 所示。由图可知，瞬时功率 p 有正有负，$p > 0$ 时，$|u|$ 在增加，这时电容在充电，电容从电源取用电能并转换成了电场能量；$p < 0$ 时，$|u|$ 在减小，这时电容在放电，电容中储存的电场能量又转换成电能送回电源。电容瞬时功率的这一特点说明了以下两点：

1) 电容不消耗电能，它是一种储能元件。

2) 电容与电源之间有能量的互换。

(2) 平均功率

$$P = \frac{1}{T}\int_0^T p\,\mathrm{d}t = \frac{1}{T}\int_0^T UI\sin 2\omega t\,\mathrm{d}t = 0 \tag{2.3.11}$$

从平均功率（有功功率）为零这一特点也可以得出电容是一种储能元件而非耗能元件的结论。

(3) 无功功率。根据无功功率的定义，电容的无功功率为

$$Q = -UI = -I^2 X_\mathrm{C} = -\frac{U^2}{X_\mathrm{C}} \tag{2.3.12}$$

【例 2-7】 电路如图 2.3.5 (a) 所示，已知流过电容的电流 $i = 5\sin(10^6 t + 15°)\,\mathrm{A}$，$C = 0.2\mu\mathrm{F}$，求电容两端的电压 u，并画出相量图。

解 $\dot{I} = \dfrac{5}{\sqrt{2}} \underline{/15°}\ \text{A}$

$$X_C = \frac{1}{\omega C} = \frac{1}{10^6 \times 0.2 \times 10^{-6}} = 5(\Omega)$$

$$\dot{U} = -jX_C \dot{I} = -j5 \times \frac{5}{\sqrt{2}} \underline{/15°} = \frac{25}{\sqrt{2}} \underline{/-75°}\,(\text{V})$$

$$u = 25\sin(10^6 t - 75°)\text{V}$$

相量图如图 2.3.6 所示。

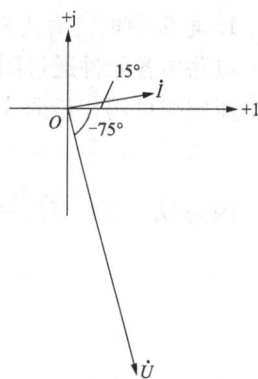

小结：（1）X_C、X_L 与 R 一样，有阻碍电流的作用。

（2）适用欧姆定律，X_C、X_L 等于相应电压、电流有效值之比。

（3）X_L 与 f 成正比，X_C 与 f 成反比，R 与 f 无关。

图 2.3.6　例 2-7 的相量图

（4）对直流电 $f=0$，$X_L=0$，L 可视为短路；$X_C \rightarrow \infty$，C 可视为开路。

（5）对交流电，f 越高，X_L 越大，X_C 越小。

单一参数交流电路的电压、电流关系的汇总可见表 2.3.1。

表 2.3.1　　　　　　　　　　单一参数交流电路的电压、电流关系

元件	瞬时值关系	有效值关系	相量关系	相位关系	相位差	有功功率	无功功率
R	$u=Ri$	$U=RI$	$\dot{U}=R\dot{I}$	同相	$0°$	UI	0
L	$u=L\dfrac{\mathrm{d}i}{\mathrm{d}t}$	$U=X_L I$	$\dot{U}=jX_L\dot{I}$	u 超前 i 90°	$90°$	0	UI
C	$i=C\dfrac{\mathrm{d}u}{\mathrm{d}t}$	$U=X_C I$	$\dot{U}=-jX_C\dot{I}$	u 滞后 i 90°	$-90°$	0	UI

2.4　串　联　交　流　电　路

2.4.1　R、L、C 串联电路

图 2.4.1（a）为电阻、电感和电容元件串联的交流电路。图 2.4.1（b）为该电路的相量模型，即图中各参数都用相量的形式标出。在分析交流电路时通常是在相量模型上进行分析及计算的。

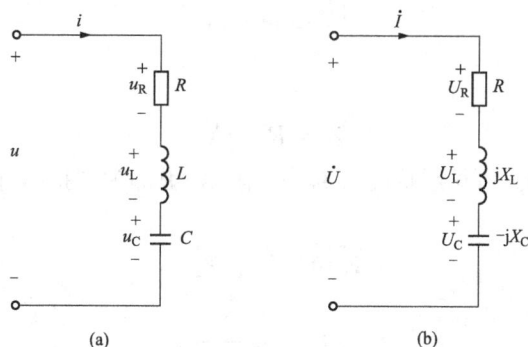

图 2.4.1　串联交流电路

（a）瞬时值模型；（b）相量模型

1. 电压和电流的关系

电路中各元件通过同一电流，电流与各个电压的参考方向如图 2.4.1 所示。根据基尔霍夫电压定律可用相量形式列出电压方程。

$$\dot{U} = \dot{U}_R + \dot{U}_L + \dot{U}_C$$

因为 $\dot{U}_R = R\dot{I}$，$\dot{U}_L = jX_L\dot{I}$，$\dot{U}_C = -jX_C\dot{I}$，所以

$$\dot{U} = R\dot{I} + jX_L\dot{I} - jX_C\dot{I}$$
$$= [R + j(X_L - X_C)]\dot{I}$$
$$= (R + jX)\dot{I} \tag{2.4.1}$$

式中 $X = X_L - X_C$ 称为电抗，单位为 Ω。

在 2.3 节我们分别讨论了纯电阻、纯电感和纯电容交流电路的电压和电流的关系，那么可以在同一个相量图上画出各元件上的电压和总电压之间的关系，因为是串联电路，各元件上通过的电流相同，因此选择电流作为参考相量比较方便，即假设电流的初相位为 0，图 2.4.2 为 R、L 和 C 串联电路的电压相量图，由图可见，$\dot{U}$、$\dot{U}_R$ 及 $(\dot{U}_L - \dot{U}_C)$ 构成了一个直角三角形，称为电压三角形，利用这个电压三角形，可求得电压的有效值，即

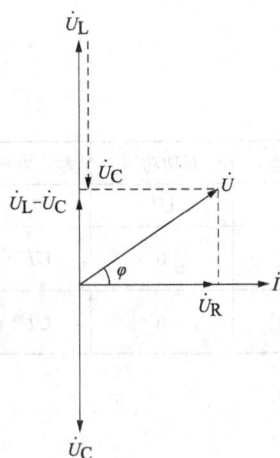

$$U = \sqrt{U_R^2 + (U_L - U_C)^2}$$
$$= \sqrt{(RI)^2 + (X_L I - X_C I)^2}$$
$$= I\sqrt{R^2 + X^2}$$

图 2.4.2 串联交流电路的相量图

由相量图不难看出，总电压是各部分电压的相量和而不是代数和，因此交流电路中总电压的有效值可能会小于电容或电感电压的有效值，总电压小于某部分电压，这在直流电路中是不可能出现的。

2. 阻抗、阻抗模、阻抗角

式 (2.4.1) 类似于欧姆定律的形式，因此

$$\frac{\dot{U}}{\dot{I}} = R + jX$$

令

$$Z = R + jX \tag{2.4.2}$$

Z 称为阻抗，单位 Ω。可见阻抗的实部为"阻"，虚部为"抗"，阻抗也是一个复数。因此可用极坐标的形式写成

$$Z = |Z| \angle \varphi$$

式中

$$|Z| = \sqrt{R^2 + X^2} \tag{2.4.3}$$
$$\varphi = \arctan\frac{X}{R} \tag{2.4.4}$$

$|Z|$ 称为阻抗模，单位 Ω，它也具有对电流起阻碍作用的性质。

φ 称为阻抗角。很显然，$|Z|$、R 和 X 是一个直角三角形的三条边，R 是 $|Z|$ 的实部，X 是 $|Z|$ 的虚部，这个三角形称为阻抗三角形，如图 2.4.3 所示。

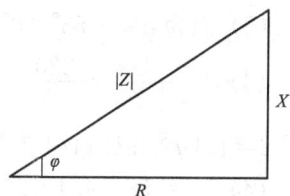

图 2.4.3 阻抗三角形

又因为

$$Z = \frac{\dot{U}}{\dot{I}} = \frac{U \angle \psi_u}{I \angle \psi_i} = \frac{U}{I} \angle \psi_u - \psi_i = |Z| \angle \varphi$$

所以阻抗模和阻抗角又可以分别写为

$$|Z| = \frac{U}{I} \tag{2.4.5}$$

$$\varphi = \psi_u - \psi_i \tag{2.4.6}$$

式（2.4.5）、式（2.4.6）表明，阻抗既反映了电路中电压和电流的大小关系，也反映了电压和电流的相位关系。阻抗为电压和电流相量的比值，阻抗模为电压和电流有效值的比值，阻抗角为电压和电流的相位差。

上面讨论的串联电路中包含了三种性质不同的参数，是具有一般意义的典型电路。单一参数交流电路或者只含有某两种参数的串联电路都可以视为 R、L、C 串联电路的特例。

3. 电路的性质

从式（2.4.6）可以看出，φ 角的大小是由电路（负载）的参数决定的，即 φ 角的大小由 R、L 和 C 决定。随着电路参数的不同，电压 u 与电流 i 之间的相位差 φ 也不同，即阻抗角也不同。

根据电压电流的相位关系，可将电路分为以下三种情况：

（1）如果 $0 < \varphi < 90°$，即 $X_L > X_C$，则在相位上电压超前电流 φ 角，电路的性质是介于纯电阻和纯电感之间，这种电路称为电感性电路。

（2）如果 $-90° < \varphi < 0$，即 $X_L < X_C$，则在相位上电压滞后电流 φ 角，电路的性质是介于纯电阻与纯电容之间，这种电路称为电容性电路。

（3）如果 $\varphi = 0°$，即 $X_L = X_C$，则电压与电流同相位，这种电路称为电阻性电路。这种特殊现象称为谐振，在以后的章节中会详细讨论。

【例 2-8】 在 R、L、C 串联电路中，已知：$R = 30\Omega$，$L = 127\text{mH}$，$C = 40\mu\text{F}$，电源电压 $u = 220\sqrt{2}\sin(314t + 20°)\text{V}$，试求：

（1）感抗、容抗、阻抗。

（2）判断电路的性质。

（3）电流的有效值和瞬时值的表达式。

（4）各元件上电压的有效值和瞬时值的表达式。

（5）画出相量图。

解 （1）因为 $\omega = 314\text{rad/s}$，所以 $X_L = \omega L = 314 \times 127 \times 10^{-3} = 40(\Omega)$

$$X_C = \frac{1}{\omega C} = \frac{1}{314 \times 40 \times 10^{-6}} = 80(\Omega)$$

$$Z = R + \text{j}(X_L - X_C) = (30 - \text{j}40)(\Omega) = 50 \angle -53° \ \Omega$$

（2）因为 $\varphi = -53° < 0°$，故电路呈电容性。

（3）$I = \dfrac{U}{|Z|} = \dfrac{220}{50} = 4.4(\text{A})$

$i = 4.4\sqrt{2}\sin(314t + 20° + 53°) = 4.4\sqrt{2}\sin(314t + 73°)(\text{A})$

（4）$U_R = IR = 4.4 \times 30 = 132(\text{V})$

$u_R = iR = 132\sqrt{2}\sin(314t + 73°)(\text{V})$

$U_L = X_L I = 40 \times 4.4 = 176(\text{V})$

$u_L = 176\sqrt{2}\sin(314t + 163°)(\text{V})$

$U_C = X_C I = 80 \times 4.4 = 352(\text{V})$

$u_C = 352\sqrt{2}\sin(314t - 17°)(\text{V})$

（5）相量图如图 2.4.4 所示。

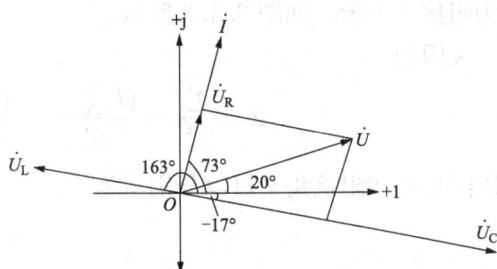

图 2.4.4　例 2-8 的相量图

2.4.2　阻抗串联电路

图 2.4.5 是两个阻抗串联的电路，根据图中电压、电流的参考方向，可列出电压方程

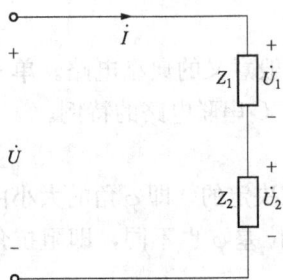

$$\dot{U} = \dot{U}_1 + \dot{U}_2 = Z_1\dot{I} + Z_2\dot{I}$$
$$= (Z_1 + Z_2)\dot{I}$$
$$= Z\dot{I}$$

等效阻抗

$$Z = Z_1 + Z_2$$

2.4.3　阻抗并联电路

图 2.4.6 为两个阻抗并联的电路，根据图中电压、电流的参考方向，可列出电流方程

图 2.4.5　两个阻抗串联

$$\dot{I} = \dot{I}_1 + \dot{I}_2 = \dfrac{\dot{U}}{Z_1} + \dfrac{\dot{U}}{Z_2}$$
$$= \dot{U}\left(\dfrac{1}{Z_1} + \dfrac{1}{Z_2}\right) = \dfrac{\dot{U}}{Z}$$

等效阻抗

$$Z = \dfrac{1}{\dfrac{1}{Z_1} + \dfrac{1}{Z_2}} = \dfrac{Z_1 Z_2}{Z_1 + Z_2}$$

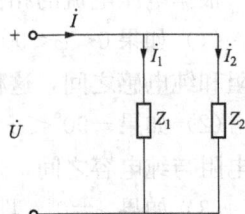

图 2.4.6　两个阻抗并联

【例 2-9】 已知 $\omega = 10^4 \text{rad/s}$，求图 2.4.7（a）所示电路的总阻抗 Z_{ab}。

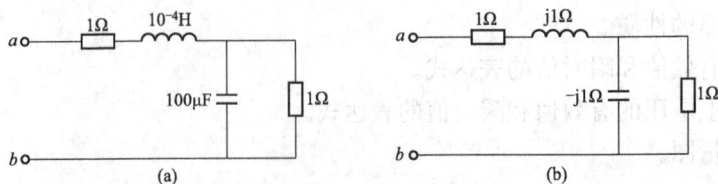

图 2.4.7　例 2-9 图

(a) 电路图；(b) 相量模型

解　$X_L = \omega L = 10^4 \times 10^{-4} = 1(\Omega)$

$$X_C = \frac{1}{\omega C} = \frac{1}{10^4 \times 100 \times 10^{-6}} = 1(\Omega)$$

电路图的相量模型如图 2.4.7（b）所示

$$Z_{ab} = 1 + j1 + \frac{1 \times (-j1)}{1 - j1} = 1 + j1 - \frac{j}{1-j} = (1.5 + j0.5)(\Omega)$$

【例 2-10】 已知 $R_1 = 3\Omega$，$R_2 = 8\Omega$，$X_L = 4\Omega$，$X_C = 6\Omega$，电路模型如图 2.4.8 所示，电源电压 $u = 220\sqrt{2}\sin314t$ V，求：（1）总电流 i、i_1 和 i_2。（2）画出相量图。

解　（1）求各电流。

方法一：$Z_1 = R_1 + jX_L = 3 + j4 = 5\underline{/53°}$（$\Omega$）

$Z_2 = R_2 - jX_C = 8 - j6 = 10\underline{/-37°}(\Omega)$

$$\dot{I}_1 = \frac{\dot{U}}{Z_1} = \frac{220\underline{/0°}}{5\underline{/53°}} = 44\underline{/-53°}(A)$$

$$i_1 = 44\sqrt{2}\sin(314t - 53°)A$$

$$\dot{I}_2 = \frac{\dot{U}}{Z_2} = \frac{220\underline{/0°}}{10\underline{/-37°}} = 22\underline{/37°}(A)$$

$$i_2 = 22\sqrt{2}\sin(314t + 37°)A$$

$$\dot{I} = \dot{I}_1 + \dot{I}_2 = 49.2\underline{/-26.5°}(A)$$

$$i = 49.2\sqrt{2}\sin(314t - 26.5°)(A)$$

方法二：
$$Z = \frac{Z_1 Z_2}{Z_1 + Z_2} = 4.47\underline{/26.5°}(\Omega)$$

$$\dot{I} = \frac{\dot{U}}{Z} = \frac{220\underline{/0°}}{4.47\underline{/26.5°}} = 49.2\underline{/-26.5°}(A)$$

$$i = 49.2\sqrt{2}\sin(314t - 26.5°)A$$

$$\dot{I}_1 = \frac{Z_2}{Z_1 + Z_2}\dot{I} = 44\underline{/-53°}(A)$$

$$\dot{I}_2 = \frac{Z_1}{Z_1 + Z_2}\dot{I} = 22\underline{/37°}\ A$$

（2）相量图如图 2.4.9 所示。

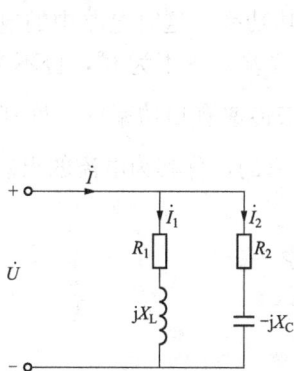

图 2.4.8　例 2-10 图　　　　图 2.4.9　例 2-10 相量图

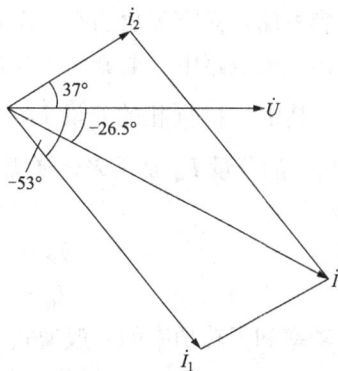

2.5 交流电路的功率

在单一参数交流电路里，我们分别讨论了电阻电路、电感电路和电容电路的瞬时功率、有功功率和无功功率的情况。那么当电路中同时含有电阻元件和储能元件时，电路的功率既包含电阻元件消耗的功率，又包含储能元件与电源交换的功率。那么对于这种一般的交流电路来说，它的有功功率和无功功率与电压、电流之间有什么关系呢？

对于一般交流电路，我们写出它的瞬时电压和瞬时电流的一般通式，即设

$$u = U_m \sin(\omega t + \psi_u)$$
$$i = I_m \sin(\omega t + \psi_i)$$

因为相位差 $\varphi = \psi_u - \psi_i$

所以瞬时电流可写为 $i = I_m \sin(\omega t + \psi_u - \varphi)$

则瞬时功率为

$$
\begin{aligned}
p = ui &= U_m \sin(\omega t + \psi_u) \times I_m \sin(\omega t + \psi_u - \varphi) \\
&= 2UI \sin(\omega t + \psi_u) \sin(\omega t + \psi_u - \varphi) \\
&= UI[\cos(\omega t + \psi_u - \omega t - \psi_u + \varphi) - \cos(\omega t + \psi_u + \omega t + \psi_u - \varphi)] \\
&= UI[\cos\varphi - \cos(2\omega t + 2\psi_u - \varphi)]
\end{aligned}
\tag{2.5.1}
$$

有功功率为

$$
\begin{aligned}
P &= \frac{1}{T}\int_0^T p\,\mathrm{d}t \\
&= \frac{1}{T}\int_0^T UI[\cos\varphi - \cos(2\omega t + 2\psi_u - \varphi)]\mathrm{d}t \\
&= \frac{UI}{T}\int_0^T \cos\varphi\,\mathrm{d}t - \frac{UI}{T}\int_0^T \cos(2\omega t + 2\psi_u - \varphi)\mathrm{d}t \\
&= UI\cos\varphi
\end{aligned}
\tag{2.5.2}
$$

式（2.5.2）就是一般的交流电路中有功功率的通式，是根据定义从公式推出来的。有功功率还可以从相量图上推导出这个表达式，如图 2.5.1 所示。在单一参数交流电路的分析中，我们知道了当电流与电压同相时，电路为纯电阻电路，只消耗有功功率，没有无功功率，这时电路中的电流是用来传递有功功率的；当电流与电压的相位差为 ±90° 时，电路为纯电感电路或纯电容电路，只有无功功率，没有有功功率，这时电路中的电流是用来传递无功功率的。在一般的交流电路中，电流与电压的相位差 φ 既不为 0°，也不为 90°，这时可将 $\dot{I}$ 分解成两个分量，其中与 $\dot{U}$ 同相的分量 $\dot{I}_P$ 是用来传递有功功率的，称其为电流的**有功分量**；与 $\dot{U}$ 相位相差 90° 的分量 $\dot{I}_Q$ 是用来传递无功功率的，称其为电流的**无功分量**。它们与电流 I 之间的关系为

$$I_P = I\cos\varphi$$
$$I_Q = I\sin\varphi$$

因此可以得出有功功率和无功功率的一般通式

$$P = UI\cos\varphi$$
$$Q = UI\sin\varphi \tag{2.5.3}$$

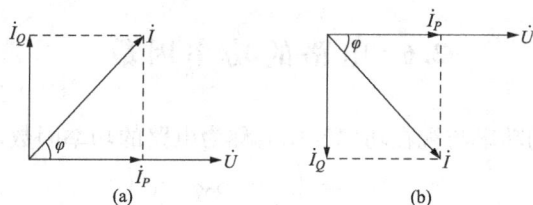

图 2.5.1 电流的有功分量和无功分量

电压与电流有效值的乘积定义为视在功率，用 S 表示，单位为伏安（V·A），即

$$S = UI \qquad (2.5.4)$$

在直流电路里，UI 就等于负载消耗的功率。而在交流电路中，负载消耗的功率为 $UI\cos\varphi$，所以 UI 一般不代表实际消耗的功率，除非 $\cos\varphi=1$，视在功率是用来说明一个电气设备容量的物理量。

由式（2.5.2）～（2.5.4）可以得出，三种功率间的关系为

$$P = S\cos\varphi$$

$$Q = S\sin\varphi$$

$$S = \sqrt{P^2 + Q^2}$$

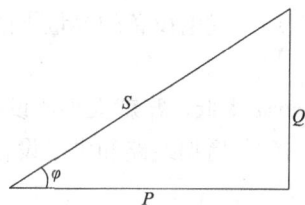

图 2.5.2 功率三角形

P、Q、S 三者之间符合直角三角形的关系，如图 2.5.2 所示，这个三角形称为功率三角形。不难看出，电压三角形、阻抗三角形和功率三角形是三个相似三角形。

在接有负载的电路中，不论电路的结构如何，电路总功率与局部功率的关系如下：

（1）总的有功功率等于各部分有功功率的算术和。因为有功功率是实际消耗的功率，所以电路中的有功功率总为正值，并且总有功功率就等于电阻元件的有功功率的算术和。即

$$P = \sum P_i = \sum R_i I_i^2 \qquad (2.5.5)$$

（2）在同一电路中，电感的无功功率为正，电容的无功功率为负。因此，电路总的无功功率等于各部分无功功率的代数和。即

$$Q = Q_L + Q_C = |Q_L| - |Q_C| \qquad (2.5.6)$$

（3）视在功率是功率三角形的斜边，所以一般情况下总的视在功率不等于各部分视在功率的代数和，即 $S \neq \sum S_i$，只能用公式进行计算。

【例 2-11】 例 2-10 的电路中，求电路的 P、Q、S。

解 用三种方法求有功功率

方法一：$P = UI\cos\varphi = 220 \times 49.2 \times \cos26.5° = 9680(\text{W})$

方法二：$P = I_1^2 R_1 + I_2^2 R_2 = 44^2 \times 3 + 22^2 \times 8 = 9680(\text{W})$

方法三：$P = P_1 + P_2 = UI_1\cos\varphi_1 + UI_2\cos\varphi_2$

$\qquad = 220 \times 44 \times \cos53° + 220 \times 22 \times \cos(-37°)$

$\qquad = 9680(\text{W})$

$Q = UI\sin\varphi = 220 \times 49.2 \times \sin26.5° = 4843(\text{var})$

$S = UI = 220 \times 49.2 = 10824(\text{V·A})$

2.6 电路的功率因数

在交流电路中，有功功率与视在功率的比值称为电路的功率因数，用 λ 表示，即

$$\lambda = \frac{P}{S} = \cos\varphi \tag{2.6.1}$$

因而电压与电流的相位差 φ，也就是阻抗角称为功率因数角。同样它是由电路参数决定的。在纯电阻电路中，$P=S$，$Q=0$，$\lambda=1$，功率因数最高。在纯电感和纯电容电路中，$P=0$，$Q=S$，$\lambda=0$，功率因数最低。可见只有在纯电阻情况下，电压和电流才同相，功率因数为 1，对其他负载来说，功率因数都是介于 0 和 1 之间，只要功率因数不等于 1，说明电路中发生了能量的互换，出现了无功功率 Q。因此功率因数是一项重要的经济指标，它反映了用电质量，从充分利用电器设备的观点来看，应尽量使 λ 提高。

1. 功率因数低带来的影响

(1) 发电设备的容量不能充分利用。容量 S_N 一定的供电设备能够输出的有功功率为

$$P = S_N\cos\varphi$$

若 $\cos\varphi$ 太低，P 就太小，设备的利用率也就降低了。

(2) 增加线路和供电设备的功率损耗。负载从电源取用的电流为

$$I = \frac{P}{U\cos\varphi}$$

因为线路的功率损耗为 $P=rI^2$，与 I^2 成正比，所以在 P 和 U 一定的情况下，$\cos\varphi$ 越低，I 就越大，供电设备和输电线路的功率损耗都会增多。

2. 功率因数低的原因

目前的各种用电设备中，电感性负载居多，并且很多负载如日光灯、工频炉以及电焊变压器等本身的功率因数也很低。电感性负载的功率因数之所以小于 1，是由于负载本身需要一定的无功功率，从技术经济观点出发，要解决这个矛盾，实际上就是要解决如何减少电源与负载之间能量互换的问题。

3. 提高功率因数的方法

常用的提高功率因数的方法就是在电感性负载两端并联电容。以日光灯电路为例来说明并联电容前后整个电路的工作情况，电路图和相量图如图 2.6.1 所示。

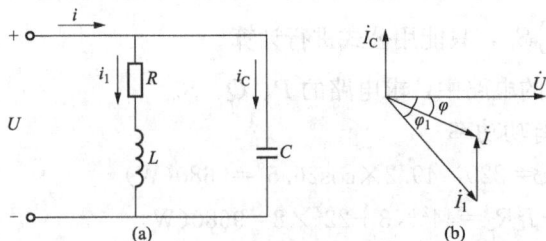

图 2.6.1 提高功率因数

(a) 电路图；(b) 相量模型

(1) 并联电容前。

1) 电路的总电流为 $\dot{I}_1 = \dfrac{\dot{U}}{R+jX_L}$。

2）电路的功率因数就是负载的功率因数　　$\cos\varphi_1=\dfrac{R}{\sqrt{R^2+X_L^2}}$。

3）有功功率为　　$P=UI_1\cos\varphi_1=I_1^2R$。

（2）并联电容后。

1）电路的总电流为　　$\dot{I}=\dot{I}_1+\dot{I}_C$。

2）电路中总的功率因数为　　$\cos\varphi$。

3）有功功率为　　$P=UI\cos\varphi=I_1^2R$。

从相量图上不难看出，$\varphi<\varphi_1$，所以 $\cos\varphi>\cos\varphi_1$，功率因数得到了提高，只要 C 值选得恰当，便可将电路的功率因数提高到希望的数值。从公式可以看出，并联电容后，负载的电流 $\dot{I}_1$ 没有变，负载本身的功率因数 $\cos\varphi_1$ 没有变，因为负载的参数都没有变，提高功率因数不是提高负载的功率因数，而是提高了整个电路的功率因数，这样对电网而言提高了利用率。这一点必须要清楚。因为有功功率就是负载消耗的功率，即电阻消耗的功率，电感和电容的有功功率都为 0，电阻上的电流不变，所以并联电容前后的有功功率没有发生变化。

如果要将功率因数提高到希望的数值，应该并联多大的电容呢？由相量图 2.6.1（b）可以得到，在相量图上可以先求出 I_C，即

$$I_C=I_1\sin\varphi_1-I\sin\varphi$$

又因为

$$U=X_CI_C=\dfrac{I_C}{\omega C}$$

所以

$$C=\dfrac{I_C}{\omega U}$$

【例 2-12】　日光灯电路如图 2.6.1（a）所示，L 为铁芯电感，$U=220\text{V}$，$f=50\text{Hz}$，日光灯的功率为 40W，额定电流为 0.4A，求：（1）R、L 的值；（2）要使 $\cos\varphi$ 提高到 0.8，需即日光灯两端并联多大的电容。

解　（1）$|Z|=\dfrac{U}{I_1}=\dfrac{220}{0.4}=550(\Omega)$

$\cos\varphi_1=\dfrac{P}{UI_1}=\dfrac{40}{220\times0.4}=0.45$

$\varphi_1=\pm63°$（取 +，因为电路为电感性电路）

$Z=|Z|\underline{/\varphi_1}=550\underline{/63°}=550(\cos63°+j\sin63°)$

$\qquad=(250+j490)(\Omega)$

即　　$R=250\Omega$

$\quad X_L=490\Omega$

$\quad L=\dfrac{X_L}{2\pi f}=\dfrac{490}{2\times3.14\times50}=1.56(\text{H})$

（2）以 $\dot{U}$ 为参考相量，设 $\dot{U}=220\underline{/0°}\ \text{V}$

$$I=\dfrac{P}{U\cos\varphi_2}=\dfrac{40}{220\times0.8}=0.227(\text{A})$$

$$\varphi_2=37°$$

$$I_C=I_1\sin\varphi_1-I\sin\varphi_2=0.4\sin63°-0.22\sin37°=0.22(\text{A})$$

$$C = \frac{I_C}{\omega U} = \frac{0.22}{2 \times 3.14 \times 50 \times 220} = 3.2(\mu F)$$

还有一种用无功功率去计算电容值的方法。

$$Q_C = Q_1 - Q = P\tan\varphi_1 - P\tan\varphi = P(\tan\varphi_1 - \tan\varphi)$$

其中，Q_1 为并联电容器之前电路的无功功率，Q 为并联电容器之后电路的无功功率，Q_C 为电容器提供的无功功率。

又

$$Q_C = \frac{U^2}{X_C} = \omega C U^2$$

故

$$C = \frac{P}{\omega U^2}(\tan\varphi_1 - \tan\varphi)$$

2.7 电路中的谐振

在含有电感、电容和电阻的电路中，如果等效电路中的感抗作用和容抗作用相互抵消，使整个电路呈电阻性，这种现象称为谐振。根据电路结构的不同有串联谐振和并联谐振两种情况。

2.7.1 串联谐振的条件

图 2.7.1 为 R、L、C 串联电路及谐振时的相量图。电路的阻抗 $Z = R + j(X_L - X_C)$。要使电路呈电阻性，阻抗的虚部应为零，故得串联谐振的条件为 $X_L = X_C$，即 $2\pi f L = \frac{1}{2\pi f C}$，由此得谐振频率为

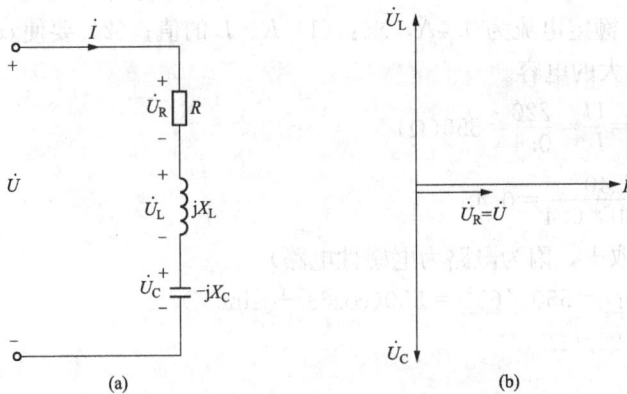

图 2.7.1 RLC 串联电路及谐振时的相量图

(a) 电路；(b) 相量图

$$f = f_0 = \frac{1}{2\pi\sqrt{LC}} \tag{2.7.1}$$

f_0 也称为电路的固有频率，它取决于电路参数 L 和 C，是电路的一种固有属性。当电源的频率等于固有频率时，R、L、C 串联电路就产生谐振。若电源的频率是固定的，那么调整 L 或 C 的数值，使电路固有频率等于电源频率，也会产生谐振。

串联谐振的特点如下：

(1) 串联谐振时电路的阻抗模最小，此时

$$|Z| = \sqrt{R^2 + (X_L - X_C)^2} = R$$

$$I = \frac{U}{|Z|} = \frac{U}{R}$$

所以，若电源电压 U 为定值，谐振时电流最大。

(2) 电压与电流同相，电路的 $\cos\varphi = 1$。

(3) $U_L = U_C$，$U_{LC} = 0$；若 $X_L = X_C > R$，则 $U_L = U_C > U$，即电路电感和电容元件的电压大于总电压，可从相量图上看出。如果电压过高，可能会击穿线圈和电容器的绝缘。因此，在电力工程中一般应避免发生串联谐振。但在无线电工程中则常利用串联谐振以获得较高电压，这时电容或电感元件上的电压常高于电源电压几十倍或几百倍。

串联谐振时，电感电压与电容电压大小相等，相位相反，互相抵消，因此串联谐振也称为电压谐振。

【例 2-13】　在 R、L、C 串联电路中，已知 $R = 20\Omega$，$L = 500\mu H$，$C = 161.5pF$。

(1) 求谐振频率 f_0。

(2) 若信号电压 1mV，求 U_L。

解　(1) 谐振频率

$$f_0 = \frac{1}{2\pi\sqrt{LC}} = \frac{1}{2\pi\sqrt{500 \times 10^{-6} \times 161.5 \times 10^{-12}}} Hz = 560kHz$$

(2)
$$\frac{\omega_0 L}{R} = \frac{2\pi f_0 L}{R} = \frac{2\pi \times 560 \times 10^3 \times 500 \times 10^{-6}}{20} = 88$$

又
$$U_L = IX_L = \frac{U}{R}X_L = \frac{\omega_0 L}{R}U = \frac{2\pi f_0 L}{R}U = 88 \times 1mV = 88mV$$

可见，通过串联谐振可使信号电压从 1mV 提高到 88mV。

2.7.2　并联谐振

现以图 2.7.2 (a) 所示的 RLC 并联电路来说明并联谐振的条件和特点，由于

$$\dot{I} = \dot{I}_R + \dot{I}_L + \dot{I}_C$$

$$= \left(\frac{1}{R} + \frac{1}{jX_L} + \frac{1}{-jX_C}\right)\dot{U}$$

当 $X_L = X_C$ 时，$\dot{I}$ 与 $\dot{U}$ 相位相同，故并联电路的谐振条件和谐振频率的公式与串联谐振时相同，谐振时的相量图如图 2.7.2 (b) 所示。

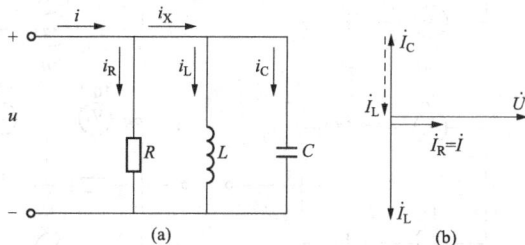

图 2.7.2　RLC 并联电路及谐振时的相量图

(a) 电路；(b) 相量图

并联谐振的特点如下：

（1）由于 $X_L=X_C$，$Z_{LC}=\dfrac{-jX_C \cdot jX_L}{jX_L-jX_C}\to\infty$，$L$ 和 C 并联部分相当于开路，$Z=|Z|=R$，最大。

（2）I_L 与 I_C 相互抵消，$I_X=0$，$I=I_R$；若 $X_L=X_C\ll R$，则 $I_L=I_C\gg I$，即通过电感和电容元件的电流大于总电流，可从相量图上看出。因此并联谐振也称为电流谐振。它在通信工程中也得到广泛应用。

习　题

2.1.1 已知 $I_m=10mA$，$f=50Hz$，$\varphi=60°$。写出 i 的正弦函数表达式，并求解 $t=1ms$ 时的 i。

2.2.1 已知某正弦电流当其相位角为 $\dfrac{\pi}{6}$ 时，其值为 5A，该电流的有效值是多少？若此电流的周期为 10ms，且在 $t=0$ 时正处于由正值过渡到负值时的零值，写出电流的瞬时值表达式 i 及相量 $\dot I$。

2.2.2 已知 $A=8+j6$，$B=8\ \angle-45°$。求 （1）$A+B$；（2）$A-B$；（3）$A \cdot B$；（4）$\dfrac{A}{B}$。

2.2.3 已知 $i_1=10\sin(\omega t+30°)A$，$i_2=10\sin(\omega t-60°)A$。用相量法求它们的和及差。

2.4.1 求串联交流电路中，下列三种情况下电路中的 R 和 X 各为多少？指出电路的性质和电压对电流的相位差。

（1）$Z=(6+j8)\ \Omega$。

（2）$\dot U=50\ \angle30°\ V$，$\dot I=2\ \angle30°\ A$。

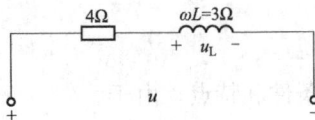

（3）$\dot U=100\ \angle-30°\ V$，$\dot I=4\ \angle40°\ A$。

2.4.2 图示电路中 R 与 ωL 串联接到 $u=10\sin(\omega t-180°)\ V$，的电源上，求电感电压 u_L 为多少。

习题 2.4.2 图

2.4.3 分别求出图中电流表 A0 和电压表 V0 的读数。

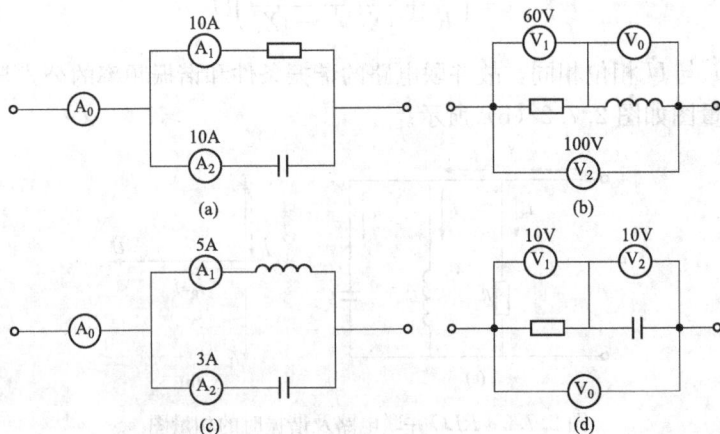

习题 2.4.3 图

2.4.4　一个电感线圈（电阻忽略不计）接在 $U=100\text{V}$、$f=50\text{Hz}$ 的交流电源上时，流过 2A 电流。如果把它接在 $U=150\text{V}$、$f=60\text{Hz}$ 的交流电源上，则流过的电流 I 为多少？

2.4.5　某负载电压和电流分别为 $u=20\sin(314t-30°)\text{V}$，$i=2\sin(314t+30°)\text{A}$，试判断该负载的性质并求解该负载消耗的功率。

2.4.6　将一个电感线圈接到 20V 直流电源时，通过的电流为 1A，将此线圈改接于 2000Hz、20V 的电源时，电流为 0.8A。求该线圈的电阻 R 和电感 L。

2.4.7　在 R、L、C 串联电路中，电源电压 $u=5\sqrt{2}\sin(314t+60°)\text{V}$，$R=20\Omega$，$X_L=25\Omega$，$X_C=20\Omega$，求此电路的阻抗 Z，电流 $\dot{I}$，电压 $\dot{U}_R$、$\dot{U}_L$、$\dot{U}_C$。

2.4.8　图示电路中，电压有效值 $U_{AB}=50\text{V}$，$U_{AC}=78\text{V}$，求解 X_L 的值。

2.4.9　图示电路中，已知 $u_{AB}=10\sqrt{2}\sin\omega t\text{V}$，$R_1=X_C=4\Omega$，$R_2=X_L=3\Omega$。求：$i_1$、$i_2$ 和 u_{CD} 的瞬时值表达式。

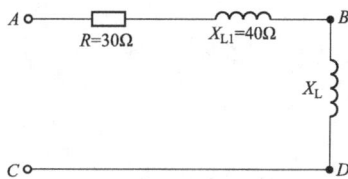
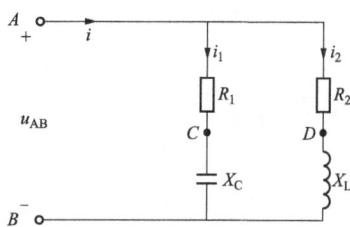

　　习题 2.4.8 图　　　　　　　　　习题 2.4.9 图

2.4.10　图示电路中，已知 $Z=2+j2\Omega$，$R_2=2\Omega$，$X_C=2\Omega$，$U_{ab}=10\underline{/0°}\text{V}$，求 $\dot{U}$。

2.4.11　在图示电路中，已知 $Z_1=(2+j2)\Omega$，$Z_2=(3+j3)\Omega$，$\dot{I}_S=5\underline{/0°}\text{A}$。求各支路电流 $\dot{I}_1$、$\dot{I}_2$ 和电流源的端电压 $\dot{U}$。

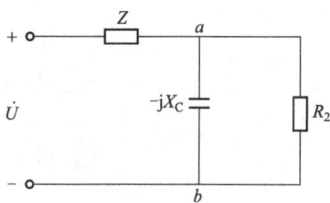
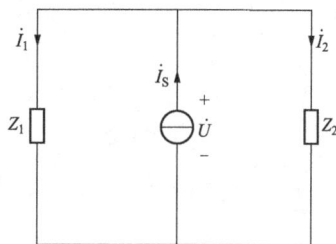

　　习题 2.4.10 图　　　　　　　　习题 2.4.11 图

2.5.1　无源两端网络 N_0 如图所示，已知 $\dot{U}=220\underline{/25°}\text{V}$，$\omega=1\text{rad/s}$，$\dot{I}_1=22\underline{/55°}\text{A}$。试求：（1）$N_0$ 的最简等效电路参数（表示为 Z 或 Y 均可）。（2）此网络的 S、P、Q。

2.5.2　图示电路中，已知 $u=0.1\sqrt{2}\cos\omega t\text{V}$，$\omega=10^4\text{rad/s}$ 时，电流 i 的有效值为最大，量值是 1A，此时 $U_L=10\text{V}$。求 R、L、C 及功率因数 Q。

2.6.1　已知电感性负载的有功功率为 300kW，功率因数为 0.65，若要将功率因数提高到 0.9，求：（1）电容器的无功功率；（2）若电源电压 $U=220\text{V}$，$f=50\text{Hz}$，求电容量。

2.6.2　日光灯等效电路如图所示，已知灯管电阻 $R=280\Omega$，镇流器的电阻 $r=20\Omega$，电感 $L=1.66\text{H}$，电源为 $U=220\text{V}$、50Hz 的正弦交流电。求：（1）电路中的电流 I。（2）灯管

上的电压 U_R 和镇流器上的电压 U_{rL}。（3）电路的功率因数。

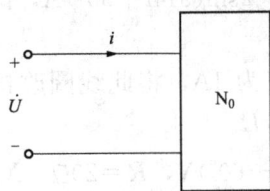

习题 2.5.1 图

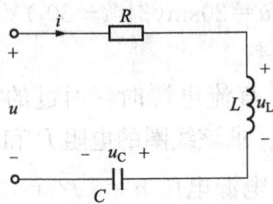

习题 2.5.2 图

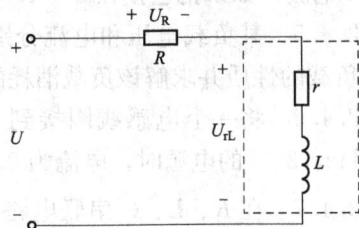

习题 2.6.2 图

第三章 电路的暂态分析

第 1 章介绍了电阻器、电感器和电容器是电路的三种基本元件，其中电感器和电容器都有存储能量的作用，称为储能元件，它们存储的能量分别是磁场能量和电场能量。由能量守恒定律可知，任何能量的积累和衰减都需要时间，当能量的大小发生变化时，无论增加或减少，或从一种形式转化为另外一种形式时，其间必然应该有一个过渡过程，这样一个过渡过程称为暂态过程。譬如：当 RC 串联电路与直流电源接通后，电容元件被充电，其上电压是逐渐增长到稳定值（电源电压）的；而电路中有充电电流，它是逐渐衰减到零的。这种情况下电路电压或电流的增长或衰减就是一个暂态过程。

3.1 储能元件和换路定律

电路的接通、断开、短路、电压改变或参数改变等称为换路。

换路时电路中能量发生变化，但不能跃变，否则将使功率 $p=\dfrac{\mathrm{d}W}{\mathrm{d}t}$ 达到无穷大，这在实际中是不可能的。故电感元件中储有的磁场能量 $\dfrac{1}{2}Li_L^2$ 不能跃变，这反映在电感元件中的电感电流 i_L 不能跃变；电容元件中储有的电场能量 $\dfrac{1}{2}Cu_C^2$ 不能跃变，反映在电容元件上的电容电压 u_C 不能跃变。

电路的暂态过程就是由于储能元件的能量不能跃变而产生的。

换路定律：设 $t=0$ 为换路瞬间，而以 $t=0_-$ 表示换路前的终了瞬间，指 t 从负值趋近于 0，$t=0_+$ 为换路后的初始瞬间，指 t 从正值趋近于 0。从 $t=0_-$ 到 $t=0_+$ 瞬间，电感元件中的电流和电容元件上的电压不能跃变，这称为换路定律。即

$$i_L(0_-)=i_L(0_+) \quad u_C(0_-)=u_C(0_+)$$

故换路前后，电感可看成是一个恒流源，电容可看成是一个恒压源。

换路定律仅适用于换路瞬间，可根据它来确定 $t=0_+$ 时电路中电压和电流之值，即暂态过程的初始值。确定各个电压和电流的初始值时，先由 $t=0_-$ 的电路求出 $i_L(0_-)$ 或 $u_C(0_-)$，而后由 $t=0_+$ 的电路在已求得的 $i_L(0_+)$ 或 $u_C(0_+)$ 的条件下求其他电压和电流的初始值。

【例 3-1】 图 3.1.1 电路 $t<0$ 时处于稳态，$t=0$ 时开关断开。

（1）求初始值 $u_C(0_+)$、$i_L(0_+)$。

（2）求 5Ω 电阻上流过的电流 $i(0_+)$。

解 （1）先由 $t=0_-$ 的电路，即图 3.1.2 所示的开关 S 未断开前的电路得知

$$u_C(0_-)=\frac{45}{5+8+(3//6)}\times 8=24(\mathrm{V})$$

$$i_L(0_-)=\frac{45}{5+8+(3//6)}\times\frac{6}{3+6}=2(\mathrm{A})$$

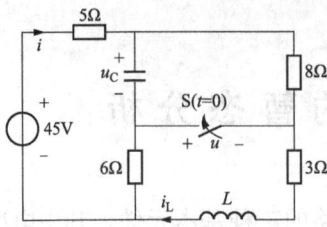

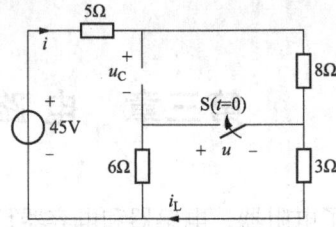

图 3.1.1　例 3-1 图　　　　　图 3.1.2　开关 S 未断开前

根据换路定则可知，

$$u_C(0_-) = u_C(0_+) = 24(V)$$
$$i_L(0_-) = i_L(0_+)$$

（2）从 $t=0_-$ 到 $t=0_+$ 瞬间，电感元件中的电流和电容元件上的电压不能跃变，即本题中换路前后瞬间电容相当于一个电压值为 24V 的恒压源，电感相当于一个电流值为 2A 的恒流源，代入原电路中易得如图 3.1.3 所示的等效电路。

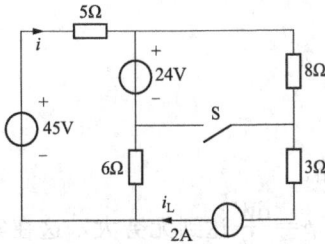

图 3.1.3　开关 S 断开后
瞬间等效电路

假设 24V 电压源与 6Ω 电阻串联支路流过的支路电流为 I_1（参考方向自上而下），由支路电流法可得方程组：

$$I = 2 + I_1$$
$$45 = 5I + 24 + 6I_1$$

联立求解得 5Ω 电阻上流过的电流 $i(0_+) = 3A$。

3.2　RC 电路的暂态分析

用经典法分析电路的暂态过程，就是根据激励（电源电压或电流），通过求解电路的微分方程以得出电路的响应（电压或电流）。由于电路的激励和响应都是时间的函数，所以这种分析属于时域分析。

3.2.1　RC 电路的零输入响应

RC 电路的零输入，是指无电源激励，输入信号为零。在此条件下，由电容元件的初始状态 $u_C(0_+)$ 所产生的电路的响应，称为零输入响应。

分析 RC 电路的零输入响应，实际上就是分析它的放电过程。在图 3.2.1 电路中，$t=0$ 时换路，换路前，S 合在 a 端，此时电路处于稳态，且 $u_C(0_-)=U_0$。换路后，S 合在 b 端，可知待电容放电完成后，电路稳定，此时 $u_C(\infty)=0$。

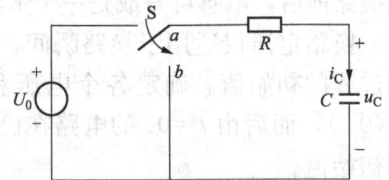

图 3.2.1　RC 电路的零输入响应

这一暂态过程可通过列出 $t \geqslant 0$ 时的电路微分方程来求解

$$Ri_C + u_C = 0$$

式中

$$i_C = C\frac{du_C}{dt}$$

即

$$RC\frac{du_C}{dt} + u_C = 0 \tag{3.2.1}$$

式（3.2.1）的通解为 $u_C = Ae^{pt}$，代入式（3.2.1）并消去公因子 Ae^{pt}，得出该微分方程的特征方程

$$RCp + 1 = 0$$

其根为

$$p = -\frac{1}{RC}$$

下一步确定积分常数 A，根据换路定则，$t = 0_+$ 时，$u_C(0_+) = U_0$，则根据特解可知 $A = U_0$。

故方程通解为

$$u_C = U_0 e^{\frac{-t}{RC}} = U_0 e^{\frac{-t}{\tau}} \tag{3.2.2}$$

$$i_C = C\frac{\mathrm{d}u_C}{\mathrm{d}t} = -\frac{U_0}{R}e^{\frac{-t}{\tau}} = -I_0 e^{\frac{-t}{\tau}} \tag{3.2.3}$$

式中 $\tau = RC$，由于它具有时间的量纲，所以称为 RC 电路的时间常数。电容电压 u_C 按指数规律衰减而趋于零，衰减的快慢取决于电路的时间常数。时间常数 τ 等于电压 u_C 衰减到初始值 U_0 的 36.8% 所需的时间。

从理论上来说，电路只有经过 $t = \infty$ 的时间才能达到稳态，但由于指数曲线开始变化较快，而后逐渐缓慢。所以实际上经过 $t = (3\sim5)\tau$ 的时间，就可以认为达到稳态了，这时

$$U_C = U_0 e^{-3} = 0.05U_0 = 5\%U_0$$

$$U_C = U_0 e^{-5} = 0.007U_0 = 0.7\%U_0$$

时间常数 τ 越大，u_C 衰减越慢。因此改变电路的时间常数，也就是改变 R 或 C 的数值，就可以改变电容元件放电的速度。

3.2.2　RC 电路的零状态响应

RC 电路的零状态，是指换路前电容元件未储有能量，$u_C(0_-) = 0$。在此条件下，由电源激励所产生的电路的响应，称为零状态响应，如图 3.2.2 所示。

分析 RC 电路的零状态响应，实际上就是分析它的充电过程。在图 3.2.2 电路中，列出 $t \geqslant 0$ 时的电路微分方程

$$Ri_C + u_C = U_S$$

图 3.2.2　RC 电路的零状态响应

式中　$i_C = C\dfrac{\mathrm{d}u_C}{\mathrm{d}t}$

即

$$RC\frac{\mathrm{d}u_C}{\mathrm{d}t} + u_C = U_S \tag{3.2.4}$$

式（3.2.4）的通解为

$$u_C = Ae^{pt} + U_S$$

特征方程

$$RCp + 1 = 0$$

其根为

$$p = -\frac{1}{RC}$$

在 $t = 0_+$ 时，$u_C(0_+) = 0$，则积分常数 $A = -U_S$。所以电容两端的电压为

$$u_C = -U_S e^{\frac{-t}{RC}} + U_S = U_S(1 - e^{\frac{-t}{\tau}}) \tag{3.2.5}$$

由式（3.2.5）可见，电压 u_C 按指数规律随时间增长而趋于稳态值。

综上所述，可将计算线性电路暂态过程的步骤归纳如下：

（1）按换路后的电路列出微分方程式。

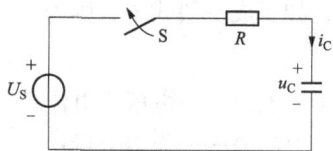

（2）求微分方程式的特解，即稳态分量。

（3）求微分方程式的补函数，即暂态分量。

（4）按照换路定则确定暂态过程的初始值，从而定出积分常数。

分析较为复杂电路的暂态过程时，也可以应用戴维宁定理或诺顿定理将换路后的电路化简为一个简单电路，然后再用经典法求解。

3.2.3　RC 电路的全响应

RC 电路的全响应，是指电源激励和电容的初始状态 $u_C(0_+)$ 均不为 0 时的电路的响应，也就是零输入响应与零状态响应两者的叠加。

即

$$u_C = U_0 e^{-\frac{t}{\tau}} + U_S(1 - e^{-\frac{t}{\tau}})$$
$$= U_S + (U_0 - U_S)e^{-\frac{t}{\tau}}$$

全响应 ＝零输入响应 ＋零状态响应

全响应 ＝稳态分量 ＋暂态分量

这是叠加定理在电路暂态分析中的体现。在求全响应时，可把电容的初始状态 $u_C(0_+)$ 看作为一种电压源。$u_C(0_+)$ 和电源激励分别单独作用时所得出的零输入响应和零状态响应叠加，即为全响应。

3.3　一阶线性电路暂态分析的三要素法

只含有一个储能元件或可等效为一个储能元件的线性电路，不论是简单的或是复杂的电路，它的微分方程都是一阶常系数线性微分方程，这种电路称为一阶线性电路。

3.2 节 RC 电路就是一阶线性电路，电路的响应由稳态分量和暂态分量两部分相加而得出，如写成一般式子，则为

$$f(t) = f(\infty) + Ae^{-\frac{t}{\tau}}$$

式中　$f(t)$——电压或电流；

　　　$f(\infty)$——稳态分量；

　　　$Ae^{-\frac{t}{\tau}}$——暂态分量。

若初始值为 $f(0_+)$，则得 $A = f(0_+) - f(\infty)$。于是

$$f(t) = f(\infty) + [f(0_+) - f(\infty)]e^{-\frac{t}{\tau}} \tag{3.3.1}$$

这就是分析一阶线性电路暂态过程中任意变量的一般公式。只要求得 $f(0_+)$、$f(\infty)$ 和 τ 这三个要素，就能根据式（3.3.1）直接写出电路的响应（电压和电流）。下面通过举例说明三要素法的使用。

【例 3-2】　应用三要素法求图 3.3.1 零输入响应中换路后电容两端电压 u_C。

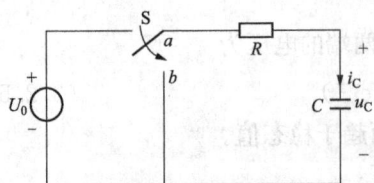

解　如图 3.3.1 所示，由换路定则可知初始值 $u_C(0_+) = u_C(0_-) = U_0$；换路达到稳态（即电容完全放电）后 $u_C(\infty) = 0$；将电容 C 去掉后，对应戴维宁等效电路的等效电阻为 R，所以时间常数 $\tau = RC$，由 $f(t) = f(\infty) + [f(0_+) - f(\infty)]e^{-\frac{t}{\tau}}$，可得

图 3.3.1　例 3-2 图

$$u_C(t) = u_C(\infty) + [u_C(0_+) - u_C(\infty)]e^{-\frac{t}{\tau}} = U_0 e^{-\frac{t}{RC}}$$

对照 3.2 节用经典法求解的结果，会发现二者结果相同，也就是说，利用三要素法可以绕开求解一阶线性微分方程，只需要求解出对应的三要素，直接代入公式就可得到想要的结果。

【例 3-3】 电路如图 3.3.2 所示，$t<0$ 时电路处于稳态，$t=0$ 时换路。求：$t>0$ 时的电压 $u_C(t)$ 和 $u(t)$。

解 利用三要素法，可知

求解 $u_C(t)$

图 3.3.2 例 3-3 图

换路后初始值 $\quad u_C(0_+) = u_C(0_-) = 9 \times \dfrac{6}{3+6} = 6(\text{V})$

换路后稳态值 $\quad u_C(\infty) = -18 \times \dfrac{6}{3+6} = -12(\text{V})$

换路后电路去掉储能元件电容 C 后，对应戴维宁等效电路的等效电阻为
$$R_{eq} = 8 + (3 /\!/ 6) = 10(\Omega)$$

对应的时间常数 $\quad \tau = R_{eq}C = 10 \times 0.02 = 0.2(\text{s})$

由公式 $u_C(t) = u_C(\infty) + [u_C(0_+) - u_C(\infty)]e^{-\frac{t}{\tau}}$，得
$$u_C(t) = -12 + 18e^{-5t}(\text{V})$$

求解 $u(t)$ 解法一：

由 $u_C(t) = -12 + 18e^{-5t}(\text{V})$，得
$$i_C(t) = C\frac{du_C(t)}{dt} = 0.02 \times (-90)e^{-5t} = -1.8e^{-5t}(\text{A})$$

由电路的电压关系，可得
$$u(t) = u_C(t) + 8i_C(t) = -12 + 18e^{-5t} + 8 \times (-1.8e^{-5t})$$
$$= -12 + 3.6e^{-5t}(\text{A})$$

解法二：

利用三要素法求解，易知 $u(\infty) = u_C(\infty) = -12\text{V}$，$\tau = 0.2\text{s}$，所以只需要求解换路后电路的初态值 $u(0_+)$ 即可。

换路前后瞬间电容电压不变，相当于一个恒压源，$u_C(0_+) = u_C(0_-) = 6\text{V}$，所以把换路后电路中的电容换为一个 6V 的理想电压源，就可以求得（利用叠加定理）
$$u(0_+) = -18 \times \frac{6 /\!/ 8}{3 + (6 /\!/ 8)} + 6 \times \frac{2}{8+2} = -8.4(\text{V})$$

所以 $\quad u_C(t) = u_C(\infty) + [u_C(0_+) - u_C(\infty)]e^{-\frac{t}{\tau}} = -12 + 3.6e^{-5t}(\text{V})$

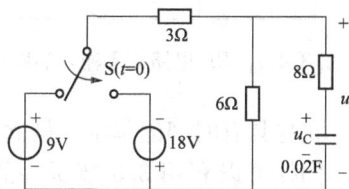

3.4 RL 电路的暂态分析

3.4.1 RL 电路的零输入响应

在图 3.4.1 的电路中，如果电路接通电源后，其电流 i_L 达到 I_0 时，即将开关 S 从位置 a 合到位置 b，使电路脱离电源，输入为零，称此为 RL 电路的零输入响应。而电感上电流初始值 $i_L(0_+) = I_0$。

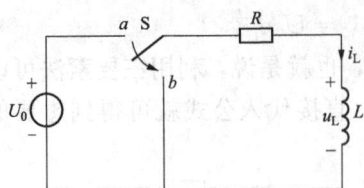

图 3.4.1　RL 电路的零输入响应

根据基尔霍夫电压定理，列出 $t \geqslant 0$ 时电路的微分方程

$$u_L + Ri_L = L\frac{di_L}{dt} + Ri_L = 0 \tag{3.4.1}$$

参照 3.2.1 节，易知其通解为

$$i_L = I_0 e^{-\frac{R}{L}t} = I_0 e^{-\frac{t}{\tau}} \tag{3.4.2}$$

式中

$$\tau = \frac{L}{R}$$

它也具有时间的单位，是 RL 电路的时间常数。

同样可以利用 3.3 节所讲的三要素法求解 RL 电路的零输入响应。易知 $i_L(0_+) = I_0$，$i_L(\infty) = 0$，$\tau = \dfrac{L}{R}$，代入公式求得

$$i_L(t) = i_L(\infty) + [i_L(0_+) - i_L(\infty)]e^{-\frac{t}{\tau}}$$

$$= I_0 e^{-\frac{R}{L}t}$$

不管采用何种方法，最后的结果是一样的，也就是说在平常学习和应用过程中，只要按照自己习惯和熟练的方法去求解就可以了。

3.4.2　RL 电路的零状态响应

图 3.4.2 所示是一个 RL 串联电路。在 $t = 0$ 时将开关 S 合上，电路即与一电压为 U_S 的恒压源接通，而在换路前，电感未储存能量，$i_L(0_-) = i_L(0_+) = 0$，即电路处于零状态，故其响应称为零状态响应。

根据基尔霍夫电压定理，列出 $t \geqslant 0$ 时电路的微分方程

$$u_L + Ri_L = L\frac{di_L}{dt} + Ri_L = U_S \tag{3.4.3}$$

等式两边同时除以电阻 R，有

$$\frac{L}{R}\frac{di_L}{dt} + i_L = \frac{U_S}{R}$$

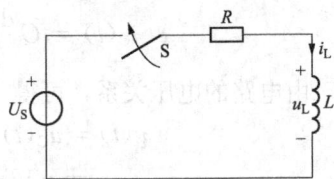

图 3.4.2　RL 电路的零状态响应

可知其通解为

$$i_L = \frac{U_S}{R}(1 - e^{-\frac{R}{L}t}) = \frac{U_S}{R}(1 - e^{-\frac{t}{\tau}}) \tag{3.4.4}$$

时间常数

$$\tau = \frac{L}{R}$$

同理，利用三要素法求解 RL 电路的零输入响应。易知 $i_L(0_+) = 0$，$i_L(\infty) = \dfrac{U_S}{R}$，$\tau = \dfrac{L}{R}$，代入公式可得

$$i_L(t) = i_L(\infty) + [i_L(0_+) - i_L(\infty)]e^{-\frac{t}{\tau}}$$

$$= \frac{U_S}{R}(1 - e^{-\frac{R}{L}t})$$

可以看出经典法和三要素法求解结果是相同的。

3.4.3　RL 电路的全响应

图 3.4.3 所示是一个 RL 串联电路。换路前电路已处于稳定状态，在 $t = 0$ 时刻将开关 S 从端子 a 断开合至端子 b，电路即从恒压源 U_0 断开而与恒压源 U_S 接通，其中电感上流过的

电流为 i_L。

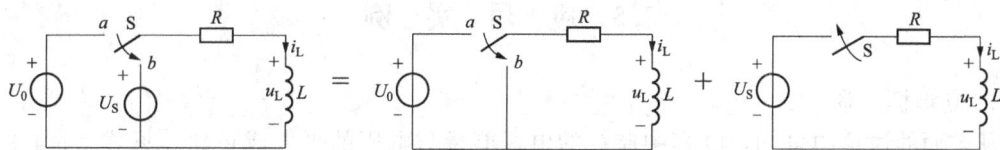

图 3.4.3　RL 电路的全响应

因在换路前电路已处于稳定状态，所以电感元件上有恒定电流流过，即储存有能量，$i_L(0_-) = i_L(0_+) = \dfrac{U_0}{R}$，初始状态不为零；换路后，电路中依然接有电压源 U_S，输入不为零。故电路的这种状态响应称为 RL 电路的全响应。

根据基尔霍夫电压定理，列出 $t \geqslant 0$ 时电路的微分方程

$$u_L + Ri_L = U_S$$

等式两边同时除以电阻 R，有

$$\frac{L}{R}\frac{\mathrm{d}i_L}{\mathrm{d}t} + i_L = \frac{U_S}{R}$$

可知其通解为

$$i_L = \frac{U_S}{R} + \left(\frac{U_0}{R} - \frac{U_S}{R}\right)\mathrm{e}^{-\frac{R}{L}t} \tag{3.4.5}$$

式中，右边第一项为稳态分量，第二项为暂态分量，两者相加即为全响应 i_L。

同样三要素法也适用于一阶 RL 全响应线性电路，可以由公式直接得出上式结果。

式（3.4.5）也可以改写成

$$i_L = \frac{U_0}{R}\mathrm{e}^{-\frac{t}{\tau}} + \frac{U_S}{R}(1 - \mathrm{e}^{-\frac{t}{\tau}}) \tag{3.4.6}$$

可见式中，右边第一项即为式（3.4.2）→零输入响应；右边第二项即为式（3.4.4）→零状态响应。两者相加就是全响应 i_L。

【例 3-4】　图 3.4.4 所示电路中，开关原是断开的，在 $t = 0$ 时接通，开关接通前电路处于稳态。求：$t > 0$ 时的电流 i_L。

解　利用三要素法求解，由电路图可见，开关闭合前电路处于稳态，即得

$$i_L(0_+) = i_L(0_-) = 0$$

换路后，电路达到稳定状态时，电感相当于短路，则有

$$i_L(\infty) = \frac{20}{4} = 5(\mathrm{A})$$

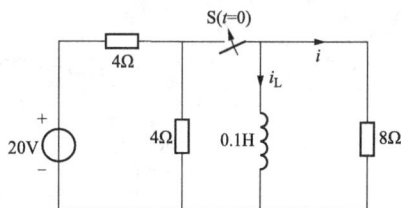

图 3.4.4　例 3-4 图

将电感去掉后对应戴维宁等效电路的等效电阻为

$$R_{eq} = 8 /\!/ 4 /\!/ 4 = 1.6(\Omega)$$

则对应的时间常数为

$$\tau = \frac{L}{R_{eq}} = \frac{1}{16}\ (\mathrm{s})$$

代入公式

$$i_L(t) = i_L(\infty) + [i_L(0_+) - i_L(\infty)]\mathrm{e}^{-\frac{t}{\tau}}$$
$$= 5 - 5\mathrm{e}^{-16t}(\mathrm{V})$$

3.5　应　用　实　例

1. 点焊机电路

从前面的讨论中可知，电容中储存的电场能量与电压的平方成正比 [见式（1.4.9）]。电容器两极板间的电压越高，储存的能量越大，储存的能量大小与电压建立的过程无关。故在需要瞬间释放大能量的时候，可以采用电容器放电的方法来实现。点焊机就是根据这一原理来实现的，点焊机电路如图 3.5.1 所示。

工作原理：焊接前，即电极未压下时，充电电源给电容 C 充电。在需要对两块金属板进行点焊时，压下紫铜电极，两金属板的压点处距离变小，电容器放电，产生瞬间的大电流，使压点处的金属熔化并焊接在一起。电极离开金属板后，电容 C 继续充电，以备下次焊接。

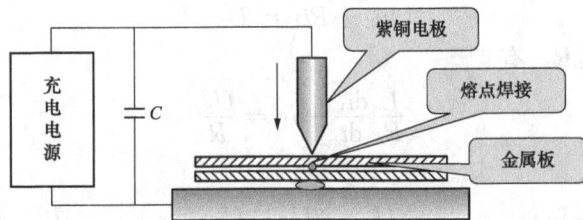

图 3.5.1　点焊机电路

2. 闪光灯电路

在使用照相机时，闪光灯可用来在比较暗的地方加强曝光量，以提高照明度。图 3.5.2 是一个简易闪光灯驱动电路。

工作原理：电子开关 S1 每秒可通断上万次。当 S1 闭合时，电流通过电感 L，在电感中储存磁场能量。当 S1 断开时，电感中的能量不能突变。电感中的电流通过二极管 VD 给电容 C 充电，使电容上的电压最终达到几百伏甚至更高。二极管的作用是阻止电流反向流通。当照相机的快门按下时，开关 S2 闭合，电容向闪光灯管放电，闪光灯管闪亮。

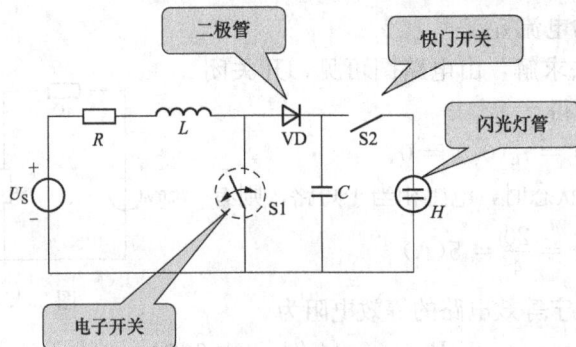

图 3.5.2　闪光灯驱动电路

习　　题

3.1.1　流过某电感线圈的电流在 $100\mu s$ 内均匀地从 30mA 增加到 80mA，线圈产生的电压为 50mV，求此线圈的电感大小。

3.1.2　电路如图所示，$t<0$ 时处于稳态，$t=0$ 时开关断开。求：初始值 $u_C(0_+)$、$i_L(0_+)$ 及开关两端电压 $u(0_+)$。

3.1.3　在图示电路中，已知 $U_S=5\text{V}$，$I_S=5\text{A}$，$R=5\Omega$。开关 S 断开前电路已稳定。求：开关 S 断开后 R、C、L 的电压和电流的初始值和稳态值。

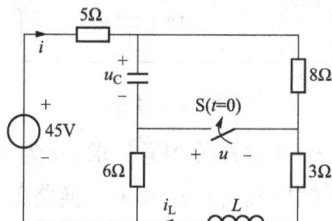
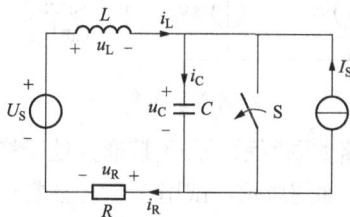

习题 3.1.2 图　　　　　　　习题 3.1.3 图

3.1.4　图示各电路在换路前都处于稳态，试求换路后其中电流 i 的初始值 $i(0_+)$ 和稳态值 $i(\infty)$。

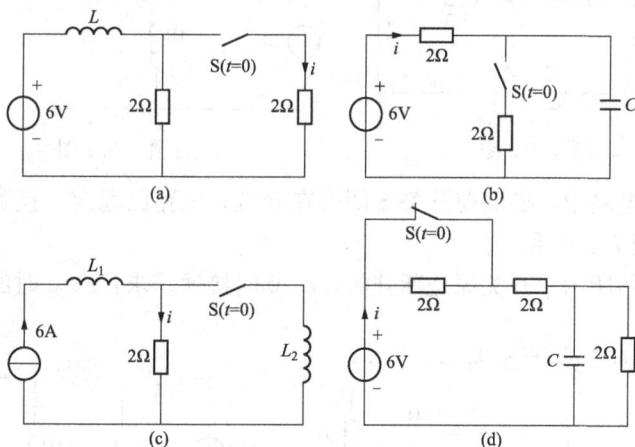

习题 3.1.4 图

3.2.1　如图所示的电路中，$t<0$ 时，开关 S 在"1"的位置，电路处于稳态；在 $t=0$ 时，将开关 S 打在"2"的位置，试求：$t\geqslant0$ 时的 $u_C(t)$。

3.2.2　如图已知 $C=0.2\text{F}$，电路原处于稳态，$t=0$ 时，开关 S 从"1"打到"2"，求换路后电容两端电压 $u_C(t)$。

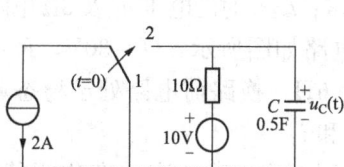
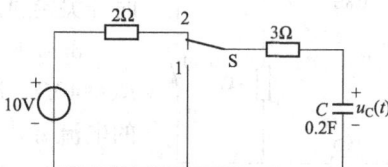

习题 3.2.1 图　　　　　　　习题 3.2.2 图

3.2.3　电路如图所示，$t<0$ 时处于稳态，$t=0$ 时换路。求：$t>0$ 时的电压 u。

3.2.4 电路如图所示，开关原是接通的，并且电路处于稳态，$t=0$ 时开关断开。求：$t>0$ 时 u_C 的变化规律。

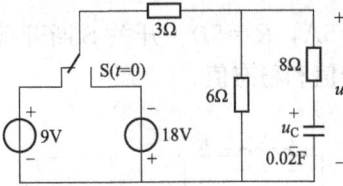

习题 3.2.3 图

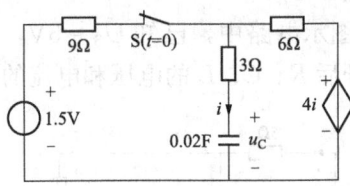

习题 3.2.4 图

3.2.5 电路如图所示，开关接通前处于稳态，$t=0$ 时开关接通。求：t 为何值时 $u_C=0$。

3.3.1 电路如图所示，试用三要素法求 $t>0$ 时的电流 i_L、i_1 和 i_2。换路前电路处于稳态。

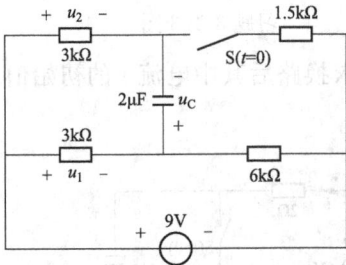

习题 3.2.5 图

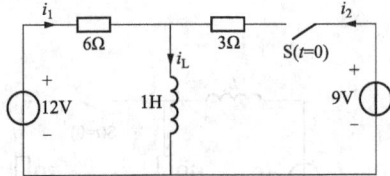

习题 3.3.1 图

3.3.2 在图示电路中，换路前开关 S 闭合在 a 端，电路已稳定。换路后将 S 合到 b 端。试用三要素法求响应 i_1、i_2 和 i_3。

3.4.1 电路如图所示，开关原是断开的，$t=0$ 时接通。求：$t>0$ 时的电流 i_L。

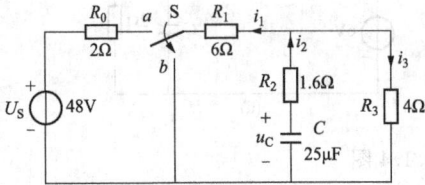

习题 3.3.2 图

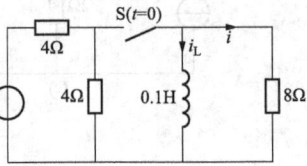

习题 3.4.1 图

3.4.2 电路如图所示，电路原处于稳态，$t=0$ 时开关断开。求：$t>0$ 时电感两端的电压 u_L。

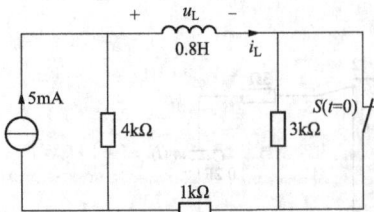

习题 3.4.2 图

3.4.3 电路如图所示，开关接通前处于稳态，$t=0$ 时开关接通。求：$t>0$ 时的电压 u_1 及 3Ω 电阻消耗的能量。

3.4.4 电路如图所示，$U=30\text{V}$，$R_1=60\Omega$，$R_2=R_3=40\Omega$，$L=6\text{H}$，换路前电路处于稳态。求：$t>0$ 时的电流 i_L，i_2 和 i_3。

3.4.5 已知两电感电流的变化规律分别为 $i_{L1}=10(1-e^{-\frac{t}{0.2}})\text{A}$ 和 $i_{L2}=10(1-e^{-\frac{t}{0.1}})$ A。试问：哪个电流增长得快？当 $t=0.15\text{s}$ 时，它们已增长到多少？

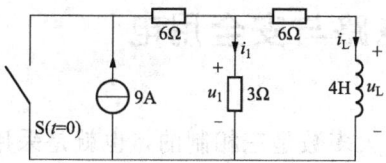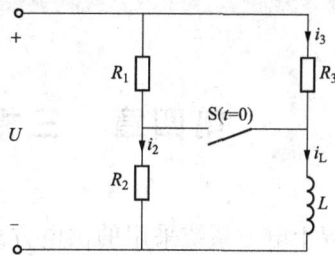

習題 3.4.3 图　　　　　　　習題 3.4.4 图

習 題 四

第四章　三相电路与安全用电

目前，世界上电力系统采用的供电方式绝大多数是三相制的，也就是采用三相电源供电。三相电路在生产上应用最为广泛，发电和输配电一般都采用三相制，第 2 章介绍的交流电路只是三相电路中的其中一相。本章主要介绍三相电源、三相负载的连接方式，电压、电流和功率的计算，以及关于输电网络和安全用电的相关常识。

4.1　三　相　电　源

当前各类发电厂都是利用三相同步发电机供电的，图 4.1.1（a）是一台具有两个磁极的三相同步发电机的结构示意图。发电机的静止部分称为定子，定子铁芯由硅钢片叠成，内壁有槽，槽内嵌放着形状、尺寸和匝数都相同、轴线互差 120° 的三个独立线圈，称为三相绕组。每相绕组的首端用 L1、L2、L3 或 A、B、C 表示，末端用 L1′、L2′、L3′ 或 X、Y、Z 表示。图 4.1.1（b）是绕组的结构示意图。发电机的转动部分称为转子，它的磁极由直流电流 I_f 通过励磁绕组而形成，产生沿空气隙按正弦规律分布的磁场。

当原动机（水轮机或汽轮机等）带动转子沿顺时针方向恒速旋转时，定子三相绕组切割转子磁极的磁感线，分别产生了 e_1、e_2、e_3 三个正弦感应电动势，取其参考方向如图 4.1.1（c）所示。由于三个绕组的结构完全相同，又是以同一速度切割同一转子磁极的磁感线，只是绕组的轴线互差 120°，所以 e_1、e_2、e_3 是三个频率相同，幅值相等，相位互差 120° 的电动势，称为对称三相电动势。产生对称三相电动势的电源称为对称三相电源，简称三相电源。

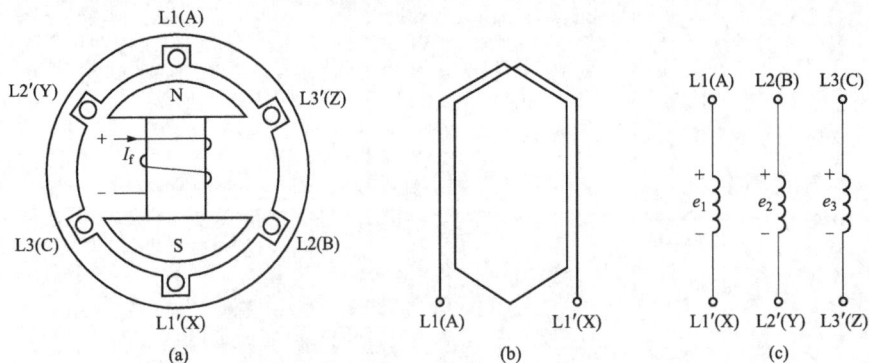

图 4.1.1　三相同步发电机
（a）结构示意图；（b）绕组示意图；（c）三相电动势

1. 三相电源的表示形式

如果选择 e_1 为参考相量，则对称三相电动势可表示为

$$
\left.\begin{array}{l}
e_1 = E_{\mathrm{m}}\sin\omega t \\
e_2 = E_{\mathrm{m}}\sin(\omega t - 120°) \\
e_3 = E_{\mathrm{m}}\sin(\omega t - 240°) = E_{\mathrm{m}}\sin(\omega t + 120°)
\end{array}\right\} \tag{4.1.1}
$$

式中 E_{m} 为电动势的最大值，它们的波形如图 4.1.2 (a) 所示，若用有效值相量表示则为

$$
\left.\begin{array}{l}
\dot{E}_1 = E\underline{/0°} \\
\dot{E}_2 = E\underline{/-120°} \\
\dot{E}_3 = E\underline{/120°}
\end{array}\right\} \tag{4.1.2}
$$

式中 E 为电动势的有效值，相量图如图 4.1.2 (b) 所示。

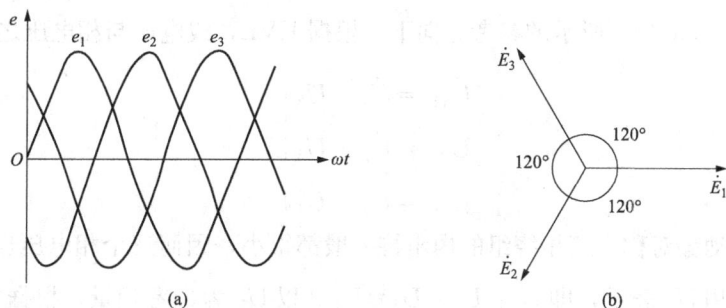

图 4.1.2　三相电动势的波形图和相量图
(a) 波形图；(b) 相量图

显然，三相电动势为对称电动势，故其瞬时值或相量之和恒等于零，即

$$
\left.\begin{array}{l}
e_1 + e_2 + e_3 = 0 \\
\dot{E}_1 + \dot{E}_2 + \dot{E}_3 = 0
\end{array}\right\} \tag{4.1.3}
$$

2. 三相电源的连接方式

(1) 三相电源的星形连接。三相发电机或三相变压器的三个独立绕组都可各自接上负载成为三个独立的单相电路，这种接法在电源与负载之间需要 6 根连接导线，体现不出三相供电的优越性。在三相制的电力系统中，电源的三个绕组不是独立向负载供电的，而是按一定方式连接起来，形成一个整体。连接的方式有星形连接（Y形连接）和三角形连接（△形连接）两种。较为常见的星形连接的三相四线制供电系统，其接法如图 4.1.3 (a) 所示。

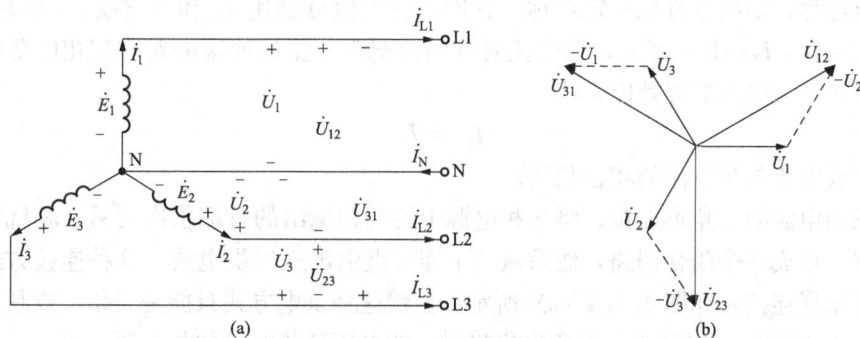

图 4.1.3　三相电源的星形连接
(a) 三相四线制电源的星形连接；(b) 电压相量图

　　星形连接时，三个绕组的末端 L1′、L2′、L3′接在一起，成为一个公共点，即为中性点用字母 N 表示。从中性点引出的导线称为中性线，低压系统的中性点通常接地，故中性线又称为零线或地线。

　　三相绕组的三个首端 L1、L2、L3 引出的导线称为相线或端线。相线对地有电位差，能使试电笔发光，故常称为火线。

　　三根相线和一根中性线都引出的供电方式称为三相四线制供电，不引出中性线的方式称为三相三线制供电。

　　采用三相四线制供电方式可以向用户提供两种电压：相线与中性线之间的电压称为电源的相电压，用 $\dot{U}_1$、$\dot{U}_2$、$\dot{U}_3$ 表示。相线与相线之间的电压称为电源的线电压，用 $\dot{U}_{12}$、$\dot{U}_{23}$、$\dot{U}_{31}$ 表示。在图 4.1.3（a）所示的参考方向下，根据 KVL，线电压与相电压之间的关系为

$$\left.\begin{aligned}\dot{U}_{12} &= \dot{U}_1 - \dot{U}_2\\\dot{U}_{23} &= \dot{U}_2 - \dot{U}_3\\\dot{U}_{31} &= \dot{U}_3 - \dot{U}_1\end{aligned}\right\} \tag{4.1.4}$$

　　由于三相电动势对称，三相绕组的内阻抗一般都很小，因而三个相电压也可以认为是对称的，其有效值用 U_P 表示，即 $U_1=U_2=U_3=U_P$。以 $\dot{U}_1$ 为参考相量，根据式（4.1.4）可画出电压相量图，如图 4.1.3（b）所示。显然三个线电压也是对称的，其有效值用 U_L 表示，即 $U_{12}=U_{23}=U_{31}=U_L$。在相量图上用几何方法可以求得线电压和相电压的关系为

1）$U_L=\sqrt{3}U_P$。

2）线电压在相位上超前相应相电压 30°。

　　三相电源工作时，每相绕组中的电流称为电源的相电流，用 $\dot{I}_1$、$\dot{I}_2$、$\dot{I}_3$ 表示。由端点输送出去的电流称为电源的线电流，用 $\dot{I}_{L1}$、$\dot{I}_{L2}$、$\dot{I}_{L3}$ 表示。相电流和线电流的大小和相位均与负载有关。星形连接时，线电流就是相电流，即

$$\left.\begin{aligned}\dot{I}_{L1} &= \dot{I}_1\\\dot{I}_{L2} &= \dot{I}_2\\\dot{I}_{L3} &= \dot{I}_3\end{aligned}\right\} \tag{4.1.5}$$

如果线电流对称，则相电流也一定对称，它们的有效值分别用 I_L 和 I_P 表示，即 $I_{L1}=I_{L2}=I_{L3}=I_L$，$I_1=I_2=I_3=I_P$。可见，在电流对称的情况下，星形连接的对称三相电源中，线电流的有效值等于相电流的有效值，即

$$I_L = I_P \tag{4.1.6}$$

在相位上，线电流与相电流的相位相同。

　　（2）三相电源的三角形连接。将三相电源中的每相绕组的首端依次与另一相绕组的末端连接在一起，形成一个闭合回路，然后从三个连接点引出三根供电线，这种连接方式称为三相电源的三角形连接，如图 4.1.4（a）所示。显然这种供电方式只能是三相三线制。

　　从图 4.1.4（a）可以看出，三角形连接时，线电压就是对应的相电压，即

$$U_L = U_P \tag{4.1.7}$$

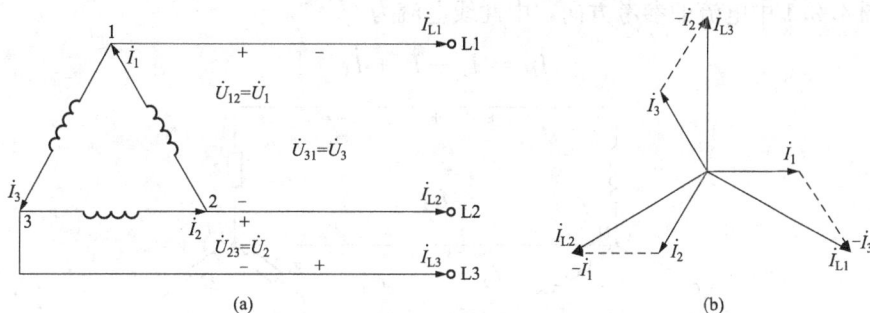

图 4.1.4 三相电源的三角形连接

(a) 三角形连接；(b) 电流相量

在相位上，线电压与对应的相电压的相位相同。

在图 4.1.4 (a) 所示电流参考方向下，根据 KCL，线电流与相电流的关系为

$$\left.\begin{aligned} \dot{I}_{L1} &= \dot{I}_1 - \dot{I}_3 \\ \dot{I}_{L2} &= \dot{I}_2 - \dot{I}_1 \\ \dot{I}_{L3} &= \dot{I}_3 - \dot{I}_2 \end{aligned}\right\} \tag{4.1.8}$$

当它们对称时，其相量图如图 4.1.4 (b) 所示。在相量图上用几何方法可以求得线电流和相电流的关系为

1）$I_L = \sqrt{3} I_P$。

2）线电流在相位上滞后相电流 30°。

发电机（或变压器）的绕组接成星形时，可引出四根导线（三相四线制），这样就有可能给予负载两种电压。通常在低压配电系统中相电压为 220V，线电压为 380V，所以在平常所用的三相电源中多采用三相四线制的星形连接方式。

4.2 三 相 负 载

由三相电源供电的负载称为三相负载。三相负载可以根据对电压的要求连接成星形或三角形。

1. 三相负载的星形连接

图 4.2.1 为三相四线制供电线路上星形连接的负载。三相负载的三个末端连接在一起，接到电源的中性线上，三相负载的三个首端分别接到电源的三根相线上。如果不计连接导线的阻抗，负载承受的电压就是电源的相电压，而且每相负载与电源构成一个单独回路，任何一相负载的工作都不受其他两相工作的影响，所以各相电流的计算方法和单相电路一样，即

$$\left.\begin{aligned} \dot{I}_1 &= \frac{\dot{U}_1}{Z_1} \\ \dot{I}_2 &= \frac{\dot{U}_2}{Z_2} \\ \dot{I}_3 &= \frac{\dot{U}_3}{Z_3} \end{aligned}\right\} \tag{4.2.1}$$

根据图 4.2.1 中电流的参考方向，中性线电流为

$$\dot{I}_N = \dot{I}_1 + \dot{I}_2 + \dot{I}_3 \tag{4.2.2}$$

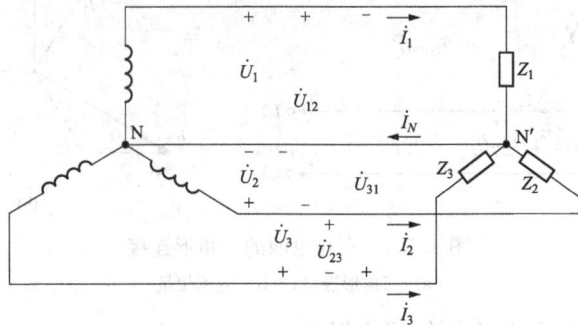

图 4.2.1　负载的星形连接

如果三相负载是对称的，即阻抗 $Z_1 = Z_2 = Z_3$，则电流 $\dot{I}_1$、$\dot{I}_2$ 和 $\dot{I}_3$ 的有效值也相等，在相位上互差 120°，是一组对称的三相电流。所以中性线电流

$$\dot{I}_N = \dot{I}_1 + \dot{I}_2 + \dot{I}_3 = 0 \tag{4.2.3}$$

既然中性线电流为零，此时三根导线中电流的代数和为零，就可以取消中性线，电路变成三相三线制星形连接，而前面得到的线电压与相电压、线电流与相电流的关系仍然成立。

如果负载不对称，中性线的电流不为零，中性线便不能省去。否则，不对称的各相负载上的电压将不再等于电源的相电压，有的相电压偏高，有的相电压偏低，将使负载损坏或不能正常工作。所以中性线的作用是保证星形连接负载的相电压等于电源的相电压。

【例 4-1】　一星形连接的三相电路如图 4.2.2 所示，三相电源电压对称；设电源线电压 $u_{12} = 380\sqrt{2}\sin(314\,t + 30°)$ V。负载为电灯组，若 $R_1 = R_2 = R_3 = 5\Omega$，求线电流及中性线电流 I_N；若 $R_1 = 5\Omega$，$R_2 = 10\Omega$，$R_3 = 20\Omega$，求线电流及中性线电流 I_N。

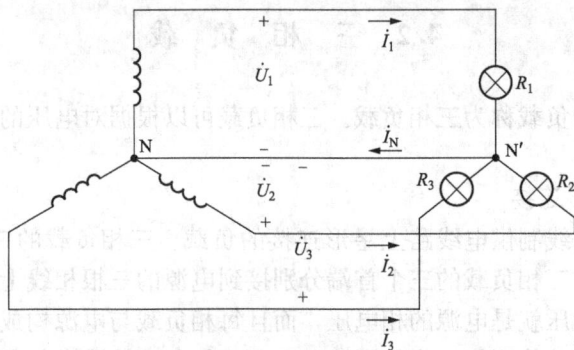

图 4.2.2　例 4-1 图

解　已知 $\dot{U}_{12} = 380\underline{/30°}$ V

故　　　　$\dot{U}_1 = 220\underline{/0°}$ (V)，$\dot{U}_2 = 220\underline{/-120°}$ (V)，$\dot{U}_3 = 220\underline{/120°}$ (V)

(1) 负载对称时，可得各线电流为

$$\dot{I}_1 = \frac{\dot{U}_1}{R_1} = \frac{220\underline{/0°}}{5} = 44\underline{/0°}\,(A),\ \dot{I}_2 = 44\underline{/-120°}\,(A),\ \dot{I}_3 = 44\underline{/120°}\,(A)$$

中性线电流　　　　　　$\dot{I}_N = \dot{I}_1 + \dot{I}_2 + \dot{I}_3 = 0$

（2）三相负载不对称时（$R_1 = 5\Omega$、$R_2 = 10\Omega$、$R_3 = 20\Omega$）。

分别计算各线电流

$$\dot{I}_1 = \frac{\dot{U}_1}{R_1} = \frac{220\underline{/0°}}{5} = 44\underline{/0°}\ (A)$$

$$\dot{I}_2 = \frac{\dot{U}_2}{R_2} = \frac{220\underline{/-120°}}{10} = 22\underline{/-120°}\ (A)$$

$$\dot{I}_3 = \frac{\dot{U}_3}{R_3} = \frac{220\underline{/120°}}{20} = 11\underline{/120°}\ (A)$$

中性线电流

$$\dot{I}_N = \dot{I}_1 + \dot{I}_2 + \dot{I}_3 = 44\underline{/0°} + 22\underline{/-120°} + 11\underline{/120°} = 29\underline{/-19°}\ (A)$$

【例 4-2】　试对照明系统的故障进行分析，针对例 4-1 的电路，分析以下情况。

（1）L1 相短路：中性线未断时，求各相负载电压；

　　　　　　　　中性线断开时，求各相负载电压。

（2）L1 相断路：中性线未断时，求各相负载电压；

　　　　　　　　中性线断开时，求各相负载电压。

解　（1）A 相短路。

1）中性线未断，电路如图 4.2.3 所示。

此时 L1 相短路电流很大，将 L1 相熔丝熔断，而 L2 相和 L3 相未受影响，其相电压仍为 220V，正常工作。

2）中性线断开，电路如图 4.2.4 所示。

此时负载中性点 N′ 即为 L1，因此负载各相电压为

$$U_1' = 0V$$
$$U_2' = U_{12}' = 380V$$
$$U_3' = U_{31} = 380V$$

此情况下，L2 相和 L3 相的电灯组由于所加的电压都超过额定电压 220V，这是不允许的。

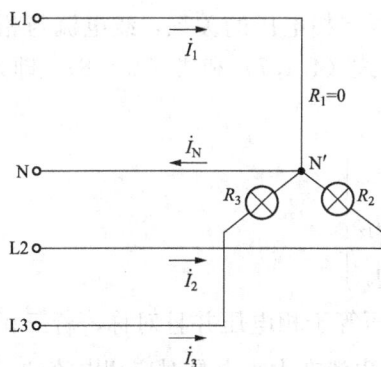

图 4.2.3　中性线未断（L1 相短路）　　　图 4.2.4　中性线断开（L1 相短路）

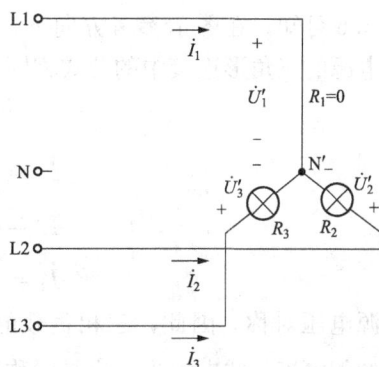

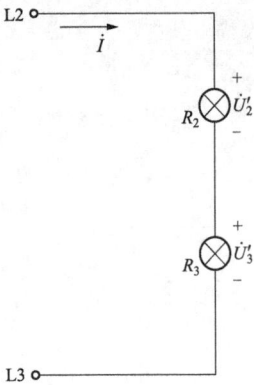

图 4.2.5　中性线断开
（L1 相断路）

（2）L1 相断路。

1）中性线未断。

L2、L3 相灯仍承受 220V 电压，正常工作。

2）中性线断开。

变为单相电路，如图 4.2.5 所示，由图可求得

$$I = \frac{U_{23}}{R_2 + R_3} = \frac{380}{10 + 20} = 12.7\text{(A)}$$

$$U_2' = IR_2 = 12.7 \times 10 = 127\text{(V)}$$

$$U_3' = IR_3 = 12.7 \times 20 = 254\text{(V)}$$

从上面的例题可以看出，中性线的作用就在于能保持负载中性点和电源中性点电位一致，从而在三相负载不对称时，负载的相电压仍然是对称的。因此，在三相四线制电路中，中性线不允许断开，也不允许安装熔断器等短路或过电流保护装置。

2. 三相负载的三角形连接

图 4.2.6 所示是三相负载为三角形连接时的电路，每相负载的首端都依次与另一相负载的末端连接在一起，形成闭合回路，然后，将三个连接点分别接到三相电源的三根相线上。三角形连接的特点是，每相负载所承受的电压等于电源的线电压。显然，这种连接方法只能是三相三线制，即不需要中性线。

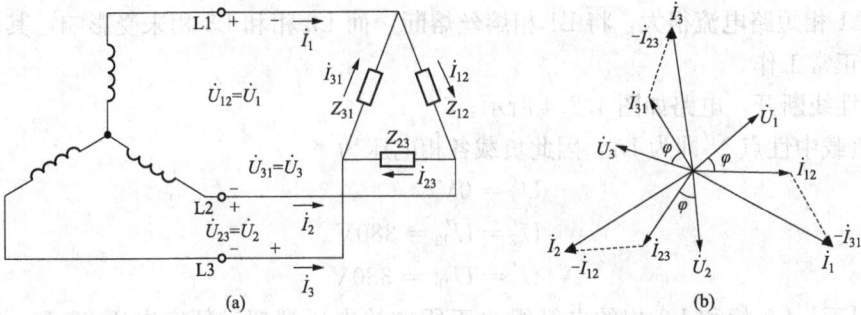

图 4.2.6　负载的三角形连接
（a）三角形连接；（b）电流相量图

由图 4.2.6 可知，在图示参考方向下，线电压与相电压的关系，线电流与相电流的关系，与三相电源的三角形连接中的公式相同，符合式（4.1.7）和式（4.1.8），即为

$$U_L = U_P$$

$$\left.\begin{array}{l} \dot{I}_1 = \dot{I}_{12} - \dot{I}_{31} \\ \dot{I}_2 = \dot{I}_{23} - \dot{I}_{12} \\ \dot{I}_3 = \dot{I}_{31} - \dot{I}_{23} \end{array}\right\}$$

由于电源电压对称，因此，三相负载的线电压等于相电压并且对称，若三相负载也对称，则负载的相电流、线电流也一定是对称的，线电流在大小上是对应相电流的 $\sqrt{3}$ 倍，在相位上滞后于对应相电流 30°。

通过三相负载的星形连接和三角形连接的讨论，可以知道，工作时，为了使负载的实际相电压等于其额定相电压，当负载的额定相电压等于电源线电压的 $\frac{1}{\sqrt{3}}$ 时，负载应采用星形连接；当负载的额定相电压等于电源线电压时，负载应采用三角形连接。

4.3 三 相 功 率

在三相负载中，不论是星形连接还是三角形连接，总的有功功率等于各相有功功率之和，即

$$P = P_1 + P_2 + P_3 = U_1 I_1 \cos\varphi_1 + U_2 I_2 \cos\varphi_2 + U_3 I_3 \cos\varphi_3 \tag{4.3.1}$$

若三相负载对称，则各相的有功功率相同，故三相总功率可简化为

$$P = 3U_P I_P \cos\varphi \tag{4.3.2}$$

式中 U_P——相电压；

I_P——相电流；

$\cos\varphi$——每相负载的功率因数，即相电压与相电流之间相位差角的余弦值。

同理，无功功率和视在功率分别为

$$Q = 3U_P I_P \sin\varphi \tag{4.3.3}$$

$$S = 3U_P I_P = \sqrt{P^2 + Q^2} \tag{4.3.4}$$

三相功率若以线电压和线电流表示，对于三相对称星形负载，由于 $U_P = \frac{U_L}{\sqrt{3}}$，$I_P = I_L$，故得

$$P_Y = 3U_P I_P \cos\varphi = 3 \times \frac{U_L}{\sqrt{3}} I_L \cos\varphi = \sqrt{3} U_L I_L \cos\varphi$$

对于三相对称三角形负载，由于 $U_P = U_L$，$I_P = \frac{I_L}{\sqrt{3}}$，故得

$$P_\triangle = 3U_P I_P \cos\varphi = 3U_L \frac{I_L}{\sqrt{3}} \cos\varphi = \sqrt{3} U_L I_L \cos\varphi$$

可见，对于三相对称负载，不论是星形或三角形连接，都可以用一个公式来表示，即

$$P = \sqrt{3} U_L I_L \cos\varphi \tag{4.3.5}$$

$$Q = \sqrt{3} U_L I_L \sin\varphi \tag{4.3.6}$$

$$S = \sqrt{3} U_L I_L \tag{4.3.7}$$

【例 4-3】 有一△连接的三相负载，每相阻抗均为 $Z = (6+j8)\Omega$，电源电压对称，已知电源相电压为 $u_1 = 220\sqrt{2}\sin(\omega t - 30°)$V。求：（1）各相线电流的相量形式；（2）电路的有功功率 P、无功功率 Q、视在功率 S。

解 （1）已知相电压为 $\dot{U}_1 = 220\angle{-30°}$ V

则各相的线电压分别为 $\begin{cases} \dot{U}_{12} = 380\angle{0°} \text{ V} \\ \dot{U}_{23} = 380\angle{-120°} \text{ V} \\ \dot{U}_{31} = 380\angle{120°} \text{ V} \end{cases}$

负载各相的相电流分别为

$$\begin{cases} \dot{I}_1 = \dfrac{\dot{U}_{12}}{Z} = \dfrac{380\angle 0°}{10\angle 53°}\text{A} = 38\angle -53°\ \text{A} \\ \dot{I}_2 = 38\angle -173°\ \text{A} \\ \dot{I}_3 = 38\angle 67°\ \text{A} \end{cases}$$

根据相、线电流的关系，得各相的线电流分别为

$$\begin{cases} \dot{I}_{L1} = 38\sqrt{3}\angle -83°\ \text{A} \\ \dot{I}_{L2} = 38\sqrt{3}\angle 157°\ \text{A} \\ \dot{I}_{L3} = 38\sqrt{3}\angle 37°\ \text{A} \end{cases}$$

（2） $P = 3U_P I_P\cos\varphi = 3\times 220\times 38\times\cos 53° = 15.048(\text{kW})$

$Q = 3U_P I_P\sin\varphi = 3\times 220\times 38\times\sin 53° = 20.064(\text{kvar})$

$S = 3U_P I_P = 3\times 220\times 38 = 25.08(\text{kVA})$

【例 4-4】 线电压 U_L 为 380V 的三相电源上接有两组对称三相负载，一组是三角形连接的电感性负载，每相阻抗 $Z_\triangle = 36.3\angle 37°\ \Omega$；另一组是星形连接的电阻性负载，每相阻抗 $Z_Y = 10\Omega$，如图 4.3.1 所示。试求：（1）各组负载的相电流。

（2）电路线电流。

（3）三相有功功率。

解 设线电压 $\dot{U}_{AB} = 380\angle 0°$ V，则相电压 $\dot{U}_A = 220\angle -30°$ V

（1）由于三相负载对称，所以计算一相即可，其他两相可以推出。

对于三角形连接的负载，其相电流为

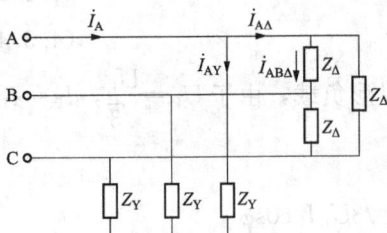

图 4.3.1 例 4-4 图

$$\dot{I}_{AB\triangle} = \frac{\dot{U}_{AB}}{Z_\triangle} = \frac{380\angle 0°}{36.3\angle 37°} = 10.47\angle -37°\ (\text{A})$$

对于星形连接的负载，其相电流即为线电流

$$\dot{I}_{AY} = \frac{\dot{U}_A}{Z_Y} = \frac{220\angle -30°}{10} = 22\angle -30°\ (\text{A})$$

（2）先求三角形连接的电感性负载的线电流 $\dot{I}_{A\triangle}$。由三角形连接负载的线电流和相电流之间的关系可得

$$\dot{I}_{A\triangle} = \dot{I}_{AB\triangle}\times\sqrt{3}\angle -30° = 10.47\angle -37°\times\sqrt{3}\angle -30° = 18.13\angle -67°\ (\text{A})$$

$\dot{I}_{AY}$ 和 $\dot{I}_{A\triangle}$ 相位不同，不能错误地把 22A 和 18.13A 相加作为电路线电流。两者应相量相加才对，即

$$\dot{I}_A = \dot{I}_{A\triangle} + \dot{I}_{AY} = 18.13\angle -67° + 22\angle -30° = 38\angle -46.7°(\text{A})$$

电路各相的线电流也是对称的。

（3）三相电路的有功功率为

$$P = P_\triangle + P_Y = \sqrt{3}U_{AB}I_{A\triangle}\cos\varphi_\triangle + \sqrt{3}U_{AB}I_{AY}$$

$$= \sqrt{3} \times 380 \times 18.13 \times 0.8 + \sqrt{3} \times 380 \times 22$$
$$= 9546 + 14480 = 24026(\text{W})$$

4.4　安　全　用　电

在生产中，不仅要提高劳动生产率，减轻繁重的体力劳动，而且要尽一切可能保护劳动者的人身安全。所以安全用电是劳动保护教育和安全技术中的重要组成部分。

下面介绍有关安全用电的几个问题。

4.4.1　触电

触电是指人体接触到带电体时，电流流过人体造成的伤害。

人体因触电可能受到不同程度的伤害，这种伤害可分为电击和电伤两种。电击主要是电流通过人体内部，它可使人体内部器官（如呼吸系统、心脏和神经系统）受伤，甚至导致死亡，所以电击造成的伤害是最严重的。电伤是指电流的热效应、化学效应、机械效应等对人体表面或外部造成的局部伤害。当然，这两种伤害也可能同时发生。分析与研究证实，人体因触电造成的伤害程度与以下几个因素有关。

（1）人体电阻。人体电阻越大，伤害程度就越轻。大量实验表明，完好干燥的皮肤角质外层人体电阻为 $10 \sim 100 \text{k}\Omega$，受破坏的角质外层人体电阻为 $0.8 \sim 11 \text{k}\Omega$。

（2）电流的大小。当通过人体的电流大于 50mA 时，将会有生命危险。一般情况下人体接触 36V 电压时，通过人体的电流不会超过 50mA。通常把 36V 电压称为安全电压。如果环境潮湿，则安全电压值规定为正常环境安全电压的 2/3 或 1/3。

（3）时间的长短。通过人体电流的时间越长，伤害程度就越大。

此外，电击后的伤害程度还与电流通过人体的路径以及与带电体接触的面积和压力等有关。

人体触电方式常见为单相触电和两相触电。若在 380/220V 低压供电系统中，人体直接接触到一根裸露的相线时，称为单相触电，如图 4.4.1 所示，此时作用于人体的电压为相电压 220V，事故电流 I_d 由相线通过人体到地从而引起触电。如果人体同时接触到两根裸露的相线，则称为两相触电，如图 4.4.2 所示，此时作用于人体的电压为线电压 380V，通过人体的事故电流 I_d 比单相触电时大，触电更危险。

大部分触电事故属于单相触电，单相触电有以下两种情况。

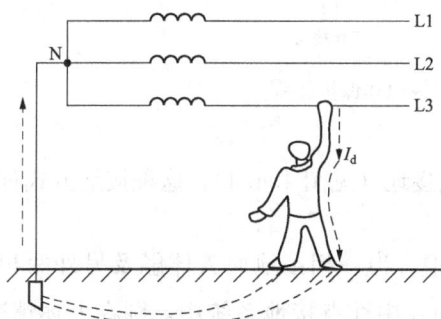

图 4.4.1　电源中性点接地的单相触电　　　　图 4.4.2　两相触电

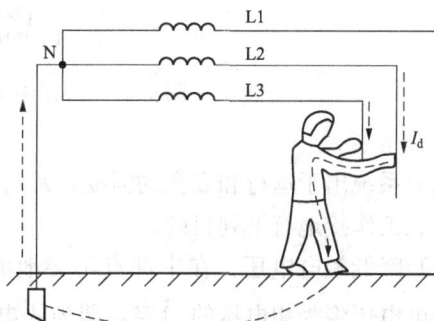

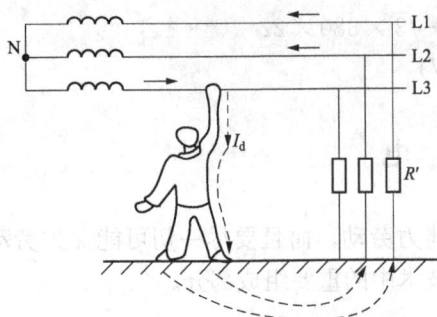

图 4.4.3　电源中性点未接地的单相触电

1. 接触正常带电体的单相触电

（1）当电源中性点接地时，如图 4.4.1 所示。这时人体处于相电压之下，危险性较大。如果人体与地面的绝缘较好，危险性可以大大减小。

（2）当电源中性点未接地时，如图 4.4.3 所示。乍看起来，似乎电源中性点未接地时，不能构成电流通过人体的回路。其实要考虑到导线与地面间的绝缘可能不良，甚至有一相接地，在这种情况下人体中就有电流通过。在交流的情况下，导线与地面间存在的电容也可构成电流的通路。

2. 接触正常不带电的金属体的触电

触电的另一种情形是接触正常不带电的部分。如电动机绕组绝缘损坏而使外壳带电，人手触及带电的电动机外壳，相当于单相触电。大多数触电事故属于这一种。因此对电气设备常采用保护接地和保护接零的措施。

4.4.2　保护接地和保护接零

大多数电气设备都是采用 380/220V 低压供电系统供电的，其工作电压不属于安全电压。因而，当电气设备使用日久，绝缘老化而出现漏电，或者某一相绝缘损坏而使该相的带电体与外壳相碰而造成一相碰壳时，都会使外壳带电，人体触及外壳便有触电的危险。这是工矿企业和日常生活中常见的触电事故。为防止这类事故的发生，要求电气设备采取接地措施，按接地目的的不同，主要可分为工作接地、保护接地和保护接零三种，如图 4.4.4 所示。而电气设备接地所采用的接地体是埋入地中并且直接与大地接触的金属导体。

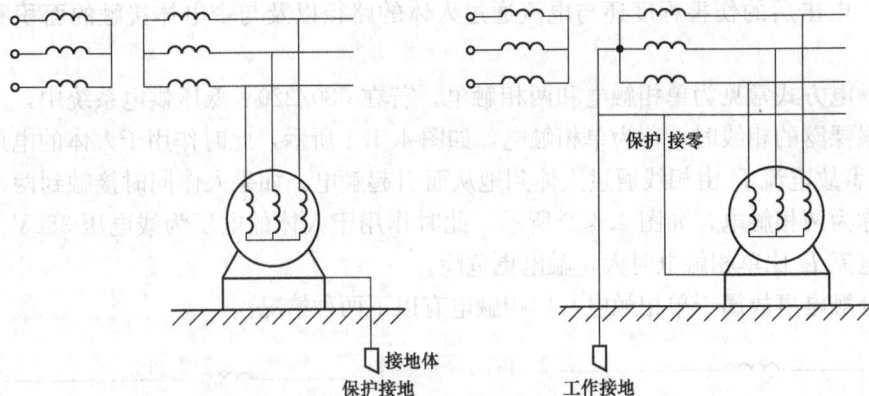

图 4.4.4　工作接地、保护接地和保护接零

1. 工作接地

电力系统出于运行和安全的需要，常将中性点接地（见图 4.4.4），这种接地方式称为工作接地。工作接地有下列目的。

（1）降低触电电压。在中性点不接地的系统中，当一相接地而人体触及另外两相之一时，触电电压将为相电压的 $\sqrt{3}$ 倍，即为线电压。而在中性点接地系统中，则在上述情况下，触电电压就降低到等于或接近相电压。

（2）迅速切断故障设备。在中性点不接地的系统中，当一相接地时，接地电流很小（因为导线和地面间存在电容和绝缘电阻，也可构成电流的通路），不足以使保护装置动作而切断电源，接地故障不易被发现，将长时间持续下去，对人体不安全。而在中性点接地系统中，一相接地后的接地电流较大（接近单相短路），保护装置迅速动作，断开故障点。

（3）降低电气设备对地的绝缘水平。在中性点不接地的系统中，一相接地时将使另外两相的对地电压升高到线电压。而在中性点接地的系统中，则接近于相电压，故可降低电气设备和输电线的绝缘水平，节省投资。

但是，中性点不接地也有好处：①一相接地往往是瞬时的，能自动消除，在中性点不接地的系统中，就不会跳闸而发生停电事故；②一相接地故障可以允许短时存在，这样，以便寻找故障和修复。

2. 保护接地

保护接地就是将电气设备的金属外壳（正常情况下是不带电的）接地，宜用于中性点不接地的低压系统中。

图 4.4.5（a）所示的是电动机的保护接地，可分两种情况来分析。

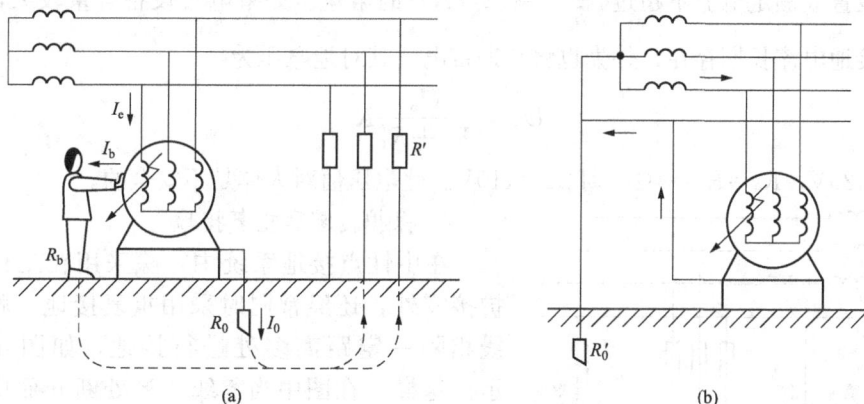

图 4.4.5　电动机的保护接地和保护接零
(a) 保护接地；(b) 保护接零

（1）当电动机某一相绕组的绝缘损坏使外壳带电而外壳未接地的情况下，人体触及外壳，相当于单相触电。这时接地电流 I_e（经过故障点流入地中的电流）的大小决定于人体电阻 R_b 和绝缘电阻 R_0'，当系统的绝缘性能下降时，就有触电的危险。

（2）当电动机某一相绕组的绝缘损坏使外壳带电而外壳接地的情况下，人体触及外壳，由于人体电阻 R_b 与接地电阻 R_0（指接地体或自然接地体的对地电阻和接地线电阻的总和）并联，而通常 $R_b \gg R_0$，所以通过人体的电流很小，不会有危险。这就是保护接地保证人身安全的作用。

3. 保护接零

保护接零就是将电气设备的金属外壳接到中性线（或称零线）上，宜用于中性点接地的低压系统中。

图 4.4.5（b）所示的是电动机的保护接零。当电动机某一相绕组的绝缘损坏而与外壳相接时，就形成单相短路，迅速将这一相中的熔丝熔断，因而外壳便不再带电。即使在熔丝熔

断前人体触及外壳时，也由于人体电阻远大于线路电阻，通过人体的电流也是极为微小的。

为什么在中性点接地的系统中不采用保护接地？因为采用保护接地时，当电气设备的绝缘损坏时则接地电流为

$$I_e = \frac{U_p}{R_0 + R_0'}$$

式中　U_P——系统的相电压；

　　　R_0'——保护接地；

　　　R_0——工作接地的接地电阻。

如果系统电压为380/220V，$R_0 = R_0' = 4\Omega$，则接地电流为

$$I_e = \frac{220}{4+4} = 27.5(A)$$

为了保证保护装置能可靠地动作，接地电流不应小于继电保护装置动作电流的1.5倍或熔丝额定电流的3倍。因此27.5A的接地电流只能保证断开动作电流不超过$\frac{27.5}{1.5} = 18.3$（A）的继电保护装置或额定电流不超过$\frac{27.5}{3} = 9.2$（A）的熔丝。如果电气设备容量较大，就得不到保护，接地电流长期存在，外壳也将长期带电，其对地电压为

$$U_e = \frac{U_p}{R_0 + R_0'} R_0$$

如果$U_P = 220V$，$R_0 = R_0' = 4\Omega$，则$U_e = 110V$。此电压值对人体是不安全的。

4. 保护接零和重复接地

在中性点接地系统中，除采用在工作接地保护接零外，还经常同时采用重复接地，就是将零线相隔一定距离多处进行接地，如图4.4.6所示。这样，在图中当零线在×处断开而电动机一相碰壳时：

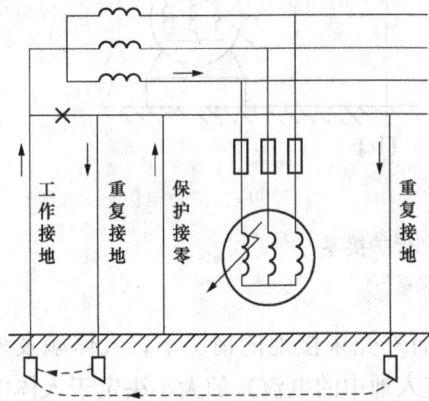

图4.4.6　工作接地、保护接零和重复接地

（1）如无重复接地，人体触及外壳，相当于单相触电，是有危险的（见图4.4.1）。

（2）如有重复接地，由于多处重复接地的接地电阻并联，使外壳对地电压大大降低，减小了危险程度。

为了确保安全，零干线必须连接牢固，开关和熔断器不允许装在零干线上。但引入住宅和办公场所的一根相线和一根零线上一般都装有双极开关，并都装有熔断器（见图4.4.7）以增加短路时熔断的机会。

5. 工作零线与保护零线

在三相四线制系统中，由于负载往往不对称，零线中有电流，因而零线对地电压不为零，距电源越远，电压越高，但一般在安全值以下，无危险性。为了确保设备外壳对地电压为零，专设保护零线，如图4.4.7所示。工作零线在进建筑物入口处要接地，进户后再另设一保护零线。这样就构成三相五线制。所有的接零设备都要通过三孔插座接到保护零线上。在正常工作时，工作零线中有电流，保护零线中不应有电流。

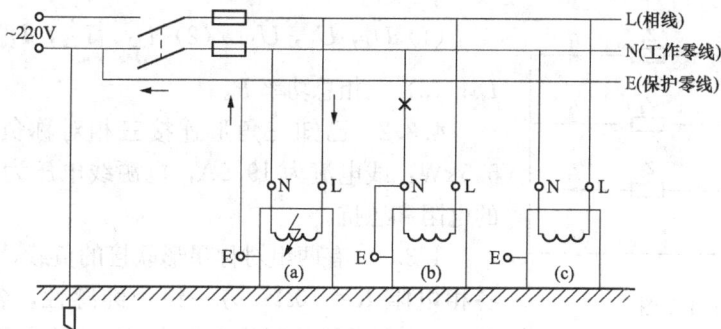

图 4.4.7　工作零线与保护零线

(a) 接零正确；(b) 接零不正确；(c) 忽视接零

图 4.4.7（a）是正确连接。当绝缘损坏，外壳带电时，短路电流经过保护零线，将熔断器熔断，切断电源，消除触电事故。图 4.4.7（b）的连接是不正确的，因为如果在×处断开，绝缘损坏后外壳便带电，将会发生触电事故。有的用户在使用日常电器（如手电钻、电冰箱、洗衣机、台式风扇等）时，忽视外壳的接零保护，插上单相电源就用，如图 4.4.7（c）所示，这是十分不安全的。一旦绝缘损坏，外壳也就带电。

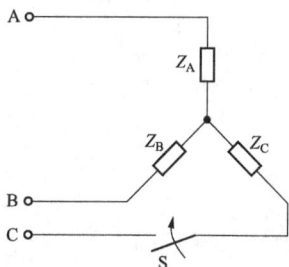

习　题

4.2.1　有一电源和负载都是星形连接的对称三相电路，已知电源相电压为 220V，负载每相阻抗模 $|Z|=10\Omega$，试求负载的相电流和线电流，电源的相电流和线电流。

4.2.2　有一电源和负载都是三角形连接的对称三相电路，已知电源相电压为 220V，负载每相阻抗模 $|Z|=10\Omega$，试求负载的相电流和线电流，电源的相电流和线电流。

4.2.3　有一电源为三角形连接，而负载为星形连接的对称三相电路，已知电源相电压为 220V，每相负载的阻抗模为 10Ω，求负载和电源的相电流和线电流。

4.2.4　电路如图所示，S 闭合时为对称三相电路，电源为正序，设 $\dot{U}_A = U \angle 0°$ V（A 相电源的电压），则 S 断开时，求解负载端的相电压。

4.2.5　在图示三相电路中，$R=X_C=X_L=25\Omega$，接于线电压为 220V 的对称三相电源上，求：各相电流、线电流。

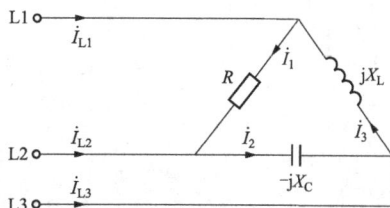

习题 4.2.4 图　　　　　　　　　习题 4.2.5 图

4.3.1　如图所示电路中三相四线制供电线路中，已知 $\dot{U}_{12}=380 \angle 30°$ V，Y形连接的三相负载的复阻抗 $Z_1=Z_2=Z_3=(11+j11)\Omega$。试求：

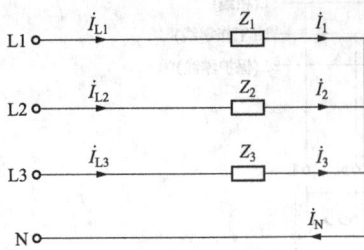

习题 4.3.1 图

(1) $\dot{U}_1$，$\dot{U}_2$，$\dot{U}_3$；(2) $\dot{I}_{L1}$，$\dot{I}_{L2}$，$\dot{I}_{L3}$，$\dot{I}_1$，$\dot{I}_2$，$\dot{I}_3$，$\dot{I}_N$；(3) 三相总功率 P。

4.3.2　已知三角形连接三相对称负载的总功率为 5.5kW，线电流为 19.5A，电源线电压为 380V。求每相的电阻和感抗。

4.3.3　有两组对称星形联接的负载，一组为纯阻性，各相电阻 $R = 10\Omega$；另一组为纯感性，各相感抗 $X_L = 10\Omega$。它们共同接于线电压为 380V 的三相四线制供电系统中，试求：

(1) 各组负载的线电流有效值；(2) 供电干线上的总电流有效值；(3) 负载消耗的有功功率；(4) 负载的无功功率；(5) 画出供电线路图。

4.4.1　人体因触电造成的伤害程度主要与哪些因素有关？

4.4.2　保护接地和保护接零有什么作用？它们有什么区别？为什么同一供电系统中只采用一种保护措施？

4.4.3　保护接地主要应用在哪些场合？

4.4.4　三相三线制低压供电系统中，应采取哪些保护接线措施？在三相四线制低压供电系统中，应采取哪种接线措施？

4.4.5　为什么在中性点接地系统中，除采用保护接零外，还要采用重复接地？

4.4.6　某人为了安全，将电烤箱的外壳接在 220V 交流电源进线的中性线上，这种做法对吗？为什么？

第五章 变 压 器

变压器和电动机都是以电磁感应作为工作基础的。本章主要介绍磁路的基本概念，然后讨论变压器、仪表用变压器的基本原理和基本特性。

5.1 磁路的基本概念与基本定律

常用的电气设备，如变压器、电动机等，在工作时都会产生磁场。为了把磁场聚集在一定的空间范围内，以便加以控制和利用，就必须用高磁导率的铁磁材料做成一定形状的铁芯，形成一个磁通的路径，使磁通的绝大部分通过这一路径而闭合。故把磁通经过的闭合路径称为磁路。为了分析和计算磁场，下面简要介绍有关磁路的基础知识。

5.1.1 铁磁材料

根据导磁性能的好坏，自然界的物质可分为两大类：一类称为铁磁材料，如铁、钢、镍、钴等，这类材料的导磁性能好，磁导率 μ 值大；另一类为非铁磁材料，如铜、铝、纸、空气等，此类材料的导磁性能差，μ 值小（接近真空的磁导率 μ_0）。铁磁材料是制造变压器、电动机、电器等各种电工设备的主要材料，铁磁材料的磁性能对电磁器件的性能和工作状态有很大影响。铁磁材料的磁性能主要表现为高导磁性、磁饱和性和磁滞性。

1. 高导磁性

铁磁材料具有很强的导磁能力，在外磁场作用下，其内部的磁感应强度会大大增强，相对磁导率可达几百、几千甚至几万。这是因为在铁磁材料的内部存在许多磁化小区，称为磁畴。每个磁畴就像一块小磁铁，体积约为 $10^{-9}\,\mathrm{cm^3}$。在无外磁场作用时，这些磁畴的排列是不规则的，对外不显示磁性，如图 5.1.1（a）所示。

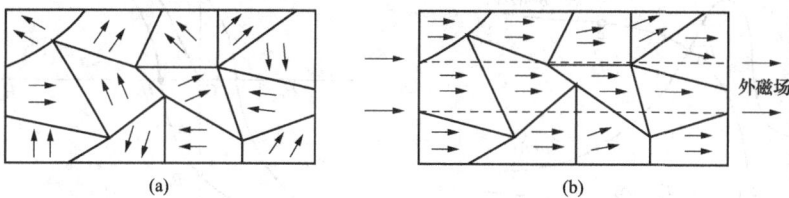

图 5.1.1 铁磁材料的磁化
(a) 磁化前；(b) 磁化后

在一定强度的外磁场作用下，这些磁畴将顺着外磁场的方向趋向规则地排列，产生一个附加磁场，使铁磁材料内的磁感应强度大大增强，如图 5.1.1（b）所示，这种现象称为磁化。铁磁材料的这一磁性能被广泛地应用于电工设备中，如电动机、变压器及各种铁磁元件的线圈中都放有铁芯。在这种具有铁芯的线圈中通入不大的励磁电流，便可产生足够大的磁感应强度和磁通，这时的磁场是线圈产生的磁场和铁芯被磁化后产生的附加磁场的叠加。

而非铁磁材料没有磁畴结构，所以不具有磁化特性。

2. 磁饱和性

在铁磁材料的磁化过程中，随着励磁电流的增大，外磁场和附加磁场都将增大，但当励磁电流增大到一定值时，几乎所有的磁畴都与外磁场的方向一致，附加磁场就不再随励磁电流的增大而继续增强，这种现象称为磁饱和现象。

材料的磁化特性可用磁化曲线 $B=f(H)$ 表示，铁磁材料的磁化曲线如图 5.1.2 所示，它大致上可分为 4 段，其中 Oa 段的磁感应强度 B 随磁场强度 H 增加较慢；ab 段的磁感应强度 B 随磁场强度 H 差不多成正比地增加；b 点以后，B 随 H 的增加速度又减慢下来，逐渐趋于饱和；过了 c 点以后，其磁化曲线近似于直线，且与真空或非铁磁材料的磁化曲线 $B_0=f(H)$ 平行。工程上称 a 点为附点，称 b 点为膝点，称 c 点为饱和点。

由于铁磁材料的 B 与 H 的关系是非线性的，故由 $B=\mu H$ 的关系可知，其磁导率的数值将随磁场强度 H 的变化而改变，如图 5.1.2 中的 $B=f(H)$ 曲线。铁磁材料在磁化起始的 Oa 段和进入饱和以后，μ 值均不大，但在膝点 b 的附近 μ 达到最大值。所以电气工程上通常要求铁磁材料工作在膝点附近。

3. 磁滞性

如果励磁电流是大小和方向都随时间变化的交变电流，则铁磁材料将受到交变磁化。在电流交变的一个周期中，磁感应强度 B 随磁场强度 H 变化的关系如图 5.1.3 所示。由图 5.1.3 可见，当磁场强度 H 减小时，磁感应强度 B 并不沿着原来这条曲线回降，而是沿着一条比它高的曲线缓慢下降。当 H 减小到 0 时，B 并不等于 0 而仍保留一定的磁性。这说明铁磁材料内部已经排齐的磁畴不会完全回复到磁化前杂乱无章的状态，这部分剩余的磁性称为剩磁，用 B_r 表示。如要去掉剩磁，使 $B=0$，应施加一反向磁场强度 H_c。H_c 的大小称为矫顽磁力，它表示铁磁材料具有反抗退磁的能力。

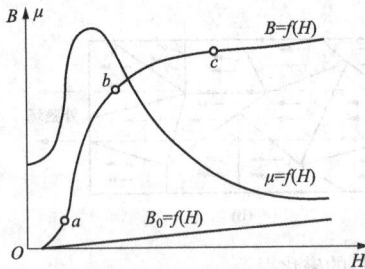

图 5.1.2 磁化曲线

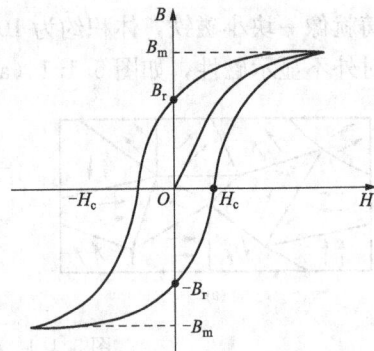

图 5.1.3 磁滞回线

若再反向增大磁场，则铁磁材料将反向磁化；当反向磁场减小时，同样会产生反向剩磁 (B_r)。随着磁场强度不断正、反向变化，得到的磁化曲线为一条封闭曲线。在铁磁材料反复磁化的过程中，磁感应强度的变化总是落后于磁场强度的变化，这种现象称为磁滞现象。这一封闭曲线称为磁滞回线。

铁磁材料按其磁性能又可分为软磁材料、硬磁材料和矩磁材料三种类型，图 5.1.4 所示为不同类型的磁滞回线。

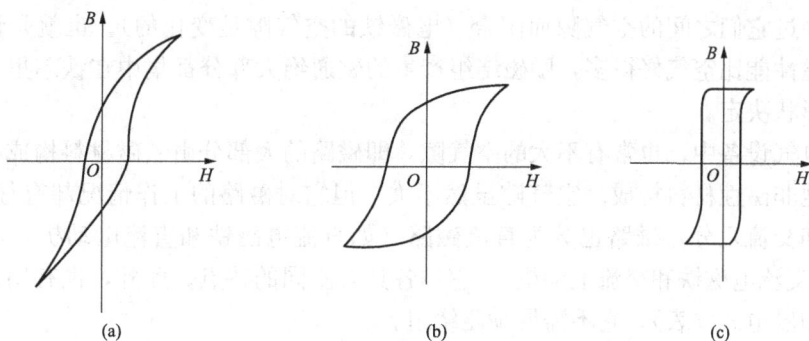

图 5.1.4　不同类型的磁滞回线

（a）软磁材料；（b）硬磁材料；（c）矩磁材料

软磁材料的剩磁和矫顽力较小，磁滞回线形状较窄，但磁化曲线较陡，即磁导率较高，所包围的面积较小。它既容易磁化，又容易退磁，一般用于有交变磁场的场合，如用来制造镇流器、变压器、电动机以及各种中、高频电磁元件的铁芯等。常见的软磁材料有纯铁、硅钢、坡莫合金以及非金属软磁铁氧体等。硬磁材料的剩磁和矫顽力较大，磁滞回线形状较宽，所包围的面积较大，适用于制作永久磁铁，如扬声器、耳机、电话机、录音机以及各种磁电式仪表中的永久磁铁都是硬磁材料制成的。常见的硬磁材料有碳钢、钴钢及铁镍铝钴合金等。矩磁材料的磁滞回线近似于矩形，剩磁很大，接近饱和磁感应强度，但矫顽力较小，易于翻转，常在计算机和控制系统中用作记忆元件和开关元件，矩磁材料有镁锰铁氧体及某些铁镍合金等。

5.1.2　磁路的概念

在通有电流的线圈周围和内部都存在着磁场。但是空心载流线圈的磁场较弱，一般难以满足电工设备的需要。工程上为了得到较强的磁场并有效地加以应用，常采用导磁性能良好的铁磁材料做成一定形状的铁芯，而将线圈绕在铁芯上。当线圈中通过电流时，铁芯即被磁化，使得其中的磁场大为增强，故通电线圈产生的磁通主要集中在由铁芯构成的闭合路径内，这种磁通集中通过的路径便称为磁路。用于产生磁场的电流称为励磁电流，通过励磁电流的线圈称为励磁线圈或励磁绕组。

图 5.1.5 所示为几种常见电气设备的磁路。现以电磁铁为例来说明磁路的概念。电磁铁包括励磁绕组、静铁芯和动铁芯部分。静铁芯和动铁芯都用铁磁材料制成，它们之间存在着空气隙。当励磁绕组通过电流时，绕组产生的磁通绝大部分将沿着导磁性能良好的静铁芯、

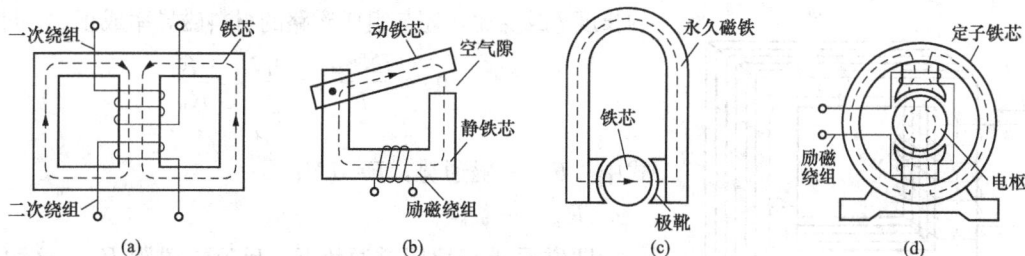

图 5.1.5　几种常见电气设备的磁路

（a）变压器；（b）电磁铁；（c）磁电式仪表；（d）直流电动机

动铁芯，并穿过它们之间的空气隙而闭合（电磁铁的空气隙是变化的）。也就是说，由于铁芯材料的导磁性能比空气好得多，励磁绕组产生的磁通绝大部分都集中在铁芯里，磁通的路径由铁芯的形状决定。

在其他电气设备中，也常有不大的空气隙，即磁路的大部分由铁磁材料构成，小部分由空气隙或其他非磁性材料构成。空气隙虽然不大，但它对磁路的工作情况却有很大的影响。电路有直流和交流之分，磁路也分为直流磁路（如直流电磁铁和直流电动机）和交流磁路（如变压器、交流电磁铁和交流电动机），它们各具有不同的特点。此外，也有用永久磁铁构成磁路的（如磁电式仪表），它不需要励磁绕组。

5.1.3 磁路的主要物理量

1. 磁感应强度 B

磁感应强度 B 是表示磁场内某点的磁场强弱及方向的物理量。它是一个矢量，其方向与该点磁力线切线方向一致，与产生该磁场的电流之间的方向关系符合右手螺旋定则。若磁场内各点的磁感应强度大小相等、方向相同，则为均匀磁场。在国际单位制中磁感应强度的单位是 T（特斯拉，简称特）。

2. 磁通 Φ

在均匀磁场中，磁感应强度 B 与垂直于磁场方向的面积 S 的乘积，称为通过该面积的磁通 Φ，即 $\Phi=BS$ 或 $B=\Phi/S$。

可见，磁感应强度 B 在数值上等于与磁场方向垂直的单位面积上通过的磁通，故 B 又称为磁通密度。在国际单位制中，磁通的单位是 Wb（韦伯，简称韦）。

3. 磁导率 μ

磁导率 μ 是表示物质导磁性能的物理量，它的单位是 H/m（亨每米）。真空的磁导率 $\mu_0=4\pi\times10^{-7}$ H/m。任意一种物质的磁导率与真空的磁导率之比称为相对磁导率，用 $\mu_r=\mu/\mu_0$ 表示。

4. 磁场强度 H

磁场强度 H 是进行磁场分析时引用的一个辅助物理量，为了从磁感应强度 B 中除去磁介质的因素，故定义为 $H=B/\mu$。磁场强度也是矢量，只与产生磁场的电流以及这些电流的分布情况有关，而与磁介质的磁导率无关，它的单位是 A/m（安每米）。

5.1.4 磁路欧姆定律

图 5.1.6 所示为绕有线圈的铁芯，当线圈通入电流 I，在铁芯中就会有磁通通过。实验表明，铁芯中的磁通必与通过线圈的电流 I、线圈匝数 N 以及磁路的截面积 S 成正比，与磁路的长度 l 成反比，还与组成磁路的材料磁导率成正比，即

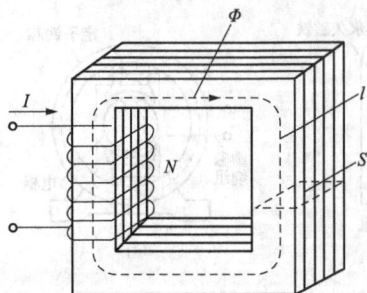

$$\Phi=\frac{INS\mu}{l}=\frac{IN}{\frac{l}{S\mu}}=\frac{F}{R_m}$$

式中　F——磁通势，$F=IN$；
　　　R_m——磁阻。

即磁通 Φ 正比于磁通势 F，反比于磁阻 R_m，这种比例关系与电路中的欧姆定律相似，因而称为磁路欧姆定律。

图 5.1.6　磁路欧姆定律

应该指出，磁路与电路虽然有许多相似之处，但它们的实质是不同的。而且由于铁芯磁路是非线性元件，其磁导率是随工作状态剧烈变化的，因此，一般不宜直接用磁路欧姆定律和磁阻公式进行定量计算，但在很多场合可以用来进行定性分析。

5.2　交流铁芯绕组电路

交流铁芯绕组由交流电来励磁，产生的磁通是交变的，其电磁和功率消耗相对直流铁芯绕组要复杂。在讨论变压器以前，先来了解交流铁芯绕组的一些特性。

5.2.1　电磁关系

图 5.2.1 所示为交流铁芯绕组电路，绕组的匝数为 N，当在绕组两端加上正弦交流电压 u 时，就有交变励磁电流 i 流过，在交变磁通势 N_i 的作用下产生交变磁通，其绝大部分通过铁芯，称为主磁通 Φ，但还有很小部分从附近空气中通过，称为漏磁通 Φ_σ。这两种交变磁通都将在绕组中产生感应电动势。设绕组电阻为 R，主磁通在绕组上产生的感应电动势为 e，漏磁通产生的感应电动势为 e_σ，它们与磁通的参考方向之间符合右手螺旋定则，由基尔霍夫电压定律可得铁芯绕组中的电压、电流与电动势之间的关系为

$$u = Ri - e - e_\sigma \qquad (5.2.1)$$

图 5.2.1　交流铁芯绕组电路

由于绕组电阻上的电压降 Ri 和漏磁通感应电动势 e_σ 都很小，与主磁通电动势 e 比较，可以忽略不计，故式（5.2.1）可写为

$$u \approx -e$$

设主磁通 $\Phi = \Phi_m \sin\omega t$，则

$$e = -N\frac{d\Phi}{dt} = -N\frac{d\Phi_m \sin\omega t}{dt} = -\Phi_m N\omega \cos\omega t$$
$$= 2\pi fN\Phi_m \sin(\omega t - 90°)$$
$$= E_m \sin(\omega t - 90°)$$

其中，$E_m = 2\pi fN\Phi_m$ 是主磁通电动势的最大值，故 $u \approx -e = E_m \sin(\omega t + 90°)$。

可见，外加电压的相位超前于铁芯中磁通 90°，而外加电压的有效值

$$U = E = \frac{E_m}{\sqrt{2}} = \frac{2\pi fN\Phi_m}{\sqrt{2}} \approx 4.44 fN\Phi_m \qquad (5.2.2)$$

式（5.2.2）给出了铁芯绕组在正弦交流电压作用下，铁芯中磁通最大值与电压有效值的数量关系。在忽略绕组电阻和漏磁通的条件下，当绕组匝数 N 和电源频率 f 一定时，铁芯中的磁通最大值 Φ_m 近似与外加电压有效值 U 成正比，而与铁芯的材料及尺寸无关。也就是说，当绕组匝数 N、外加电压 U 和频率 f 都一定时，铁芯中的磁通最大值 Φ_m 将基本保持不变。这个结论对于分析交流电动机、交流电器及变压器的工作原理是十分重要的。

5.2.2　功率损耗

在交流铁芯绕组电路中，除了在绕组电阻上有功率损耗外，铁芯中也会有功率损耗。线

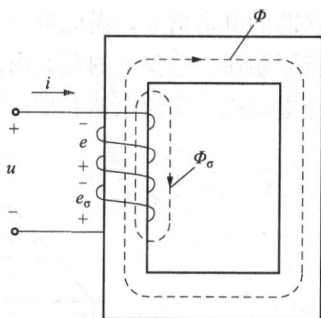

圈上损耗的功率称为铜损耗；铁芯中损耗的功率称为铁损耗，铁损耗包括磁滞损耗和涡流损耗两部分。

（1）磁滞损耗。铁磁材料交变磁化的磁滞现象所产生的铁损耗称为磁滞损耗。它是由铁磁材料内部磁畴反复转向，磁畴间相互摩擦引起铁芯发热而造成的损耗。铁芯单位体积内每周期产生的磁滞损耗与磁滞回线所包围的面积成正比。为了减小磁滞损耗，交流铁芯均由软磁材料制成。

（2）涡流损耗。铁磁材料不仅有导磁能力，而且也有导电能力，因而在交变磁通的作用下铁芯内将产生感应电动势和感应电流，感应电流在垂直于磁通的铁芯平面内围绕磁力线呈旋涡状，如图 5.2.2（a）所示，故称为涡流。涡流使铁芯发热，其功率损耗称为涡流损耗。为了减小涡流，可采用硅钢片叠成的铁芯，它不仅有较高的磁导率，还有较大的电阻率，可使铁芯的电阻增大，涡流减小，同时硅钢片的两面涂有绝缘漆，使各片之间互相绝缘，可把涡流限制在一些狭长的截面内流动，从而减小了涡流损失，如图 5.2.2（b）所示。所以各种交流电动机、交流电器和变压器的铁芯普遍用硅钢片叠成。

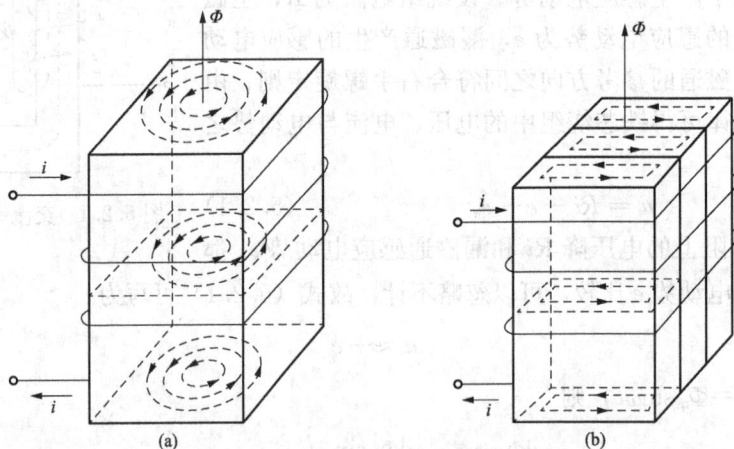

图 5.2.2　铁芯中的涡流
（a）铁芯涡流；（b）硅钢片叠成的铁芯涡流

【例 5-1】　某铁芯线圈，在加上 12V 直流电压时，电流为 1A；加上 110V 交流电压时，电流为 2A，消耗的功率为 88W。求后一种情况下线圈的铜损耗、铁损耗和功率因数。

解　由直流电压和电流求得线圈的电阻

$$R = \frac{U}{I} = \frac{12}{1} = 12(\Omega)$$

由交流电流求得铜损耗

$$P_{\text{Cu}} = RI^2 = 12 \times 2^2 = 48(\text{W})$$

由有功功率和铜损耗求得铁损耗

$$P_{\text{Fe}} = P - P_{\text{Cu}} = 88 - 48 = 40(\text{W})$$

功率因数

$$\cos\varphi = \frac{P}{UI} = \frac{88}{110 \times 2} = 0.4$$

5.3 变 压 器

变压器是利用电磁感应原理传输电能或信号的器件，具有变压、变流、变阻抗和隔离的作用。它的种类很多，应用广泛，但基本结构和工作原理相同。

5.3.1 变压器的基本结构

变压器由铁芯和绕在铁芯上的两个或多个线圈（又称绕组）组成。

铁芯的作用是构成变压器的磁路。为了减小涡流损耗和磁滞损耗，铁芯采用硅钢片交错叠装或卷绕而成。根据铁芯结构形式的不同，变压器分为壳式和心式两种，如图 5.3.1 所示。图 5.3.1（a）所示为心式变压器，特点是线圈包围铁芯。功率较大的变压器多采用心式结构，以减小铁芯体积，节省材料。壳式变压器则是铁芯包围线圈，如图 5.3.1（b）所示，其特点是可以省去专门的保护包装外壳。

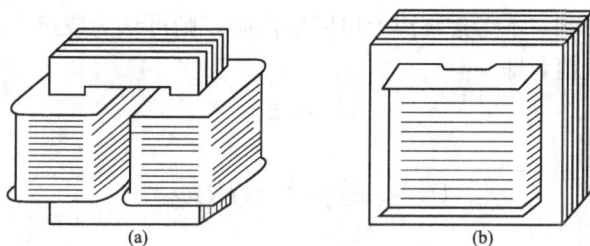

图 5.3.1 变压器结构
(a) 心式变压器；(b) 壳式变压

图 5.3.2 所示为一个单相双绕组变压器的结构示意图及其图形符号。两个绕组中与电源相连接的一方称为一次绕组。表示一次绕组各量的字母均标注下标"1"，如一次绕组电压 u_1、一次绕组匝数 N_1、……与负载相连接的绕组称为二次绕组。表示二次绕组各量的字母均标注下标"2"，如二次绕组电压 u_2、二次绕组匝数 N_2、……变压器二次绕组电压 u_2 高于一次绕组电压 u_1 的是升压变压器；反之，是降压变压器。为了防止变压器内部短路，绕组应有良好的绝缘性。

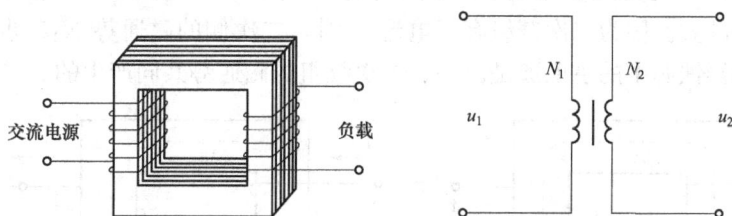

图 5.3.2 单相双绕组变压器的结构示意及图形符号

5.3.2 变压器的工作原理

1. 空载运行

变压器的一次绕组接上交流电压 u_1，二次侧开路，这种运行状态称为空载运行。这时二

次绕组中的电流 $i_2 = 0$，电压为开路电压 u_{20}，一次绕组通过的电流为空载电流 i_{10}，如图 5.3.3 所示，各量的方向按习惯参考方向选取。图中 N_1 为一次绕组的匝数，N_2 为二次绕组的匝数。

由于二次侧开路，这时变压器的一次侧电路相当于一个交流铁芯线圈电路，通过的空载电流 i_{10} 就是励磁电流。磁通势 Ni_{10} 在铁芯中产生的主磁通 Φ 通过闭合铁芯，既穿过一次绕组，也穿过二次绕组，于是在一、二次绕组中分别感应出电动势 e_1、e_2。当 e_1、e_2 与 Φ 的参考方向之间符合右手螺旋定则时，如图 5.3.3 所示，由法拉第电磁感应定律可知：

$$e_1 = -N_1 \frac{\mathrm{d}\Phi}{\mathrm{d}t}$$

$$E_1 = 4.44 f N_1 \Phi_{\mathrm{m}}$$

式中　f——交流电源的频率；

　　　Φ_{m}——主磁通的最大值；

　　　E_1——e_1 的有效值。

若略去漏磁通的影响，不考虑绕组上电阻的压降，则可认为绕组上电动势的有效值近似等于绕组上电压的有效值，即

$$U_1 \approx E_1$$

同理，可推出

$$U_{20} \approx E_2 = 4.44 f N_2 \Phi_{\mathrm{m}}$$

所以

$$\frac{U_1}{U_{20}} \approx \frac{4.44 f N_1 \Phi_{\mathrm{m}}}{4.44 f N_2 \Phi_{\mathrm{m}}} = \frac{N_1}{N_2} = k \tag{5.3.1}$$

由式（5.3.1）可见，变压器空载运行时，一、二次绕组上电压的比值等于一、二次侧绕组的匝数比，这个比值 k 称为变压器的变压比或变比。当一、二次绕组匝数不同时，变压器就可以把某一数值的交流电压变换为同频率的另一数值的电压，这就是变压器的电压变换作用。当一次绕组匝数 N_1 比二次绕组匝数 N_2 多时，$k>1$，这种变压器称为降压变压器；反之，若 $N_1 < N_2$，$k < 1$，则为升压变压器。

2. 负载运行

如果变压器的二次绕组接上负载，则在二次绕组感应电动势 e_2 的作用下，将产生二次绕组电流 i_2。这时，一次绕组的电流由 i_{10} 增大为 i_1，如图 5.3.4 所示。二次侧的电流 i_2 越大，一次侧的电流也越大。因为二次绕组有了电流 i_2 时，二次侧的磁通势 $N_2 i_2$ 也要在铁芯中产生磁通，即变压器铁芯中的主磁通是由一、二次绕组的磁通势共同产生的。

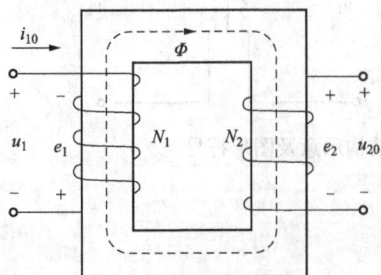

图 5.3.3　变压器空载运行　　　　　　　图 5.3.4　变压器的负载运行

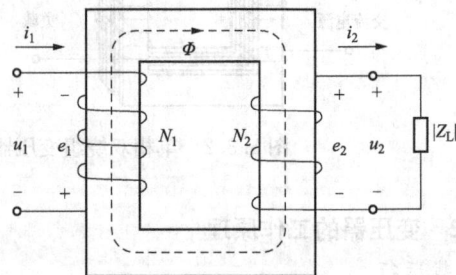

显然，$N_2 i_2$ 的出现，将有改变铁芯中原有主磁通的趋势。但是，在一次绕组的外加电压（电源电压）不变的情况下，由 $E = 4.44 f N \Phi_m$ 可知，主磁通基本保持不变，因而一次绕组的电流将由 i_{10} 增大为 i_1，使得一次绕组的磁通势由 $N_1 i_{10}$ 变成 $N_1 i_1$，以抵消二次绕组磁动势 $N_2 i_2$ 的作用。也就是说，变压器带负载时的总磁通势应与空载时的磁通势基本相等，用公式表示，即

$$N_1 \dot{I}_1 + N_2 \dot{I}_2 = N_1 \dot{I}_{10}$$

称为变压器的磁通势平衡方程式。

可见变压器负载运行时，一、二次绕组的磁通势方向相反，即二次侧电流 I_2 对一次侧电流 I_1 产生的磁通有去磁作用。当负载阻抗减小，二次侧电流 I_2 增大时，铁芯中的主磁通将减小，于是一次侧电流 I_1 必然增加，以保持主磁通基本不变。无论负载怎样变化，一次侧电流 I_1 总能按比例自动调节，以适应负载电流的变化。由于空载电流较小，一般不到额定电流的 10%，因此当变压器额定运行时，若忽略空载电流，可认为 $N_1 I_1 = -4 N_2 I_2$，于是得变压器一、二次侧电流有效值的关系为

$$\frac{I_1}{I_2} = \frac{N_2}{N_1} = \frac{1}{k} \tag{5.3.2}$$

由此可知，当变压器额定运行时，一、二次侧电流之比近似等于其匝数比的倒数。改变一、二次绕组的匝数，可以改变一、二次绕组电流的比值，这就是变压器的电流变换作用。

3. 阻抗变换作用

如图 5.3.5，变压器的一次侧接电源 u_1，二次侧接负载阻抗 $|Z_L|$，对于电源来说，图中点画线框内的电路可用另一个阻抗 $|Z_1'|$ 来等效代替。当忽略变压器的漏磁和损耗时，等效阻抗的计算式为

$$|Z_1'| = \frac{U_1}{I_1} = \frac{(N_1/N_2) U_2}{(N_2/N_1) I_2} = (N_1/N_2)^2 \frac{U_2}{I_2} = k^2 |Z_L| \tag{5.3.3}$$

其中，$|Z_L| = \dfrac{U_2}{I_2}$ 为变压器二次侧的负载阻抗。式（5.3.3）说明，在变比为 k 的变压器二次侧接阻抗为 $|Z_L|$ 的负载，相当于在电源上直接接一个阻抗 $|Z_1'| = k^2 |Z_L|$。通过选择合适的变比 k，可以把实际负载阻抗变换为所需的数值，这就是变压器的阻抗变换作用。

在电子电路中，为了提高信号的传输功率，常用变压器将负载阻抗变换为适当的数值，这种做法即为阻抗匹配。

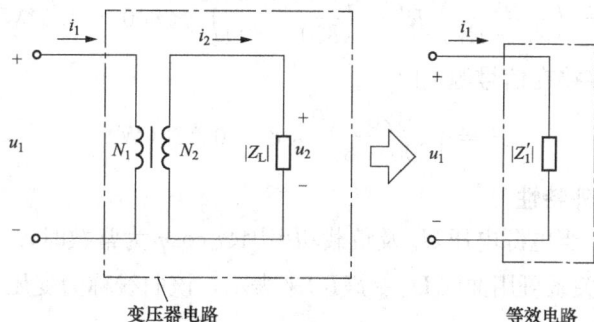

图 5.3.5 变压器阻抗变换作用

5.3.3 变压器的技术参数

1. 额定电压 U_{1N}、U_{2N}

一次侧的额定电压 U_{1N} 是根据绝缘强度和允许发热所规定的应加在一次绕组上的正常工作电压有效值。二次侧额定电压 U_{2N} 在电力系统中是指变压器一次侧施加额定电压时的二次侧空载电压有效值；在仪器、仪表中通常是指变压器一次侧施加额定电压，二次侧接额定负载时的输出电压有效值。

2. 额定电流 I_{1N}、I_{2N}

一、二次侧额定电流 I_{1N} 和 I_{2N} 是指变压器连续运行时，一、二次绕组允许通过的最大电流有效值。

3. 额定容量 S_N

额定容量 S_N 是指变压器二次侧额定电压和额定电流的乘积，即 $S_N=U_{2N}I_{2N}$，S_N 为二次侧的额定视在功率。额定容量反映了变压器所能传送电功率的能力，但不要把变压器的实际输出功率与额定容量相混淆，因为变压器实际使用时的输出功率取决于二次侧负载的大小和性质。

4. 额定频率 f_N

额定频率 f_N 是指变压器应接入的电源频率，我国电力系统的标准频率为 50Hz。

5. 变压器的型号

变压器的型号表示变压器的特征和性能。如 SL7-1000/10，其中 SL7 是基本型号（S 三相，D 单相，油浸自冷无文字表示，F 油浸风冷，L 铝线，铜线无文字表示，7 设计序号）；1000 是指变压器的额定容量为 1000kV·A，10 表示变压器高压绕组额定线电压为 10kV。

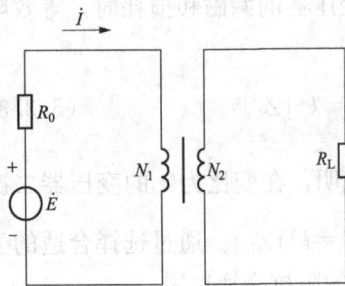

图 5.3.6 例 5-1 图

【例 5-2】 在图 5.3.6 中，交流信号源的电动势 $E=120V$，内阻 $R_0=800\Omega$，负载 $R_L=8\Omega$。（1）当 R_L 折算到一次侧的等效电阻 $R_L'=R_0$ 时，求变压器的匝数比和信号源输出的功率；（2）当将负载直接与信号源联接时，信号源输出多大的功率？

解（1）变压器的匝数比应为

$$\frac{N_1}{N_2}=\sqrt{\frac{R_L'}{R_L}}=\sqrt{\frac{800}{8}}=10$$

信号源的输出功率为

$$P=\left(\frac{E}{R_0+R_L'}\right)^2 R_L'=\left(\frac{120}{800+800}\right)^2\times 800=4.5(W)$$

（2）当将负载直接接在信号源上时

$$P=\left(\frac{120}{800+8}\right)^2\times 8=0.176(W)$$

5.3.4 变压器的外特性

运行中的变压器，当电源电压 U_1 及负载功率因数 $\cos\varphi$ 为常数时，二次绕组输出电压 U_2 随负载电流 I_2 的变化关系可用曲线 $U_2=f(I_2)$ 来表示，该曲线称为变压器的外特性曲线，如图 5.3.7 所示。

图 5.3.7 表明，当负载为电阻性和电感性时，U_2 随 I_2 的增加而下降，且电感性负载比

电阻性负载下降更明显；对于电容性负载，U_2 随 I_2 的增加而上升。二次绕组的电压变化程度（电压变化率）说明了变压器的性能，即

$$\Delta U\% = \frac{U_{20} - U_2}{U_2} \times 100\% \qquad (5.3.4)$$

式中　U_{20}——变压器二次额定电压，即空载电压；

　　　U_2——当负载为额定负载（即电流为额定电流）时的二次电压。

电压变化率越小，变压器的稳定性越好。一般变压器的电压变化率为 $4\%\sim6\%$。

图 5.3.7　变压器的外特性曲线

5.3.5　变压器的损耗与效率

当变压器二次绕组接负载后，在电压 U_2 的作用下，有电流通过，负载吸收功率。对于单相变压器，负载吸收的有功功率为

$$P_2 = U_2 I_2 \cos\varphi_2$$

式中　$\cos\varphi_2$——负载的功率因数。

这时一次绕组从电源吸收的有功功率为

$$P_1 = U_1 I_1 \cos\varphi_1$$

式中　φ_1——$\dot{U}_1$ 与 $\dot{I}_1$ 的相位差。

变压器从电源得到的有功功率 P_1 不会全部由负载吸收，传输过程中有能量损耗，即铜损耗 P_{Cu} 和铁损耗 P_{Fe}，这些损耗均变为热量，使变压器温度升高。根据能量守恒定律，有

$$P_1 = P_2 + P_{Cu} + P_{Fe}$$

变压器的效率为

$$\eta = \frac{P_2}{P_1} \times 100\% \qquad (5.3.5)$$

变压器的效率很高，对于大容量的变压器，其效率一般可以达到 $95\%\sim99\%$。

【例 5-3】　某变压器容量为 10kVA，铁损耗为 300W，满载时铜损耗为 400W，求变压器在满载情况下向功率因数为 0.8 的负载供电时输入和输出的有功功率及效率。

解　忽略电压变化率，则

$$P_2 = S_N\cos\varphi_2 = 10 \times 10^3 \times 0.8 = 8 \times 10^3(\text{W}) = 8\text{kW}$$

$$P = P_{Cu} + P_{Fe} = 300 + 400 = 700(\text{W}) = 0.7\text{kW}$$

$$P_1 = P_2 + P = 8 + 0.7 = 8.7\text{kW}$$

$$\eta = \frac{P_2}{P_1} \times 100\% = \frac{8}{8.7} \times 100\% = 92\%$$

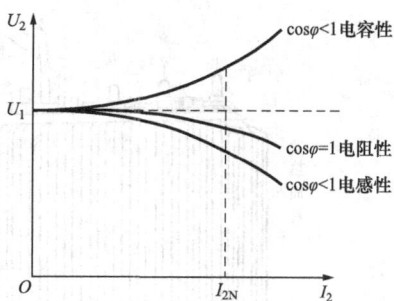

5.4　几种常用的变压器

5.4.1　三相电力变压器

在电力系统中，用于变换三相交流电压，输送电能的变压器称为三相电力变压器。如图 5.4.1 所示，它有 3 个心柱，各套一样的一、二次绕组。

由于三相一次绕组所加的电压是对称的，因此三相磁通也是对称的，二次侧的电压也是

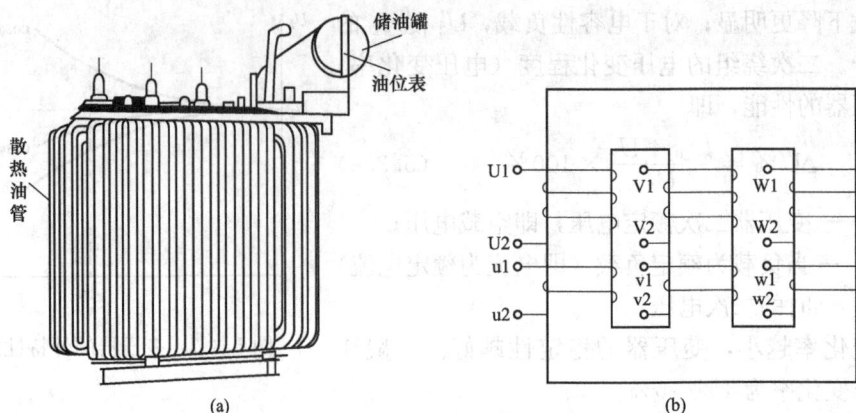

图 5.4.1 三相电力变压器

(a) 外形；(b) 结构示意图

对称的。为了散去运行时变压器本身的损耗所发出的热量，通常铁芯和绕组都浸在装有绝缘油的油箱中，通过油管将热量散发于大气中。考虑到油会热胀冷缩，故在变压器油箱上置一个储油罐和油位表，此外还装有一根防爆管，一旦发生故障（例如短路事故），产生大量气体时，高压气体将冲破防爆管前端的塑料薄片而释放，从而避免变压器发生爆炸。

三相变压器的一、二次绕组可以根据需要分别接成星形或三角形。三相电力变压器的常见连接方式有 Yyn（即Y/Y）和 Yd（即Y/△），如图 5.4.2 所示。其中 Yyn 连接常用于车间配电变压器，yn 表示有中性线引出的星形连接，这种接法不仅给用户提供了三相电源，同时还提供了单相电源。通常使用的动力和照明混合供电的三相四线制系统，就是用这种连接方式的变压器供电的；Yd 连接的变压器主要用于变电站作降压或升压用。

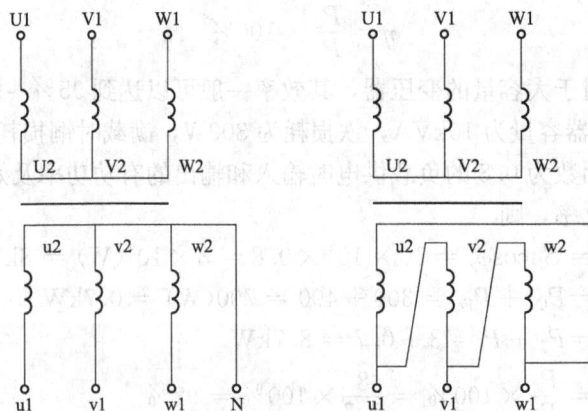

图 5.4.2 三相变压器的两种接法

三相变压器一、二次侧线电压的比值，不仅与匝数比有关，而且与接法有关。设一、二次侧的线电压为 U_{L1}、U_{L2}，相电压为 U_{P1}、U_{P2}，匝数分别为 N_1、N_2，则作 Yyn 连接时，有

$$\frac{U_{L1}}{U_{L2}} = \frac{\sqrt{3}U_{P1}}{\sqrt{3}U_{P2}} = \frac{N_1}{N_2} = k$$

作 Yd 连接时，有

$$\frac{U_{L1}}{U_{L2}} = \frac{\sqrt{3}U_{P1}}{U_{P2}} = \frac{\sqrt{3}N_1}{N_2} = \sqrt{3}k$$

三相电力变压器的额定值含义与单相变压器相同，但三相变压器的额定容量 S_N 是指三相总额定容量，其计算式为

$$S_N = \sqrt{3}U_{2N}I_{2N}$$

三相电力变压器的额定电压 U_{1N}/U_{2N} 和额定电流 I_{1N}/I_{2N} 是指线电压和线电流。其中，二次侧额定电压 U_{2N} 是指变压器一次侧施加额定电压 U_{1N} 时二次侧的空载电压，即 U_{20}。

5.4.2　自耦变压器

自耦变压器的结构特点是二次绕组是一次绕组的一部分，而且一、二次绕组不仅有磁的耦合，还有电的联系，上述变压、变流和变阻抗关系都适用于它。自耦变压器电路原理如图 5.4.3 所示。

由图 5.4.3 可列出

$$\frac{U_1}{U_2} = \frac{N_1}{N_2} = \frac{I_2}{I_1}$$

式中　U_1——一次绕组的电压；

I_1——一次绕组的电流；

U_2——二次绕组的电压；

I_2——二次绕组的电流。

实验室中常用的调压器就是一种可改变二次绕组匝数的特殊自耦变压器，它可以均匀地改变输出电压。图 5.4.4 就是单相自耦变压器的外形和原理图。

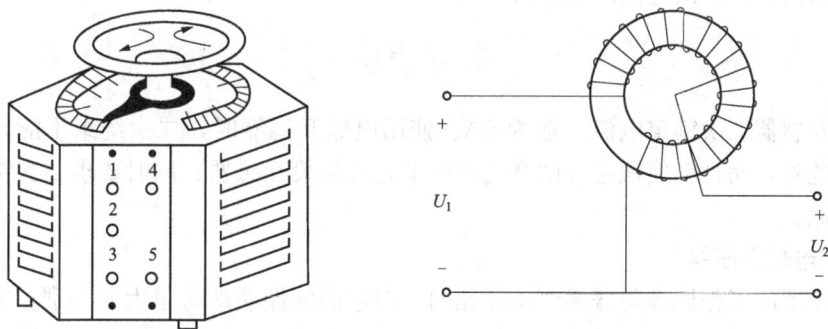

图 5.4.3　自耦变压器电路原理

除了单相自耦变压器之外，还有三相自耦变压器。但使用自耦变压器时应注意：输入端应接交流电源，输出端接负载，不能接错。否则，可能将变压器烧坏。使用完毕，手柄应退回零位。

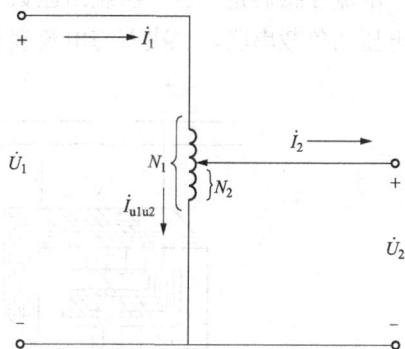

图 5.4.4　单相自耦变压器的外形和原理图

5.4.3　互感器

互感器是配合测量仪表专用的小型变压器，使用互感器可以扩大仪表的测量范围，使仪表与高压隔开，保证仪表安全使用。根据用途不同，互感器分为电压互感器和电流互感器两种。

1. 电压互感器

电压互感器是一台一次绕组匝数较多而二次绕组匝数较少的小型降压变压器。一次侧与

被测电压的负载并联，而二次侧与电压表相接，二次额定电压一般为 100V，如图 5.4.5
所示。

电压互感器一、二次电压的关系为

$$U_1 = \frac{N_1}{N_2} U_2$$

使用电压互感器，正常运行时二次绕组不应短路，否则将会烧坏互感器。同时为了保证
人员安全，高压电路与仪表之间应用良好的绝缘材料隔开。而且，铁芯与二次侧的一端应安
全接地，以免绕组间绝缘击穿而引起触电。

2. 电流互感器

电流互感器是一台一次绕组匝数很少而二次绕组匝数很多的小型变压器。其一次侧与被
测电压的负载串联，二次侧与电流表相接，如图 5.4.6 所示。

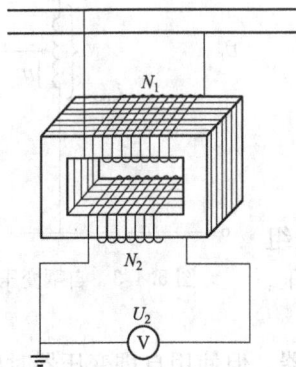

图 5.4.5　电压互感器　　　　　　　图 5.4.6　电流互感器

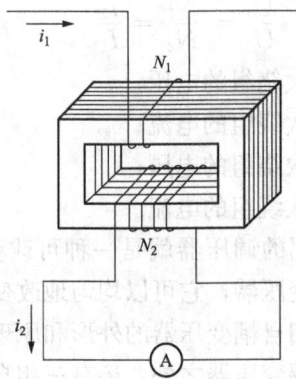

电流互感器一、二次电流的关系为

$$I_1 = \frac{N_2}{N_1} I_2$$

其中，电流互感器二次额定电流一般为 5A。使用电流互感器时，二次绕组不能开路，否则
会产生高压危险，而且会使铁芯温度升高，严重时会烧毁互感器；同时要求二次绕组一端与
铁芯共同接地。

5.4.4　电焊变压器

电焊变压器的工作原理与普通变压器相同，但它们的性能却有很大的差别。电焊变压器
的一、二次绕组分别装在两个铁芯柱上，两个绕组漏磁感抗都很大。电焊变压器与可变电抗
器组成交流电焊机，如图 5.4.7 所示。

电焊机具有如图 5.4.8 所示的陡降外特性，空载时 $I_2 = 0$，I_1 很小，漏磁通很小，电抗
无压降，有足够的电弧点火电压，其值为 60～80V。开始焊接时，交流电焊机的输出端被
短路，但由于存在漏磁感抗且有可变电抗器的感抗作用，短路电流虽然较大但并不会剧烈
增大。

焊接时，焊条与焊件之间的电弧相当于一个电阻，电阻上的电压降约为 30V。当焊件与

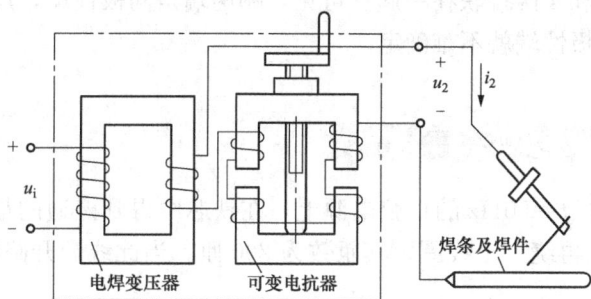

图5.4.7　电焊变压器图

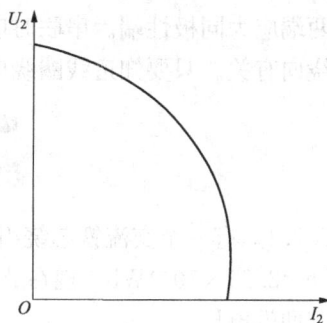

图5.4.8　电焊变压器的外特性

焊条之间的距离发生变化时，相当于电阻的阻值发生了变化，但由于电路的电抗比电弧的阻值大很多，所以焊接时电流变化不明显，保证了电弧的稳定燃烧。

5.5　变压器绕组的极性

在使用变压器或者其他有磁耦合的互感线圈时，要注意线圈的正确联接。譬如，一台变压器的一次绕组有两个相同的绕组，如图5.5.1中的1-2和3-4，当接到220V的电源上时，两绕组串联，如图5.5.1（a）；接到110V的电源上时，两绕组并联，如图5.5.1（b）。如果联接错误，譬如串联时将2和4两端联在一起，将1和3两端接电源，这样，两个绕组的磁通势就会互相抵消，铁芯中不产生磁通，绕组中也就没有感应电动势，绕组中将通过很大的电流，把变压器烧毁。

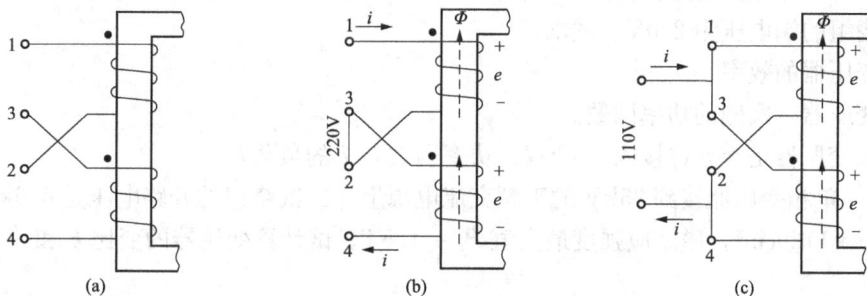

图5.5.1　变压器一次绕组的正确联接

（a）两个相同的一次绕组；（b）两绕组串联；（c）两绕组并联

为了正确联接，在线圈上标以记号"·"，标有符号"·"的两端为同极性端。图5.5.1中的1和3是同极性端，当然2和4也是同极性端。当电流从两个线圈的同极性端流入（或流出）时，产生磁通的方向相同；或者当磁通变化（增大或减小）时，在同极性端感应电动势的极性也相同。在图5.5.1中，绕组中的电流正在增大，感应电动势e的极性（或方向）如图5.5.1所示。

如果将其中一个线圈反绕，如图5.5.2所示，则1

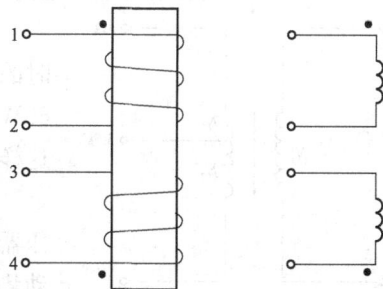

图5.5.2　线圈反绕

和 4 两端应为同极性端。串联时应将 2 和 4 两端联在一起。可见，哪两端是同极性端，还和线圈绕向有关。只要知道线圈绕向，同极性端就不难确定。

习 题

5.2.1 有一个交流铁芯绕组，接在 $f=50\text{Hz}$ 的正弦电源上，在铁芯中得到磁通的最大值为 $\Phi=2.25\times10^{-3}\text{Wb}$。现在此铁芯上再绕一个线圈，其匝数为 200 匝。当此线圈开路时，试求其两端电压。

5.2.2 将一个铁芯绕组接于电压 $U=100\text{V}$，频率 $f=50\text{Hz}$ 的正弦电源上，其电流 $I_1=5\text{A}$，$\cos\varphi_1=0.7$；若将此线圈中的铁芯抽出，再接于上述电源上，则线圈中的电流 $I_2=10\text{A}$，$\cos\varphi_2=0.5$。试求此绕组在具有铁芯时的铜损耗和铁损耗。

5.2.3 有一个线圈，其匝数 $N=1000$ 匝，绕在由铸钢制成的闭合铁芯上，铁芯的截面积 $S_{\text{Fe}}=20\text{cm}^2$，铁芯的平均长 $L_{\text{Fe}}=50\text{cm}$，如要在铁芯中产生 0.002Wb 的磁通，试问绕组中应通入多大的直流电流？

5.2.4 一个交流铁芯线圈，励磁线圈的端电压 $U=110\text{V}$，电源频率 $f=50\text{Hz}$，铁芯中的最大磁通 $\Phi=1.24\times10^{-3}\text{Wb}$。试计算线圈的匝数 N。

5.3.1 有一台单相照明变压器，容量为 10kVA，电压为 3300/220V。欲在二次侧接上 60W、220V 的白炽灯，若要变压器在额定负载下运行，这种电灯可接多少个？试求一、二次侧的电流。

5.3.2 已知单相变压器的额定容量 $S_N=200\text{kVA}$，额定电压 6000/250V，变压器的铁损耗为 0.7kW，满载时铜损耗为 2.2kW。在满载情况下，向功率因数为 0.85 的负载供电时，二次绕组的端电压为 230V。试求：

(1) 变压器的效率。

(2) 变压器一次侧的功率因数。

(3) 该变压器是否允许接入 150kW、功率因数 0.7 的负载？

5.3.3 单相变压器接到 25kV 的工频交流电源上，二次绕组的开路电压是 6.6kV。铁芯的截面积 $S=1120\text{cm}^2$，磁感应强度最大值 $B_m=1.5\text{T}$。试计算变压器的变比 k 和一、二次绕组的匝数。

5.3.4 单相变压器的额定容量 $S_N=40\text{kVA}$，额定电压是 3300V/230V。试计算：

(1) 变压器的变比 k。

(2) 一、二次绕组的额定电流 I_{1N} 和 I_{2N}。

(3) 该变压器在额定状态下运行时，电压 $U_2=220\text{V}$，这时的电压调整率是多少？当它向额定电压是 220V、功率是 60W、功率因数 $\cos\varphi=0.89$ 的荧光灯供电时，可接入多少盏这样的荧光灯？

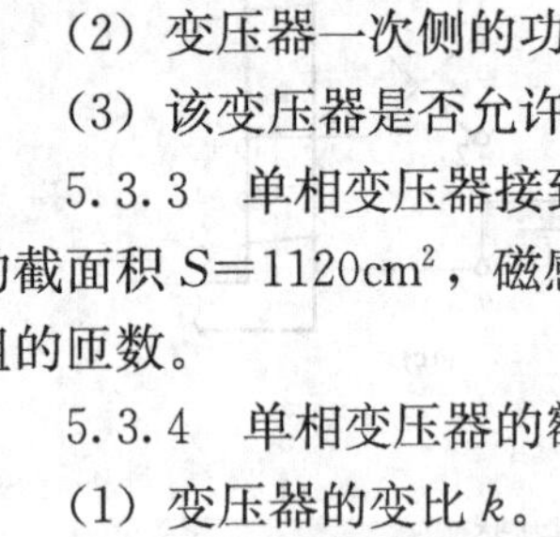

5.3.5 在图 5.3.6 中，将 $R_L=8\Omega$ 的扬声器接在输出变压器的二次绕组，已知 $N_1=300$ 匝，$N_2=100$ 匝，信号源电动势 $E=6\text{V}$，内阻 $R_0=100\Omega$，试求信号源输出的功率。

5.3.6 在图示变压器中，输出变压器的二次绕组有中间

习题 5.3.6 图

抽头，以便接 8Ω 或 3.5Ω 的扬声器，两者都能达到阻抗匹配。试求二次绕组两部分匝数之比 N_2/N_3。

5.4.1 已知一台自耦变压器的额定容量为 50kVA，$U_{1N}=220V$，$N_1=880$ 匝，$U_{2N}=200V$。试求：

(1) 应在线圈的何处抽出一线端？

(2) 满载时 I_1 和 I_2 各是多少？

5.5.1 有三个线圈如下图所示，试定出线圈 1 和 2，2 和 3，3 和 1 的同极性端，用三种记号标出。

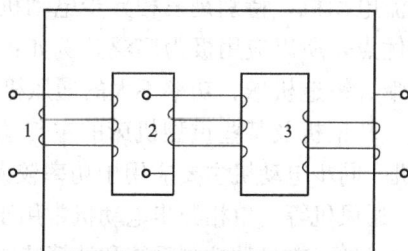

习题 5.5.1 图

5.5.2 如下图所示是一个有三个二次绕组的电源变压器，试问能得出多少组输出电压？

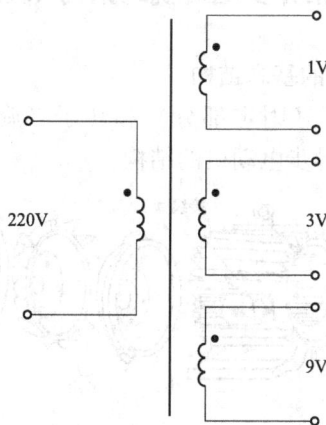

习题 5.5.2 图

第六章 三相电动机

电机是实现机械能与电能相互转换的装置。发电机将机械能转换为电能，电动机将电能转换为机械能。电动机可分为直流电动机与交流电动机两大类。交流电动机又分为异步电动机（或称感应电动机）和同步电动机。直流电动机按照励磁方式的不同分为他励、并励、串励和复励四种。

在生产上主要使用的是交流电动机，特别是三相异步电动机。由于它具有结构简单、工作可靠、维护方便、价格低等优点，所以应用极为广泛。例如：它被用来驱动各种金属切削机床、起重机、锻压机、传送带、铸造机械、功率不大的通风机及水泵等。仅在需要均匀调速的生产机械上，如龙门刨床、轧钢机及某些重型机床的主传动机构，以及在某些电力牵引和起重设备中才采用直流电动机。同步电动机主要应用于功率较大、不需调速、长期工作的各种生产机械，如压缩机、水泵、通风机等。单相异步电动机常用于功率不大的电动工具和某些家用电器中。除上述动力用电动机外，在自动控制系统和计算装置中还用到各种控制电动机。

本章主要介绍三相异步电动机的基本结构、工作原理、技术性能和使用方法。

6.1 三相异步电动机的结构和工作原理

6.1.1 三相笼型异步电动机的基本结构

三相异步电动机主要由定子（固定部分）和转子（旋转部分）两个基本部分组成。图 6.1.1 所示为笼型转子的三相异步电动机的结构。

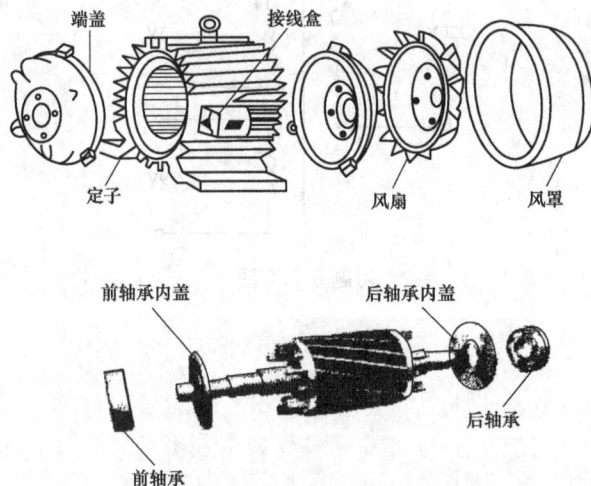

图 6.1.1 笼型转子的三相异步电动机的结构

1. 定子

异步电动机的定子主要由机座、定子铁芯和定子绕组构成。机座用铸钢或铸铁制成，定子铁芯用涂有绝缘漆的硅钢片叠成，并固定在机座中。在定子铁芯的内圆周上有均匀分布的槽用来放置定子绕组，如图 6.1.2 所示。定子绕组由绝缘导线绕制而成。三相异步电动机具有三相对称的定子绕组，称为三相绕组。

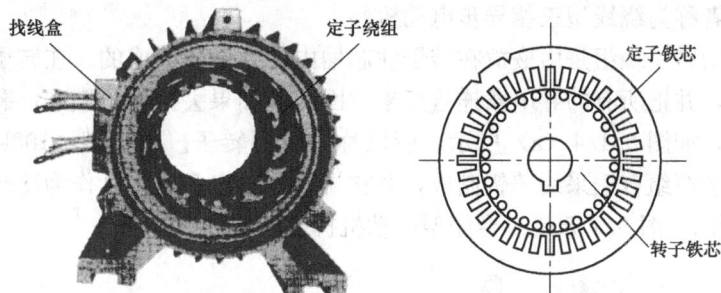

图 6.1.2 三相异步电动机定子铁芯

三相定子绕组引出 U1、U2，V1、V2，W1、W2 六个出线端，其中 U1、V1、W1 为首端，U2、V2、W2 为末端，如图 6.1.3（a）所示。使用时可以连接成星形或三角形两种方式。如果电源的线电压等于电动机每相绕组的额定电压，那么三相定子绕组应采用三角形连接方式，如图 6.1.3（b）所示。如果电源线电压等于电动机每相绕组额定电压的 $\sqrt{3}$ 倍，那么三相定子绕组应采用星形连接，如图 6.1.3（c）所示。

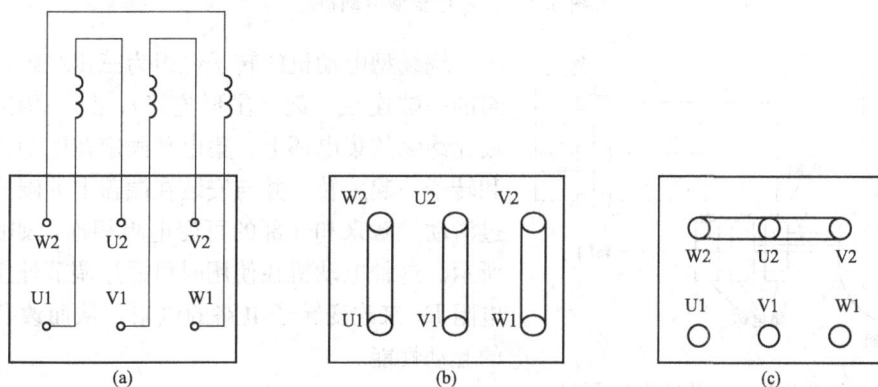

图 6.1.3 三相定子绕组接线
（a）六个出线端；（b）三角形连接；（c）星形连接

2. 转子

异步电动机的转子主要由转轴、转子铁芯和转子绕组构成。转子铁芯用涂有绝缘漆的硅钢片叠成圆柱形，并固定在转轴上。铁芯外圆周上有均匀分布的槽，如图 6.1.4 所示。这些槽用于放置转子绕组。

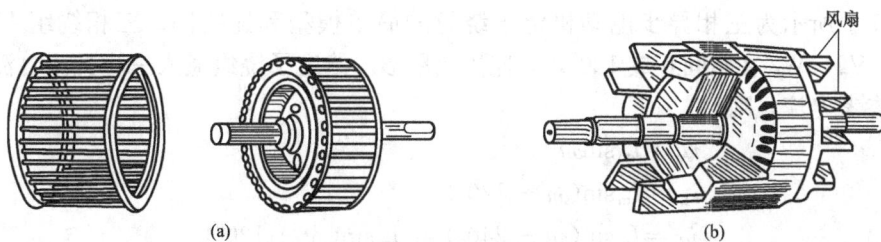

图 6.1.4 笼型转子
（a）笼型转子；（b）铸铝转子

异步电动机转子绕组按结构不同，可分为笼型转子和绕线转子两种。前者称为笼型三相异步电动机，后者称为绕线型三相异步电动机。

笼型电动机的转子绕组是由嵌放在转子铁芯槽内的导电条组成的。在转子铁芯的两端各有一个导电端环，并把所有的导电条连接起来。因此，如果去掉转子铁芯，剩下的转子绕组很像一个鼠笼子，如图 6.1.4（a）所示，所以称为笼型转子。中小型（100kW 以下）笼型电动机的笼型转子绕组普遍采用铸铝制成，并在端环上铸出多片风叶作为冷却用的风扇，如图 6.1.4（b）所示。图 6.1.5 是一台笼型电动机拆散后的外形。

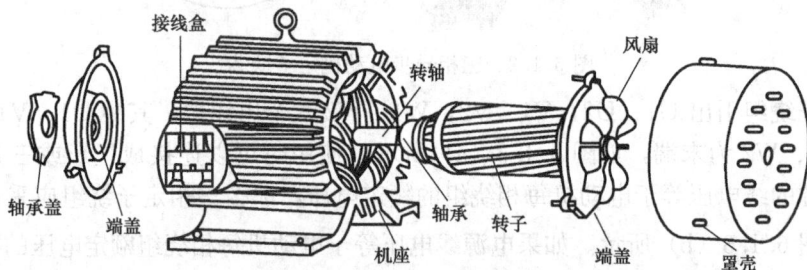

图 6.1.5　三相笼型电动机

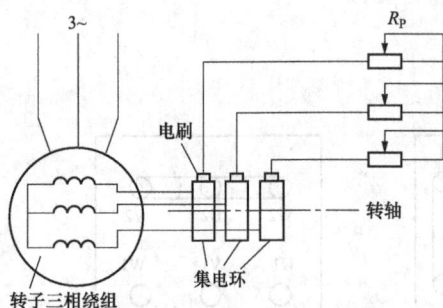

图 6.1.6　绕线型异步电动机的转子结构

绕线型电动机的转子绕组为三相绕组，各相绕组的一端连在一起（星形连接），另一端接到三个彼此绝缘的集电环上。集电环固定在电动机转轴上和转子一起旋转，并与安装在端盖上的碳质电刷通过滑动接触来和外部的可变电阻相连，如图 6.1.6 所示。这种电动机在使用时可通过调节外接的可变电阻 R_P 来改变转子电路的电阻，从而改善电动机的起动性能。

绕线型异步电动机的转子结构比笼型的要复杂得多，但绕线型异步电动机能获得较好的起动与调速性能，在需要大的起动转矩时（如起重机械）往往采用绕线型异步电动机。

6.1.2　三相异步电动机的工作原理

1. 旋转磁场

为了理解三相异步电动机的工作原理，先讨论三相异步电动机的定子绕组接至三相电源后，在电动机中产生磁场的情况。

图 6.1.7 所示为三相异步电动机定子绕组的简单模型和连线图。三相绕组 U1、V1、W1，U2、V2、W2 在空间互成 120°，并连接成星形。给定子绕组通入三相交流电流，以 A 相电流为参考电流，则

$$i_A = I_m \sin \omega t$$
$$i_B = I_m \sin(\omega t - 120°)$$
$$i_C = I_m \sin(\omega t - 240°) = I_m \sin(\omega t + 120°)$$

(6.1.1)

若取绕组始端到末端的方向作为电流的参考方向，并用 $\odot$ 表示绕组中电流从内向外流出，$\otimes$ 表示绕组中电流从外向内流入，则三相交流电流的参考方向可用图 6.1.7 表示。

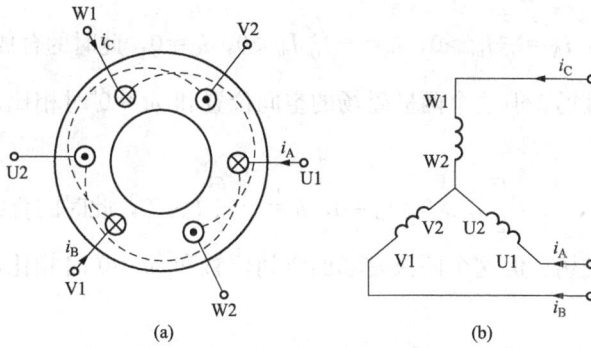

图 6.1.7　三相异步电动机定子绕组

（a）简单模型；（b）星形连接

当三相定子绕组接至三相对称电源时，绕组中就有三相对称电流 i_A、i_B、i_C 通过。图 6.1.8 所示为三相对称电流的波形图。下面分析三相交流电流变化一个周期在定子内共同产生磁场的情况。

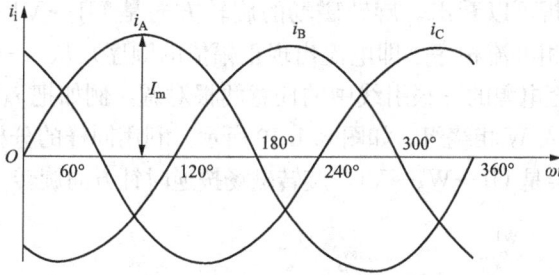

图 6.1.8　三相对称电流

（1）当 $\omega t=0°$ 时，$i_A=0$，$i_B=-\dfrac{\sqrt{3}}{2}I_m<0$，$i_C=\dfrac{\sqrt{3}}{2}I_m>0$，此时 U 相绕组电流为零；V 相绕组电流为负值，i_B 的实际方向与参考方向相反；W 相绕组电流为正值，i_C 的实际方向与参考方向相同。按右手螺旋定则将每相电流所产生的磁场相加，便可得出三相电流所产生的合成磁场。如图 6.1.9（a）所示，它是一个具有两个磁极的磁场，合成磁场轴线的方向是自右向左。电机磁场的磁极数常用磁极对数 p 来表示，例如上述两个磁极称为一对磁极，用 $p=1$ 表示。

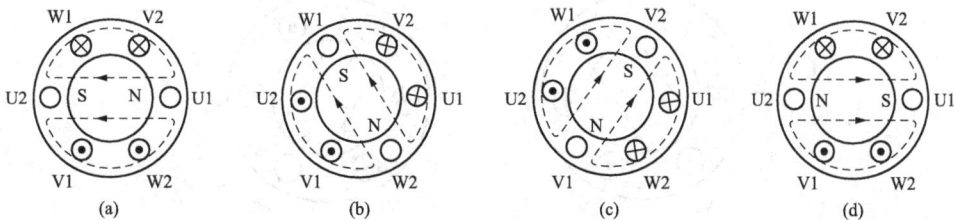

图 6.1.9　两极旋转磁场

（a）$\omega t=0°$；（b）$\omega t=60°$；（c）$\omega t=120°$；（d）$\omega t=180°$

（2）当 $\omega t=60°$ 时，$i_A=\frac{\sqrt{3}}{2}I_m>0$，$i_B=-\frac{\sqrt{3}}{2}I_m<0$，$i_C=0$，此时的合成磁场如图 6.1.9（b）所示，也是一个两极磁场。但这个两极磁场的空间位置和 $\omega t=0°$ 时相比，已按顺时针方向在空间旋转了 60°。

（3）当 $\omega t=120°$ 时，$i_A=\frac{\sqrt{3}}{2}I_m>0$，$i_B=0$，$i_C=-\frac{\sqrt{3}}{2}I_m<0$，此时的合成磁场如图 6.1.9（c）所示，也是一个两极磁场。但这个两极磁场的空间位置和 $\omega t=0°$ 时相比，已按顺时针方向在空间旋转了 120°。

（4）当 $\omega t=180°$ 时，$i_A=0$，$i_B=\frac{\sqrt{3}}{2}I_m>0$，$i_C=-\frac{\sqrt{3}}{2}I_m<0$，此时的合成磁场如图 6.1.9（d）所示，也是一个两极磁场。但这个两极磁场的空间位置和 $\omega t=0°$ 时相比，已按顺时针方向在空间旋转了 180°。

按上面的分析可知，当定子绕组中通入三相交流电流后，它们共同产生的合成磁场是随电流的交变而在空间不断地旋转着，这就是旋转磁场。

2. 旋转磁场的转向

从对图 6.1.9 的分析可以看出，旋转磁场的旋转方向是 U1→V1→W1（顺时针方向），它与通入三相绕组的三相电流相序（即电流出现正幅值的顺序）从 $i_A→i_B→i_C$ 是一致的。

如果把三相绕组接至电源的三根引线中的任意两根对调，例如把 i_A 通入 V 相绕组，i_B 通入 U 相绕组，i_C 仍然通入 W 相绕组，如图 6.1.10 所示。利用同样的分析方法，可以得到此时旋转磁场的旋转方向将会是 U1→W1→V1，旋转磁场按逆时针方向旋转，如图 6.1.11 所示。

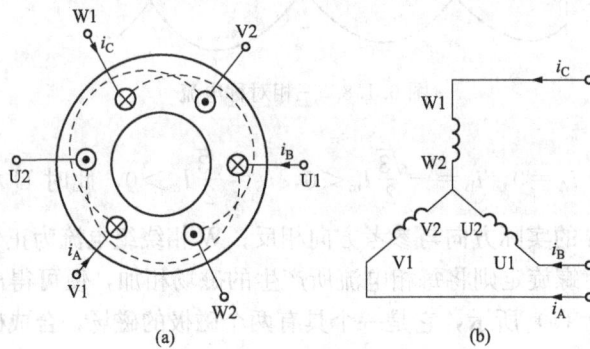

图 6.1.10 改变电流相序

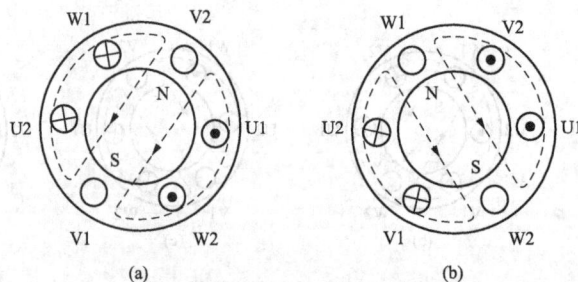

图 6.1.11 旋转磁场翻转

(a) $\omega t=0°$；(b) $\omega t=60°$

由此可以得出结论：旋转磁场的旋转方向与三相电流的相序有关。要改变电动机的旋转方向，只需改变三相电流的相序。实际上只要把电动机与电源的三根连接线中的任意两根对调，电动机的转向便与原来相反了。

3. 旋转磁场的极数

三相异步电动机的极数就是旋转磁场的极数。旋转磁场的极数和三相绕组的安排有关。在上述分析中，每相绕组只有一个线圈，绕组的始端之间相差 120° 空间角，则产生的旋转磁场具有一对极，即 $p=1$。如将定子绕组安排得如图 6.1.12 所示，即每相绕组有两个线圈串联，绕组的始端之间相差 60° 空间角，则产生的旋转磁场具有两对极，即 $p=2$，如图 6.1.13 所示。

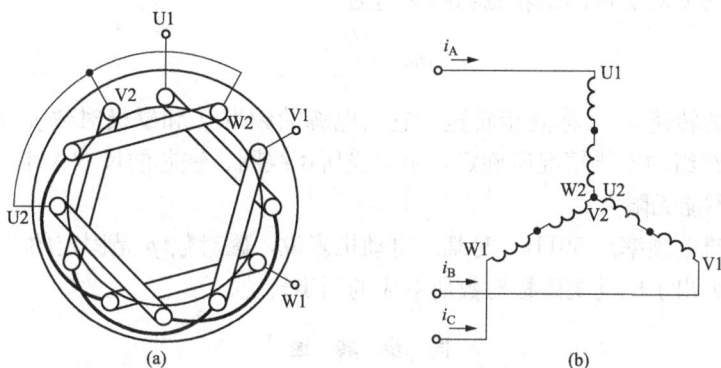

图 6.1.12　产生四极旋转磁场的定子绕组
（a）绕组在空间的布局；（b）定子绕组的等效电路

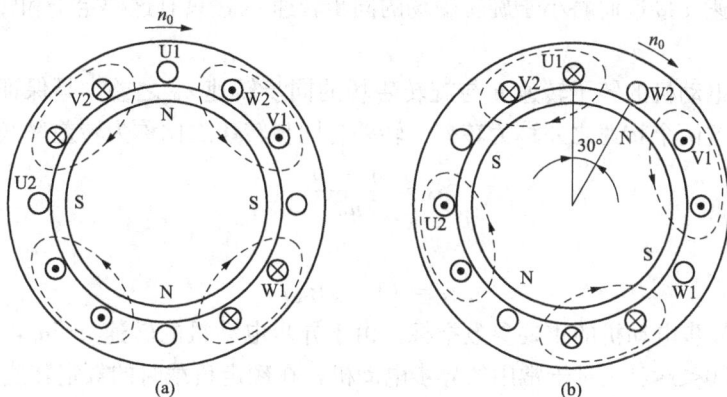

图 6.1.13　三相电流产生的旋转磁场（$p=2$）
（a）$\omega t=0°$；（b）$\omega t=60°$

同理，如果要产生三对极，即 $p=3$ 的旋转磁场，则每相绕组必须有均匀安排在空间的串联的三个线圈，绕组的始端之间相差 40°，即 $\dfrac{120°}{p}$ 空间角。

4. 三相异步电动机的转速

三相异步电动机的转速与旋转磁场的转速有关，而旋转磁场的转速决定于磁场的磁极对数。在 $p=1$ 的情况下，参见图 6.1.9。当电流由 $\omega t=0°$ 变到 $\omega t=60°$ 时，磁场在空间也旋转了 60°，当电流变化了 360°时，旋转磁场恰好在空间旋转一周。设电流的频率为 f，即电流每秒钟变化 f 次，每分钟就变化 $60f$ 次，于是旋转磁场的转速 $n_0 = 60f$，其单位为 r/min（转每分）。

在旋转磁场具有两对磁极的情况下，参见图 6.1.13，当电流由 $\omega t = 0°$ 变到 $\omega t = 60°$ 时，磁场在空间只转了 30°。也就是说，当电流变化一周时，磁场仅旋转了半周，比 $p = 1$ 时的转速慢了 1/2，即 $n_0 = \dfrac{60f}{2}$。

同理，在三对磁极的情况下，电流交变一周，磁场在空间仅旋转了 1/3 周，即 $n_0 = \dfrac{60f}{3}$。

由此可推广到 p 对磁极的旋转磁场的转速为

$$n_0 = \frac{60f}{p} \tag{6.1.2}$$

因此，旋转磁场的转速 n_0 又称同步转速，它由电源的频率 f 和磁极对数 p 所决定，而磁极对数 p 又由三相绕组的安排情况所确定，由于受所用线圈、铁芯的尺寸大小、电动机体积等条件的限制，p 不能无限大。

我国工业交流电频率是 50Hz，对某一电动机来说，磁对数 p 是固定的，因此 n_0 是个常数。表 6.1.1 中列出了电动机磁极对数所对应的同步转速。

表 6.1.1 同步转速

p	1	2	3	4	5	6
n_0(r/min)	3000	1500	1000	750	600	500

电动机的转速 n 接近而略小于旋转磁场的同步转速 n_0，只有这样定子和转子之间才存在相对运动。

所以，异步电动机的转子转速 n 与旋转磁场的同步转速 n_0 之差，是保证异步电动机工作的必要因素。这两个转速之差称为转差。转差与同步转速之比称为转差率（s），即

$$s = \frac{n_0 - n}{n_0} \tag{6.1.3}$$

或

$$n = (1 - s)n_0$$

转差率 s 是异步电动机的重要参数指标，由于异步电动机的转速 $n < n_0$，且 $n > 0$，故转差率为 0~1，即 $0 < s < 1$。对于常用的异步电动机，在额定负载时的额定转速 n_N 接近同步转速，所以它的额定转差率 s_N 较小，为 0.01~0.07，转差率有时也用百分数表示。

【例 6-1】 一台异步电动机的额定转速 $n_N = 712.5$r/min，电源频率为 50Hz，求其磁极对数 p 和额定转差率 s。

解 因为异步电动机的额定转速 n_N 略低于同步转速 n_0，而电源频率 $f = 50$Hz 时，$n_0 = \dfrac{60f}{p}$ 略高于 $n_N = 712.5$r/min 的 n_0 只能是 750r/min，故磁极对数 $p = 4$。

该电动机的额定转差率为

$$s = \frac{n_0 - n}{n_0} = \frac{750 - 712.5}{750} = 0.05$$

5. 三相异步电动机的工作原理

三相异步电动机的工作原理示意图如图 6.1.14 所示。当三相定子绕组接至三相电源后，三相绕组内将流过三相电流并在电动机内建立旋转磁场。当 $p=1$ 时，图中用一对旋转的磁铁来模拟该旋转磁场，它以恒定转速 n_0 顺时针方向旋转。

在该旋转磁场的作用下，转子导体逆时针方向切割磁通而产生感应电动势。根据右手定则可知，在 N 极下的转子导体的感应电动势的方向是向外的，而在 S 极下的转子导体的感应电动势方向是向里的。因为转子绕组是短接的，所以在感应电动势的作用下，产生感应电流，即转子电流。也就是说，异步电动机的转子电流是由电磁感应而产生的。因此这种电动机又称为感应电动机。

根据安培定律，载流导体与磁场会相互作用而产生电磁力 F，其方向按左手定则判断。各个载流导体在旋转磁场作用下受到的电磁力，对于转子转轴所形成的转矩称为电磁转矩 T，在它的作用下，电动机转子转动起来。由图 6.1.14 可见，转子导体所受电磁力形成的电磁转矩与旋转磁场的转向一致，故转子旋转的方向与旋转磁场的方向相同。

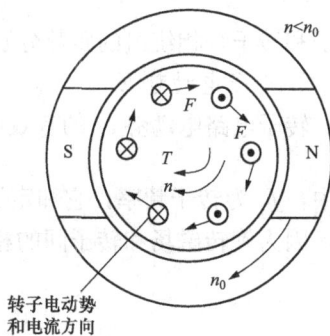

但是，电动机转子的转速 n 必定低于旋转磁场转速 n_0。如果转子转速达到 n_0，那么转子与旋转磁场之间就没有相对运动，转子导体将不切割磁力线，于是转子导体中不会产生感应电动势和转子电流，也不可能产生电磁转矩，所以电动机转子不可能维持在转速 n_0 的状态下运行。可见，异步电

图 6.1.14 三相异步电动机工作
原理示意图

动机只有在转子转速 n 低于同步转速 n_0 的情况下，才能产生电磁转矩来驱动负载，维持稳定运行。故这种电动机称为异步电动机。

6.2 三相异步电动机的电磁转矩及机械特性

6.2.1 电磁转矩

由三相异步电动机的工作原理可知，驱动电动机旋转的电磁转矩是由转子导体中的电流与旋转磁场每极磁通相互作用而产生的。因此，电磁转矩 T 的大小与 I_2 和 $\cos\varphi_2$ 成正比。因为转子电路同时存在电阻和感抗（电路呈感性），故转子电流 I_2 滞后于转子感应电动势 E_2 一个相位角 φ_2，故转子电路的功率因数为 $\cos\varphi_2$。又由于只有转子电流的有功分量 $I_2\cos\varphi_2$ 与旋转磁场相互作用时，才能产生电磁转矩，可见异步电动机的电磁转矩 T 还与转子电路的功率因数成正比。故异步电动机转子上的电磁转矩 T 可表示为

$$T = K_m\Phi_m I_2\cos\varphi_2 \tag{6.2.1}$$

式中 K_m——取决于电动机结构的常数；

T——电磁转矩，N·m。

1. 定子电动势 E_1

图 6.2.1 所示为三相异步电动机每相电路图。和变压器相比，定子绕组相当于变压器的一次绕组，转子绕组（一般是短接的）相当于变压器的二次绕组，且电磁关系同变压器类似。当定子绕组接上三相电源电压（相电压为 u_1）时，有三相电流（相电流为 i_1）通过。定

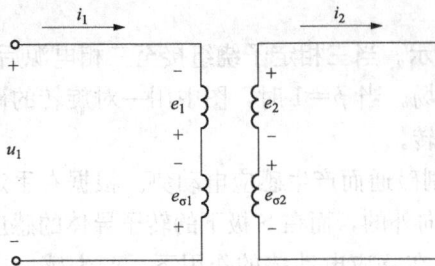

图 6.2.1 三相异步电动机每相电路图

子三相电流产生旋转磁场,其磁通通过定子和转子铁芯而闭合。该磁场不仅在转子每相绕组中要感应出电动势 e_2(由此产生电流 i_2),而且在定子每相绕组中也要感应出电动势 e_1(实际上三相异步电动机中的旋转磁场是由定子和转子共同产生的)。此外,还有漏磁通在定子绕组和转子绕组中产生漏磁电动势 $e_{\sigma1}$ 和 $e_{\sigma2}$。故定子电路每相绕组的电压方程和变压器一次绕组电路一样(忽略漏磁电动势 $e_{\sigma1}$ 的影响),即定子电动势有效值为

$$E_1 = 4.44 f_1 N_1 \Phi_m \approx U_1 \tag{6.2.2}$$

定子和转子每相绕组的匝数分别为 N_1 和 N_2,f_1 为 e_1 的频率。

2. 转子电动势 E_2

转子电路电动势 e_2 的有效值为

$$E_2 = 4.44 f_2 N_2 \Phi_m \tag{6.2.3}$$

其中,f_2 为转子频率,它和定子频率 f_1 的关系如何呢?下面将进行介绍。

因为旋转磁场和转子间的相对转速为 $(n_0 - n)$,故转子频率

$$f_2 = \frac{p(n_0 - n)}{60}$$

也可写成

$$f_2 = \frac{p(n_0 - n0)}{60} = \frac{n_0 - n}{n_0} \times \frac{pn_0}{60} = s f_1 \tag{6.2.4}$$

可见,转子电路的电流频率 f_2 与定子电路的电流频率 f_1 并不相等,这一点和单相变压器有显著的不同,f_2 和转差率 s 密切相关。转差率 s 大,转子频率 f_2 随之增加。

将式 (6.2.4) 代入式 (6.2.3) 中,可得到 E_2 与定子电路电流频率间的关系为

$$E_2 = 4.44 s f_1 N_2 \Phi_m \tag{6.2.5}$$

当 $n=0$,即 $s=1$ 时,转子电动势为

$$E_{20} = 4.44 f_1 N_2 \Phi_m \tag{6.2.6}$$

3. 转子感抗 X_2

转子绕组中产生的漏磁电动势 $e_{\sigma2}$ 可用漏磁感抗 X_2 表示为

$$X_2 = 2\pi f_2 L_{\sigma2}$$

又根据式 (6.2.4) 可得

$$X_2 = 2\pi s f_1 L_{\sigma2} \tag{6.2.7}$$

当 $n=0$,即 $s=1$ 时,转子感抗为

$$X_{20} = 2\pi f_1 L_{\sigma2} \tag{6.2.8}$$

比较式 (6.2.7) 和式 (6.2.8),可得

$$X_2 = s X_{20} \tag{6.2.9}$$

可见,转子电路感抗 X_2 与转差率 s 成正比。

4. 转子电路电流 I_2

由图 6.2.1 可得转子电路的电压相量方程为

$$\dot{E}_2 = R_2 \dot{I}_2 + (-\dot{E}_{\sigma2}) = R_2 \dot{I}_2 + j X_2 \dot{I}_2$$

则每相电流 I_2 的有效值为

$$I_2 = \frac{E_2}{\sqrt{R_2^2 + X_2^2}} = \frac{sE_{20}}{\sqrt{R_2^2 + (sX_{20})^2}} \quad (6.2.10)$$

转子电流 I_2 与转差率 s 的关系：当 s 增大，即转速 n 减小时，转子与旋转磁场间的相对转速（$n_0 - n$）增加，转子导通切割磁通的速度提高，于是 E_2 增加，I_2 也增加。I_2 随 s 的变化关系可用图 6.2.2 的曲线表示。

5. 转子电路的功率因数 $\cos\varphi_2$

由于转子的漏磁通对应的感抗为 X_2，因此 $\dot{I}_2$ 比 $\dot{E}_2$ 滞后 φ_2 角，故转子电路的功率因数为

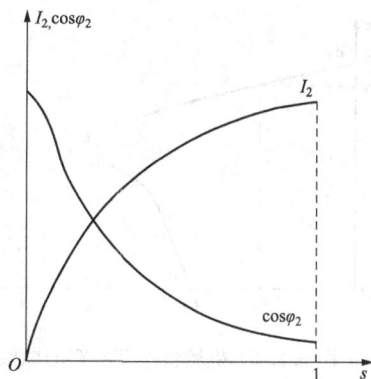

图 6.2.2 I_2 和 $\cos\varphi_2$ 与转差率 s 的关系

$$\cos\varphi_2 = \frac{R_2}{\sqrt{R_2^2 + X_2^2}} = \frac{R_2}{\sqrt{R_2^2 + (sX_{20})^2}} \quad (6.2.11)$$

它与转差率 s 的关系：当 s 增大时，X_2 也增大，于是 φ_2 增大，即 $\cos\varphi_2$ 减小。$\cos\varphi_2$ 随 s 的变化关系也示于图 6.2.2 中。

由上述分析可知，转子电路的各个物理量，如电动势、电流、频率、感抗及功率因数等都与转差率有关，即与转速有关。这是学习三相异步电动机时所应该注意的一个重要特点。

由式（6.2.1）、式（6.2.10）和式（6.2.11），可得出电磁转矩的参数方程为

$$
\begin{aligned}
T &= K_m \Phi_m I_2 \cos\varphi_2 = K_m \Phi_m \frac{s(4.44 f_1 N_2 \Phi_m)}{\sqrt{R_2^2 + (sX_{20})^2}} \frac{R_2}{\sqrt{R_2^2 + (sX_{20})^2}} \\
&= K_m \frac{U_1}{4.44 f_1 N_1} \left(4.44 f_1 N_2 \times \frac{U_1}{4.44 f_1 N_1}\right) \frac{sR_2}{R_2^2 + (sX_{20})^2} \\
&= K_m \frac{U_1}{4.44 f_1 N_1} \frac{U_1 N_2}{N_1} \frac{sR_2}{R_2^2 + (sX_{20})^2} \\
&= K_m \frac{N_2}{4.44 f_1 N_1^2} \frac{sR_2}{R_2^2 + (sX_{20})^2} U_1^2 \\
&= K \frac{sR_2 U_1^2}{R_2^2 + (sX_{20})^2} \quad (6.2.12)
\end{aligned}
$$

其中，K 为常数。

式（6.2.12）更确切地体现出异步电动机电磁转矩 T 受电源电压 U_1、转差率 s 等外部条件及电路自身参数的影响很大，这是三相异步电动机的不足之处，也是它的特点之一。

当电源电压的大小（U_1）及频率（f_1）一定，且电动机转子参数 R_2、X_{20} 不变时，电磁转矩只随转差率 s 变化。电磁转矩 T 与转差率 s 之间的关系可用转矩特性函数 $T = f(s)$ 来表示，其特性曲线如图 6.2.3 所示。

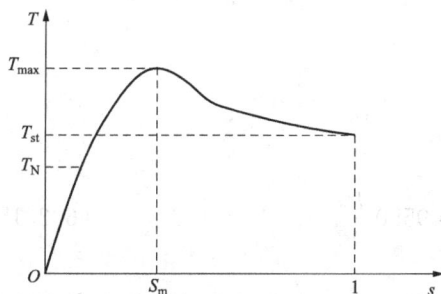

图 6.2.3 转矩特性 $T = f(s)$ 曲线图

6.2.2 机械特性曲线

图 6.2.3 所示的转矩特性曲线 $T = f(s)$ 只是间

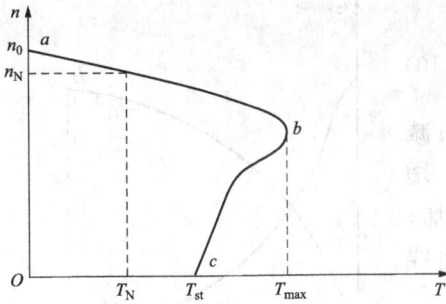

图 6.2.4　机械特性 $T=f(n)$ 曲线图

接表示出电磁转矩与转速之间的关系。而在实际工作中常用异步电动机的机械特性曲线来分析问题，机械特性反映了电动机的转速 n 与电磁转矩 T 之间的函数关系，如图 6.2.4 所示。

机械特性曲线可从转矩特性曲线得到，即把转矩特性 $T=f(s)$ 的坐标轴 s 变成 n，再把 T 轴平行移到 $n=0(s=1)$ 处，并将坐标轴顺时针方向旋转 $90°$，就得到图 6.2.4 所示的机械特性曲线。

由图 6.2.3 可知，s_m 作为临界转差率，它将曲线 $T=f(s)$ 分为对应 s 的两个不同性质区域。同样，在图 6.2.4 的 $T=f(n)$ 曲线上也相应地存在两个不同性质运行区域：稳定工作区 ab 和不稳定工作区 bc。通常三相异步电动机都工作在特性曲线的 ab 段，当负载转矩 T_L 增大（如车床切削时的吃刀量加大，起重机的起重量加大）时，在最初瞬间电动机的转矩 $T<T_L$，所以它的转速 n 开始下降。随着 n 的下降，由图 6.2.4 可见，电动机的转矩 T 相应增加了，因为这时 I_2 增加的影响超过 $\cos\varphi_2$ 减少的影响〔参见图 6.2.2 和式（6.2.1）〕；当转矩增加到 $T=T_L$ 时，电动机在新的稳定状态下运行，这时转速较之前低。

由图 6.2.4 可见，ab 段比较平坦，当负载在空载与额定值之间变化时，电动机的转速变化不大。这种特性称为硬的机械特性。三相异步电动机的这种硬特性非常适用于当负载变化时，对转速要求变化不大的笼型电动机。

研究机械特性的目的是为了分析电动机的运行性能。在机械特性曲线上，将讨论三个重要的转矩。

1. 额定转矩 T_N

异步电动机的额定转矩是指其工作在额定状态下产生的电磁转矩。由于电磁转矩 T 必须与阻转矩 T_C 相等才能稳定运行，即

$$T=T_C$$

而 T_C 又是由电动机转轴上输出的机械负载转矩 T_L 和空载损耗转矩（主要是机械损耗转矩）T_0 共同构成的，通常 T_0 很小，可忽略不计，故

$$T=T_0+T_L\approx T_L \tag{6.2.13}$$

又根据电磁功率与转矩的关系可得

$$T\approx T_2=\frac{P_2}{\omega} \tag{6.2.14}$$

式中　P_2——电动机轴上输出的机械功率，W；

　　　T——转矩，N·m；

　　　ω——角速度，rad/s。

功率如用 kW 表示，则

$$T=\frac{P_2}{\omega}=\frac{P_2\times1000}{\frac{2\pi n}{60}}=9550\frac{P_2}{n} \tag{6.2.15}$$

若电动机处于额定状态，则可从电动机的铭牌上查到额定功率和额定转速的大小，从而得出额定转矩的计算公式

$$T_N = 9550 \frac{P_{2N}}{n_N} \tag{6.2.16}$$

式中 P_{2N}——电动机额定输出功率，kW；

n_N——电动机额定转速，r/min；

T_N——电动机额定转矩，N·m。

2. 最大转矩 T_{max}

从机械特性曲线上看，转矩有一个最大值 T_{max}，称为最大转矩或临界转矩。对应于最大转矩的转差率为 s_m，若将转矩 T 对转差率 s 求导，并令 $\frac{dT}{ds}=0$，即

$$s = s_m = \frac{R_2}{X_{20}} \tag{6.2.17}$$

将式（6.2.17）代入式（6.2.12）得到最大转矩 T_{max} 为

$$T_{max} = K \frac{U_1^2}{2X_{20}} \tag{6.2.18}$$

分析式（6.2.17）和式（6.2.18）可得到如下结论：

（1）最大转差率 s_m 与转子电阻 R_2 成正比，R_2 越大，s_m 也越大，n 就越小。图 6.2.5 表示了不同转子电阻（$R_2'>R_2$）与机械特性的关系，可见，若要调低电动机的转速可采用在转子电路中串电阻的方法，反之，减小转子电路的电阻可相应地增加转速。

（2）最大转矩 T_{max} 与 R_2 无关，它仅与电源电压的平方（U_1^2）成正比。所以供电电压的波动将影响电动机的运行情况。图 6.2.6 表示了电源电压变化（$U_1'<U_1$）对机械特性的影响，若要实现电动机转速的改变，也可采用调压的方法。

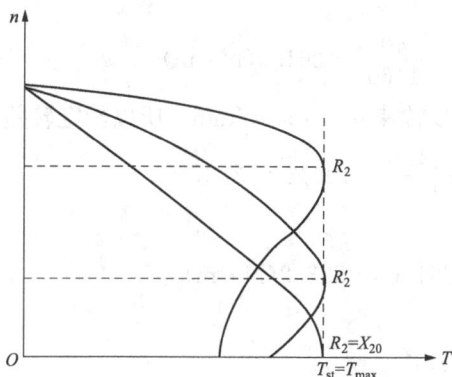

图 6.2.5 R_2 对机械特性的影响　　图 6.2.6 U_1 对机械特性的影响

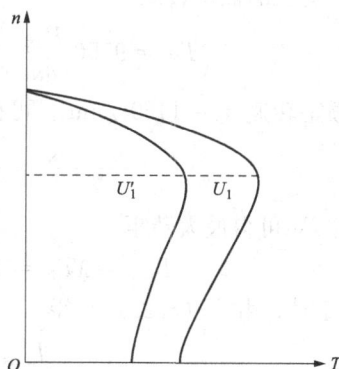

一般情况下，允许电动机的负载转矩在较短的时间内超过其额定转矩，但不能超过最大转矩。否则，电动机就带不动负载，发生闷车现象。闷车后，电动机的电流立刻会升高 6～7 倍，电动机严重过热，以致烧坏。因此最大转矩也表示电动机短时容许的过载能力。电动机的额定转矩 T_N 应低于最大转矩 T_{max}，两者之比称为过载系数 λ，即

$$\lambda = T_{max}/T_N \tag{6.2.19}$$

当电动机工作电流超过它所允许的额定值时，这种工作状态称为过载。为了避免过热，不允许电动机长期过载运行。

λ 是衡量电动机短时过载能力和稳定运行的一个重要参数。λ 值越大的电动机过载能力

越大，通常三相异步电动机的过载系数为 1.8～2.2。

在选用电动机时，必须考虑可能出现的最大负载转矩，而后根据所选电动机的过载系数算出电动机的最大转矩，它必须大于最大负载转矩。否则，就要重选电动机。

3. 起动转矩 T_{st}

电动机刚起动（$n=0$，$s=1$）时的转矩称为起动转矩 T_{st}。将 $s=1$ 代入式（6.2.12）即得出

$$T_{st} = K \frac{R_2 U_1^2}{R_2^2 + X_{20}^2} \tag{6.2.20}$$

由式（6.2.20）可见，T_{st} 与 U_1^2 及 R_2 有关。当电源电压 U_1 降低时，起动转矩会减小（见图 6.2.6）。当转子电阻适当增大时，起动转矩会增大。由式（6.2.17）、式（6.2.18）及式（6.2.20）可推出：当 $R_2 = X_{20}$ 时，$T_{st} = T_{max}$，$s_m = 1$（见图 6.2.5）。但继续增大 R_2 时，起动转矩 T_{st} 要随之减小，这时 $s_m > 1$。

起动转矩必须大于负载转矩，即 $T_{st} > T_L$，电动机才能起动。通常，用起动转矩与额定转矩的比值来表示异步电动机的起动能力，即起动系数 λ_{st}，即

$$\lambda_{st} = T_{st}/T_N \tag{6.2.21}$$

通常三相异步电动机的起动系数为 0.8～2.0。

【例 6-2】 某笼型异步电动机，其定子绕组按三角形连接，额定功率为 $P_N = 40kW$，额定转速为 $n_N = 1460r/min$，过载系数为 $\lambda = 2.0$，试求：

(1) 其额定转矩 T_N、额定转差率 s_N 和最大转矩 T_{max}。

(2) 当电源电压下降到 $U_{1N}' = 0.9U_{1N}$ 时的最大转矩。

解 电动机的额定转矩

$$T_N = 9550 \frac{P_{2N}}{n_N} = 9550 \times \frac{40}{1460} = 261.6 (N \cdot m)$$

由于额定转速 $n_N = 1460r/min$，可得出同步转速 $n_0 = 1500r/min$，所以额定转差率

$$s_N = \frac{n_0 - n_N}{n_0} = \frac{1500 - 1460}{1500} \times 100\% = 2.67\%$$

由 $\lambda = T_{max}/T_N$ 可得最大转矩

$$T_{max} = \lambda T_N = 2.0 \times 261.6 = 523.2 (N \cdot m)$$

$U_N' = 0.9U_N$ 时，由式（6.2.18）得

$$\frac{T_{max}'}{T_{max}} = \left(\frac{U_{1N}'}{U_{1N}} \right)^2 = 0.9^2$$

$$T_{max}' = 0.9^2 T_{max} = 0.81 \times 523.2 = 423.9 (N \cdot m)$$

6.3 三相异步电动机的铭牌数据

要想正确和安全地使用电动机，首先必须全面系统地了解电动机的额定值，看懂铭牌上所有信息及使用说明书上的操作规程。不当的使用不仅浪费资源，甚至有可能损坏电动机。

图 6.3.1 是 Y120M-4 型异步电动机的铭牌数据，下面将以它为例说明各技术数据及各字母的含义。

```
                        三相异步电动机
   型   号   Y120M-4    功   率   7.5kW    频   率   50Hz
   电   压   380V       电   流   15.4A    接   法   △
   转   速   1440r/min  绝缘等级   B        工作方式   连续
              年   月            编   号            ××电机厂
```

图 6.3.1 电动机铭牌数据

此外，它的主要技术数据还有功率因数 0.85、效率 87%。

1. 型号

为了适应不同用途和不同工作环境的需要，电动机被制成不同的系列，每一种产品系列用各种类型来表示。它由英文大写字母及阿拉伯数字组成。

例如

```
            Y    120    M  —  4
三相异步电动机                      磁极数
机座中心高(mm)                     机座长度代号
(S—短机座; M—中机座; L—长机座)
```

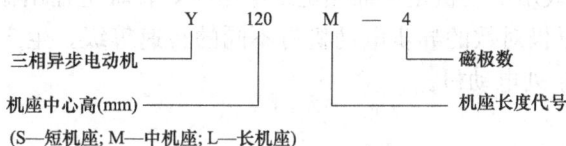

产品代号中，除表示三相外，其他名称代号见表 6.3.1。

表 6.3.1 异步电动机产品名称代号

产品名称	新代号	汉字意义	老代号
异步电动机	Y	异	J，JO
绕线式异步电动机	YR	异绕	JR，JRO
防爆型异步电动机	YB	异爆	JB，JBS
高起动转矩异步电动机	YQ	异起	JQ，JQO

常用的异步电动机型号、结构、用途可从电工手册中查询。

2. 额定功率与效率

铭牌上所标的功率值表示电动机在额定工作状态下运行时，转轴上输出的机械功率值 P_2，单位为 kW（千瓦）。电动机的输出功率 P_2 并不等于从电源输入的功率 P_1，其差值为电动机本身的损耗功率 ΔP（包括铜损耗 ΔP_{Cu}、铁损耗 ΔP_{Fe}、机械损耗等），即 $\Delta P = P_1 - P_2$。电动机的效率 η 就是输出功率与输入功率的比值。

如以 Y120M-4 型电动机为例：

输入功率 $P_1 = \sqrt{3}U_1 I_1 \cos\varphi = \sqrt{3} \times 380 \times 15.4 \times 0.85 = 8.6(kW)$

输出功率 $P_2 = 7.5kW$

效率 $\eta = \dfrac{P_2}{P_1} = \dfrac{7.5}{8.6} \times 100\% = 87\%$

一般三相异步电动机额定运行时的效率为 72%～93%，电动机在额定功率的 75% 左右运行时效率最高。

3. 频率 f

铭牌上所标的频率值是指电动机所接的电源频率。我国的工频为 50Hz。

4. 电压 U_N

铭牌上所标的电压值是指电动机额定运行时定子绕组上应加的额定线电压值 U_N。一般规定电动机运行时的电压不应高于或低于额定值的 5%。

若铭牌上有两个电压值，表示定子绕组在两种不同接法时的线电压。例如：380/220V 是指线电压为 380V 时采用Y接法；线电压为 220V 时采用△接法。

5. 电流 I_N

铭牌上所标的电流值为电动机在额定电压下，转轴上输出额定功率时定子绕组上的额定线电流值 I_N。当铭牌上有两个电流值时，表示定子绕组在两种不同接法时的线电流。

6. 接法

铭牌上的接法是指三相定子绕组的连接方式。在实际应用中，为便于采用Y-△换接起动，对于功率较大的三相异步电动机系列（4kW 以上），一般均采用三角形接法。

7. 转速

铭牌上所标的转速表示电动机定子加额定线电压时，转轴上输出额定功率时每分钟的转数，用 n_N 表示。不同磁极对数的异步电动机有不同的转速等级。生产中最常用的是四个极的 $(n_0 = 1500 \text{r/min})$ Y系列电动机。

8. 绝缘等级

绝缘等级是按电动机各绕组所用的绝缘材料在使用时容许的极限温度来分级的。极限温度，是指电动机绝缘结构中最热点的最高容许温度。常用绝缘材料的技术数据见表 6.3.2。

表 6. 3. 2　　　　　　　　　　常用绝缘材料技术数据

绝缘等级	Y	A	E	B	F	H	C
极限温度（℃）	90	105	120	130	155	180	大于 180

9. 工作方式

工作方式是指电动机在额定状态下工作时，为保证其温升不超过最高允许值，可持续运行的时限。电动机的工作方式分为八类，但经常采用的有三类。

连续工作方式（代号 S_1）：电动机可在额定状态下长时间连续运转，温度不会超出允许值。

短时工作方式（代号 S_2）：只允许在规定时间内按额定值运行，否则会造成电动机过热，带来安全隐患，规定时间分 10、30、60、90min 四种。

断续周期性工作方式（代号 S_3）：其周期由一个额定负载时间和一个停止时间组成，额定负载时间与整个周期之比称为负载持续率。标准持续率有 15%、25%、40%、60%几种，每个周期为 10min。

【例 6-3】 已知一台 Y280M-6 型三相异步电动机的技术数据见表 6.3.3，试求：

(1) 电动机的磁极对数 p。

(2) 额定转差率 s_N。

(3) 额定转矩 T_N。

(4) 起动电流 I_{st}。

(5) 起动转矩 T_{st}。

(6) 最大转矩 T_{max}。

表 6.3.3　　　　　　　　　　**Y280M-6 型三相异步电动机技术数据**

P_N(kW)	U_N(V)	I_N(A)	f_1(Hz)	n_N(rad/min)
55	380	104.9	50	980
η(%)	$\cos\varphi_2$	I_{st}/I_N	T_{st}/T_N	T_{max}/T_N
91.6	0.87	6.5	1.8	2.0

解　$n_N=980$rad/min，则磁极对数 $p=3$，有

$$s_N = \frac{n_0 - n_N}{n_0} = \frac{1000-980}{1000} \times 100\% = 2\%$$

$$T_N = 9550\frac{P_N}{n_N} = 9550 \times \frac{50}{980} = 536(\text{N}\cdot\text{m})$$

由 $\dfrac{I_{st}}{I_N}=6.5$，得

$$I_{st} = 6.5 I_N = 6.5 \times 104.9 = 681.9(\text{A})$$

由 $\dfrac{T_{st}}{T_N}=1.8$，得

$$T_{st} = 1.8 T_N = 1.8 \times 536 = 964.8(\text{N}\cdot\text{m})$$

由 $\dfrac{T_{max}}{T_N}=2.0$，得

$$T_{max} = 2.0 T_N = 2.0 \times 536 = 1072(\text{N}\cdot\text{m})$$

6.4　三相异步电动机的起动

将一台三相异步电动机接上交流电，使之从静止状态开始转动，转速逐渐增高，一直到达稳定运行为止，这个过程称为起动。在生产过程中，电动机经常要起动、停车，其起动性能的优劣对生产有很大的影响。所以对于用户来说，要考虑电动机的起动性能，选择合适的起动方法。

异步电动机的起动性能包括起动电流、起动转矩、起动时间、起动的可靠性等，其中最主要的是起动电流和起动转矩。

在起动瞬间，由于旋转磁场对静止的转子有很大的相对速度，此时转子的感应电动势 E_{20}，若设电动机的额定转差率 $s_N=0.05$，则起动时转子的感应电动势为

$$E_{20} = \frac{E_2}{s_N} = \frac{E_2}{0.05} = 20E_2$$

相当于额定转速时转子感应电动势的 20 倍，因此起动时的转子电流

$$I_{2st} = \frac{E_{20}}{\sqrt{R_2^2 + X_{20}^2}}$$

也很大（但不是额定电流的 20 倍，因为这时转子感抗 $X_{20} > X_2$）。由于转子电流很大，与变压器二次绕组电流增加引起一次绕组电流增加的原理相似，所以定子电流也很大，其值为额定电流的 4～7 倍。例如，Y120M-4 型电动机的额定电流为 15.4A，则起动电流可达77～107.8A。起动电流虽然很大，但起动时间一般都很短，小型电动机只有 1～3s，而且起动电流随转速的上升而迅速下降。因此，只要电动机不处在频繁起动状态中，一般不会引起

电动机过热。但起动电流过大会产生较大的线路压降，影响到同一线路上其他设备的正常工作。例如，可能使同一线路中其他运行中的电动机转速下降，甚至"堵转"，白炽灯突然变暗等。电动机容量越大，这种影响就越大。

虽然起动时电流很大，但转子电流的频率最高（$f_2 = sf_1 = f_1$），转子感抗较大，使功率因数 $\cos\varphi_2$ 较低，所以起动转矩并不大，仅为额定转矩的 $1\sim2$ 倍。如果起动转矩太小，则电动机的起动时间就会加长，甚至不能带负载起动。故必须采用适当的起动方法，以减小起动电流。三相异步笼型电动机常用的起动方法有直接起动、降压起动等。

6.4.1　直接起动

直接给电动机加上额定电压的起动方法称为直接起动（也称全压起动）。这种方法简单经济，不需要专用的起动设备，而且可靠性高，起动迅速，但起动电流大，导致线路电压下降，影响其他负载正常工作。故只有在电网容量允许的条件下，起动不太频繁的电动机或小容量电动机（$20\sim30$kW 以下）通常采用这种方法。

哪些情况下可以直接起动，各地区规定不同，现举例如下：

（1）容量在 7kW 以下的三相异步电动机。

（2）用电单位如没有独立的变压器（与照明共用），电动机直接起动时所产生的电压降不应超过 5%（不经常起动的不应超过 15%）。

（3）用电单位如有独立的变压器，则在电动机起动频繁时，电动机容量小于变压器容量的 20% 时允许直接起动；如果电动机不经常起动，其容量小于变压器容量的 30% 时允许直接起动。

直接起动时常采用三相闸刀开关、铁壳开关或接触器等。

6.4.2　降压起动

如果异步电动机起动频繁或容量较大，为了减小它的起动电流，通常采用降压起动。即起动时先降低加在定子绕组上的电压，当电动机转速接近额定转速时，再加上额定电压运行。由于起动时降低了加在定子绕组上的电压，从而减小了起动电流。但由于起动转矩与电源电压的平方成正比，因此电动机的起动转矩也会显著减小。所以降压启动只适合于轻载、空载起动或对起动转矩要求不高的场合。

为了达到降低起动电压的目的，笼型异步电动机常采用丫-△换接起动和用自耦变压器降压起动的方法。

1. 丫-△换接起动

丫-△换接起动适合于正常运行时电动机的定子绕组按三角形连接，起动时先将定子绕组接成星形，待转速接近稳定后再改接成三角形的情况。其电路连线如图 6.4.1 所示。

起动时，先合上电源开关 Q1，然后将开关 Q2 合到"起动"位置，电动机定子绕组接成星形，开始降压起动，这时定子绕组只承受 $U_{1N}/\sqrt{3}$ 的额定电压；当电动机转速接近额定值时，迅速将开关 Q2 合到"运行"位置，电动机定子绕组接成三角形按全压运行。

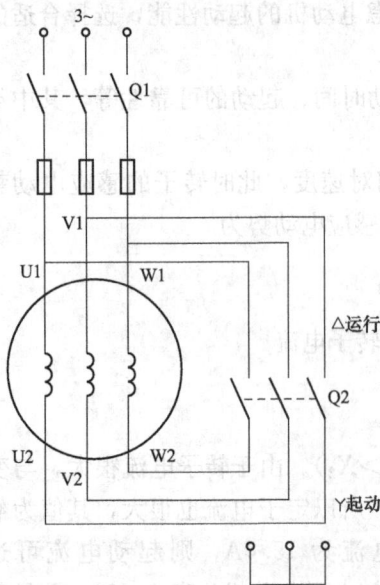

图 6.4.1　丫-△换接起动

下面讨论Y-△起动时的起动电流和起动转矩。设供电电源线电压为 U_L，定子绕组的每相阻抗为 $|Z|$，Y形连接起动时，起动电流为线电流 I_{LY} 等于相电流 I_P，即

$$I_{LY}=I_P=\frac{U_L}{\sqrt{3}|Z|} \tag{6.4.1}$$

当定子绕组接成三角形直接起动时，其线电流为

$$I_{L\triangle}=\sqrt{3}I_P=\sqrt{3}\frac{U_L}{|Z|} \tag{6.4.2}$$

所以

$$I_{LY}=\frac{1}{3}I_{L\triangle} \tag{6.4.3}$$

又因为 $T\infty U_1^2$，则有

$$\frac{T_{st}}{T_N}=\frac{\left(\frac{U_L}{\sqrt{3}}\right)^2}{U_L^2}=\frac{1}{3} \tag{6.4.4}$$

可见，采用Y-△换接起动法，可使起动电流减小到直接启动时的 1/3。又由于 $T\infty U_1^2$，所以起动转矩也减小至直接起动时的 1/3。因此，Y-△换接起动法的优点是设备简单，维护方便，除了可用上面介绍的手动操作的三刀双置开关实现外，还有专做此用的Y-△起动器，也可用继电接触控制电路自动转换。但Y-△换接起动法仅适用于空载或轻载时的起动。

2. 自耦变压器降压起动

除Y-△换接起动法外，还可以采用自耦变压器降压起动。这种起动方法适用于大容量或正常运行时连接成星形而不能采用Y-△换接起动的笼型异步电动机。原理电路如图 6.4.2 所示。图中 Tr 是一台三相自耦变压器，每相绕组通常备有三个抽头可供选择：其输出电压分别为电源电压的 40%、60% 和 80%（或55%、64% 和 73%），可以根据起动转矩的要求来选用。用这种设备起动可以减小起动电流。

起动时，先合上电源开关 Q1，然后将开关 Q2 合到"起动"位置，这时电源电压 U_N 加到三相自耦变压器的高压绕组（即一次绕组）上，异步电动机的定子绕组接到自耦变压器的低压绕组（即二次绕组）上，使电动机降压起动，待转速上升到接近正常转速时，再把开关 Q2 合到"运行"位置，自耦变压器被去除，电动机的定子绕组改接至电源，即电压恢复到额定电压值运行。

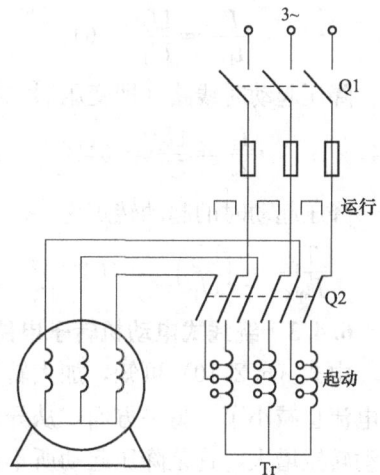

图 6.4.2　自耦变压器降压起动

自耦变压器降压起动与直接起动相比（定子绕组的连接方式相同），起动电流、电源电流和起动转矩的对应关系可根据图 6.4.3 电路推导如下：

如图 6.4.3 所示，自耦变压器中每一相的一次侧对应三相电源的一相，二次侧对应三相电动机的一相定子绕组。自耦变压器每个抽头对应的降压比为

$$K=\frac{U_2}{U_1}=\frac{N_2}{N_1}$$

则起动时　　　　$\dfrac{I_2}{I_{DC}}=\dfrac{U_2}{U_1}=K$　　　　$I_2=KI_{DC}$

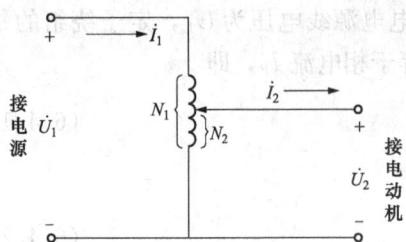

图 6.4.3　三相自耦变压器中的单相电路

式中　I_2——通过定子绕组的相电流；

　　　　I_{DC}——电动机直接起动时通过定子绕组的相电流。

电源电流（也是线路电流）为

$$\frac{I_1}{I_2} = \frac{U_2}{U_1} = K \qquad I_1 = KI_2 = K^2 I_{DC}$$

由于起动转矩与定子绕组所加电压的平方成正比，故有

$$\frac{T_{st}}{T_{stDC}} = \frac{U_2^2}{U_1^2} = \left(\frac{U_2}{U_1}\right)^2 = K^2 \qquad T_{st} = K^2 T_{stDC}$$

式中　T_{stDC}——电动机直接起动时的起动转矩。

可见，电动机本身的起动电流减小到直接起动时的 K 倍，但从电源取用的电流和起动转矩都减小到 K^2 倍。

【例 6-4】已知一台 Y225M-4 型三相异步电动机的额定电流为 84.2A，直接起动时的起动电流与额定电流之比等于 7.0，直接起动时的起动转矩为 551.8N·m。若改用自耦变压器降压起动，设起动时电动机的端电压降到电源电压的 64%，求线路起动电流和电动机的起动转矩。

解　直接起动时的起动电流为

$$I_{DC} = 7.0 I_{1N} = 7.0 \times 84.2 = 589.4(A)$$

降压起动时电动机中（即变压器一次侧）的起动电流为

$$\frac{I_2}{I_{DC}} = \frac{U_2}{U_1} = 64\% \qquad I_2 = 0.64 I_{DC} = 0.64 \times 589.4 = 377.2(A)$$

降压起动时线路（即变压器二次侧）的起动电流为

$$\frac{I_1}{I_2} = \frac{U_2}{U_1} = 64\% \qquad I_1 = 0.64^2 I_{DC} = 0.64^2 \times 589.4 = 241.4(A)$$

降压起动时的起动转矩为

$$\frac{T_{st}}{T_{stDC}} = \left(\frac{U_2}{U_1}\right)^2 = (64\%)^2 \qquad T_{st} = 0.64^2 T_{stDC} = 0.64^2 \times 551.8 = 226(N·m)$$

6.4.3　绕线式电动机转子电路串电阻的起动

由式（6.2.10）可知，加大转子电阻 R_2，可以减小转子电流 I_2，而使定子从电源取用的电流也减小了。另一方面，从异步电动机的机械特性可知，增加转子电阻可以使电动机的起动转矩增大，这是降压起动所不能及的。转子串电阻起动的示意图如图 6.4.4 所示。

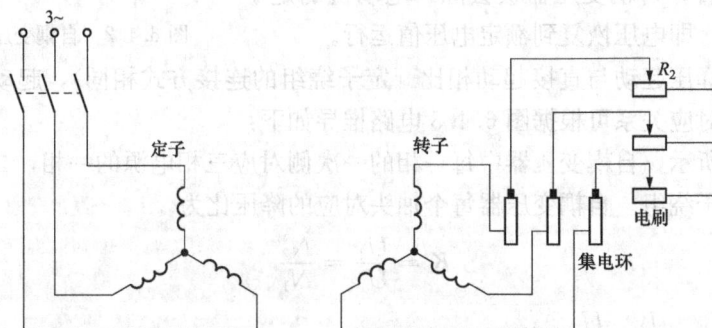

图 6.4.4　转子电路串电阻起动的示意图

起动时，使电阻 R_2 增大，随着转速升高，转动手柄使电阻逐渐减小，当转速达到接近额定值时，将电阻短接，电动机投入正常运行。

6.5 三相异步电动机的调速

调速就是在同一负载下能得到不同的转速，以满足生产过程的要求。例如：各种切削机床的主轴运动随着工件与刀具的材料、工件直径、加工工艺的要求及走刀量的大小等不同，要求有不同的转速，以获得最高的生产效率和保证加工质量。如果采用电气调速，就可以大大简化机械变速机构。

在讨论异步电动机调速时，首先从研究公式 $n=(1-s)n_0=(1-s)\dfrac{60f_1}{p}$ 出发。此式表明，改变电动机的转速有三种可能，即改变电源频率 f_1、极对数 p 及转差率 s。前两者是笼型电动机的调速方法，后者是绕线式电动机的调速方法。

6.5.1 变频调速

近年来变频调速技术发展很快，目前主要采用图 6.5.1 所示的变频调速装置，它主要由整流器和逆变器两大部分组成。整流器先将频率 $f=50\text{Hz}$ 的三相交流电变换为直流电，再由逆变器变换为频率 f_1 可调、电压有效值 U_1 也可调的三相交流电，供给三相笼型异步电动机。由此可得到电动机的无极调速，并具有硬的机械特性。

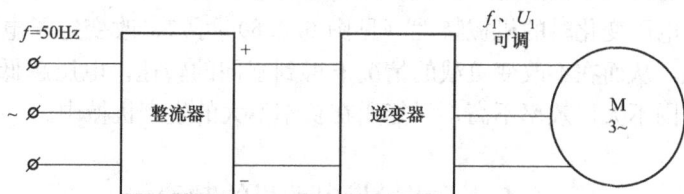

图 6.5.1 变频调速装置

目前，在国内由于逆变器中的开关元件（晶闸管、大功率晶体管和功率场效应管等）的制造水平不断提高，笼型异步电动机的变频调速技术正日益广泛地被应用。

6.5.2 变极调速

由式 $n_0=\dfrac{60f_1}{p}$ 可知，如果极对数 p 减小一半，则旋转磁场的转速 n_0 便提高一倍，转子转速 n 差不多也提高一倍。因此改变 p 可以得到不同的转速。如何改变极对数呢？这与定子绕组的接法有关。

图 6.5.2 所示的是定子绕组的两种接法。把 U 相绕组分成两半，线圈 U1U2 和 U1′U2′。图 6.5.2 (a) 中是两个线圈串联，得出 $p=2$，同步转速 $n_0=1500\text{r/min}$。图 6.5.2 (b) 中是两个线圈反并联（头尾相连），得出 $p=1$，同步转速 $n_0=3000\text{r/min}$。

由于改变定子绕组的接法只能使极对数成对变化，所以这种调速方法只能是有级调速。为了得到更多不同转速，可在定子上安装两套极对数不同的绕组，其中一套或两套可以改变极对数，这样可以得到三种或四种不同的转速。

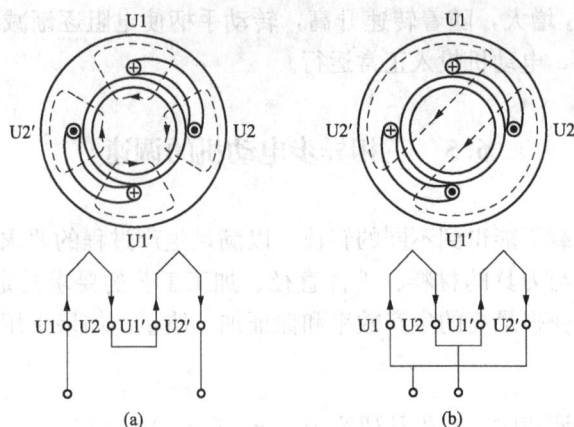

图 6.5.2　改变极对数 p 的调速方法

(a) $p=2$；(b) $p=1$

6.5.3　变转差率调速

这种调速方法只适合于绕线式异步电动机。从转子电阻 R_2 变化时的机械特性（见图 6.2.5）可知，改变转子电路的电阻，可以改变电动机的机械特性，从而实现调速。转子电路的电阻越大，转速越低。这种调速方法所用设备简单，投资少，但因调速电阻要消耗能量，不经济，而且转子电路串联电阻后，机械特性变差，低速时负载稍有变化，转速变化较大，所以常用于调速时间不长的生产机械，如起重机等。

另外，从定子电压变化时的机械特性（见图 6.2.6）可知，改变定子电压，也可以改变电动机的机械特性，从而在不改变负载的情况下得到不同的转速。电压越低，转速越低。这种调速方法调速范围不大，效率不高，只能用在功率不大的生产机械中。

6.6　三相异步电动机的制动

由于电动机的转动部分有惯性，所以在把电源切断后，电动机还会继续转动一定时间后才停止。为了缩短辅助工时，提高生产机械的生产率，同时也为了安全起见，往往要求电动机能够迅速停车和反转，这就需要对电动机制动。对电动机制动，也就是要求它的转矩与转子的转动方向相反。这时的转矩称为制动转矩。

异步电动机常有下列几种制动方法。

6.6.1　能耗制动

能耗制动的电路原理如图 6.6.1 所示。制动时，在断开电动机三相交流电源的同时把开关 Q 投至"制动"，即给任意两相定子绕组接通直流电源，使直流电流通入定子绕组。直流电流的磁场是固定不动的，而转子由于惯性继续按原方向转动，从而切割直流磁场产生感应电动势和感应电流，其方向用右手法则确定。转子电流与直流磁场相互作用，使转子导体受力，受力 F 的方向用左手法则确

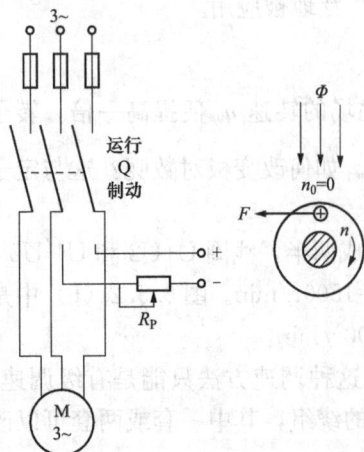

图 6.6.1　能耗制动原理

定。可见转子电流与固定磁场相互作用产生的转矩方向与电动机转动的方向相反，因而起到制动作用。制动转矩的大小与直流电流的大小有关。直流电流的大小一般为电动机额定电流的 0.5～1 倍。

因为这种制动方法是利用转子惯性转动的能量切割磁场而产生制动转矩，其实质是将转子动能转换成电能，并最终变成热能消耗在转子回路的电阻上，故称能耗制动。

这种制动消耗能量小、制动平稳、准确，但需要配备直流电源。故只在有些机床中采用这种制动方法。

6.6.2 反接制动

图 6.6.2 所示为反接制动的原理图。当电动机需要停车、制动时，在断开电动机三相交流电源的同时把开关 Q 投至"制动"，目的是改变电动机的三相电源相序，从而导致定子旋转磁场反向，使转子产生一个与原转动方向相反的制动力矩，迫使转子迅速停转。当转速接近零时，必须立即断开开关 Q，否则电动机将在反向磁场的作用下反转。

在反接制动时，旋转磁场与转子的相对转速（$n+n_0$）很大，定子绕组电流也很大，为确保运行安全，不至于因电流大导致电动机过热损坏，对功率较大的电动机进行制动时必须在定子电路（笼型）或转子电路（绕线式）中串入限流电阻。

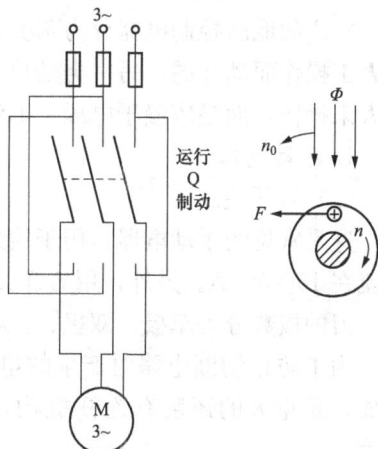

图 6.6.2 反接制动原理

反接制动具有制动方法简单、制动效果好的特点，但能耗大、冲击大。在起停不频繁、功率较小的电力拖动系统中常用这种制动方式，如有些中型车床和铣床主轴的制动。

6.6.3 发电反馈制动

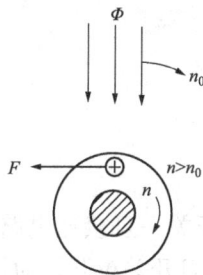

图 6.6.3 发电反馈制动原理

图 6.6.3 所示为发电反馈制动的原理图。当转子的转速 n 超过旋转磁场的转速 n_0 时，转矩也是制动的。

当起重机快速下放重物时，就会发生这种情况。这时重物拖动转子，使其转速 $n>n_0$，重物受到制动而等速下降。实际上这时电动机已转入发电机运行，将重物的位能转换为电能而反馈到电网中。

另外，当将多速电动机从高速调到低速的过程中，也自然发生这种制动。因为刚将极对数 p 加倍时，磁场转速立即减半，但由于惯性，转子转速只能逐渐下降，因此会出现 $n>n_0$ 的情况。

6.7 三相异步电动机的控制

要使电动机按照生产机械的要求运转，必须配备一定的控制设备，并将它们组合成控制电路，方能达到目的。这些控制设备的电路可能比较简单，也可能较为复杂。例如：要使一台电动机简单地起动和停车，需有一个三相闸刀即可。但生产过程往往比较复杂，而且随着自动化程度的提高，不但要实现电动机的起动、停车、调速、反转、制动等自动控制，还要对电动机的工作时间、被电动机拖动的工件的行程等实现准确的控制；不但要对一台电动机实行控制，而且要对若干台电动机实行程序和协调控制，使之能正确无误地完成某项较复杂的生产任务。

用按钮、接触器、继电器等有触点电器组成的控制电路称为继电接触控制电路。与无触点的电子控制电路相比，继电接触控制电路虽然有一些缺陷，但目前在生产中还在广泛地采用。掌握组成继电接触控制电路的原理及逻辑关系，对进一步学习电子控制电路也是有帮助的。

6.7.1　常用的低压控制电器

常用的低压控制电器分为两类：一类是手动的，如刀开关、转换开关、按钮等，它们是靠人工操作而动作的。另一类是自动的，如接触器、继电器、行程开关等，自动就是不直接由人来操作，而是依赖于电压、电流或其他物理量的变化来改变其工作状态的。

1. 手动电器

（1）刀开关。

这是常见的手动电器，用于接通或切断电源。它的额定电压通常是 250V 和 500V，额定电流在 10～500A。另外，用刀开关手动控制电动机时电动机功率应小于 7.5kW。

刀的极数分为单极、双极、三极等，每一种又有单投和双投之别。

为了防止切断电路时产生的电弧灼手，一般闸刀都装有胶木盖，或将手柄装在开关盒侧面，重量大的还装有连杆机构，刀开关的外形图及它在控制电路中的符号如图 6.7.1 所示。

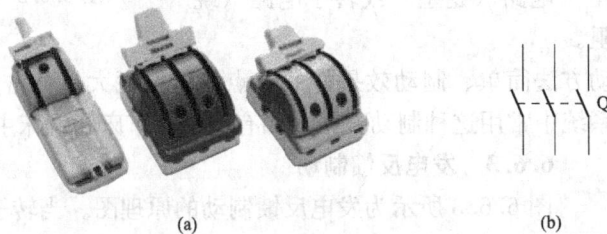

图 6.7.1　刀开关
(a) 外形图；(b) 符号

（2）按钮。常用于接通或断开控制电路。但它与刀开关不一样，刀开关一旦接通电路，就处于接通位置，电流将通过开关。如果断开电路，则需要人工操作，将刀开关拉开。而按钮接通（用手按下）电路后，一旦松手，靠弹簧力会将它恢复到原来的状态，电流不再通过它的触点，所以它只起发出"接通"或"断开"信号的作用，其外形图、原理图及它在控制电路中的符号如图 6.7.2 所示。

在图 6.7.2（b）中，1-2 和 3-4 是静触点，静触点的接通是靠金属片连接的动触点来实现的。图中位置是自然状态，这时 1-2 接通，3-4 处于断开状态；将按钮按下时，1-2 断开，3-4 处于接通状态，所以 1-2 称为动断触点，3-4 称为动合触点。松手后，它们又回到图示位置。按钮的动合触点和动断触点用图 6.7.2（c）所示的符号表示。

由按钮本身的结构决定，当往下按时，先断开 1-2，再接通 3-4；松手后，先断开 3-4，再返回原处接通 1-2。弄清楚这种先后次序，对我们利用按钮来拟定控制线路是有帮助的。

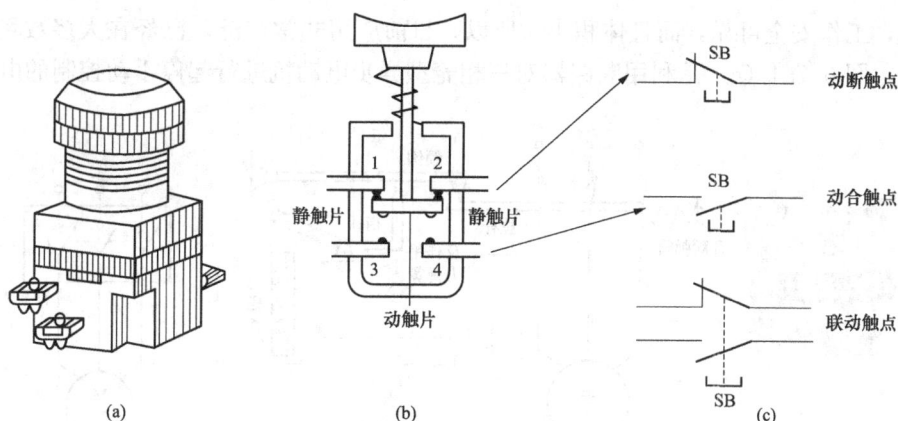

图 6.7.2　按钮

(a) 外形图；(b) 原理图；(c) 符号

2. 自动电器

(1) 熔断器。通常由熔体和外壳两部分组成。熔体（熔丝或熔片）是由电阻率较高的易熔合金组成，如铅锡合金等。使用时将它串联在被保护的电路中。电路正常工作时，熔体不应熔断；一旦发生短路故障，很大的短路电流通过熔断器，熔体过热而迅速熔断，把电路切断，从而达到保护电路及电气设备的目的。熔体熔断所需的时间与通过熔体的电流大小有关。一般来说，当通过熔体的电流等于或小于其额定电流的 1.25 倍时，可长期不熔断；超过其额定电流的倍数越大则熔断时间越短。熔体的额定电流从 2A 至 600A 有 20 多种，可供用户选择。熔断器的外形图和符号如图 6.7.3 所示。

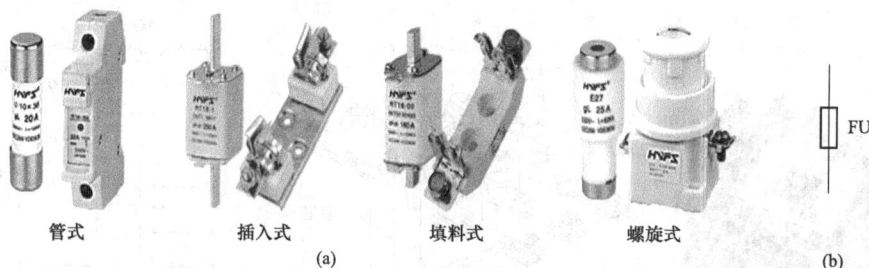

图 6.7.3　熔断器

(a) 外形图；(b) 符号

为安全起见，目前已不允许用胶盖瓷底刀开关直接控制电动机的起停。取而代之的是应用广泛地断路器。

(2) 断路器。又称空气开关或自动开关，它兼有刀开关和熔断器的作用。在低压配电电路中可用作电路的短路保护和过载保护。断路器的外形图、原理图及电路图如图 6.7.4 所示。当操作手柄将触点扳倒闭合位置时，电动机接通电源。当电路发生短路或严重过载时，由于电流很大，电磁铁克服反作用力弹簧的拉力吸下衔铁，锁钩被推向上，松开拉杆，触点在开断弹簧的作用下迅速断开而完成保护。只要调整反作用力弹簧的拉力，就可以调整动作电流的大小。断路器在动作后，不必像熔断器那样更换熔体，故障排除后，若需要重新起动电动机，只要通过操作手柄合上触点即可。断路器内装有灭弧装置，切断电流的能力大，开断时间短,工作安全可靠,而且体积小,所以,目前应用非常广泛,已经在大多数场合取代了刀开关。图 6.7.4 (c) 是利用断路器对三相笼型异步电动机进行起停手动控制的电路图。

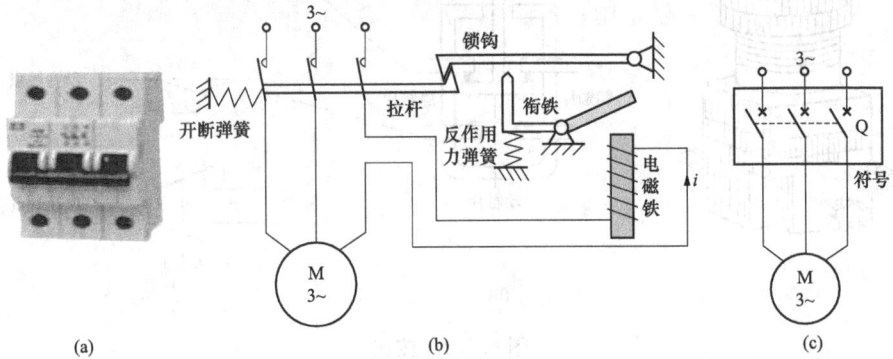

图 6.7.4 断路器

(a) 外形图; (b) 原理图; (c) 电路图

(3) 交流接触器。它是利用电磁吸力工作的自动控制电器,其外形图、结构图及原理图如图 6.7.5 所示。接触器的主要组成部分是电磁铁和触点。电磁铁的铁芯分上、下两部分,下铁芯是固定不动的静铁芯,上铁芯是可以上下移动的动铁芯(衔铁)。电磁铁的线圈装在静铁芯上。每个触点组包括静触点和动触点两部分,动触点与动铁芯直接连在一起。线圈通电时,在电磁吸力的作用下,动铁芯带动动触点一起上下移,使同一触点组中的动触点和静触点有的闭合,有的断开。当线圈断电后,电磁吸力消失,动铁芯在弹簧的作用下复位,触点组也恢复到原来的状态。

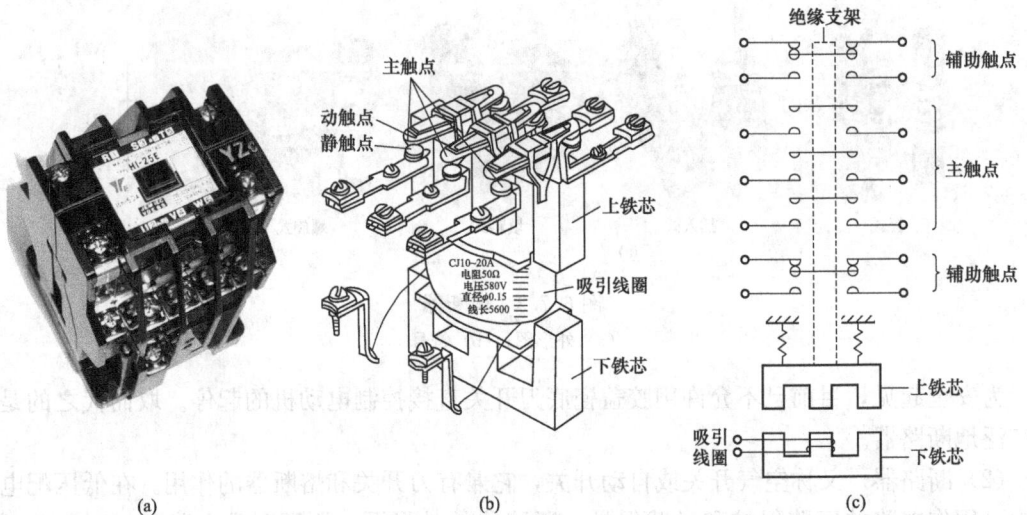

图 6.7.5 交流接触器

(a) 外形图; (b) 结构图; (c) 原理图

按状态的不同,接触器的触点也有动合触点和动断触点两种。

按用途的不同,接触器的触点又分为主触点和辅助触点两种。主触点接触面积大,能通过较大的电流;辅助触点接触面积小,只能通过较小的电流。

　　主触点一般为三副动合触点，串联在电源和电动机之间，以起到直接控制电动机起停的作用，这部分电路称为主电路。由于主触点断开的瞬间，触点间会产生电弧而烧坏触点，并使切断电路的时间拉长，因此，额定电流较大的交流接触器还装有灭弧装置，以加速电弧的熄灭。

　　辅助触点既有动合触点，也有动断触点，通常接在由按钮和接触器线圈组成的控制电路中，以实现某些功能，这部分电路又称为辅助电路。

　　选用交流接触器时，应注意线圈的额定电压、触点的额定电流和触点的数量。在电动机的起停控制电路中，主触点的额定电流应大于电动机的额定电流。如果用在电动机需要频繁正/反转的场合，主触点的额定电流应比电动机的额定电流大一倍。常用的国产 CJ10 系列交流接触器，线圈的额定电压有 36、127、220、380V 四个等级。主触点的额定电流有 5、10、20、40、60、100、150A 等，辅助触点的额定电流为 5A。

　　图 6.7.6 是交流接触器在控制电路中的符号表示。

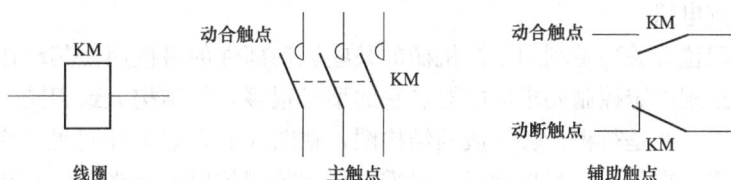

图 6.7.6　交流接触器的符号

　　（4）热继电器。在自动控制电路中，不但要求能对电动机的起停等进行控制，而且应该有必要的保护措施。除了所熟悉的短路保护外，还需要考虑电动机的过载保护问题。从 6.3 节知道，电动机不允许长期过载运行，但又具有一定的短时过载能力。因此，当电动机过载时间不长，温度未超过允许值时，应允许电动机继续运行，但是当电动机的温度一旦超过允许值，就应立即将电动机的电源自动切断。这样，既达到保护电动机不受过热的危害，又可以充分发挥它的短时过载能力。热继电器就属于过载保护的常用电器。

　　热继电器的外形图、原理图和符号如图 6.7.7 所示。图中的发热元件（一段电阻值不大的金属丝或金属片）缠绕在双金属片上（实际的热继电器对应有三组发热元件和双金属片）。双金属片是由两层膨胀系数相差较大的金属碾压而成。其上边的一层膨胀系数小，下边的一层膨胀系数大。工作时，将发热元件串联在电动机的主电路中，通过它们的电流是电动机的线电流。当电动机过载后，电流超过额定电流，发热元件发出较大的热量，使双金属片变形而向上弯曲，因而脱扣，扣板在弹簧的拉力下将动断触点断开。触点是接在电动机的控制电路中的。控制电路断开而使交流接触器的线圈断电，从而断开电动机的主电路。

　　由于热惯性，热继电器不能作短路保护。因为发生短路事故时，电路必须立即断开，而热继电器是不能立即动作的。但是这种热惯性也是合乎电动机在起动或短时过载时不必停车的要求的。

　　如果要求热继电器复位，则可按下复位按钮即可。

　　常用的热继电器有 JR0、JR10 及 JR16 等系列。热继电器的主要技术数据是整定电流。即热元件中通过的电流超过此值的 20% 时，热继电器应当在 20min 内动作。根据整定电流选用热继电器，整定电流与电动机的额定电流基本上一致。

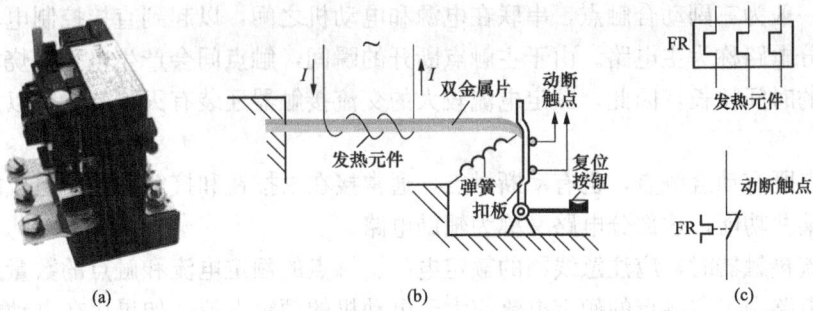

图 6.7.7　热继电器
(a) 外形图；(b) 原理图；(c) 符号

　　(5) 行程开关。在生产中常常需要控制某些机械的行程，例如提升机要求达到预定高度时自动停止，在一些机床上要求刀具或工件自动往返等。要实现这些限位控制，可以采用装有行程开关的控制电路。

　　行程开关（限位开关）是利用生产机械的某些运动部件的碰撞而使其动作的，以接通或断开某些电路，达到一定控制要求的电器。它的型号很多，但结构大致相同，主要差别是传动装置不同。图 6.7.8 是行程开关一般的结构图，在图 6.7.8 (b) 中可见，它有一个动合触点和一个动断触点。在进行行程控制时，只需在行程范围的原点和终点各安装一个行程开关即可。

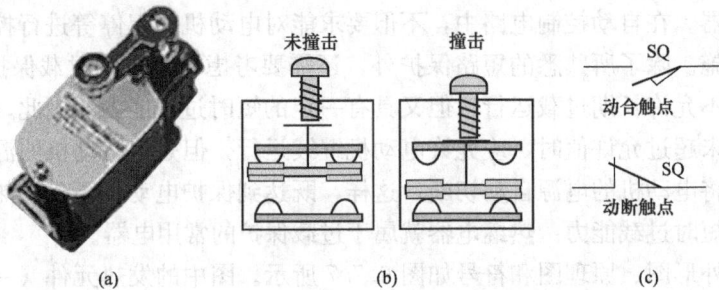

图 6.7.8　行程开关
(a) 外形图；(b) 原理图；(c) 符号

　　(6) 时间继电器。时间控制，就是采用时间继电器进行延时控制。例如：电动机的Y-△换接起动，即先是Y连接，经过一定时间待转速上升到接近额定值时，再换接成△连接。这就需要用时间继电器来控制。

　　时间继电器与交流接触器的不同之处在于：当它的线圈通电时，不但有瞬时动作的动合触点和动断触点，还有延时动作的动合触点和动断触点。而且延时方式有两种：一种是通电延时的触点，一种是断电延时的触点。通电延时的触点在线圈通电后触点延时完成动合或动断动作，线圈断电时触点瞬时复原；而断电延时的触点在线圈通电后触点瞬时完成动合或动断动作，线圈断电时触点延时复原。

　　时间继电器的种类很多，有空气式、电磁式、电动式和电子式等。而交流电路中常采用空气式时间继电器。空气式时间继电器是利用空气阻尼作用而达到动作延时的目的。图 6.7.9 (a)、(b) 分别给出了通电延时和断电延时的空气式时间继电器的原理图及对应触点的符号。

下面以通电延时的空气式时间继电器为例说明其工作原理。在图 6.7.9（a）中，当吸引线圈通电后就将动铁芯吸下，使动铁芯与活塞杆之间有一段距离。在释放弹簧的作用下，活塞杆向下移动。由于伞形活塞的表面固定有一层橡皮膜，因此当活塞向下移动时，在膜上面造成空气稀薄的空间，活塞受到下面空气的压力，不能迅速下移。当空气由进气孔进入时，活塞才逐渐下移。移动到最后位置时，杠杆使微动开关动作。延时时间即为自电磁铁吸引线圈通电时刻起到微动开关动作时为止的这段时间。通过调节螺钉可以调节进气孔的大小，以调节延时时间。

当吸引线圈断电后，依靠恢复弹簧的作用而复原。空气经排气孔被迅速排出。

图 6.7.9（a）中有两个延时触点（对应微动开关 2）：一个是延时断开的动断触点，一个是延时闭合的动合触点。此外，还有两个瞬时触点（对应微动开关 1），即一个动合触点，一个动断触点，它们在通电后开关瞬时动作。

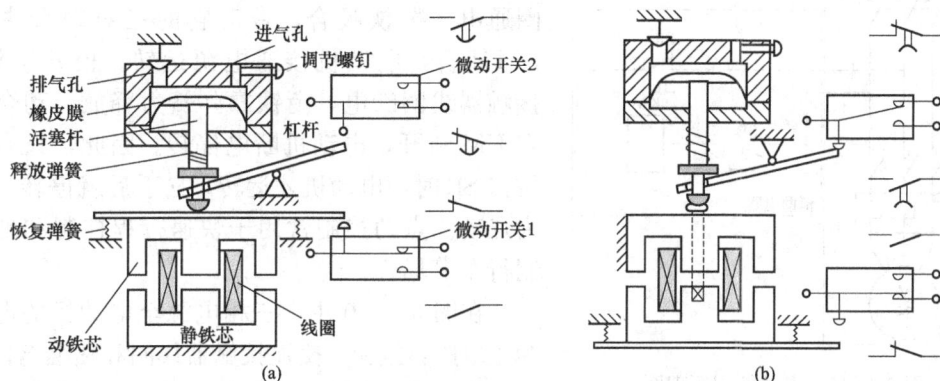

图 6.7.9　空气式时间继电器
（a）通电延时；（b）断电延时

时间继电器也可做成断电延时的，如图 6.7.9（b）所示。实际上只要把铁芯倒装一下就成。断电延时的时间继电器也有两个延时触点：一个是延时断开的动合触点，一个是延时闭合的动断触点。此外，还有两个瞬时触点。

空气式时间继电器的延时范围大（有 $0.4 \sim 60\text{s}$ 和 $0.4 \sim 180\text{s}$ 两种），结构简单，但准确度较低。

时间继电器的图形符号和文字符号可总结如下：

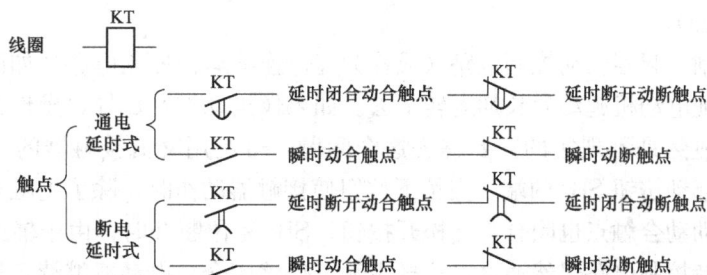

6.7.2　控制电路中的常用环节

工业中的生产机械，其动作是多样化的，因此满足生产机械要求的控制电路也是不同的，但它们往往由一些基本单元电路所组成，这些单元电路称为环节。

通过控制电路基本环节的学习，要达到熟悉图形符号，了解组成控制电路的逻辑关系，为阅读和拟定复杂的控制电路打下基础。

1. 直接起动控制

（1）点动控制。图 6.7.10 为点动控制原理图，它由按钮、断路器、热继电器和交流接触器组成。断路器 Q 作隔离开关兼作短路保护，隔离开关只在不带载（用电设备不工作）的情况下切断和接通电源，以便在检修电动机、电器或电路长期不工作时用来断开电源。热继电器 FR 作过载保护。此外，接触器 KM 本身还具有欠电压保护的作用，即在出现停电或电源电压严重下降时，接触器线圈电压不足而造成铁芯释放，使得所有动合触点断开，电动机停止运转。

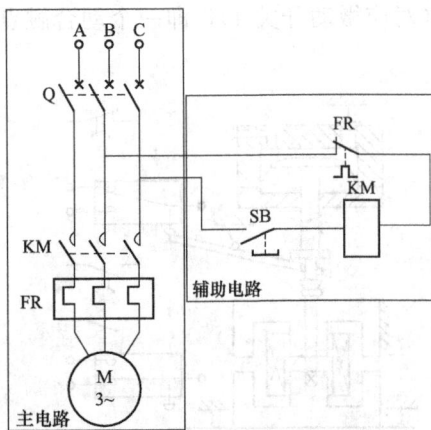

图 6.7.10　点动控制原理图

当电动机需要点动时，先合上断路器 Q，此时电动机尚未接通，按下按钮 SB，接触器 KM 线圈通电，衔铁吸合，带动它的三对动合主触点 KM 闭合，电动机接通电源运转。松开按钮后，接触器线圈断电，衔铁靠弹簧力释放，动合主触点 KM 断开，电动机断电停转。因此，只有按下按钮 SB 时，电动机才运转，松手后就停转，故称为点动。点动控制常用于快速行程控制和地面控制行车等场合。

在图 6.7.10 中，三相电源至电动机的电路称为主电路，按钮、交流接触器线圈和热继电器的动断触点组成的电路称为控制电路。控制电路为主电路服务。主电路和控制电路是根据生产工艺过程对电动机提出的要求或电动机本身的要求制定的，以保证电动机安全、正确地工作。

在阅读原理图时，需注意以下几点：

1）要弄清各种电器的符号及其意义。图中各电器的触点都处于未动作状态，如交流接触器线圈没有通电，按钮没有受到压力等。

2）同一电器的各触点在原理图上往往分得很散。因此对同一电器的各部分（如线圈、触点）都用同一字母表示。如一张图上相同的电器较多时，在字母后面冠以数字下标以示区别，如 KM_1、KM_2，或用反映其作用的某个字母下标来表示，如 KM_F（正转接触器）、KM_R（反转接触器）。

（2）长动控制。起停长动控制电路（或称为起停连续运行控制电路）如图 6.7.11 所示。该电路就是要保证电动机起动后长期运转下去。如果像点动控制那样，操作人员的手始终不能离开按钮，这显然是不现实的。要解决这个问题，可利用交流接触器的一对辅助动合触点，将它并联于起动按钮 SB_1 两端，当按下按钮使接触器动作时，除了主触点闭合将电动机接通电源外，辅助动合触点也闭合，当松开按钮，SB_1 复位断开时，由于辅助动合触点已经闭合，所以能保持控制电路仍然通电，这样主触点仍然闭合，电动机继续运转，这种作用称为自锁，通常把起这种自锁作用的辅助动合触点称为自锁触点。

电路的动作过程如下：

按下 SB_1→KM 线圈通电→KM 主触点闭合→M 起动运转
└──────→KM 动合辅助触点闭合→实现自锁

按下 SB_2→KM 线圈断电→KM 主触点断开→M 停止运转
└──────→KM 动合辅助触点断开→撤销自锁

2. 正/反转控制

在生产上要求电动机实现正/反运行的场合很多。例如：升降机的上下，水坝闸门的启闭，车床工作台的进退，主轴的正/反转等。为了实现正/反转，在学习三相异步电动机的工作原理时已经知道，只要将接到电源的任意两根连线对调一头即可。为此，只需采用两个交流接触器就能实现这一要求，其正/反转控制的原理图如图 6.7.12 所示。由图可见，当正转接触器 KM_F 工作时，电动机正转；当反转接触器 KM_R 工作时，由于调换了两根电源线，所以电动机反转。

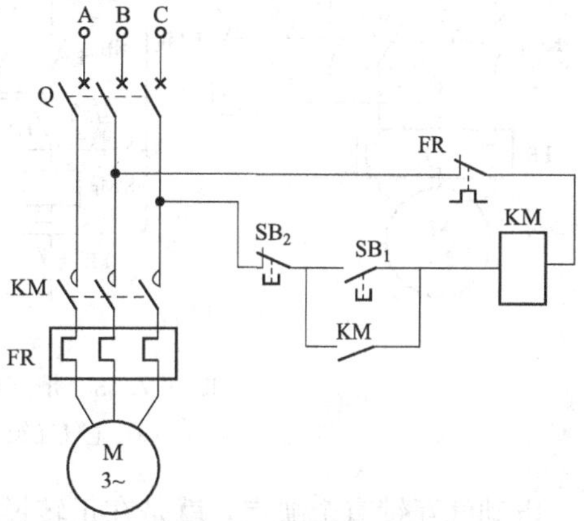

图 6.7.11 长动控制原理图

如果两个交流接触器同时工作，那么从图 6.7.12 的主电路可见，将有两根电源线通过它们的主触点而将电源短路。所以对正/反转控制线路最根本的要求是：必须保证两个接触器不能同时工作。

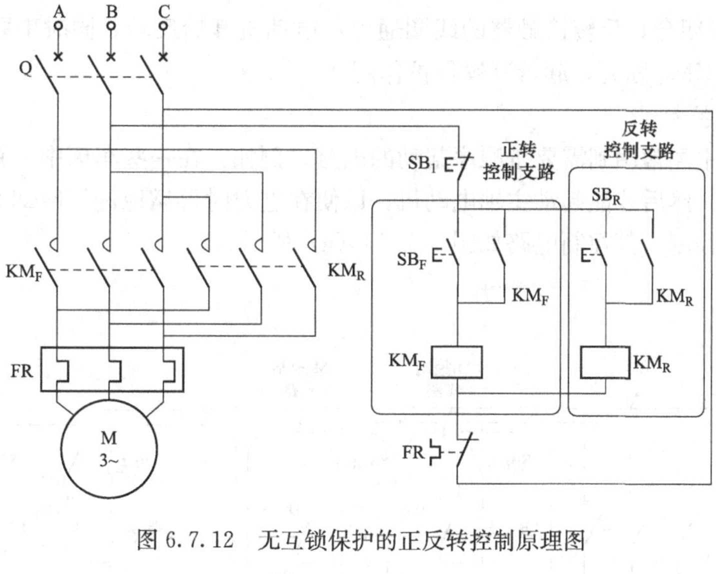

图 6.7.12 无互锁保护的正反转控制原理图

这种在同一时间里两个接触器只允许一个工作的控制作用称为互锁或联锁。下面分析两种有互锁保护的正/反转控制线路。

在图 6.7.13（a）所示的控制线路中，正转接触器 KM_F 的一个动断触点串联在反转接触器 KM_R 的线圈电路中，而反转接触器的一个动断触点串联在正转接触器的线圈电路中，这两个动断触点称为互锁触点（也称电气互锁）。这样，当按下正转起动按钮 SB_F 时，正转接触器线圈通电，主触点 KM_F 闭合，电动机正转。与此同时，互锁触点断开了反转接触器 KM_R 的线圈电路。因此，即使误按反转起动按钮 SB_R，反转接触器也不能动作。

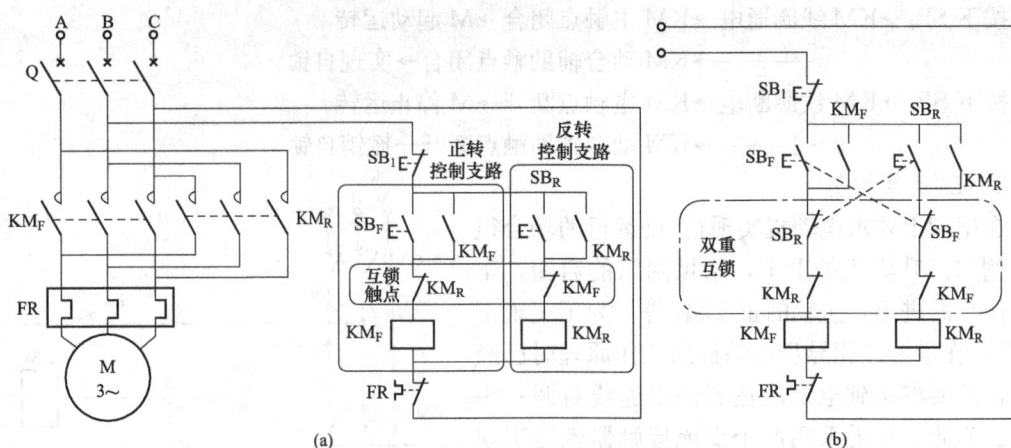

图 6.7.13 带互锁保护的正/反转控制原理图
(a) 电气互锁；(b) 电气与机械双重互锁

电动气互锁有个缺点，就是在正转过程中要求反转时，必须先按停止按钮 SB_1，让互锁触点 KM_F 闭合后，才能按反转起动按钮使电动机反转，它带来了操作上的不方便。为了解决这个问题，在生产上常采用复式按钮和触点互锁的控制电路（也称电气与机械双重互锁），如图 6.7.13 (b) 所示。当电动机正转时，按下反转起动按钮 SB_R，它的动断触点断开，而使正转接触器的线圈 KM_F 断电，主触点 KM_F 断开。与此同时，串联在反转控制电路中的动断触点 KM_F 恢复闭合，反转接触器的线圈通电，电动机开始反转。同时串联在正转控制电路中的动断触点 KM_R 断开，起着互锁保护作用。

3. 顺序联锁控制

在生产实际中经常用到需要按顺序起动的电路。例如：在一些车床中，首先要起动油泵电动机进行注油，然后才能起动主轴电动机，以便在进刀时可靠地进行冷却和润滑。这就需要采用顺序起动控制。其控制电路如图 6.7.14 (a) 所示。

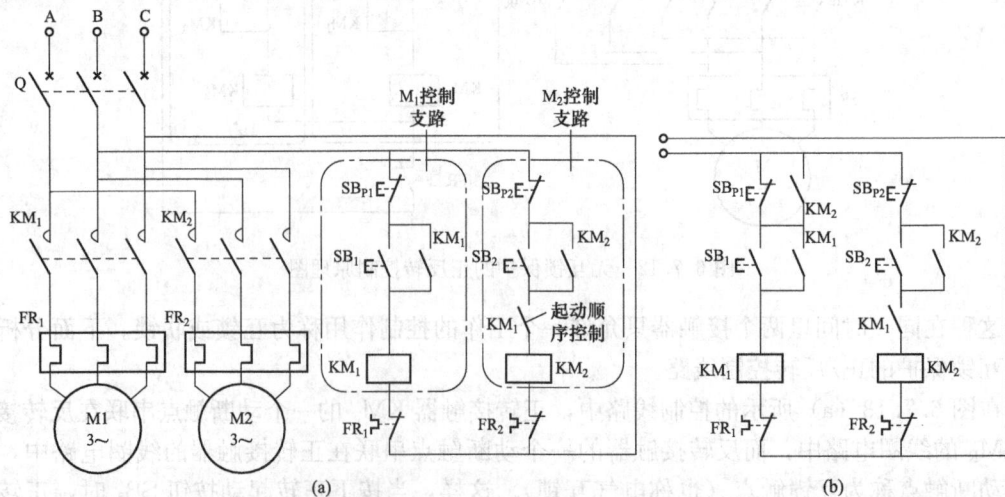

图 6.7.14 顺序联锁控制原理图
(a) 顺序起动；(b) 顺序起动和停车

在图 6.7.14（a）所示的电路中，两台电动机 M_1 和 M_2 由两套按钮和接触器分别实现起停控制，但是要求 M_1 起动后 M_2 才能起动。为了起动的先后顺序，在 KM_2 的线圈电路中串联了一个 KM_1 的动合辅助触点。这样，当按下起动按钮 SB_1 时，接触器 KM_1 的线圈通电，电动机 M_1 起动运行，KM_1 的两个动合辅助触点闭合，一个实现自锁，一个为接触器 KM_2 的线圈通电准备好前提条件，在按下起动按钮 SB_2，电动机 M_2 方可起动运行。

若要实现停车的先后顺序，在图示 6.7.14（b）的电路中，可将停止按钮 SB_{P1} 的两端并联一个 KM_2 的动合辅助触点，只有当 KM_2 的线圈断电，电动机 M_2 停车后，该触点断开，这时按下 SB_{P1} 才能使 KM_1 的线圈断电，M_1 停车。故两台电动机的起停顺序为起动时，M_1 起动后 M_2 才能起动；而停车时，M_2 停车后 M_1 才能停车。

4. 行程控制（限位控制）

前面介绍的行程开关是构成行程控制的关键器件。图 6.7.15 是用行程开关来控制刨床工作台前进与后退的示意图和控制电路。而工作台的移动是由电动机带动的，若电动机正转对应工作台的前进，那么反转就对应工作台的后退。

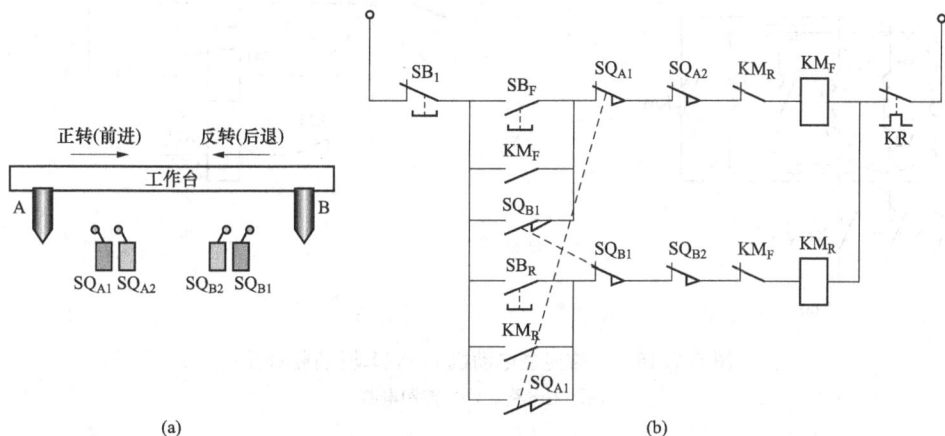

图 6.7.15　用行程开关控制工作台的前进与后退
(a) 示意图；(b) 控制原理图

在图 6.7.15（a）中采用了两组行程开关，其中 SQ_{A1} 和 SQ_{B1} 是对刨床工作台正常的前进与后退的限位控制；而 SQ_{A2} 和 SQ_{B2} 安装在工作台移动的极限位置上，当 SQ_{A1} 和 SQ_{B1} 失灵时，它可防止运动部件超越极限位置造成事故。在分析控制电路之前，先要清楚行程开关的动作原理，即行程开关在未撞击前，其动合触点是断开的，而动断触点是闭合的；撞击后，其动合触点闭合，而动断触点断开。下面就来分析电路的工作原理。

从图 6.7.15（b）中可见，行程控制与正/反转控制大体相同，区别只是在正转控制电路中串入一个行程开关的动断触点 SQ_{A1}，并将对应的动合触点与反转起动按钮 SB_R 并联；同理，反转控制电路也是如此。当按下正转起动按钮 SB_F 时，正转接触器线圈 KM_F 通电，使电动机正转并带动工作台前进到达预定位置，撞块 A 将行程开关 SQ_{A1} 的动断触点断开，其动合触点就闭合，正转接触器线圈 KM_F 断电，电动机停止正转。与此同时，由于 SQ_{A1} 动合触点的闭合（相当于按下 SB_R），又使反转接触器线圈 KM_R 通电，电动机反转并带动工作台后退。当后退到预定位置时，撞块 B 将行程开关 SQ_{B1} 的动断触点断开，其动合触点就闭合

（相当于按下 SB_F），电动机停止反转，进入正转，如此周而复始，实现了刨床工作台的自动往返。而两个行程开关的动合触点代替了起动按钮的作用。

5. 时间控制

图 6.7.16 是三相笼型电动机Y-△起动的控制电路。其中，利用了通电延时的时间继电器 KT 的一个延时断开的动断触点。KM、KM_Y 和 KM_△ 是三个交流接触器。起动时 KM_Y 工作，电动机接成Y形；运行时 KM_△ 工作，电动机接成 △ 形。

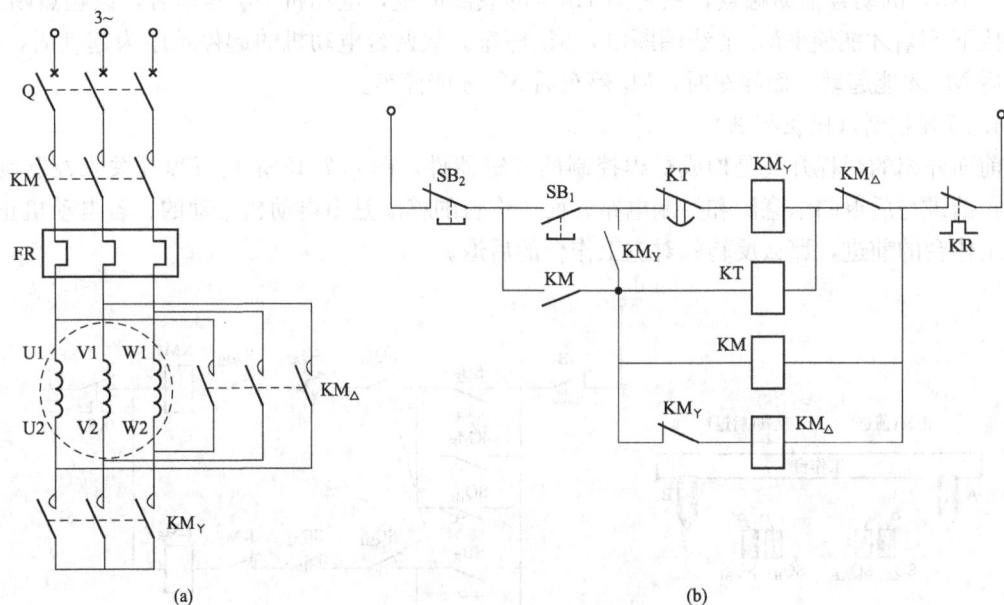

图 6.7.16　三相笼型电动机Y-△起动控制原理图
(a) 主电路；(b) 控制电路

习　题

6.1.1　已知异步电动机额定转速为 730r/min，试问电动机的同步转速是多少？有几对磁极？

6.2.1　某三相异步电动机，定子电压的频率 $f_1 = 50Hz$，极对数 $p = 1$，转差率 $s = 0.015$。求同步转速 n_0、转子转速 n 和转子电流频率 f_2。

6.2.2　有一四极三相异步电动机，额定转速 $n_N = 1440r/min$，转子每相电阻 $R_2 = 0.02\Omega$，感抗 $X_{20} = 0.08\Omega$，转子电动势 $E_{20} = 20V$，电源频率 $f_1 = 50Hz$。试求：该电动机起动时及在额定转速运行时的转子电流 I_2。

6.2.3　有一四极三相异步电动机，定子电压 380V，频率 50Hz，三角形连接。在负载转矩 $T_L = 133N \cdot m$ 时，定子线电流为 47.5A，总损耗为 5kW，转速为 1440r/min。求：(1) 同步转速；(2) 转差率；(3) 功率因数；(4) 效率。

6.2.4　某三相异步电动机，定子电压 380V，三角形连接。当负载转矩 $T_L = 51.6N \cdot m$ 时，转子转速为 740r/min，效率为 80%，功率因数为 0.8。求：(1) 输出功率；(2) 输入功率；（3）定子线电流和相电流。

6.3.1 已知 Y100L1-4 型异步电动机的某些额定技术数据如下：

2.2kW	380V	Y接法
1420r/min	$\cos\varphi=0.82$	$\eta=81\%$

试计算：（1）相电流和线电流的额定值及额定负载时的转矩；（2）额定转差率及额定负载时的转子电流频率。设电源频率为 50Hz。

6.3.2 有一台老产品 J51-4 型三相异步电动机，$P_N=4.5$kW，$U_N=220/380$V，$\eta_N=85\%$，$\lambda_N=0.85$。试求：电源电压为 380V 和 220V 两种情况下，定子绕组的连接方法和额定电流的大小。

6.3.3 某三相异步电动机，$U_N=380$V，$I_N=9.9$A，$\eta_N=84\%$，$\lambda_N=0.73$，$n_N=720$r/min。求：（1）s_N；（2）P_N。

6.3.4 有一台 Y200L-4 型异步电动机，$P_N=30$kW，$U_N=380$V，$I_N=56.8$A，$s_N=0.02$。额定运行时的铜损耗 $P_{Cu}=1.2$kW，铁损耗 $P_{Fe}=1.0$kW，机械损耗 $P_{Me}=0.3$kW。求额定转速 n_N、额定输出转矩 T_{2N}、额定功率因数 $\cos\varphi_N$ 和额定效率 η_N。

6.3.5 已知 Y132S-4 型三相异步电动机的额定技术数据如下：

功率	转速	电压	效率	功率因数	I_{st}/I_N	T_{st}/T_N	T_{max}/T_N
5.5kW	1440r/min	380V	85.5%	0.84	7	2.2	2.2

电源频率为 50Hz。试求：额定状态下的转差率 s_N、电流 I_N 和转矩 T_N，以及起动电流 I_{st}、起动转矩 T_{st} 和最大转矩 T_{max}。

6.3.6 Y180L-6 型异步电动机的额定功率为 15kW，额定转速为 970r/min，频率为 50Hz，最大转矩为 295.36N·m。试求电动机的过载系数 λ。

6.3.7 某四极三相异步电动机的额定功率为 30kW，额定电压为 380V，三角形连接，频率为 50Hz。在额定负载下运行时，其转差率为 0.02，效率为 90%，线电流为 57.5A。试求：（1）转子旋转磁场对转子的转速；（2）额定转矩；（3）电动机的功率因数。

6.4.1 有一台三相异步电动机，其输出功率 $P_2=32$kW，$I_{st}/I_N=7.0$，如果供电变压器的容量为 $S_N=350$kV·A，试问：该电动机能否直接起动？

6.4.2 同一台三相异步电动机在空载或满载下起动时，起动电流与起动转矩的大小是否一致？起动过程是否一样快？

6.4.3 三相异步电动机断了一根电源线后，不能起动；而在运行中断了一根电源线，为什么仍然能继续转动？这两种情况对电动机有何影响？

6.4.4 上题中的电动机的 $T_{st}/T_N=1.2$，$I_{st}/I_N=7$，试求：（1）用 Y-△ 换接起动时的起动电流和起动转矩；（2）当负载转矩为额定转矩的 60% 和 25% 时，电动机能否起动？

6.4.5 习题 6.3.7 中，如果采用自耦变压器降压起动，而使电动机的起动转矩为额定转矩的 85%，试求：（1）自耦变压器的变比；（2）电动机的起动电流和线路上的起动电流各为多少？

6.5.1 有一三相笼型异步电动机拖动某生产机械运行。当 $f_1=50$Hz 时，$n=2930$r/min，当 $f_1=40$Hz 和 60Hz 时，转差率 $s=0.035$。试求：两种频率时的转子转速。

6.5.2　有一三相绕线转子异步电动机，$R_2=0.84\Omega$，$X_2=1.68\Omega$。拖动某生产机械运行时，$n=1425r/min$。试求：当负载转矩保持不变而转子电路电阻增加至 1.68Ω 时的转子转速。

6.6.1　三相异步电动机常用的制动方法有几种？它们的共同点是什么？

6.7.1　图示各电路能否控制异步电动机的起停？为什么？

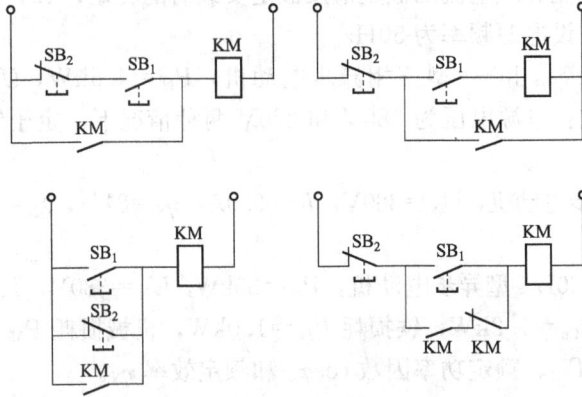

习题 6.7.1 图

6.7.2　试画出三相笼型电动机既能连续工作，又能点动工作的继电接触控制线路。

6.7.3　试画出能在两地分别控制同一台三相笼型电动机起停的继电接触控制线路。

6.7.4　现要求三台笼型电动机 M_1、M_2、M_3 按照一定顺序起动，即 M_1 起动后，M_2 才可起动，M_2 起动后，M_3 才可起动。试绘出控制线路。

6.7.5　小型电动机吊车有两台电动机，分别用作提升重物和使吊车行走。提升机构上限有行程开关保护。行走机构两侧极限位置也用行程开关保护，两台电动机都用按钮操作，试拟定它们的控制线路。

第七章　半导体二极管及其应用电路

7.1　半导体基础知识

多数现代电子器件是由性能介于导体与绝缘体之间的半导体材料制造而成的。为了从电路的观点理解这些器件的性能，首先必须从物理的角度了解它们是如何工作的。这里着重从半导体材料的特殊物理性质以及这些性质对形成电子器件的伏安（$U—I$）特性的原理来讨论。

半导体器件是现代电子技术的重要组成部分，由于它具有体积小、质量轻、使用寿命长、输入功率小和功率转换效率高等优点而得到广泛地应用。

本章将介绍半导体的基础知识，讨论半导体器件的基础——PN 结，并重点研究二极管、三极管和场效应管的物理结构、工作原理、特性曲线和主要参数，以及二极管基本电路及其分析方法与应用。

7.1.1　导体、绝缘体和半导体

物质按导电能力的不同，可分为导体、绝缘体和半导体。半导体的导电能力介于导体和绝缘体之间，在常态下更接近于绝缘体，但它在掺入杂质或受热、受光照后，其导电能力明显增强而接近于导体，利用半导体的这些特性，可将它制成具有特殊功能的元器件，如晶体管、集成电路、整流器、激光器以及各种光电探测器件、微波器件等。常见的半导体材料有锗、硅、硒、硼、碲、锑等。其中，硅（Si）和锗（Ge）是主要的半导体材料，而硅（Si）占据了 90％以上的半导体材料份额。

半导体除了在导电能力方面与导体和绝缘体不同外，还具有不同于其他物质的独特性质。这些独特的性质集中体现在它的电阻率可以因某些外界因素的改变而产生明显的变化，具体体现在以下三个方面。

（1）热敏性：一些半导体对温度的反应很灵敏，其电阻率随着温度的升高而明显下降，利用这种特性很容易制成各种热敏器件，如热敏电阻、温度传感器等。

（2）光敏性：有些半导体的电阻率会随着光照的增强而显著地下降，利用这种特性可以做成各种光敏器件，如光敏电阻和光电管等。

（3）掺杂性：半导体的电阻率受掺入"杂质"的影响极大，在半导体中即使掺入的杂质十分微量，也能使电阻率大大地下降，其导电能力也会有显著的增加。利用这种独特的性质可以制成各种各样的半导体器件。

为了理解以上这些特点，必须了解半导体的结构。

7.1.2　本征半导体

常用于制作半导体器件的材料是硅（Si）和锗（Ge）。它们都是四价元素，其原子核的最外层轨道上有四个电子。为了制作半导体器件，它们被提纯而制成单晶体。

所以，我们把完全纯净的、结构完整的半导体晶体称为本征半导体。

在本征硅或锗的单晶体中，其原子都按一定间隔排列成有规律的空间点阵（称为晶格）。

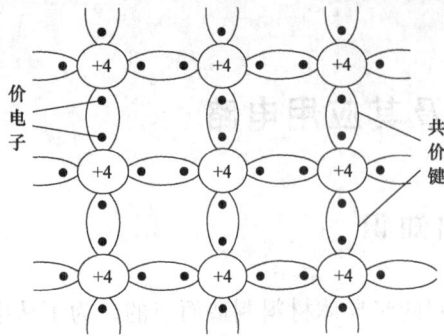

图 7.1.1 单晶硅或锗的共价键
结构平面示意图

由于原子间相距很近，外层轨道上电子不仅受到自身原子核的约束，还要受到相邻原子核的吸引，使得每个电子为相邻原子所共有，从而形成共价键。此时，把共价键中的电子称为价电子。这样四个价电子与相邻的四个原子中的价电子分别组成四对共价键，依靠共价键使晶体中的原子紧密地结合在一起。图 7.1.1 是单晶硅或锗的共价键结构平面示意图。

本征半导体的价电子虽受共价键的束缚而使每个原子的最外层电子数为 8 个，处于较为稳定的状态，然而和绝缘体相比，这种束缚仍是比较弱的。

当温度为绝对零度时，晶体不呈现导电性。而当温度升高时，本征半导体共价键结构中的价电子获得一定能量就可挣脱共价键的束缚，成为自由电子，而在这些自由电子原有的位置上留下一个空位置，称为空穴。空穴因失去电子而带正电荷。空穴是不能移动的，但由于正负电荷的相互吸引，空穴附近的电子会填补这个空位置，于是又产生新的空穴，该空穴又会有相邻的电子来递补。如此继续下去，就相当于空穴在运动。空穴运动的方向与价电子的运动方向相反，因此空穴运动相当于正电荷的运动。空穴做定向运动，也能使半导体导电。

半导体中的空穴和自由电子均能参与导电，它们是运载电流的粒子，故称为载流子。半导体的重要物理特性是它的电导率，电导率与材料内单位体积中所含的电荷载流子的数目有关。电荷载流子的浓度越高，其电导率越高。半导体内载流子的浓度取决于许多因素，它包括材料的基本性质、温度值以及杂质的存在。由于半导体中电子和空穴同时参与导电，导致半导体导电和导体导电有着本质的区别。

本征半导体中，外界激发所产生的自由电子和空穴总是成对出现，称为电子—空穴对。这种现象称为本征激发，而本征激发产生的自由电子和空穴的数量是十分有限的。实际上，自由电子和空穴成对产生的同时，还存在复合，即自由电子和空穴相遇而释放能量，电子—空穴对消失。

在本征半导体中，随着温度的升高或光照的增强，电子—空穴对的数量将大大增加，导电能力也将大大增加，这就是半导体具有光敏性和热敏性的基本原理。

7.1.3 杂质半导体

常温下，本征激发产生的电子—空穴对数目极少。故本征半导体的导电能力很低。为了提高半导体的导电性能，就必须提高载流子的浓度，为此只要在本征半导体中掺入微量三价元素（如硼）或五价元素（如磷），就能使半导体的导电性能发生明显变化。把掺入的元素称为杂质，掺杂后的半导体称为杂质半导体。

根据掺入杂质的性质不同，可将杂质半导体分为 N 型半导体和 P 型半导体两大类。

1. N 型半导体

在本征半导体中掺入微量的五价元素（如磷）后，就可形成 N 型半导体，如图 7.1.2 所示。此时，半导体的晶体结构中磷原子在顶替掉一个硅原子而与周围的四个硅原子以共价键结合起来后，还多余了一个电子，该电子因为不在共价键中，故受磷原子核的束缚十分脆弱，它极易摆脱原子核束缚成为自由电子，使原来的中性磷原子成为不能移动的正离子。所以，五价元素因给出多余的自由电子，称为施主杂质。施主杂质在提供自由电子的同时不产生新的空穴，这是它与本征激发的区别。

在加入施主杂质产生自由电子的同时，虽然不产生新的空穴，但原来的本征晶体由于本征激发仍会产生少量的电子—空穴对。所以，控制掺入杂质的多少，便可控制自由电子的数量。故在 N 型半导体中，自由电子数远大于空穴数，因而自由电子称为多数载流子，简称多子，空穴称为少数载流子，简称少子。

2. P 型半导体

在本征半导体中掺入少量的三价元素（如硼），可形成 P 型半导体，如图 7.1.3 所示。此时半导体的晶体结构中，硼原子最外层的三个价电子在和相邻的四个硅原子组成共价键时因缺少一个价电子而产生一个空位。当邻近的电子填补该空位时，硼原子成为不能移动的负离子。三价元素能够接收电子，故称为受主杂质。受主杂质在提供空穴的同时不产生新的自由电子。

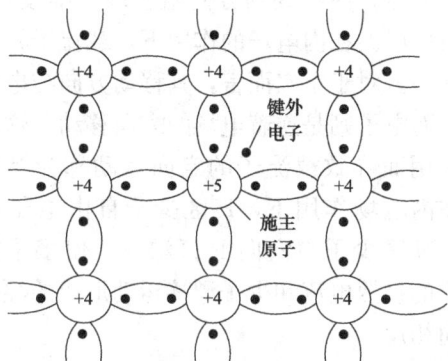

图 7.1.2　N 型半导体的内部结构平面示意图　　　图 7.1.3　P 型半导体的内部结构平面示意图

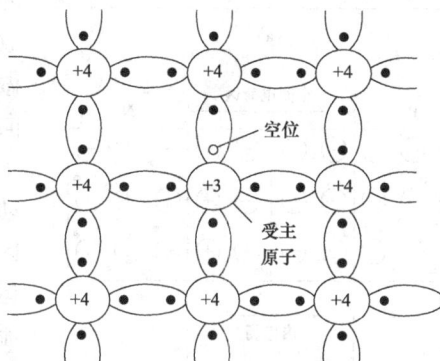

因此，在 P 型半导体中，总的载流子数目（空穴）大为增强，导电能力增强，其空穴是多数载流子——多子，自由电子是少数载流子——少子。

综上所述，半导体掺入杂质后，载流子的数目都有相当程度的增加。N 型半导体和 P 型半导体中的多子主要由杂质提供，与温度几乎无关。所以，多子浓度由掺杂浓度决定；而少子浓度由本征激发产生，与温度和光照等外界因素有关。

不论何种类型的杂质半导体，它们对外都显示电中性。不同的是，在外加电场的作用下 N 型半导体中电流的主体是电子；P 型半导体中电流的主体是空穴。

7.2　PN　　结

通过掺杂工艺，把本征硅（或锗）片的一边做成 P 型半导体，另一边做成 N 型半导体，这样在它们的交界面处会形成一个很薄的特殊物理层，称为 PN 结。PN 结是构造半导体器件的基本单元。普通晶体二极管就是由 PN 结构成的。

7.2.1　PN 结的形成

物质总是从浓度高的地方向浓度低的地方运动，这种由于浓度差而产生的运动称为扩散运动。当 P 型半导体和 N 型半导体有机地结合在一起时，因为 P 区一侧空穴是多子，自由电子是少子，而 N 区一侧自由电子是多子，空穴是少子，所以在它们的交界面处存在空穴和自由电子的浓度差，且两种载流子的浓度差很大。浓度差的存在使载流子由高浓度区域向低浓度区域进行扩散，形成的电流称为扩散电流。于是 P 区中的多子空穴会向 N 区扩散，并在 N 区与电子相遇而复合。N 区中的多子电子也会向 P 区扩散，并在 P 区与空穴相遇而复合，上述过程如图 7.2.1（a）所示。这样在 P 区和 N 区的交界面处分别留下了不能移动的受主负离子和施主正离子，结果使交界面的两侧形成了由等量正、负离子组成的空间电荷区，在这个区域内，多数载流子已扩散到对方并复合，或者说消耗尽了。因此，空间电荷区又称为载流子耗尽区。它的电阻率很高，扩散越强，空间电荷区越宽。

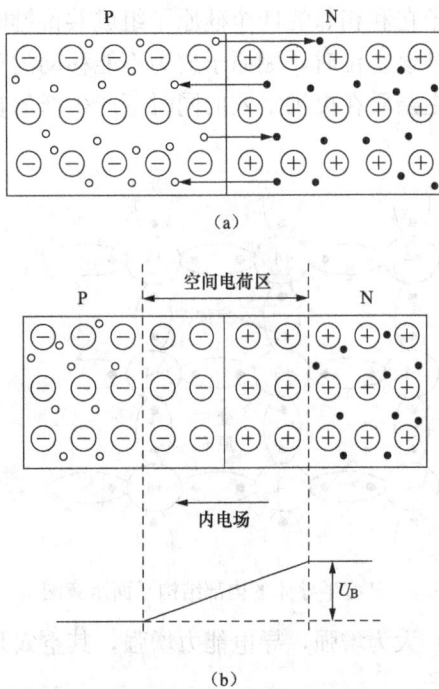

图 7.2.1　PN 结的形成
（a）P 区与 N 区中载流子的运动；
（b）平衡状态下的 PN 结

空间电荷区出现以后，正负离子的相互作用在空间电荷区形成了一个电场，其方向是从带正电的 N 区指向带负电的 P 区。由于这个电场是在空间电荷区内部形成的，不是外加电压形成的，故称为内电场。显然，内电场的方向阻止多子继续扩散，故又称阻挡层。在内电场的作用下，载流子将受力做定向移动。对于空穴而言，其移动方向与电场方向相同，而电子则是逆着电场的方向移动。这种由于电场作用而导致载流子的定向运动称为漂移运动，即在内电场作用下，P 区少子自由电子向 N 区漂移，N 区少子空穴向 P 区漂移。使多子扩散运动形成的扩散电流和少子漂移运动形成的漂移电流的方向相反。

从 N 区漂移到 P 区的空穴补充了原来交界面上 P 区失去的空穴，而从 P 区漂移到 N 区的电子补充了原来交界面上 N 区所失去的电子，这就使空间电荷减少。因此，漂移运动是使空间电荷区变窄，其作用与扩散运动相反。扩散运动和漂移运动既互相联系又互相对立，扩散运动使空间电荷区加宽，电场增强，多数载流子扩散的阻力增大，但使少数载流子的漂移增强；而漂移使空间电荷区变窄，电场减弱，又使扩散容易进行。当漂移运动和扩散运动相等时，空间电荷区便处于动态平衡状态。一旦二者达到动态平衡时，空间电荷区的宽度保持相对稳定，正负离子数也不再变化。这个处于动态平衡的空间电荷区称为 PN 结。另外，空间电荷区内，电子要从 N 区到 P 区必须克服内电场力做功，使电子势能提高，故空间电荷区也称为势垒区，势垒电压 U_B 描述内电场的大小。如图 7.2.1（b）所示。

7.2.2　PN 结的单向导电性

如果在 PN 结的两端外加电压，将破坏 PN 结原来的平衡状态。此时，扩散电流不再等于漂移电流，因而 PN 结将有电流流过。当外加电压极性不同时，PN 结表现出截然不同的导电性能，称为单向导电性。

1. PN 结外加正向电压时的导电情况

PN 结加正向电压（即 P 正 N 负）时的导电情况如图 7.2.2 所示。外加的正向电压有一部分降落在 PN 结区，方向与 PN 结内电场方向相反，它削弱了内电场。使内电场对多子扩散运动的阻碍减弱，扩散电流加大，扩散电流远大于漂移电流。此时，可忽略漂移电流的影响，PN 结呈现低阻性。

这是由于在外加电场作用下，PN 结的平衡状态被打破，P 区中的多数载流子空穴和 N 区中的多数载流子电子都要向 PN 结移动，即 P 区空穴进入 PN 结后，要与原来的一部分负离子中和，使 P 区的空间电荷量减少。同样，N 区电子进入 PN 结后，要中和部分正离子，使 N 区的空间电荷量减少，结果 PN 结变窄。内电场强度减小，它有利于 P 区和 N 区中多数载流子的扩散运动，形成较大的扩散电流。N 区电子不断扩散到 P 区，P 区空穴不断扩散到 N 区。PN 结内的电流便由起支配地位的扩散电流决定，在外电路上形成一个流入 P 区的电流，称为正向电流。当外加电压升高，PN 结的内电场便进一步减弱，扩散电流随之增加，在正常工作范围内，PN 结上外加电压只要稍有变化，便能引起电流的显著变化。因此，电流 I 是随外加电压急速上升的。故外加正向电压的 PN 结表现为一个阻值很小的电阻，也称 PN 结导通，PN 结正向偏置。

2. PN 结外加反向电压时的导电情况

PN 结外加反向电压（即 P 负 N 正）时的导电情况如图 7.2.3 所示。

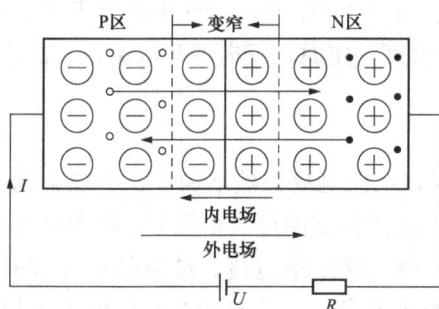

图 7.2.2　PN 结加正向电压时的导电情况　　图 7.2.3　PN 结外加反向电压时的导电情况

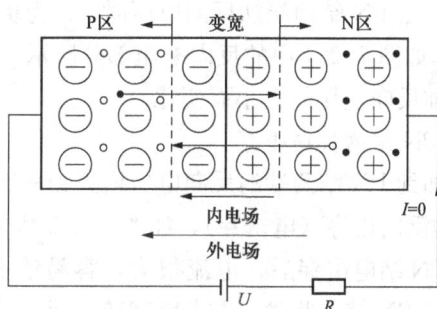

外加的反向电压有一部分降落在 PN 结区，方向与 PN 结内电场方向相同，它增强了内电场，使多子扩散运动受阻，扩散电流大大减小。此时，PN 结区的少子在内电场的作用下形成的漂移电流大于扩散电流，由于漂移电流本身就很小，PN 结呈现高阻性。反向电压使 N 区和 P 区中的少数载流子更容易产生漂移运动，因此这种情况下，PN 结内的电流由起支配地位的漂移电流来决定。漂移电流的方向与扩散电流相反，表现在外电路上有一个流入 N 区的反向电流 I，由于少数载流子的浓度很低，所以 I 很小，一般硅管为微安级，PN 结此时呈现为一个阻值很大的电阻，可认为它基本上不导电，称 PN 结截止，也称 PN 结反偏。

所以，PN 结加正向电压时，结电阻很小，电流较大，它是多数载流子的扩散运动形成的，即 PN 结导通；加反向电压时，结电阻很大，电流很小，它是少数载流子漂移运动形成的，即 PN 结截止，这就是它的单向导电性。PN 结具有单向导电性的关键在于它存在耗尽区，且其宽度随外加电压而变化。

3. PN 结的 U—I 特性表达式

在 PN 结的两端施加正、反向电压时，通过 DN 结的电流如图 7.2.4 所示。根据理论分

析，PN 结的 $U{-}I$ 特性可表示为

$$i = I_S(e^{\frac{u}{U_T}} - 1) \tag{7.2.1}$$
$$U_T = kT/q$$

式中　i——通过 PN 结的电流；

u——PN 结两端的外加电压；

U_T——温度电压当量，常温（300K）下，$U_T \approx 26\text{mV}$；

k——玻耳兹曼常数（1.38×10^{-23} J/K）；

T——热力学温度，即绝对温度（单位为 K，0K$=-273$℃）；

q——电子电荷量（1.6×10^{-19} C）；

e——自然对数的底；

I_S——反向饱和电流，对于分立器件，其典型值在 10^{-8} A $\sim 10^{-14}$ A 的范围内。

关于式（7.2.1），可分析如下：

（1）当 PN 结两端加正向电压时，电压 u 为正值，当 $u \gg U_T$ 时，式（7.2.1）中 $e^{\frac{u}{U_T}} \gg 1$，括号中的 1 可以忽略，$i \approx I_S e^{\frac{u}{U_T}}$，即电流 i 与电压 u 成指数关系，如图 7.2.4 中的正向电压部分所示。

（2）当 PN 结两端加反向电压时，u 为负值。若 $|u| \gg U_T$ 时，指数项趋近于零，因此 $i = -I_S$，如图 7.2.4 中的反向电压部分所示。可见当温度一定时，反向饱和电流是个常数 I_S，不随外加反向电压的大小而变化。

4. PN 结的反向击穿

当加到 PN 结两端的反向电压增大到一定数值时，反向电流突然增加，这个现象就称为 PN 结的反向击穿（电击穿），如图 7.2.5 所示。发生击穿所需的反向电压 U_{BR} 称为反向击穿电压。PN 结电击穿后，电流很大，容易使 PN 结发热，导致结电流、结温的进一步升高，直至烧毁 PN 结，此时，电击穿就转化成了破坏性的热击穿了。反向击穿电压的大小与 PN 结的制造参数有关。

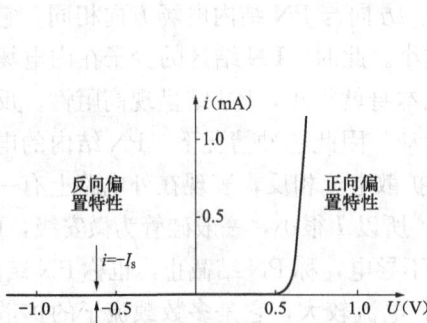

图 7.2.4　PN 结的 $U{-}I$ 特性　　　　图 7.2.5　PN 结的反向击穿

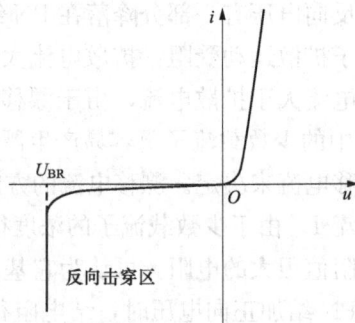

PN 结电击穿主要有两个原因：

（1）当 PN 结反向电压增加时，空间电荷区中的电场随着增强。产生漂移运动的少数载流子通过空间电荷区时，在很强的电场作用下获得足够的动能，与晶格中的原子发生碰撞，

从而打破共价键的束缚，形成更多的自由电子——空穴对，这种现象称为碰撞电离。新产生的电子和空穴与原有的电子和空穴一样，在强电场作用下获得足够的能量，继续碰撞电离，再产生电子——空穴对，这就是载流子的倍增效应。当反向电压增大到某一数值后，载流子的倍增情况就像在陡峻的积雪山坡上发生雪崩一样，载流子增加得多而快，使反向电流急剧增大，于是 PN 结被击穿，这种击穿称为雪崩击穿。

（2）当反向电压加至一定值后，PN 结空间电荷区电场很强，它能够破坏共价键的束缚，将电子分离出来产生电子——空穴对，在电场作用下，电子移向 N 区，空穴移向 P 区，从而形成较大的反向电流，这种击穿现象称为齐纳击穿。发生齐纳击穿需要的电场强度约为 $2 \times 10^5 V/cm$，这只有在杂质浓度很高，空间电荷区内电荷密度大，且空间电荷区很窄的 PN 结中才能达到。

齐纳击穿的物理过程和雪崩击穿完全不同。一般整流二极管掺杂浓度没有这么高，它在电击穿中多数是雪崩击穿造成的。齐纳击穿多数出现在特殊的二极管中，如齐纳二极管（稳压管）。

必须指出，上述两种电击穿过程是可逆的，当加在稳压管两端的反向电压降低后，管子仍可以恢复原来的状态。但它有一个前提条件，就是反向电流和反向电压的乘积不能超过 PN 结容许的耗散功率，否则，会因为热量散不出去而使 PN 结温度上升，直到过热而烧毁，这种现象就是热击穿。虽然热击穿和电击穿的概念是不同的，但往往两者共存。电击穿可为人们所利用（如稳压管），而热击穿则是要避免的。

7.2.3　PN 结的电容效应

在一定条件下，PN 结存在电容效应，根据产生原因的不同分为势垒电容和扩散电容。

1. 势垒电容 C_B

势垒电容是由空间电荷区离子薄层形成的。当 PN 结外加电压发生变化时，空间电荷区的宽度也相应地随之变化，即耗尽层的电荷量随外加电压而增大或减小，这种现象与电容器的充放电过程相同，故称为势垒电容效应，用 C_B 表示。显然，势垒电容效应在 PN 结处于反向偏置时表现得较为明显；而 PN 结正偏时，其电容效应可忽略不计。势垒电容具有非线性，它与结面积、耗尽层宽度、半导体的介电常数以及外加电压有关。

2. 扩散电容 C_D

扩散电容是由多子扩散后，在 PN 结的另一侧积累而形成的。当 PN 结处于正向偏置时，如前所述，P 区的空穴将向 N 区扩散，其结果导致在 N 区靠近结的边缘有高于正常情况时的空穴浓度存在，这种超量的空穴浓度可视为电荷存储到 PN 结的邻域。存储电荷量的大小取决于 PN 结上所加正向电压的大小。离结区越远，空穴浓度会随之减小，形成了一定的空穴浓度梯度分布曲线。同理，N 区的电子向 P 区扩散的情况也是如此，在 P 区内也形成类似的电子浓度梯度分布曲线。当外加正向电压变化时，扩散电流的大小也就不同。所以，PN 结两侧堆积的多子浓度梯度分布也不相同，这就相当于电容的充放电过程。PN 结正偏时，积累在 P 区的电子和 N 区的空穴随正向电压的增加而增加，扩散电容较大；PN 结反偏时，由于扩散电流很小，因此扩散电容数值很小，一般可以忽略。

由上可见，PN 结的电容效应是扩散电容 C_D 和势垒电容 C_B 的综合反映，由于 C_D 和 C_B 一般都很小，对于低频信号呈现出很大的容抗，其作用可忽略不计。但在高频运用时，必须考虑 PN 结的电容影响。PN 结电容的大小除了与本身结构和工艺有关外，还与外加电压方向有关。当 PN 结处于正向偏置时，结电容较大（主要由扩散电容 C_D 决定）；当 PN 结处于反向偏置时，结电容较小（主要由势垒电容 C_B 决定）。

7.3 半导体二极管

7.3.1 二极管的结构和类型

将 PN 结用外壳封装起来，并加上电极引线就构成了半导体二极管，简称二极管。接在二极管 P 区的引出线称二极管的正极，接在 N 区的引出线称二极管的负极。二极管有许多类型。从工艺上分，有点接触型、面接触型和平面型；点接触型二极管是由一根金属丝经过特殊工艺与半导体表面相接形成 PN 结，因而结面积很小，不能通过较大电流，结电容也很小，但工作频率可达 100MHz 以上，点接触型二极管不能承受高的反向电压和大的电流，故适用于高频电路和数字电路。面接触型和平面型二极管的 PN 结是用合金法或扩散法做成的，这种二极管的 PN 结面积大，可承受较大的电流，结电容也很大。这类二极管适用于整流，而不宜在高频电路中使用。图 7.3.1 为不同结构的二极管。

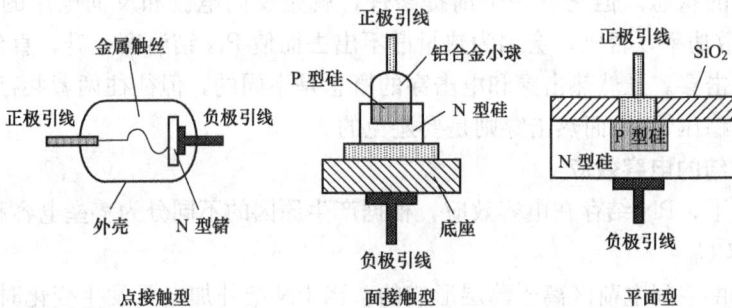

图 7.3.1 不同结构的二极管

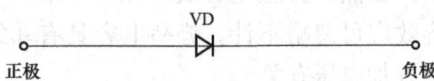

图 7.3.2 二极管的符号

图 7.3.2 所示为二极管的符号。由 P 端引出的电极是正极，由 N 端引出的电极是负极，箭头的方向表示正向电流的方向，VD 是二极管的文字符号。

常见的二极管有金属、塑料和玻璃三种封装形式。按照应用的不同，二极管分为整流、检波、开关、稳压、发光、光电、快恢复和变容二极管等。根据使用的不同，二极管的外形各异，图 7.3.3 所示为几种常见的二极管外形实物图。

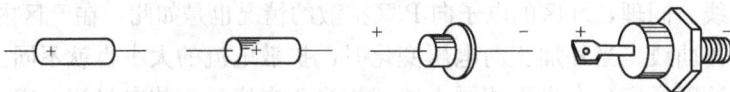

图 7.3.3 常见的二极管外形实物图

7.3.2 二极管的特性

1. 伏安特性

一般用伏安特性曲线来表示二极管伏安特性。伏安特性是指二极管两端的电压与流过二极管的电流之间的关系。二极管既然是一个 PN 结，当然就具有单向导电性，其伏安特性如

图 7.3.4 所示。

由图可见，二极管外加正向电压时，电流和电压的关系称为二极管的正向特性。如图 7.3.4 所示，当二极管所加正向电压比较小时（$0<U<U_{th}$），二极管上流经的电流几乎为 0mA，管子仍截止，此区域称为死区，U_{th} 称为死区电压（门坎电压）。由于正向电压小于死区电压时，它还不足以克服 PN 结内电场对多数载流子扩散运动的阻挡作用，所以使这一区段二极管正向电流很小。死区电压的大小与二极管的材料有关，并受环境温度的影响。通常，硅材料二极管的死区电压约为 0.5V，锗材料二极管的死区电压约为 0.2V。

图 7.3.4　二极管的伏安特性曲线

当正向电压超过死区电压值时，外电场抵消了内电场，正向电流随外加电压的增加而明显增大，呈指数规律，这时二极管正向电阻变得很小。当二极管完全导通后，正向压降将基本维持不变，称为二极管正向导通压降，硅管为 0.6～0.8V，锗管为 0.2～0.3V。

二极管外加反向电压时，电流和电压的关系称为二极管的反向特性。由图 7.3.4 可见，二极管外加反向电压时，反向电流很小，而且在相当宽的反向电压范围内，反向电流几乎不变，因此称此电流值为二极管的反向饱和电流。当二极管承受反向电压时，外电场与内电场方向一致，只有少数载流子的漂移运动，形成的反向饱和电流极小（一般硅管的反向电流为几微安以下，锗管反向电流较大，为几十到几百微安），这时二极管反向截止。当反向电压增大到某一数值 U_{BR} 时，反向电流将随反向电压的增加而急剧增大，这种现象称二极管反向击穿。利用二极管的反向击穿特性，可以做成稳压二极管，但一般二极管不允许工作在反向击穿区。

2. 主要参数

二极管的特性除用伏安特性曲线表示外，还可用一些数据来说明，这些数据就是二极管的参数。二极管参数是正确选择和使用二极管的依据，其主要参数有：

（1）最大整流电流 I_F：是二极管长期工作时允许通过的最大正向平均电流，其值与 PN 结面积及外部散热条件有关。使用时正向平均电流若超过此值会导致 PN 结过热而损坏。

（2）最高反向工作电压 U_{RM}：为防止二极管被击穿而规定的最大反向工作电压，一般取为反向击穿电压 U_{RM} 的 1/2 或 2/3。

（3）反向饱和电流 I_R：在规定的反向电压和室温下，二极管未击穿时的反向电流值。其值越小，二极管的单向导电性能越好，I_R 对温度非常敏感。

（4）最高工作频率 f_M：是二极管正常工作时的上限频率值。它的大小与 PN 结的结电容有关。当二极管的工作频率超过 f_M 时，其单向导电性能变差。

应当指出，由于制造工艺所限，半导体器件参数具有分散性，同一型号管子的参数值也会有相当大的差距，因而手册上往往给出的是参数的上限值、下限值或范围。此外，使用时应特别注意手册上每个参数的测试条件，当使用条件与测试条件不同时，参数也会发生变化。

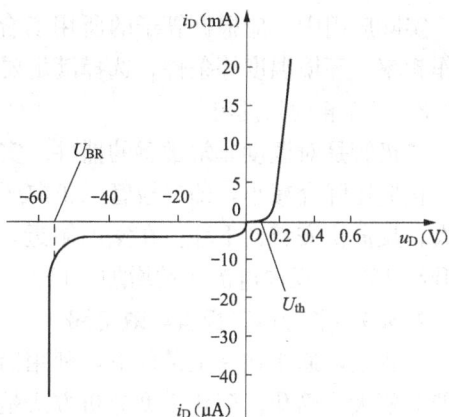

实际应用中，应根据管子的所用场合，按其承受的最高反向电压、最大正向平均电流、工作频率、环境温度等条件，选择满足要求的二极管。

3. 二极管的温度特性

二极管是对温度非常敏感的器件。实验表明，随温度升高，二极管的正向特性曲线向左移，正向压降会减小，即二极管的正向压降具有负的温度系数；温度升高，反向饱和电流会增大，反向伏安特性下移。在室温附近，温度每升高 $1℃$，正向压降减小 $2\sim2.5\mathrm{mV}$；温度每升高 $10℃$，反向电流大约增加一倍。可见，二极管对温度很敏感。

7.3.3　半导体二极管等效电路

工程上，通常在一定条件下，利用简化模型代替二极管非线性特性来分析二极管电路，会使分析大为简化。简化模型分析方法是非常简单有效的工程近似分析方法。在一定条件下近似用线性电路来等效实际的二极管，这种电路称为二极管等效电路。本书仅介绍理想二极管等效电路和考虑二极管正向压降后的等效电路。

1. 理想二极管等效电路

图 7.3.5（a）所示为理想二极管的伏安特性曲线，其中的虚线表示实际二极管的伏安特性，图 7.3.5（b）是它的等效电路。由图可见，对于理想二极管而言，在正向偏置时，理想二极管的管压降为零，相当于开关闭合；而在反向偏置时，可认为二极管等效电阻为无穷大，电流为零，相当于开关断开。这种等效电路实际上忽略了二极管的正向压降和反向饱和电流，而将二极管等效为一个理想开关。在实际的电路分析中，当电源电压远比二极管的管压降大时，利用此模型来近似分析是可行的。

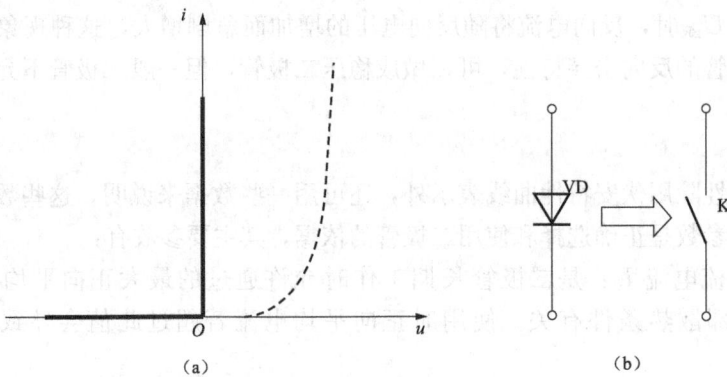

图 7.3.5　二极管的理想模型
（a）伏安特性；（b）等效电路

2. 考虑二极管正向压降的等效电路

如图 7.3.6（a）所示为考虑二极管正向导通压降时的伏安特性曲线，其中的虚线表示实际二极管的伏安特性，图 7.3.6（b）是它的等效电路。由图可见，当外加正向电压大于 U_{ON} 时，二极管导通，开关闭合，二极管两端的压降为 U_{ON}；当外加电压小于 U_{ON} 时，二极管截止，开关断开。其基本思想是当二极管导通后，其管压降认为是恒定的，不随电流而变，典型值为 $0.7\mathrm{V}$（硅管）或 $0.3\mathrm{V}$（锗管）。该等效电路适合于二极管充分导通且工作电流不是很大的场合。

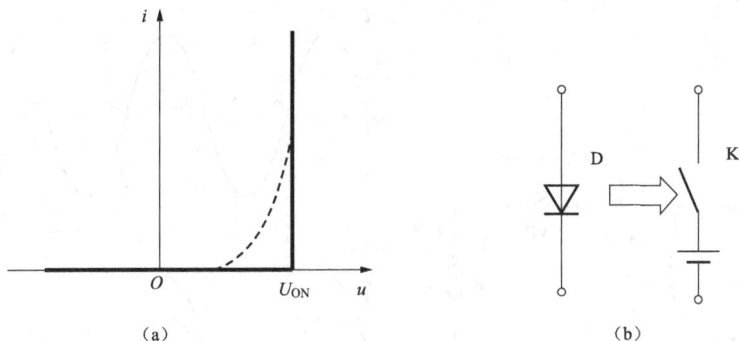

图 7.3.6　二极管的恒压降模型
(a) 伏安特性；(b) 等效电路

7.4　半导体二极管的应用

二极管是电子电路中最常用的半导体器件。利用其单向导电性及导通时正向压降很小的特点，可用来进行整流、钳位、电平选择、限幅以及元件保护等各项工作。

7.4.1　直流稳压电源

1. 整流电路

整流电路是把交流电能转换为直流电能的电路。大多数整流电路都与变压器、滤波器及稳压电路组合构成直流稳压电源。下面就将整流电路与直流稳压电源结合起来进行介绍。

几乎所有的电子仪器都需要直流供电，而直流发电机和干电池提供的直流电压往往又难以符合各种特定的要求。为此，最经济而简便的方法是直接通过交流电网来获得所需的直流电压。为了得到直流电压，常利用具有单向导电性能的电子元器件（如二极管）将交流电变换为直流电。故通常把交流电变换为直流电的装置称为直流稳压电源。它主要由变压器、整流电路、滤波电路和稳压电路四部分组成，如图 7.4.1 所示。

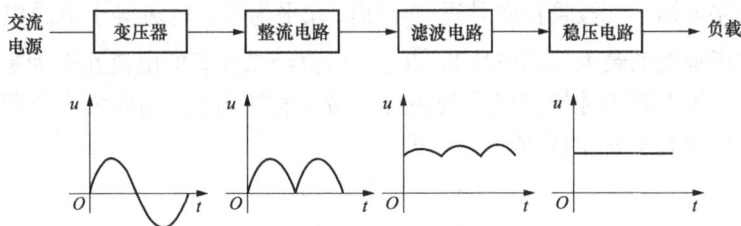

图 7.4.1　直流稳压电源框图及电压波形示意图

变压器将交流电网电压变换成整流电路所需的交流电压，经整流电路之后把交流电压变换成单方向的脉动电压，再利用滤波电路滤除脉动电压中的交流成分，最后经过稳压电路得到较平滑的直流电压。

（1）单相半波整流电路。单相半波整流电路是一种最简单的整流电路。单相半波整流电路如图 7.4.2（a）所示，图中 Tr 为电源变压器，用来将市电 220V 交流电压变换为整流电路所要求的交流低电压，同时保证直流电源与市电电源有良好的隔离。

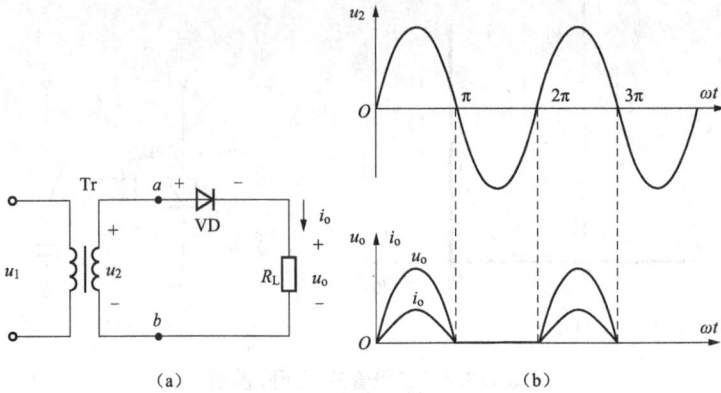

图 7.4.2 单相半波整流电路

(a) 电路结构；(b) 输入输出波形

若为理想二极管，当输入为一正弦波时，根据二极管的单向导电性可知：正半周时，二极管导通（相当于开关闭合），$u_O = u_2$；负半周时，二极管截止（相当于开关断开），$u_O = 0$。其输入、输出波形见图 7.4.2 (b) 所示。由于流过负载的电流和加在负载两端的电压只有半个周期的正弦波，故称为半波整流。半波整流电路效率低，一般只作为原理电路加以介绍。

通过对电路原理的讨论可知，负载上的电压只有大小的变化而无方向的变化，故称 u_O 为单向脉动电压。这时负载上的直流电压即一个周期内脉动电压的平均值为

$$U_{O(av)} = \frac{1}{2\pi}\int_0^\pi \sqrt{2}U_2\sin(\omega t)\,\mathrm{d}(\omega t) = \frac{\sqrt{2}}{\pi}U_2 \approx 0.45U_2 \tag{7.4.1}$$

流过负载 R_L 上的直流电流为

$$I_O = \frac{U_O}{R_L} \approx \frac{0.45U_2}{R_L} \tag{7.4.2}$$

式 (7.4.1) 说明，半波整流后，负载上脉动电压的平均值只有变压器二次侧电压有效值的 45%，可见，电路的电压利用率是比较低的。

另外，由电路可知，二极管正向导通时，压降几乎为零，电流等于负载电流 I_o；二极管反向截止时，它所承受的最大反向电压为 $\sqrt{2}U_2$，而流经二极管的电流几乎为零。

故单相半波整流电路中选择二极管的条件：最大整流电流 I_{FM} 应大于负载电流；二极管最大反向工作电压应大于 u_2 的峰值电压，即

$$I_{FM} > 0.45U_2/R_L$$

$$U_{RM} > \sqrt{2}U_2$$

考虑到电网电压的波动和其他因素，在具体选择二极管时，要留有 1.5~2 倍的裕量。

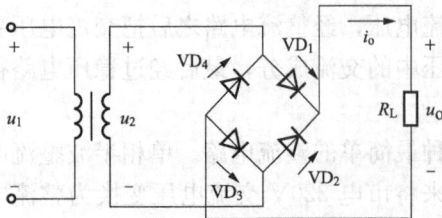

图 7.4.3 单相桥式整流电路

(2) 单相桥式整流电路。为克服单相半波整流电压利用率低的缺点，常采用单相桥式整流电路，它由四个二极管接成电桥形式而构成。图 7.4.3 所示为单相桥式整流电路。

电源变压器将电网电压变换成大小适当的正弦交流电压。如图 7.4.4 (a) 所示，设变压器二次

侧输出电压为 $u_2 = \sqrt{2}U_2\sin\omega t$，当 u_2 为正半周期时（$0 \leqslant \omega t \leqslant \pi$），变压器二次侧 a 点的电位高于 b 点，二极管 VD_1、VD_3 导通，VD_2、VD_4 截止，电流的流通路径是 $a \to VD_1 \to R_L \to VD_3 \to b$。当 u_2 为负半周期时（$\pi \leqslant \omega t \leqslant 2\pi$），变压器二次侧 b 点的电位高于 a 点，二极管 VD_2、VD_4 导通，VD_1、VD_3 截止，电流的流通路径是 $b \to VD_2 \to R_L \to VD_4 \to a$。可见，在 u_2 变化的一个周期内，VD_1、VD_3 和 VD_2、VD_4 两组整流二极管轮流导通半周，流过负载 R_L 上的电流方向一致，在 R_L 两端产生的电压极性始终上正下负。图 7.4.4（b）所示为单相桥式整流电路中各点的电压、电流波形。

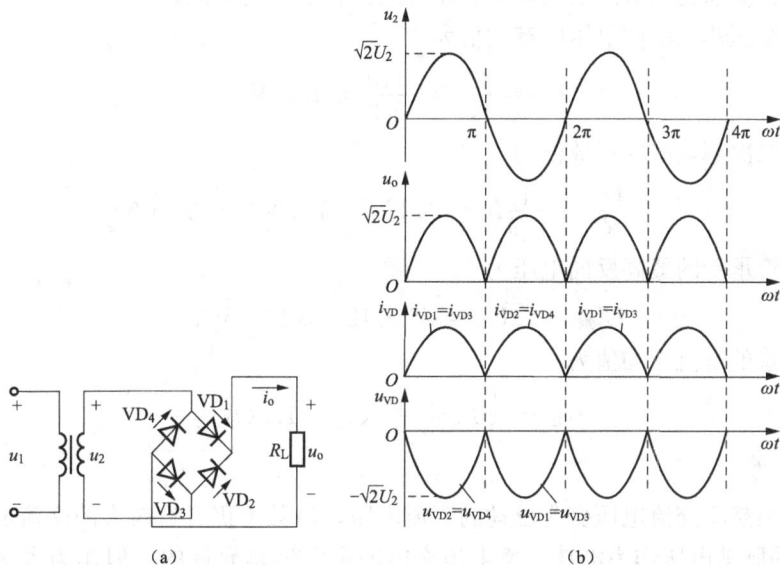

图 7.4.4　单相桥式整流电路
(a) 电路结构；(b) 电路中各点的电压、电流波形

将桥式整流电路的输出电压波形与半波整流电路的输出电压波形相比较，显然桥式整流电路的直流电压 U_O 比半波整流时增加了一倍，即

$$U_{O(av)} = \frac{1}{2\pi}\int_0^{2\pi}\sqrt{2}U_2\sin(\omega t)\mathrm{d}(\omega t) = \frac{2\sqrt{2}}{\pi}U_2 \approx 0.9U_2 \tag{7.4.3}$$

负载电流同样也增加了一倍，即

$$I_O = \frac{U_O}{R_L} \approx \frac{0.9U_2}{R_L} \tag{7.4.4}$$

因为在桥式整流电路中，二极管 VD_1、VD_3 和 VD_2、VD_4 在电源电压变化的一个周期内是轮流导通的，所以流过每个二极管的电流都等于负载电流的一半；二极管在截止时管子两端承受的最大反向电压为 u_2 的峰值电压，即

$$I_{FM} > \frac{I_o}{2} = \frac{0.45U_2}{R_L}$$

$$U_{RM} > \sqrt{2}U_2$$

与半波整流电路相比，桥式整流电路的优点是输出电压高、纹波小，同时电源变压器在正、负半周均给负载供电，使电源变压器的利用率提高了。

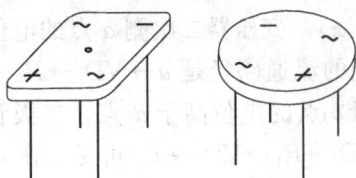

图 7.4.5　整流桥块外形图

目前封装成一个整体的多种规格的整流桥块已批量生产，它给用户带来了不少方便，其外形如图 7.4.5 所示。使用时，只要将交流电压接到标有"～"的引脚上，从标有"＋"和"－"的引脚引出的就是整流后的直流电压。

【例 7-1】 设计一个单相桥式整流电路，其输出直流电压 110V，直流电流 3A，试求：

(1) 变压器二次侧电压和电流。

(2) 二极管所承受的最高反向电压和流过二极管的平均电流。

解　(1) 变压器二次侧电压的有效值为

$$U_2 = \frac{U_O}{0.9} = \frac{110}{0.9} \approx 122(\text{V})$$

则变压器二次侧电流的有效值为

$$I_2 = \frac{U_2}{R_L} = \frac{1}{0.9}I_O \approx 1.1I_O = 1.1 \times 3 = 3.3(\text{A})$$

(2) 二极管承受的最高反向电压为

$$U_{RM} = \sqrt{2}U_2 = \sqrt{2} \times 122 \approx 172.5(\text{V})$$

通过二极管的电流平均值为

$$I_{VD} = \frac{1}{2}I_O = \frac{1}{2} \times 3 = 1.5(\text{A})$$

2. 滤波电路

整流电路虽然将交流电压变为脉动的直流电压，但其中仍含有较大的交流成分（即纹波电压）。这样的脉动电压作为电镀、蓄电池充电的电源还是允许的，但作为大多数电子设备的电源，将对电子设备的工作产生不良影响。所以，在整流电路之后，还需要加接滤波电路，尽量减小输出电压中的交流分量，使之接近于理想的直流电压。滤波电路的形式很多，所用元件或为电容，或为电感，或两者都用。

(1) 电容滤波电路。电容滤波电路在小功率电子设备中得到广泛应用。图 7.4.6 (a) 所示为单相桥式整流电容滤波电路，它由电容 C 和负载 R_L 并联组成。其工作原理如下：

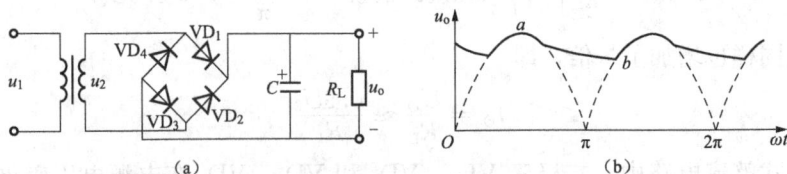

图 7.4.6　单相桥式整流电容滤波电路
(a) 电路结构；(b) 经滤波后的输出电压波形

电容是一种可以存储电荷（即电场能量）的电路元件，利用电容两端电压不能突变的特点，将电容和负载电阻并联，可达到使输出电压波形平滑的目的。

假定在 $t=0$ 时接通电路，u_2 为正半周，当 u_2 由零上升时，二极管 VD_1、VD_3 导通，电容 C 被充电。由于充电回路电阻很小，因而充电很快，u_C 和 u_2 变化基本同步，即 $u_o = u_C \approx$

u_2，当 u_2 达到最大值时，u_o 也达到最大值，如图 7.4.6（b）中 a 点，之后 u_2 下降，此时因 $u_C > u_2$，二极管 $VD_1 \sim VD_4$ 截止，电容 C 通过负载电阻 R_L 放电，由于放电时间常数 $\tau = R_L C$ 一般较大，电容电压 u_C 按指数规律缓慢下降。放电过程直至 u_2 进入负半周后，当 $|u_2| > u_C$ 时，如图 7.4.6（b）中 b 点，二极管 VD_2、VD_4 导通，电容 C 再次被充电，输出电压增大，以后重复上述充、放电过程。

整流电路接入滤波电容后，不仅使输出电压波形变得平滑、纹波显著减小，同时输出电压的平均值也增大了。

输出电压的平均值为

$$U_o \approx 1.2 U_2 \qquad (7.4.5)$$

为了得到较好的滤波效果，电容滤波电路的电容值 C 应满足

$$C \geqslant (3 \sim 5) \frac{T}{2R_L} \qquad (7.4.6)$$

其中，T 为交流电网电压的周期。

加电容滤波后，二极管的导通时间缩短，导通角变小（$\theta < \pi$）。由于电容 C 充电的瞬时电流很大，形成了浪涌电流，容易损坏二极管。故在选择二极管时，必须留有足够的电流裕量。

电容滤波电路简单，输出电压平均值 U_o 较高，脉动较小，且放电时间常数越大，输出电压越平滑，但是二极管中有较大的冲击电流。因此，电容滤波电路一般适用于输出电压较高、负载电流较小并且变化也较小的场合。

【例 7-2】 某单相桥式整流电容滤波电路的输出电压 $U_o = 30V$，负载电流为 250mA，试选择整流二极管的型号和滤波电容 C 的大小。

解　1）选择整流二极管

$$I_{VD} = \frac{1}{2} I_o = \frac{1}{2} \times 250 = 125 (mA)$$

二极管承受的最大反向电压

$$U_{RM} = \sqrt{2} U_2$$

又
$$U_o = 1.2 U_2$$

$$U_2 = \frac{U_o}{1.2} = \frac{30}{1.2} = 25 (V)$$

所以
$$U_{RM} = \sqrt{2} U_2 = \sqrt{2} \times 25 \approx 35 (V)$$

查半导体器件手册可选 2CP21A，其参数 $I_{FM} = 3000mA$，$U_{RM} = 50V$。

2）选择滤波电容

根据
$$R_L C \geqslant (3 \sim 5) \frac{T}{2}$$

$$R_L = \frac{U_o}{I_o} = \frac{30}{250} = 0.12 (k\Omega)$$

$$T = \frac{1}{f} = \frac{1}{50} = 0.02 (s)$$

所以
$$C = \frac{5T}{2R_L} = \frac{5 \times 0.02}{2 \times 120} = 0.000417 (F) = 417 (\mu F)$$

（2）电感滤波电路。为克服电容滤波电路存在的浪涌电流和带负载能力差的缺点，引入电感滤波电路。电感滤波主要是利用通过电感的电流不能突变的特点，所以将电感和负载电阻串联，可达到平滑输出电压的目的，如图 7.4.7 所示。

整流滤波输出的电压，可以看成由直流分量和交流分量叠加而成。因电感线圈的直流电阻很小，交流电抗很大，故直流分量顺利通过，交流分量将全部降到电感线圈上，这样在负载 R_L 上得到比较平滑的直流电压。

也可以这样理解，根据电感的特点，当整流后电压的变化引起负载电流改变时，电感 L 上将感应出一个与整流输出电压变化相反的反电动势，两者的叠加使得负载上的电压比较平缓，输出电流基本保持不变。

电感滤波电路的输出电压为

$$U_o = 0.9U_2 \tag{7.4.7}$$

显然，电感滤波对抑制电流波动效果非常明显，电感 L 越大，负载电阻 R_L 越小，滤波效果越好，所以电感滤波电路适用于负载电流比较大，输出电压较低的场合。

7.4.2 其他二极管应用电路

1. 钳位

利用二极管正向导通时压降很小的特性，可组成钳位电路，如图 7.4.8 所示。若 A 点电压 $U_A = 0$，二极管 VD 可正向导通，其压降很小，F 点的电位将被钳制在 0V 左右，即 $U_F \approx 0$。

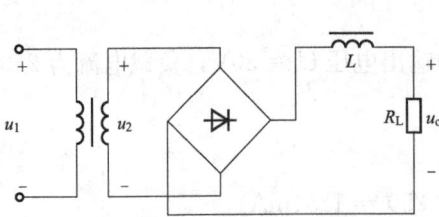

图 7.4.7 单相桥式整流电感滤波电路　　　　图 7.4.8 二极管钳位电路

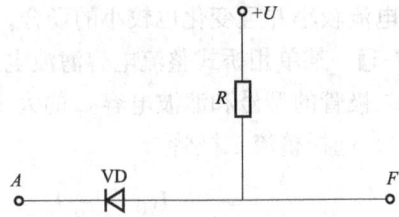

2. 电平选择电路

从多路输入信号中选出最低或最高电平的电路，称为电平选择电路。如图 7.4.9（a）所示为一种二极管低电平选择电路。设两路输入信号 u_1、u_2 均小于 E。表面上看，似乎 VD$_1$、VD$_2$ 都能导通，实际上若 $u_1 < u_2$，则 VD$_1$ 优先导通，而把 u_0 限制在低电平 u_1 上，致使 VD$_2$ 截止。反之，若 $u_2 < u_1$，则 VD$_2$ 优先导通，而把 u_0 限制在低电平 u_2 上，致使 VD$_1$ 截止。只有当 $u_1 = u_2$ 时，VD$_1$、VD$_2$ 才能同时导通，$u_O = u_1 + 0.7V$。

可见，该电路能选出任意时刻两路信号中的低电平信号。图 7.4.9（b）画出了当 u_1、u_2 为方波时，输出端选出的低电平波形。

若将图 7.4.9（a）电路中的 VD$_1$、VD$_2$ 反接，E 改为负值，则电路就变为高电平选择电路。

3. 限幅

利用二极管正向导通后其两端电压很小且基本不变的特性，可以构成各种限幅电路，使输出电压幅度限制在某一电压值以内。二极管限幅电路的原理可由图 7.4.10 来分析说明。设输入电压 $u_i = 10\sin\omega t$ (V)，$U_{S1} = U_{S2} = 5V$。当 $-U_{S2} < u_i < U_{S1}$ 时，VD$_1$、VD$_2$ 都处于反向

偏置而截止，因此 $i=0$，$u_o=u_i$。当 $u_i>U_{S1}$ 时，VD_1 处于正向偏置而导通，VD_2 截止，使输出电压保持 U_{S1}。当 $u_i<-U_{S2}$ 时，VD_2 处于正向偏置而导通，VD_1 截止，输出电压将保持 $-U_{S2}$。由于输出电压 u_o 被限制在 $+U_{S1}$ 与 $-U_{S2}$ 之间，即 $|u_o|\leqslant 5V$，好像将输入信号的高峰和低谷部分削掉一样，因此，这种电路又称为削波电路。

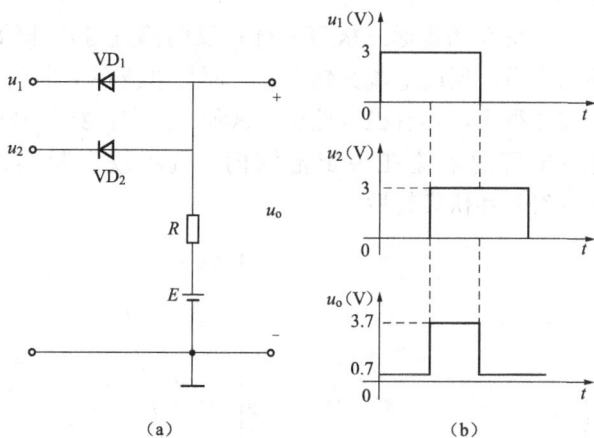

图 7.4.9　二极管构成的电平选择电路

(a) 电路结构；(b) 输入输出波形

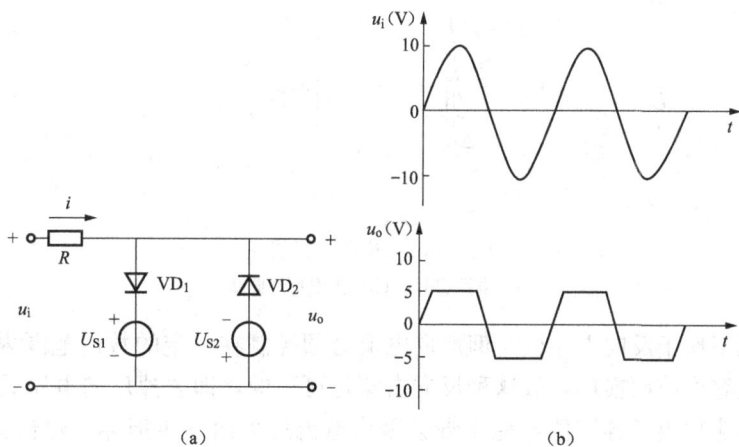

图 7.4.10　二极管的限幅电路原理图及其波形

(a) 电路结构；(b) 输出波形

7.5　特殊二极管

特殊二极管包括稳压二极管、发光二极管、光电二极管、变容二极管、激光二极管等。下面分别对这几种二极管做一简要的描述。

7.5.1　稳压二极管

稳压二极管又名齐纳二极管，简称稳压管，是一种用特殊工艺制作的面接触型硅半导体二极管，它和普通二极管相比，正向特性相同，而反向击穿电压较低，且击穿时的反向电流在较大范围内变化时，击穿电压基本不变，体现恒压特性。稳压管正是利用反向击穿特性来实现稳压的。此时的击穿电压也是稳压管的稳定工作电压，用 U_Z 表示。稳压二极管广泛用于稳压电源与限幅电路中。

1. 稳压管的伏安特性

稳压管正向偏置时，其特性和普通二极管一样；反向偏置时，开始一段和二极管一样，当反向电压达到一定数值以后，反向电流突然上升，而且电流在一定范围内增长时，管子两端电压只有少许增加，变化很小，具有稳压性能。这种"反向击穿"是可恢复的，只要外电路限流电阻保障通过稳压管的电流在限定范围内，就不致引起热击穿而损坏稳压管。图 7.5.1 为稳压二极管的符号和伏安特性。

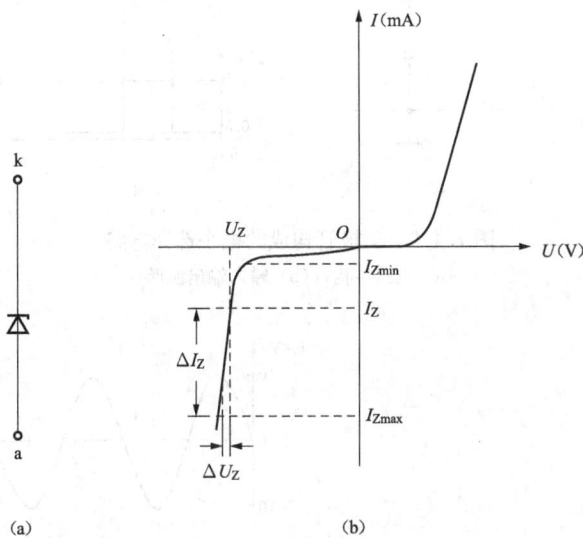

图 7.5.1 稳压二极管
(a) 电路符号；(b) 伏安特性曲线

稳压管虽然工作于反向击穿区，但反向电流必须控制在一定的数值范围内，此时 PN 结的结温不会超过容许值而损坏，故这种反向击穿是可逆的，即去掉反向电压后，它可恢复正常。如果反向电流超出了容许值，稳压管会因为电流过大而发热损坏（热击穿），所以在使用时应串入限流电阻予以保护。此时，电流变化范围应控制在 $I_{Zmin} < I < I_{Zmax}$ 之内。

2. 稳压二极管的主要参数

(1) 稳定电压 U_Z：指击穿后电流在规定值时，管子两端的电压。由于制造工艺的分散性，即使同型号的稳压管，U_Z 的值也不一定相同。使用时可通过测量确定其准确值。

(2) 额定功耗 P_Z：由管子结温限制所限定的参数。P_Z 与 PN 结所用的材料、结构及工艺有关，使用时不允许超过此值。只要不超过稳压管的额定功率，电流越大，稳压效果越好。

(3) 稳定电流 I_Z：稳压管工作在稳压状态时的参考电流。低于此值时稳压效果较差，甚至根本不稳压，大于此值时，稳压效果较好。但稳定电流受最大值 I_{Zmax} 的限制，即 $I_{Zmax} = P_Z/U_Z$。工作电流不允许超过此值，否则会烧坏管子。

（4）动态电阻 r_Z：r_Z 是稳压管工作在击穿状态下，两端电压变化量与其电流变化量的比值。反映在特性曲线上，是工作点处切线斜率的倒数。r_Z 值越小，稳压性能越好。对于不同型号的管子，r_Z 从几欧到几十欧是不同的。对于同一只管子，工作电流越大，r_Z 越小。

（5）电压温度系数 α：α 表示温度每变化 $1℃$ 所引起的稳压值的变化量，是反映稳定电压值受温度影响的参数。通常，稳定电压小于 4V 的管子具有负温度系数（属于齐纳击穿，齐纳击穿具有负温度系数），即温度升高时稳定电压值下降；稳定电压大于 7V 的管子具有正温度系数（属于雪崩击穿，雪崩击穿具有正温度系数），即温度升高时稳定电压值上升；而稳定电压在 4～7V 的管子，温度系数非常小，近似为零（齐纳击穿和雪崩击穿均有）。

3. 稳压管稳压电路

稳压管稳压电路如图 7.5.2 所示。图中 U_i 为有波动的输入电压，并满足 $U_i > U_Z$。R 为限流电阻，它与稳压管 VD_Z 配合起稳压作用，R_L 为负载。由于负载 R_L 与稳压管并联，因而此稳压电路称为并联式稳压电路。

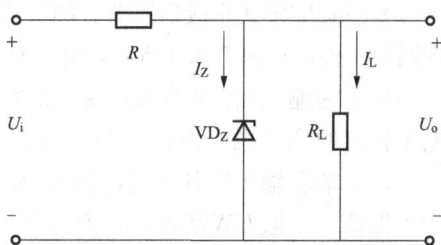

引起 U_o 电压不稳定的原因是电网电压的波动和负载电流的变化，下面分析在这两种情况下稳压电路的作用。

图 7.5.2　稳压管构成的并联式稳压电路

（1）当负载电阻不变而电网电压波动使输出电压 U_o 变化（如电网电压上升而使输入电压 U_i 增大）时。当电网电压增大，整流滤波输出电压 U_i 增大，经限流电阻和负载电阻分压，使 U_o（即 U_Z）增大。U_Z 增大将导致 I_Z 剧增，流过限流电阻的电流也要增大，从而限流电阻上的压降 U_R 增大，因为 $U_o = U_i - U_R$，即抵消了 U_i 的增大。该调整过程可表示为

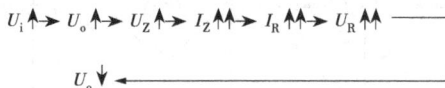

$$U_i \uparrow \rightarrow U_o \uparrow \rightarrow U_Z \uparrow \rightarrow I_Z \uparrow\uparrow \rightarrow I_R \uparrow\uparrow \rightarrow U_R \uparrow\uparrow \longrightarrow$$
$$U_o \downarrow \longleftarrow$$

当电网电压减小时，上述变化过程刚好相反，结果同样使 U_o 稳定。

（2）当电网电压不变而负载电阻变化使输出电压变化（如负载电阻 R_L 减小而使输出电压 U_o 下降）时。假设电网电压保持不变，整流滤波输出电压 U_i 就不变，负载电阻 R_L 减小，I_L 增大时，使流过限流电阻 R 上的电流增大而压降升高，输出电压 U_o（即 U_Z）下降。当稳压管两端电压 U_Z 有所下降时，电流 I_Z 将急剧减小，流过限流电阻的电流也要减小，从而使限流电阻上的压降 U_R 减小，因为 $U_o = U_i - U_R$，即抵消了 U_o 的减小。该调整过程可表示为

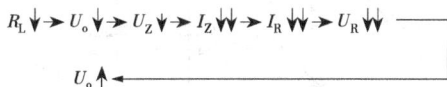

$$R_L \downarrow \rightarrow U_o \downarrow \rightarrow U_Z \downarrow \rightarrow I_Z \downarrow\downarrow \rightarrow I_R \downarrow\downarrow \rightarrow U_R \downarrow\downarrow \longrightarrow$$
$$U_o \uparrow \longleftarrow$$

当负载电阻增大时，上述变化过程刚好相反，结果同样使 U_o 稳定。

由以上分析可见，电路稳压的实质在于通过稳压管调整电流的作用和通过电阻 R 的调压作用达到稳压的目的。

由稳压管组成的并联式稳压电路，其结构简单，可在输出电流不大（几毫安到几十毫安）、输出电压固定、稳压要求不高的场合应用。

4. 集成稳压电路

随着半导体集成技术的发展，从 20 世纪 70 年代开始，集成稳压电路迅速发展起来，并得到日益广泛的应用。集成稳压电路分为线性集成稳压电路和开关集成稳压电路两种。前者适用于功率较小的电子设备，后者适用于功率较大的电子设备。

这里将介绍一种目前国内外使用最广、销售量最大的三端集成稳压器，它具有体积小、使用方便、内部含有过电流和过热保护电路、使用安全可靠等优点。三端集成稳压器又分为三端固定式集成稳压器和三端可调式集成稳压器两种，前者输出电压是固定的，后者输出电压是可调的。

(1) 三端固定式集成稳压器。国产三端固定式集成稳压器有 CW78×× 系列和 CW79×× 系列两种，外形如图 7.5.3 所示，它只有三个引脚。CW78×× 系列为正电压输出的集成稳压器，引脚 1 为输入端，2 为输出端，3 为公共端，接线图如图 7.5.4 所示。CW79×× 系列为负电压输出的集成稳压器，引脚 1 为公共端，2 为输出端，3 为输入端，接线图如图 7.5.5 所示。输入端和输出端各接有电容 C_i 和 C_o，C_i 用来抵消输入端接线较长时的电感效应，防止产生振荡。一般 CW78×× 系列为 $0.33\mu F$，CW79×× 系列为 $2.2\mu F$。C_o 是为了在负载电流瞬时增减时，不致引起输出电压有较大的波动。一般 CW78×× 系列为 $0.1\mu F$，CW79×× 系列为 $1\mu F$。输出电压有 5、6、8、9、12、15、18、24V 等不同电压规格，其型号的后两位数字表示输出电压值，例如 CW7805 表示输出电压为 5V。使用时，除了输出电压值外，还要了解它们的输入电压和最大输出电流等参数，这些参数可查阅相关手册。

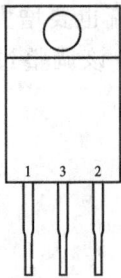

图 7.5.3　三端固定式集成
稳压器外形图

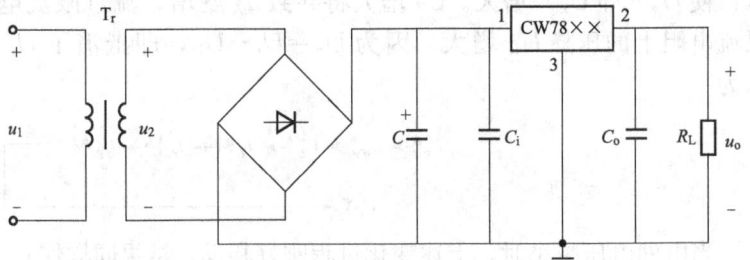

图 7.5.4　CW78×× 接线图

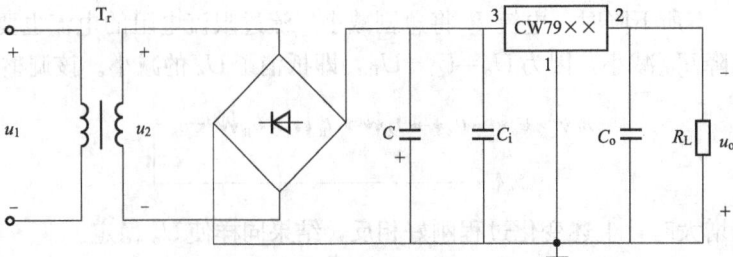

图 7.5.5　CW79×× 接线图

如果需要同时输出正、负两组电压，可选用正、负两片集成稳压器，按图 7.5.6 所示的电路接线。

（2）三端可调式集成稳压器。国产三端可调式集成稳压器有 CW117、CW217、CW317 和 CW137、CW237、CW337 系列两种类型。前三者为正电压输出，后三者为负电压输出。型号第一位数字中的 1 表示军品级，2 表示工业级，3 表示民品级，不同级别允许的工作温度不同。它们的外形与三端固定式集成稳压器相似。

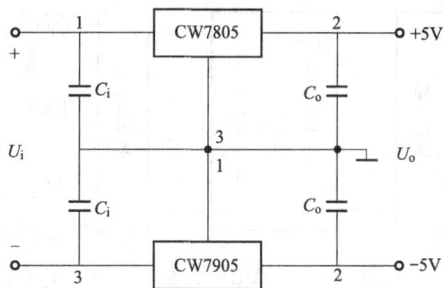

图 7.5.6　同时输出正、负两组电压的接线图

7.5.2　发光二极管

发光二极管是一种将电能直接转换成光能的固体器件，简称 LED。发光二极管和普通二极管相似，也由一个 PN 结组成。但发光二极管在正向导通时，空穴和电子在复合时所释放的能量是以发出一定波长的可见光形式给出的。光的波长不同，颜色也不同。常见的 LED 有红、绿、黄、橙等颜色。发光二极管的驱动电压低、工作电流小，具有很强的抗振动和抗冲击能力。

发光二极管是一种电流控制器件，也具有单向导电性。只有当外加的正向电压使得发光二极管的正向电流足够大时才发光，它的开启电压比普通二极管大，红色的在 $1.6\sim1.8\text{V}$，绿色的约为 2V。正向电流越大，发光越强。使用时，应特别注意不要超过最大功耗、最大正向电流和反向击穿电压等极限参数。

由于发光二极管体积小、可靠性高、耗电低、寿命长，被广泛用于信号指示等电路中。图 7.5.7 为发光二极管的符号和外形。

7.5.3　光电二极管

光电二极管又称光敏二极管，它是一种光接收器件，特点是 PN 结的面积大，管壳上有透光的窗口便于接收光照。

光电二极管工作在反偏状态下。当无光照时，它的伏安特性和普通二极管一样，其反向电流很小，称为暗电流。当有光照时，半导体共价键中的电子获得能量，产生的电子—空穴对增多，反向电流增加，且在一定的反向电压范围内，反向电流和光照度 E 成正比关系。图 7.5.8 所示为光电二极管基本电路和符号。

利用光电二极管做成的光电传感器，可以用作光的测量。当 PN 结的面积较大时，可以做成光电池。

图 7.5.7　发光二极管的符号和外形图

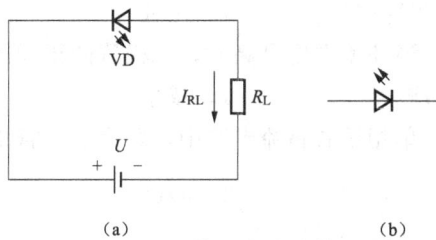

图 7.5.8　光电二极管的基本电路和符号
(a) 基本电路；(b) 符号

7.5.4　光电耦合器

光电耦合器又称光电隔离器。它是发光器件和受光器件的组合体。图 7.5.9 是光电耦合

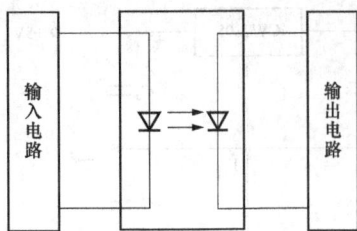

图 7.5.9 光电耦合器

器的一种，发光器件采用发光二极管，受光器件采用光电二极管，两者封装在同一外壳内，由透明的绝缘材料隔开。

工作时，发光二极管将输入电路的电信号转换成光信号，光电二极管再将光信号转换成输出电路中的电信号。这样输入电路与输出电路之间没有直接的电的联系，可以实现两电路之间的电气隔离，两电路之间不会相互影响，从而使系统具有良好的抗干扰性。同时系统两端可以采用相差悬殊的电压，例如一个电路是低电压的电子系统，另一个电路是连接到市电电网的高电压系统，通过光电耦合器可以有效地对低电压电路实现保护，使强、弱电系统隔离。

7.5.5 变容二极管

图 7.5.10 所示为变容二极管的符号。这种管子是利用 PN 结的电容效应进行工作的，它工作于反向偏置状态，当外加的反偏电压变化时，其电容量也随着改变。变容二极管的容量很小，为皮法（pF）数量级，所以主要用于高频场合。

图 7.5.10 变容二极管符号

习　题

7.1　判断下列说法是否正确（在括号中打"√"或"×"）。

（1）在 N 型半导体中如果掺入足够量的三价元素，可将其改型为 P 型半导体。　（　　）

（2）因为 N 型半导体的多子是自由电子，所以它带负电。　（　　）

（3）PN 结在无光照、无外加电压时，结电流为零。　（　　）

（4）半导体导电和导体导电相同，其电流的主体是电子。　（　　）

（5）二极管的好坏和二极管的正、负极性可以用万用表来判断。　（　　）

7.2　选择正确答案填入空内。

（1）PN 结加正向电压时，空间电荷区将_____。

A. 变窄　　　　　　B. 基本不变　　　　　C. 变宽

（2）二极管两端正向偏置电压大于_____电压时，二极管才导通。

A. 击穿电压　　　　B. 死区　　　　　　　C. 饱和

（3）当环境温度升高时，二极管的正向压降_____，反向饱和电流_____。

A. 增大　　　　　　B. 减小　　　　　　　C. 不变　　　　　　　D. 无法判定

（4）单相桥式整流电路中，每个二极管承受的最大反向工作电压等于_____。

A. U_2　　　　　　B. $\sqrt{2}U_2$　　　　　C. $\frac{1}{2}U_2$　　　　　D. $2U_2$

（5）滤波电路能把整流输出的_____成分滤掉。

A. 交流　　　　　　B. 直流　　　　　　　C. 交、直流　　　　　D. 干扰脉冲

（6）稳压管的稳压区工作在_____。

A. 正向导通　　　　B. 反向截止　　　　　C. 反向击穿

7.3 填空题。

(1) 杂质半导体有_____型和_____型之分。

(2) 二极管的两端加正向电压时，有一段"死区电压"，锗管约为_____，硅管约为_____。

(3) PN 结加正向电压，是指电源的正极接_____区，电源的负极接_____区，这种接法称为_____。

(4) 二极管的类型按材料分，有_____和_____两类。

(5) 单相半波整流电路中，二极管承受的最大反向电压为_____，负载电压为_____。

(6) 整流电路接入电容滤波后，二极管的导通角总是小于_____，但负载电压变得_____。

(7) 硅稳压二极管主要工作在_____区。

7.4.1 电路如图所示，设二极管为理想的，判断二极管是否导通，并求输出电压 U_o。

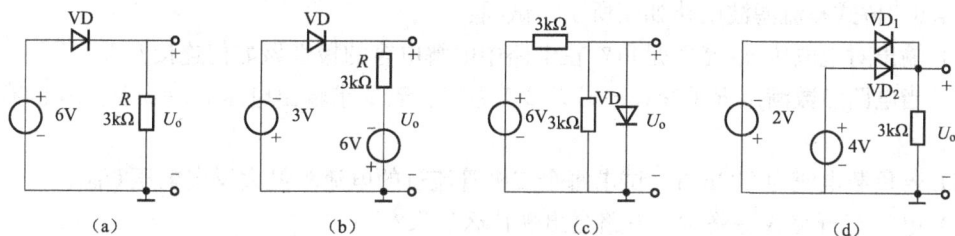

习题 7.4.1 图

7.4.2 电路如图 (a) 所示，其输入电压 u_{i1} 和 u_{i2} 的波形如图 (b) 所示，二极管导通电压 $U_{VD}=0.7V$。试画出输出电压 u_o 的波形，并标出幅值。

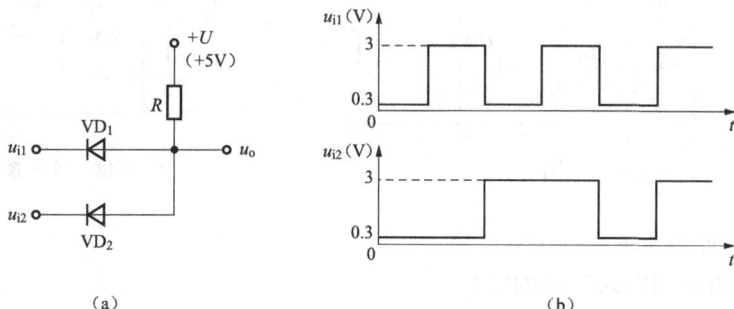

习题 7.4.2 图

7.4.3 在图示电路中，设输入电压 $u_1=12\sin\omega t$ (V)，试画出 u_o 的波形（假定 VD 为理想二极管）。

7.4.4 220V、50Hz 的交流电压经降压变压器给桥式整流电容滤波电路供电，要求输出直流电压为 24V，电流为 400mA，试选择整流二极管的型号，求变压器二次侧电压的有效值并确定滤波电容的规格。

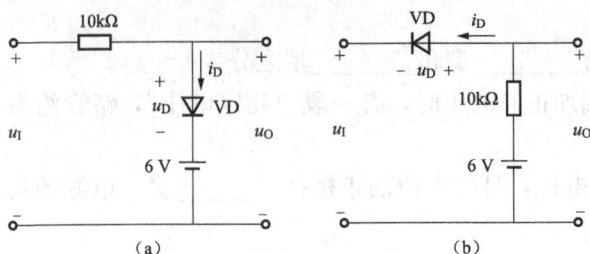

习题 7.4.3 图

7.4.5　电路如图所示，已知 $U_2=18V$，$R_L=50\Omega$，$C=1000\mu F$，现用直流电压表测量输出电压 U_O，问出现下列几种情况时，U_O 各为多大？

(1) 正常工作时，$U_O=(\quad)V$；

(2) C 断开时，$U_O=(\quad)V$；

(3) VD1 断开时，$U_O=(\quad)V$。

7.4.6　桥式整流滤波电路如图所示，试问：

(1) 输出对地电压 u_O 是正是负？在电路中电解电容的极性该如何连接？

(2) 当电路参数满足 $R_LC\gg(3\sim5)T/2$ 关系时，若要求输出电压 $u_O=24V$，u_2 的有效值是多少？

(3) 若负载电流为 200mA，试求每个二极管流过的电流和最大反向电压 U_{RM}。

(4) 电容 C 开路或短路时，电路会出现什么后果？

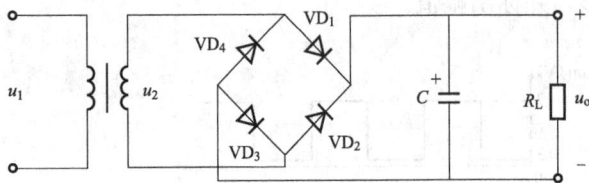

习题 7.4.5 图

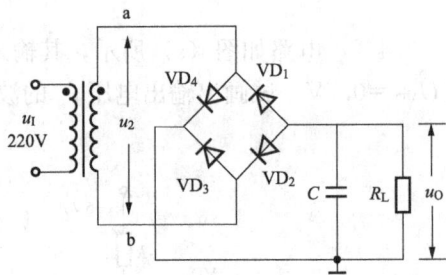

习题 7.4.6 图

7.4.7　电路如图所示。

(1) 分别标出 u_{O1} 和 u_{O2} 对地的极性。

(2) u_{O1}、u_{O2} 分别是半波整流还是全波整流？

(3) 当 $U_{21}=U_{22}=20V$ 时，$U_{O1(AV)}$ 和 $U_{O2(AV)}$ 各为多少？

(4) 当 $U_{21}=18V$，$U_{22}=22V$ 时，画出 u_{O1}、u_{O2} 的波形，并求出 $U_{O1(AV)}$ 和 $U_{O2(AV)}$ 各为多少？

7.4.8　电路如图所示，变压器二次电压有效值 $U_{21}=50V$，$U_{22}=20V$。试问：

(1) 输出电压平均值 $U_{O1(AV)}$ 和 $U_{O2(AV)}$ 各为多少？

(2) 各二极管承受的最大反向电压为多少？

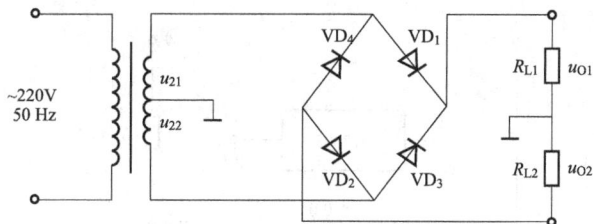
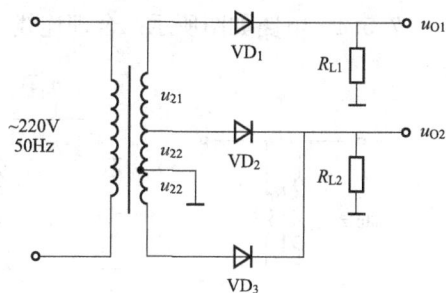

习题 7.4.7 图　　　　　　　　　　习题 7.4.8 图

7.5.1　若稳压二极管 VD_{Z1} 和 VD_{Z2} 的稳定电压分别为 6V 和 10V，求图示电路的输出电压 U_O（忽略二极管正向导通电压）。

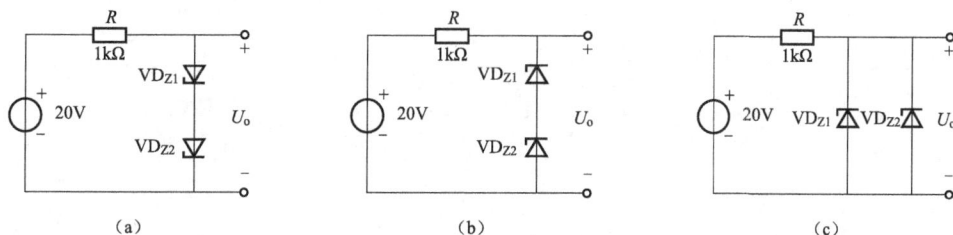

习题 7.5.1 图

7.5.2　电路如图（a）、（b）所示，稳压管的稳定电压 $U_Z=3V$，R 的取值合适，u_i 的波形如图（c）所示。试分别画出 u_{o1} 和 u_{o2} 的波形。

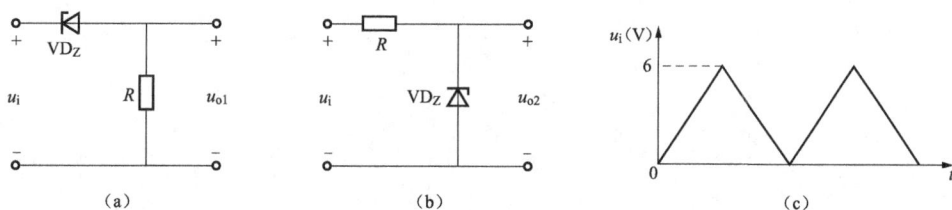

习题 7.5.2 图

7.5.3　已知稳压管的稳定电压 $U_Z=6V$，稳定电流的最小值 $I_{Zmin}=5mA$，最大功耗 $P_{ZM}=150MW$。试求图示电路中电阻 R 的取值范围。

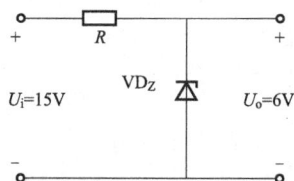

习题 7.5.3 图

7.5.4 电路如图所示。合理连线，使之构成 5V 的直流稳压电源。

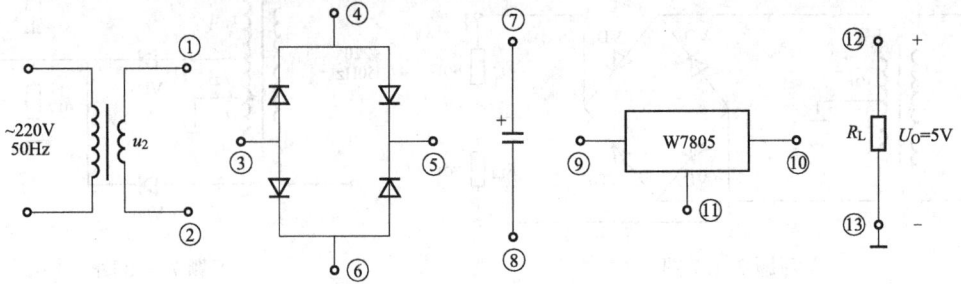

习题 7.5.4 图

第八章　双极型晶体管与基本放大电路

8.1　双极型晶体管

双极型晶体管（Bipolar Junction Transistor，BJT）是重要的半导体器件之一，它的放大作用和开关作用促使电子技术飞跃发展。本章主要研究其放大作用。

首先介绍 BJT 的结构、工作原理、特性和主要参数。其次，对 BJT 电路的静态和动态分析基本方法进行较详细的介绍，重点讨论放大电路的三种组态、功率放大器、差分式放大器、场效应管放大器等基本单元电路，以明确放大电路的基本原理、基本分析方法。

8.1.1　BJT 的结构及分类

双极型晶体管，因其有自由电子和空穴两种极性的载流子参与导电而得名；又因其是三层杂质半导体构成的器件，有三个电极，所以称为半导体三极管，晶体三极管，简称三极管；它们是组成各种电路的核心器件。图 8.1.1 所示为 BJT 的几种常见外形。

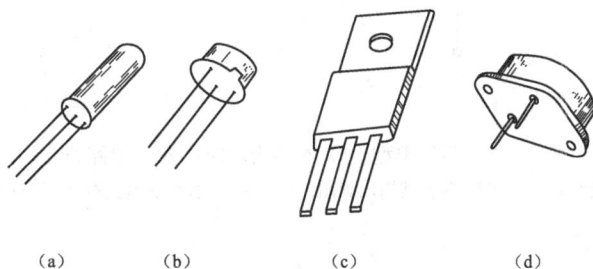

(a)　　　　(b)　　　　　(c)　　　　　　(d)

图 8.1.1　BJT 的几种常见外形

(a)、(b) 小功率管；(c) 中功率管；(d) 大功率管

BJT 的结构示意图如图 8.1.2 (a)、(b) 所示。它是通过一定的制作工艺，在同一块半导体上用掺入不同杂质的方法制成两个紧挨的 PN 结，并引出三个电极。因此，BJT 有 NPN 型和 PNP 型两种管型。从三个杂质区域各自引出的电极，分别称为发射极 e、集电极 c、基极 b，它们对应的杂质区域分别称为发射区、集电区和基区。三个杂质半导体区域之间形成两个 PN 结，发射区与基区间的 PN 结称为发射结（常用 J_e 表示），集电区与基区间的 PN 结称为集电结（常用 J_c 表示）。图 8.1.2 (c)、(d) 分别是 NPN 型和 PNP 型 BJT 的符号，其中发射极上的箭头表示发射结加正向偏置电压时，发射极电流的实际方向。需要说明的是，虽然发射区和集电区是同一种半导体材料，但由于它们的掺杂浓度不同，PN 结的结构不同，因此并不是对称的，在使用时发射极和集电极不能对调使用。

集成电路中典型 NPN 型 BJT 的结构截面图如图 8.1.3 所示。

BJT 的种类很多，按照所用的半导体材料分，有硅管和锗管；按照管型分为 NPN 和 PNP；按照工作频率分，有低频管和高频管；按照功率分，有小、中、大功率管等。

本节主要讨论 NPN 型 BJT，但结论对 PNP 型同样适用，只不过两者所需电源电压的极性相反，产生的电流方向相反。

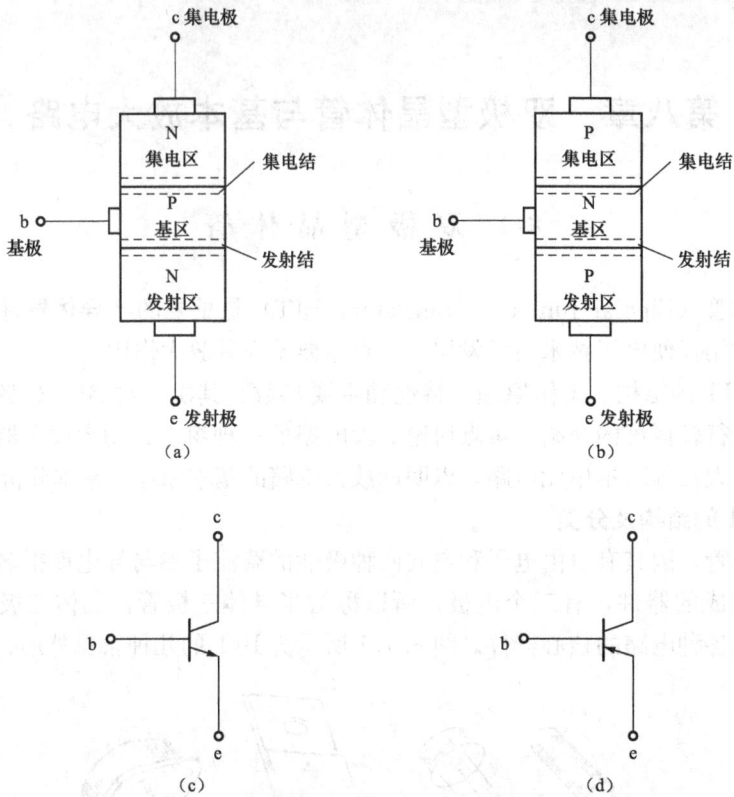

图 8.1.2　两种类型 BJT 的结构示意图及其电路符号

（a）NPN 型管结构示意图；（b）PNP 型管结构示意图；（c）NPN 型管的电路符号；（d）PNP 型管的电路符号

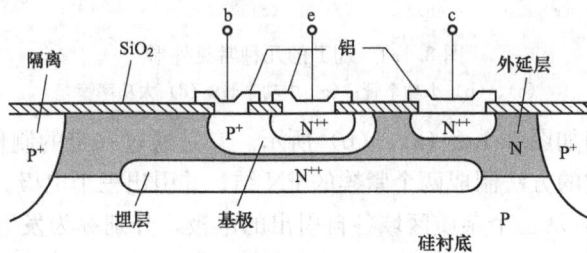

图 8.1.3　集成电路中典型 NPN 型 BJT 的结构截面图

8.1.2　BJT 的放大作用和载流子运动规律

从 BJT 结构上看，由于内部存在两个 PN 结，表面上似乎相当于两个二极管背靠背串联，假设两个单独的二极管按上述关系连接起来，将会发现它们并不具有放大作用。为了使 BJT 实现放大作用，必须由 BJT 的内部结构和外部所加电源的极性两方面条件来保证。

BJT 的内部结构应具有以下三个特点：

（1）发射区重掺杂。尽管发射区和集电区是同类型的杂质半导体，但前者比后者掺杂浓度高很多，例如：对 NPN 型 BJT，发射区为 N 型，其中的多数载流子是自由电子，所以发射区的自由电子浓度很高（是三个区中载流子浓度最高的）。

（2）基区很薄，而且掺杂浓度很低。基区的掺杂浓度比较低，例如：NPN 型 BJT 的基区为 P 型，故 P 区很薄，通常只有几微米到几十微米，且其中的多数载流子空穴的浓度很低（是三个区中多数载流子浓度最低的）。

（3）集电结的面积大，以保证尽可能多地收集到 NPN 型 BJT 发射区发射的电子。因此 BJT 不是电对称的。

从外部条件来看：外加电源时，由于 BJT 内有两个 PN 结，它们在应用中可能有四种偏置电压组合方式：发射结正向偏置，集电结反向偏置；发射结、集电结均正向偏置；发射结、集电结均反向偏置；发射结反向偏置，集电结正向偏置。所以，BJT 可能有四种工作状态（放大、饱和、截止与倒置）。

要使 BJT 能够起放大作用，无论是 NPN 型还是 PNP 型，外加电源的极性应使发射结处于正向偏置状态，而集电结处于反向偏置状态。

BJT 有三个电极，通常用其中两个分别作为输入、输出端，第三个作为公共端，这样可以构成输入和输出两个回路，因此在放大电路中有三种电路连接方式：共基极、共发射极（简称共射极）和共集电极，即分别把基极、发射极、集电极作为输入端口和输出端口的共同端，如图 8.1.4 所示。

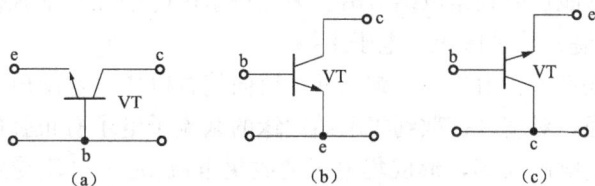

图 8.1.4　BJT 的三种连接方式

（a）共基极；（b）共发射极；（c）共集电极

在满足内部和外部条件的情况下，BJT 内部载流子的运动有以下三个过程。

1. BJT 内部载流子的传输过程

图 8.1.5（a）、（b）分别表示在偏置电压作用下，一个处于放大状态的共基极和共射极 NPN 型理想 BJT 的内部载流子的传输过程。其结论对 PNP 型管同样适用。

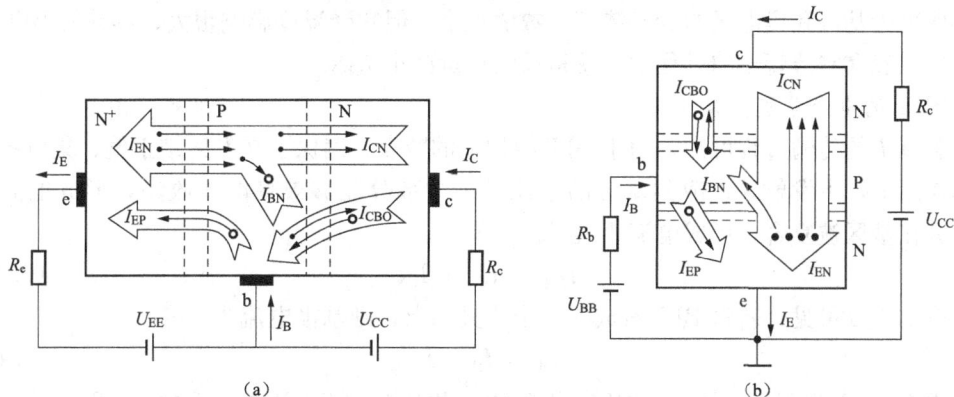

图 8.1.5　放大状态下 BJT 中载流子传输过程

（a）共基极电路放大状态下 BJT 中载流子传输过程；（b）共射极电路放大状态下 BJT 中载流子传输过程

（1）发射区向基区扩散载流子。由于发射结正向偏置，发射区的多子——电子在外加电压的作用下将不断通过发射结扩散到基区，形成发射区电子扩散电流 I_{EN}，其方向与电子实际扩散方向相反。同时，基区的多子——空穴也要扩散到发射区，形成空穴扩散电流 I_{EP}，电流方向与 I_{EN} 相同。I_{EN} 和 I_{EP} 一起构成受发射结正向电压 U_{BE} 控制的发射结电流（也就是发射极电流）I_E，即

$$I_E = I_{EN} + I_{EP} = I_{ES}(e^{u_{BE}/U_T} - 1) \tag{8.1.1a}$$

其中，I_{ES} 为发射结的反向饱和电流，其值与发射区及基区的掺杂浓度、温度有关，也与发射结的面积成比例。

由于发射区相对基区是重掺杂，基区是轻掺杂，因此，基区空穴浓度远低于发射区的电子浓度，$I_{EP} \ll I_{EN}$，I_{EP} 很小可忽略不计，可认为

$$I_E = I_{EN} + I_{EP} \approx I_{EN} \tag{8.1.1b}$$

（2）载流子在基区扩散与复合。由发射区扩散到基区的载流子电子，在发射结边界附近浓度最高，离发射结越远浓度越低，形成了一定的浓度差。浓度差使扩散到基区的电子继续向集电结方向扩散。在扩散过程中，有一部分电子与基区的空穴复合，形成基区复合电流 I_{BN}。由于基区很薄，掺杂浓度又低，因此电子与空穴复合机会少，I_{BN} 很小，它是基极电流 I_B 的主要部分。大多数电子都能扩散到集电结边沿。为保持基区电中性，基区被复合掉的空穴由电源 U_{EE}（共发射极是 U_{BB}）从基区拉走电子来补充。

（3）集电区收集载流子。由于集电结上外加反向偏置电压，空间电荷区的内电场与外电场方向相同故其被加强，对基区扩散到集电结边缘的载流子电子有很强的吸引力，使它们很快漂移过集电结，被集电区收集，形成集电区的收集电流 I_{CN}，电流受发射结电压控制，其方向与电子漂移方向相反，该电流是构成集电极电流 I_C 的主要部分。显然有 $I_{CN} = I_{EN} - I_{BN}$。另外，基区自身的少子电子和集电区的少子空穴也要在集电结反向偏置电压作用下产生漂移运动，形成集电结反向饱和电流 I_{CBO}，并流过集电极和基极支路，构成 I_C、I_B 的另一部分电流，其电流方向与 I_{CN} 方向一致。同时，因为基区掺杂浓度低，其少子——自由电子相对于集电区的少子——空穴数目上要少很多，故 I_{CBO} 主要由集电区的少子空穴漂移产生。I_{CN} 和 I_{CBO} 一起构成集电极电流 I_C，即

$$I_C = I_{CN} + I_{CBO} \tag{8.1.2}$$

I_{CBO} 在集电结一边的回路内流通，不受发射结电压控制，因而对放大作用没有贡献，它的大小取决于基区和集电区的少子浓度，数值很小，但它受温度影响很大，容易使 BJT 工作不稳定。一般在制造管子的过程中，总是设法尽量减小 I_{CBO}。

2. BJT 的电流分配关系

从载流子的传输过程可知，由于 BJT 结构上的特点，确保了在发射结正偏、集电结反偏的共同作用下，由发射区扩散到基区的载流子绝大部分能够被集电区收集，形成电流 I_{CN}，一小部分在基区被复合，形成电流 I_{BN}。即

$$I_{EN} = I_{CN} + I_{BN} \tag{8.1.3a}$$

由图 8.1.5 可见，若将 BJT 看成是一个广义结点，则基极电流为

$$I_B = I_E - I_C \tag{8.1.3b}$$

通常把 I_{CN} 与发射极电流 I_E 的比定义为 BJT 共基极直流电流放大系数 $\bar{\alpha}$，即

$$\bar{\alpha} = \frac{I_E \text{ 传输到集电极的电流分量}}{\text{发射极电流 } I_E} = \frac{I_{CN}}{I_E} \tag{8.1.4a}$$

它表达了 I_E 转化为 I_{CN} 的能力。显然 $\bar{\alpha}<1$，但接近于 1，一般在 0.98 以上。

为了反映扩散到集电区的电流 I_{CN} 与基区复合电流 I_{BN} 之间的比例，定义共射极直流电流放大系数 $\bar{\beta}$ 为

$$\bar{\beta}=\frac{I_E \text{ 传输到集电极的电流分量}}{\text{基区复合电流}}=\frac{I_{CN}}{I_{BN}} \tag{8.1.4b}$$

其含义是：基区每复合一个电子，则有 $\bar{\beta}$ 个电子扩散到集电区去。$\bar{\beta}$ 值一般在 $20\sim200$。
将式 (8.1.4a) 代入式 (8.1.2)，得

$$I_C=\bar{\alpha}I_E+I_{CBO} \tag{8.1.5a}$$

当 I_{CBO} 很小时，有

$$I_C\approx\bar{\alpha}I_E \tag{8.1.5b}$$

故式 (8.1.5b) 描述了 BJT 在共基极连接时，如图 8.1.5 (a) 所示，输出电流 I_C 受输入电流 I_E 控制的电流分配关系。

可见 $\bar{\alpha}$、$\bar{\beta}$ 都是反映 BJT 基区扩散与复合的比例关系，只是选取的参考量不同而已。

由于 $I_E=I_C+I_B$，将它代入式 (8.1.5a)，整理后可得 BJT 在共射极连接时输出电流 I_C 受输入电流 I_B 控制的电流分配关系，即

$$I_C=\bar{\beta}I_B+I_{CEO} \tag{8.1.6}$$

其中

$$I_{CEO}=(1+\bar{\beta})I_{CBO} \tag{8.1.7}$$

I_{CEO} 是集电极与发射极之间的反向饱和电流，常称为穿透电流。I_{CEO} 的数值一般很小，当它可忽略时，式 (8.1.6) 可简化为

$$I_C\approx\bar{\beta}I_B \tag{8.1.8}$$

由式 (8.1.3b)、式 (8.1.8) 可得 BJT 在共发射极连接时输出电流 I_E 受输入电流 I_B 控制的电流分配关系，即

$$I_E=I_B+I_C=(1+\bar{\beta})I_B \tag{8.1.9}$$

上述电流分配关系说明，无论采用哪种连接方式，BJT 在发射结正偏、集电结反偏，而且 $\bar{\alpha}$ 或 $\bar{\beta}$ 保持不变时，输出电流均正比于输入电流。如果能控制输入电流，就能控制输出电流，所以常将 BJT 称为电流控制器件。

$\bar{\alpha}$ 和 $\bar{\beta}$ 都是 BJT 的直流参数，对于每个管子，其参数主要取决于管子的构造和工作电流大小。同一管子在不同的工作电流下，$\bar{\alpha}$ 和 $\bar{\beta}$ 的数值是不同的，通常 $\bar{\alpha}=0.95\sim0.995$，$\bar{\beta}=20\sim200$，在近似计算时可以认为是常数。

此外，定义共基极交流电流放大倍数为集电极电流变化量和发射极电流变化量之比，用 α 表示，即

$$\alpha=\frac{\Delta i_C}{\Delta i_E} \tag{8.1.10}$$

把集电极电流变化量 Δi_C 和基极电流变化量 Δi_B 的比值，称为共发射极交流电流放大倍数，用 β 表示，即

$$\beta=\frac{\Delta i_C}{\Delta i_B} \tag{8.1.11}$$

显然，β 与 $\bar{\beta}$、α 与 $\bar{\alpha}$ 其意义是不同的，$\bar{\beta}$、$\bar{\alpha}$ 反映静态（直流工作状态）时的电流放大

特性，β、α 反映动态（交流工作状态）时的电流放大特性。但在 BJT 输出特性曲线比较平坦（恒流特性较好），而且各条曲线间距离相等的条件下，可认为

$$\beta \approx \bar{\beta} \tag{8.1.12}$$
$$\alpha \approx \bar{\alpha}$$

即在近似分析计算中不对 β 与 $\bar{\beta}$、α 与 $\bar{\alpha}$ 加以区分，并可得

$$i_C \approx \beta i_B \tag{8.1.13}$$
$$i_C \approx \alpha i_E$$

8.1.3 BJT 的 *U-I* 特性曲线

BJT 的伏安（*U-I*）特性曲线是描述 BJT 各极电流与极间电压关系的曲线，用于对 BJT 的性能、参数和 BJT 电路的分析估算。从图 8.1.4 所示的三种基本接法的放大电路中可以看出，不管是哪种连接方式，都可以把 BJT 视为一个二端口网络，其中一个端口对应输入回路，另一个端口对应输出回路。要完整地描述 BJT 的 *U-I* 特性，必须选用两组表示不同端变量（即输入电压和输入电流、输出电压和输出电流）之间关系的特性曲线。工程上最常用的是 BJT 的输入特性和输出特性曲线，一般都采用实验方法逐点描绘出来或用专用的晶体管 *U-I* 特性图示仪直接在荧屏上显示出来。

由于 BJT 在不同组态时具有不同的端电压和电流，因此，它们的 *U-I* 特性曲线也就各不相同。这里以 NPN 型硅 BJT 为例着重讨论共射极连接时的 *U-I* 特性曲线。

1. 共射极连接时的 *U-I* 特性曲线

BJT 连接成共射极形式时，输入电压为 u_{BE}，输入电流为 i_B，输出电压为 u_{CE}，输出电流为 i_C，如图 8.1.6 所示。

（1）输入特性。共射极接法的输入特性曲线是指当输出电压 u_{CE} 为某一常数值时，输入电流 i_B 与输入电压 u_{BE} 之间的关系，用函数表示为

$$i_B = f(u_{BE})\big|_{u_{CE}=常数}$$

NPN 型硅 BJT 共射极连接时的输入特性曲线如图 8.1.7 所示。图中做出了 u_{CE} 分别为 0V、1V 两种情况下的输入特性曲线。因为发射结正偏，所以 BJT 的输入特性曲线与半导体二极管的正向特性曲线相似。但随着 u_{CE} 的增加，特性曲线向右移动。

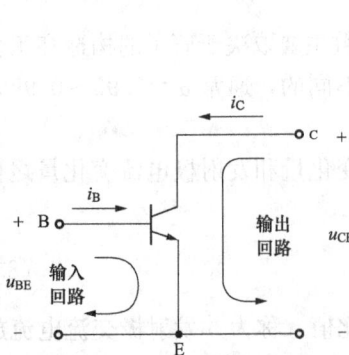

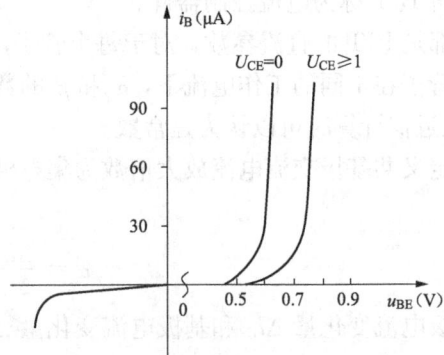

图 8.1.6　共射极连接　　　图 8.1.7　NPN 型硅 BJT 共射极连接的输入特性曲线

当 $u_{CE}=0V$ 时，从输入回路看，BJT 相当于两个二极管并联，所以 b、e 间加正向电压时，变化规律同二极管正向偏置时的伏安特性曲线相似。从输入特性曲线上看，BJT 也有死

区电压（记为 U_{th}），硅管为 $0.5 \sim 0.6V$，锗管为 $0.1V$。当 $u_{BE} > U_{th}$ 时，随着 u_{BE} 的增大，i_B 开始按指数规律增加，而后近似按直线上升。正常工作时的发射结电压，NPN 型硅管 $0.6 \sim 0.7V$，PNP 型锗管 $-0.2 \sim -0.3V$。

当 u_{CE} 在 $0 \sim 1V$ 时，随着当 u_{CE} 的增加，曲线右移。当 u_{CE} 较小（如 $u_{CE} < 0.7V$）时，集电结处于正偏或反偏电压很小的状态，此时它收集电子的能力很弱，而基区的复合作用较强，所以在 u_{BE} 相同的情况下，i_B 比 $u_{CE} = 0V$ 时大。

当 $u_{CE} \geqslant 1V$ 时，$u_{CB} = u_{CE} - u_{BE} > 0$，$u_{CE}$ 增至 $1V$ 左右时，集电结已进入反偏状态，内电场增强，收集电子的能力增强，同时，集电结空间电荷区也在变宽，从而使基区的有效宽度减小，载流子在基区的复合机会减少，同样的 u_{BE} 下随着 u_{CE} 的增加 i_B 减小，特性曲线右移。但是 $u_{CE} > 1V$ 与 $u_{CE} = 1V$ 时的输入特性曲线非常接近，故图上用 $u_{CE} = 1V$ 代替。这是因为只要保持 u_{BE} 不变，从发射区扩散到基区的电子数目就不变，而 u_{CE} 增大到 $1V$ 以后，集电结的电场已经足够强，它能把发射到基区的电子中的绝大部分收集到集电区，以至于 u_{CE} 再增加，i_B 也不再明显减小，因此可近似认为 BJT 在 $u_{CE} > 1V$ 后的所有输入特性曲线基本上是重合的。对于小功率的 BJT，可以用 $u_{CE} > 1V$ 的任何一条输入特性曲线代表其他各条输入特性曲线。

当 $u_{BE} < 0$ 时，BJT 截止，i_B 为反向饱和电流。若反向电压超过某一值时，发射结也会发生反向击穿。

（2）输出特性。共射极连接时的输出特性曲线是指当输入电流 i_B 为某一常数值时，集电极电流 i_C 与电压 u_{CE} 间的关系，用函数表示为

$$i_C = f(u_{CE})\big|_{i_B = 常数}$$

图 8.1.8 是 NPN 型硅 BJT 共射极连接时的输出特性曲线。由图可见，BJT 输出特性基本可以划分为放大区、饱和区和截止区三个区域，对应于三种工作状态。现分别讨论如下：

1）放大区。发射结正向偏置，集电结反向偏置时的工作区域为放大区，从图 8.1.8 中可以看出放大区就是在曲线上比较平坦的部分。在放大区域内，BJT 输出特性各条曲线几乎与横坐标轴平行，i_B 一定则 i_C 一定，但随着 u_{CE} 的增加，各条曲线略有上翘（i_C 略有增大）。在该区域内，i_C 主要受 i_B 控制，u_{CE} 变化对 i_C 的影响很小。当 i_B 有很小的变化量 Δi_B 时，i_C 就会有很大的变化 Δi_C，即 $\beta = \dfrac{\Delta i_C}{\Delta i_B}$，反映在特性曲线上，为两条不同 i_B 曲线的间隔。

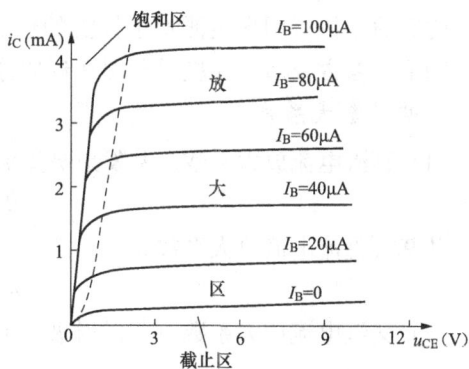

图 8.1.8　NPN 型硅 BJT 共射极连接时的输出特性曲线

2）饱和区。BJT 的发射结和集电结均处于正向偏置的区域为饱和区，就是曲线靠近纵轴附近，各条输出特性曲线的上升部分属于饱和区。通常把 $u_{CE} = u_{BE}$（即 $u_{BC} = 0$，集电结零偏）的情况称为临界饱和，对应点的轨迹为临界饱和线（见图 8.1.8 中虚线，即为饱和区与放大区的分界线）。当 $u_{CE} < u_{BE}$ 时，管子进入饱和区，由于因集电结正向偏置，集电结内电场被削弱，集电结收集载流子的能力减弱，造成

基极复合电流增大。

在这个区域中，不同 i_B 值的各条特性曲线几乎重叠在一起，即当 u_{CE} 较小时，管子的集电极电流 i_C 基本上不随基极电流 i_B 而变化，此时三极管失去放大作用，i_C 不再服从 βi_B 的电流分配关系。饱和时发射极和集电极之间的电压称为 BJT 的饱和压降 U_{CES}，深度饱和时，小功率管 U_{CES} 通常小于 $0.3V$。

3）截止区。截止区是指发射结和集电结均为反向偏置。实际上只要 $0 < u_{BE} < U_{th}$（门限电压），就能使发射极电流 $i_E = 0$，这时基极电流 $i_B = -I_{CBO}$。但对小功率管而言，工程上常把 $i_B = 0$ 的那条输出特性曲线以下的区域称为截止区。此时 i_C 也近似为零。由于各极电流都基本上等于零，所以此时三极管没有放大作用。

2. BJT 的运用状态

由于 BJT 有两个 PN 结，故有四种运用状态，见表 8.1.1。

表 8.1.1 BJT 的四种运用状态

J_e ＼ J_c	正向偏置	反向偏置
正向偏置	饱和状态	放大状态
反向偏置	反向放大状态（倒置状态）	截止状态

BJT 工作在放大状态、饱和状态和截止状态的性能，在介绍 BJT 特性曲线时已做了介绍。放大状态在模拟电子线路中用得最多，是本课程要着重讨论的。在数字电子技术中用得最多的是饱和状态和截止状态，可以看作开关的导通和截止。反向放大状态（倒置状态）相当于集电极与发射极对调使用，从原理上来说，这与放大状态没有本质的不同，但由于 BJT 的实际结构并不对称，反向放大性能比正常放大性能要差很多，因此很少使用。

8.1.4 BJT 的主要参数

BJT 的参数可用来表征管子性能的优劣和适应范围，是合理选择和正确使用 BJT 的依据。BJT 的参数很多，这里只介绍在近似分析中最常用的几个主要参数。

1. 电流放大系数

（1）直流电流放大系数。共发射极直流电流放大系数 $\bar{\beta}$

$$\bar{\beta} = I_C / I_B$$

共基极直流电流放大系数 $\bar{\alpha}$

$$\bar{\alpha} \approx I_C / I_E$$

（2）交流电流放大系数。共发射极交流电流放大系数 β

$$\beta = \frac{\Delta i_C}{\Delta i_B}\bigg|_{u_{CE}=常数}$$

前边已提到 β 与 $\bar{\beta}$ 的含义不同，但在输出特性曲线较平坦，各曲线间距相等的条件下，可认为 $\beta \approx \bar{\beta}$。由于制造工艺的分散性，即使是同型号的 BJT，其 β 值也有差异，通常为 $20 \sim 200$。

共基极交流电流放大系数 α

$$\alpha = \frac{\Delta i_C}{\Delta i_E}\bigg|_{u_{CB}=常数}$$

同样，在输出特性曲线较平坦，各曲线间距相等的条件下，可认为 $\alpha \approx \bar{\alpha}$。

2. 极间反向电流

(1) 集电极—基极间反向饱和电流 I_{CBO}。I_{CBO} 是集电结加一定的反向偏置电压时，集电区和基区的少子各自向对方漂移形成的反向电流。它和单个 PN 结的反向电流是一样的。因此，它只取决于温度和少数载流子的浓度。在一定温度下，少子数量基本不变，故反向电流基本上是个常数，所以称为反向饱和电流 I_{CBO}。一般 I_{CBO} 的值很小，小功率硅管的 I_{CBO} 小于 $1\mu A$，而小功率锗管的 I_{CBO} 约为 $10\mu A$。由于 I_{CBO} 随温度增加而增加，故在温度变化范围大的工作环境中应选用硅管。

(2) 集电极—发射极反向饱和电流（穿透电流）I_{CEO}。I_{CEO} 是基极开路时，由集电区穿过基区流向发射区的反向饱和电流也称为穿透电流。小功率硅管的 I_{CEO} 在几微安以下，小功率锗管的 I_{CEO} 约在几十微安以上。

选用 BJT 时，一般希望极间反向饱和电流 I_{CBO} 和 I_{CEO} 应尽量小些，以减小温度对 BJT 性能的影响。硅管比锗管的极间反向电流小 2～3 个数量级，因此温度稳定性比锗管好。

3. 极限参数

极限参数是为了使管子既能够得到充分使用，又可确保其安全工作而规定的电压、电流和功率损耗的限制参数。主要有：

(1) 最大集电极电流 I_{CM}。i_C 在相当大的范围内 β 值基本不变，但 i_C 过大时，β 值将下降。I_{CM} 通常指 β 值下降到测试条件规定值时所允许的最大集电极电流。当工作电流 i_C 大于 I_{CM} 时，BJT 不一定会烧坏，但 β 值将过小，放大能力下降。

(2) 最大集电极允许耗散功率 P_{CM}。BJT 内的两个 PN 结上都会消耗功率，其大小分别等于流过结的电流与结上电压降的乘积。一般情况下，集电结上的电压降远大于发射结上的电压降，因此与发射结相比，集电结上耗散的功率 P_C 要大得多。这个功率将使集电结发热，结温上升，当结温超过最高工作温度（硅管为 150℃，锗管为 70℃）时，BJT 性能下降，甚至会烧坏。因此，通过规定集电结的最大允许耗散功率，可防止结温超过允许值，即 P_C（$\approx i_C u_{CE}$）值将受到限制，它不得超过最大允许耗散功率 P_{CM} 值。

(3) 反向击穿电压。当 BJT 内的两个 PN 结上承受的反向电压超过规定值时，也会发生击穿，其击穿原理和二极管类似，但 BJT 的反向击穿电压不仅与管子自身的特性有关，而且还取决于外部电路的接法。下面是各种击穿电压的定义：

1) $U_{(BR)EBO}$：是指集电极开路时，发射极—基极间的反向击穿电压。这是发射结所允许的最高反向电压。在正常放大状态时，发射结是正偏的。而在某些场合，例如工作在大信号或者开关状态时，发射结上就有可能出现较大的反向电压。所以要考虑发射结反向击穿电压的大小。小功率管的 $U_{(BR)EBO}$ 的值一般为几伏。

2) $U_{(BR)CBO}$：是指发射极开路时集电极—基极间的反向击穿电压，这是集电结所允许加的最高反向电压。它决定于集电结的雪崩击穿电压，其数值较高，通常为几十伏，有些管子可高达一千多伏。

3) $U_{(BR)CEO}$：是指基极开路时集电极—发射极间的反向击穿电压。此时集电结承受反向电压。基极开路时，U_{CE} 在集电结和发射结上分压，使集电结反向偏置、发射结正向偏置，当 U_{CE} 过大时，由于发射区扩散到基区的多数载流子数量增多，使 I_{CEO} 明显增大，但 I_C 比 I_{CEO} 大得多，导致集电结出现雪崩击穿。可见，这个电压的大小与 BJT 的穿透电流 I_{CEO} 直接相联系。

几个击穿电压的关系为

$$U_{(BR)CBO} > U_{(BR)CEO} > U_{(BR)EBO}$$

在组成 BJT 电路时，应根据工作条件选择管子的型号。为防止 BJT 在使用中损坏，必须使它工作在安全区，即在应用中使它的集电极工作电流小于 I_{CM}，集电极—发射极间的电压小于 $U_{(BR)CEO}$，集电极耗散功率小于 P_{CM}（上述三个极限参数决定了 BJT 的安全工作区）。另外，发射极—基极间反向电压要小于 $U_{(BR)EBO}$。对于功率放大器管，还必须满足散热条件。

8.1.5 温度对 BJT 特性及参数的影响

由于半导体材料的热敏性，BJT 的参数几乎都与温度有关。在电子电路中，如果不能解决温度稳定性问题，将不能使电路实用，因此了解温度对 BJT 参数的影响，对于设计一个温度稳定性好的电路是非常必要的。

1. 温度对 BJT 参数的影响

（1）温度对 I_{CBO} 的影响。温度升高使本征激发产生的少数载流子数量增加，BJT 的 I_{CBO} 是集电结反偏时，集电区和基区的少数载流子作漂移运动形成的反向饱和电流随之增大，通常，温度每升高 10℃，硅管和锗管的 I_{CBO} 约增加一倍。

由于 $I_{CEO} = (1+\bar{\beta})I_{CBO}$ 的关系，所以穿透电流 I_{CEO} 受温度影响更大一些。因为硅管的 I_{CBO} 及 I_{CEO} 比锗管本来就小很多，所以 I_{CBO} 及 I_{CEO} 受温度变化而改变时，对硅管工作的影响比锗管要小。

（2）温度对 β 的影响。温度升高时，BJT 内载流子的扩散能力增强，使基区内载流子的复合作用减小，因而使电流放大系数 β 随温度上升而增大。通常温度每升高 1℃，β 值增大 0.5%～1%。共基电流放大系数 α 也会随温度变化而变化。

（3）温度对 u_{BE} 的影响。BJT 工作于放大区时，硅管的 $|u_{BE}|$ 为 0.7V 左右；锗管的 $|u_{BE}|$ 为 0.3V 左右。当温度升高时，$|u_{BE}|$ 将减小，其温度系数为 $-(2\sim2.5)\text{mV/℃}$。

（4）温度对反向击穿电压 $U_{(BR)CBO}$、$U_{(BR)CEO}$ 的影响。由于 BJT 的集电区与基区掺杂浓度低，集电结较宽，因此集电结的反向击穿一般均为雪崩击穿。雪崩击穿电压具有正温度系数，所以温度升高时，$U_{(BR)CBO}$ 和 $U_{(BR)CEO}$ 都会有所提高。

2. 温度对 BJT 特性曲线的影响

（1）对输入特性的影响。与二极管伏安特性相类似，当温度升高时，BJT 共射极连接时的输入特性曲线将向左移动，反之将右移。这说明在 i_B 相同的条件下，u_{BE} 将减小，如图 8.1.9（a）所示。

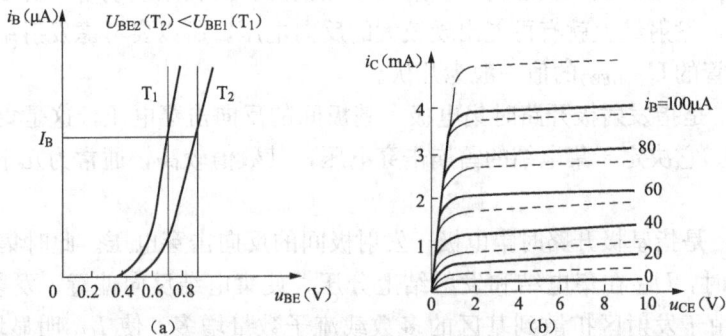

图 8.1.9　温度对 BJT 特性的影响
（a）温度对 BJT 输入特性的影响；（b）温度对 BJT 输出特性的影响

（2）对输出特性的影响。温度升高时，BJT 的 I_{CBO}、I_{CEO}、β 都将增大，结果将导致 BJT 的输出特性曲线向上移动，而且各条曲线间的距离加大，如图 8.1.9（b）中的虚线所示。

故温度对 β、I_{CBO} 和 u_{BE} 的影响，将集中反映在 i_C 随温度的升高而增大。

8.2　场 效 应 晶 体 管

晶体三极管是利用输入电流来控制输出电流的半导体器件，因而称为电流控制型器件。场效应管（FET）是一种电压控制型器件，它是利用电场效应来控制其电流大小，从而实现放大。场效应管工作时，内部参与导电的只有多子一种载流子，因此又称为单极型器件。场效应管不仅具有一般半导体三极管体积小、质量轻、耗电省、寿命长的特点，而且还具有输入电阻高、噪声低、抗辐射能力强、功耗小、热稳定性好、制造工艺简单、易集成等优点，因此在电子电路中得到了广泛地应用，特别是金属—氧化物—半导体场效应管（MOSFET）在大规模和超大规模集成电路中占有重要的地位。

场效应管的种类很多，根据基本结构不同，主要分为结型场效应管（JFET）和金属—氧化物—半导体场效应管（MOSFET）两大类。

8.2.1　结型场效应管

1. 结型场效应管的结构与工作原理

结型场效应管（Junction Field Effect Transistor，JFET）根据制造材料的不同，又可分为 N 沟道和 P 沟道两种，它们都具有栅极（G）、源极（S）和漏极（D）3 个电极，如图 8.2.1 所示，分别与三极管的基极、发射极和集电极相对应。

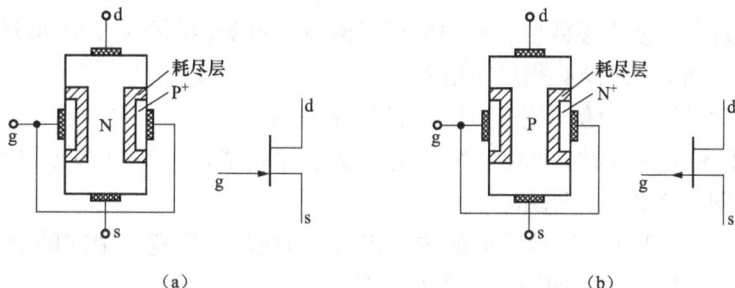

图 8.2.1　结型场效应管结构示意图和代表符号
(a) N 沟道；(b) P 沟道

（1）N 沟道结型场效应管的结构。N 沟道 JFET，是在一根 N 型半导体棒两侧通过高浓度扩散制造两个重掺杂 P^+ 型区，形成两个 PN 结，将两个 P^+ 区接在一起引出一个电极，称为栅极，而在两个 PN 结之间的 N 型半导体构成的导电沟道两端各制造一个欧姆接触电极，即为源极和漏极。在 JFET 中，源极和漏极是可以互换的。图 8.2.1（a）就是 N 沟道 JFET 的结构示意图和代表符号，其中符号中箭头的方向表示栅结正向偏置时，栅极电流的方向是由 P 指向 N，故从符号上就可识别 D、S 之间是 N 沟道。

按照类似的方法，可以制成 P 沟道 JFET，其结构示意图和代表符号如图 8.2.1（b）所示。

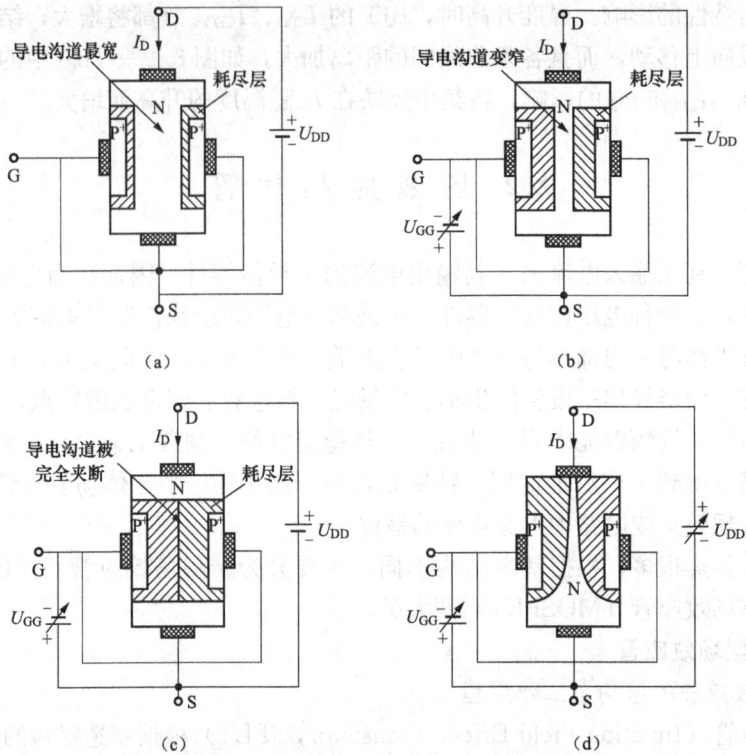

图 8.2.2 结型场效应管工作原理

(a) $u_{GS}=0$ 时；(b) $u_{GS}<0$ 时；(c) u_{GS} 向负值增大时；(d) 楔形导电沟道

（2）工作原理。为实现场效应管栅源电压对漏极电流的控制作用，结型场效应管在工作时，栅极和源极之间的 PN 结必须反向偏置。

下面以 N 沟道 JFET 为例，分析 JFET 的工作原理。

1）当栅源电压 $u_{GS}=0$ 时，两个 PN 结的耗尽层比较窄，中间的 N 型导电沟道比较宽，沟道电阻小，如图 8.2.2（a）所示。

2）当 $u_{GS}<0$ 时，两个 PN 结反向偏置，PN 结的耗尽层变宽，中间的 N 型导电沟道相应变窄，沟道导通电阻增大，如图 8.2.2（b）所示。

3）当 u_{GS} 进一步向负值增大时，耗尽层进一步变窄，直至增大到某一值 $U_{GS(off)}$ 时，沟道完全被夹断，如图 8.2.2（c）所示。此时漏—源极间的电阻将趋近于无穷大，把这时的栅源电压称为夹断电压 $U_{GS(off)}$。

4）当 $U_{GS(off)}<u_{GS}\leqslant0$ 且 $u_{DS}>0$ 时，可产生漏极电流 i_D。改变 u_{GS} 的大小，可以有效地控制沟道电阻的大小。i_D 的大小将随栅源电压 u_{GS} 的变化而变化，从而实现电压对漏极电流的控制作用。

u_{DS} 的存在，使得由源极经沟道到漏极的 N 型半导体区域中，产生了一个沿沟道的电位梯度，靠近漏极附近的电位高，而源极附近的电位低。这样漏极附近的 PN 结所加的反向偏置电压大，耗尽层宽；源极附近的 PN 结所加的反向偏置电压小，耗尽层窄，导电沟道成为一个楔形，如图 8.2.2（d）所示。

在 u_{DS} 较小时，导电沟道靠近漏端区域仍较宽，这时阻碍的因素是次要的，故漏极电流

i_D 随 u_{DS} 升高几乎成正比的增大。当 u_{DS} 继续增加，使漏栅间的电位差增大，而靠近漏端电位差最大，耗尽层也最宽。当两耗尽层在一点相遇时，称为预夹断，如图 8.2.3（a）所示。此时相交点耗尽层两边的电压差用夹断电压 $U_{GS(off)}$ 来描述。

沟道一旦在某一点预夹断后，随着 u_{DS} 上升，夹断长度会增加，即夹断点将向源极方向延伸。但由于夹断处内电场很强，仍能将电子拉过夹断区（即耗尽层），形成漏极电流，如图 8.2.3（b）所示。由于在从源极到夹断处的沟道上，沟道内电场基本不随 u_{DS} 改变，所以 i_D 基本不变，漏极电流趋于饱和。

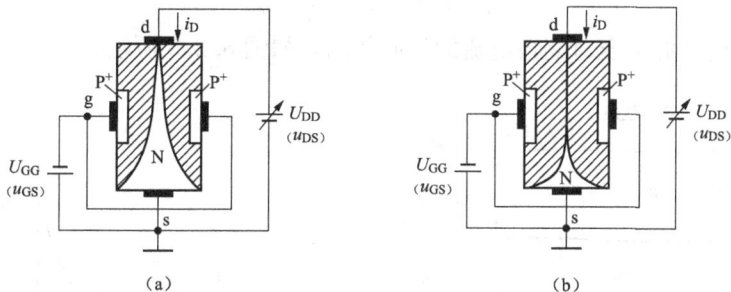

图 8.2.3　改变 u_{DS} 时 JFET 导电沟道的变化
（a）预夹断时；（b）预夹断后

综上所述，可得下列结论：

1）JFET 栅极与沟道之间的 PN 结是反向偏置的，因此，其 $i_G \approx 0$，输入电阻的阻值很高。

2）JFET 是电压控制电流器件，i_D 受 u_{GS} 控制。

3）预夹断前，i_D 与 u_{DS} 呈近似线性关系，预夹断后，i_D 趋于饱和。

（3）P 沟道结型场效应管。P 沟道结型场效应管与 N 沟道结型场效应管相比，在结构上各部分半导体的类型相反；外电路所加电压 u_{GS}、u_{DS} 的极性相反；电流此时为空穴流，故电流方向也相反。而在特性和工作原理上都是相同的。

2. 结型场效应管的特性曲线

（1）输出特性。JFET 的输出特性是指栅源电压 u_{GS} 一定时，漏极电流 i_D 与漏源电压 u_{DS} 之间的关系，即

$$i_D = f(u_{DS})\big|_{u_{GS}=常数}$$

如果 FET 栅极与源极之间接一可调负电源，由于栅源电压越负，耗尽层越宽，沟道电阻就越大，相应的 i_D 就越小。因此，改变栅源电压可得一族曲线。如图 8.2.4 所示，即为 N 沟道结型场效应管的输出特性曲线，它与 NPN 型三极管的输出特性曲线相似，可以分为四个区：

1）截止区（夹断区）：当 $u_{GS} < U_{GS(off)}$ 时，导电沟道被夹断，$i_D = 0$ 称为截止区。

2）可变电阻区：又称非饱和区，是预夹断前的区域。此时沟道尚未出现预夹断，管子可以看作是一个由电压控制的可变电阻。图 8.2.4 中左边的一条虚线为预夹断轨迹。预夹断轨迹左边区域称为可变电阻区，该区域中曲线近似为不同斜率的直线。当 u_{GS} 确定时，直线的斜率也唯一地被确定，直线斜率的倒数为 D—S 间等效电阻。u_{GS} 越负，曲线越倾斜，漏源极间的等效电阻越大。

3）饱和区：又称恒流区或放大区，是预夹断后的区域。此时，管子工作在局部出现预夹断的状态，漏极电流 i_D 几乎不随 u_{DS} 变化，主要由 u_{GS} 决定。在这里，场效应管可以看作是一个恒流源。当管子做放大管时，就工作在该区域。

4）击穿区：当 u_{DS} 增大到一定程度时，栅漏极间 PN 结发生雪崩击穿，i_D 迅速增大。如果不加限制，管子将会电击穿。所以，不允许场效应管工作在此区域。

（2）转移特性。JFET 的转移特性是指在一定漏源电压 u_{DS} 下，栅源电压 u_{GS} 对漏极电流 i_D 的控制特性，即

$$i_D = f(u_{GS})\big|_{u_{DS}=常数}$$

它反映了场效应管栅源电压对漏极电流的控制作用，如图 8.2.5 所示。

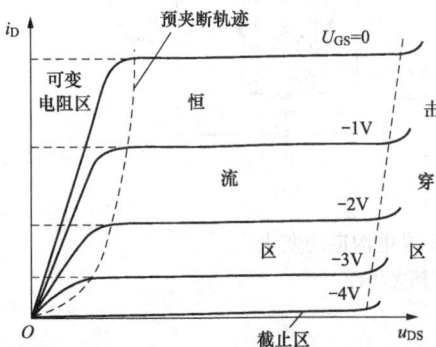

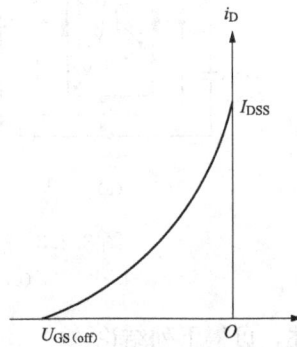

图 8.2.4　N 沟道结型场效应管的输出特性曲线　　图 8.2.5　N 沟道结型场效应管的转移特性曲线

当 $u_{GS}=0$ 时，导电沟道电阻最小，i_D 最大，称此电流为场效应管的饱和漏极电流 I_{DSS}。

当 $u_{GS}=U_{GS(off)}$ 时，导电沟道被完全夹断，沟道电阻最大，此时 $i_D=0$，称 $U_{GS(off)}$ 为夹断电压。

P 沟道结型场效应管与 N 沟道结型场效应管相比，除了在结构上各部分半导体的类型相反，外电路所加的 u_{GS}、u_{DS} 的极性相反外，在特性和工作原理方面是相同的，只是电压的极性和电流的方向相反。

3. 结型场效应管的主要电参数

（1）直流参数。

1）夹断电压 $U_{GS(off)}$。它是在 U_{DS} 固定为某一数值（由测试条件给出，一般为 10V）的条件下，使 I_D 降低到某一极小的测试电流（由技术指标中给出，一般为 $50\mu A$）时的 U_{GS} 值。

2）零偏漏极电流 I_{DSS}。也称为漏极饱和电流。它是 U_{DS} 为某一规定值（即在技术指标中给出的测试电压，其值总大于 $|U_{GS(off)}|$）的条件下，$U_{GS}=0$ 时的漏极电流值。对于结型场效应管，其漏极电流不应超过这一数值。否则管子会因沟道上、下两侧 PN 结的正向偏置，而使输入电阻大大减小。

3）直流输入电阻 R_{GS}。它是场效应管栅极与源极之间的直流等效电阻，当 U_{DS}、U_{GS} 为规定值（一般规定 $U_{DS}=0$、$|U_{GS}|=10V$）时，R_{GS} 等于 U_{GS} 与 I_G 比值的绝对值。JFET 的 R_{GS} 一般大于 $10^7\Omega$。

（2）交流参数。

1）跨导 g_m。也称为互导。它是管子在保持 U_{DS} 一定时，漏极电流微变量与栅源电压微

变量的比值，即

$$g_m = \frac{\mathrm{d}i_D}{\mathrm{d}u_{GS}}\bigg|_{u_{DS}=常数} \tag{8.2.1}$$

g_m 的单位为西门子（S）或毫西（mS）。一般管子的 g_m 约为零点几到几个毫西。g_m 也可以在转移特性曲线中求出，其大小等于转移特性曲线在工作点处的斜率。也可以由转移特性曲线的函数表达式求导得到。

2）极间电容。场效应管的三个电极间有极间电容，即栅源电容 C_{gs}、栅漏电容 C_{gd}、漏源电容 C_{ds}，它们由 PN 结的结电容及分布电容组成，通常在皮法数量级。管子在高频下应用时，要考虑这些电容的影响。

8.2.2　绝缘栅型场效应管

绝缘栅型场效应管是由金属（Metal）、氧化物（Oxide）和半导体（Semiconductor）材料构成的，因此又称为 MOS 管，可以用 MOSFET 表示。绝缘栅场效应管分为增强型和耗尽型两种，每一种又包括 N 沟道和 P 沟道两种类型。

增强型和耗尽型的区别是：当 $u_{GS}=0$ 时，存在导电沟道的称为耗尽型，不存在导电沟道的称为增强型。下面分别讨论这两种管子的工作原理、特性及主要参数。

1. N 沟道增强型 MOS 管

（1）结构与符号。以 N 沟道为例讨论增强型 MOS 管，它是以 P 型半导体作为衬底，用半导体工艺技术制作两个高浓度的 N 型区，两个 N 型区分别引出一个金属电极，作为 MOS 管的源极 S 和漏极 D；在 P 型衬底的表面生长一层很薄的 SiO_2 绝缘层，绝缘层上引出一个金属电极称为 MOS 管的栅极 G。B 为从衬底引出的金属电极，一般工作时衬底与源极相连。图 8.2.6 所示为 N 沟道增强型 MOS 管的结构与符号。

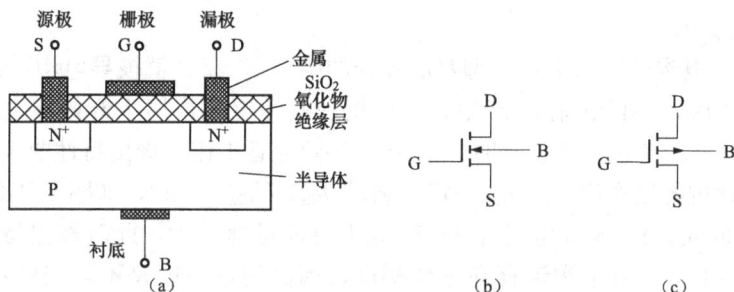

图 8.2.6　N 沟道增强型绝缘栅型场效应管

(a) 内部结构原理图；(b) N 沟道符号；(c) P 沟道符号

符号中的箭头表示从 P 区指向 N 区，虚线表示增强型。

（2）工作原理。以 N 沟道增强型 MOSFET 为例，简单介绍一下 MOSFET 的工作原理。

如图 8.2.7 所示，在栅极 G 和源极 S 之间加电压 u_{GS}，漏极 D 和源极 S 之间加电压 u_{DS}，衬底 B 与源极 S 相连。

1）u_{GS} 对沟道的控制作用。当 $u_{GS} \leqslant 0$ 时，无导电沟道，D、S 间加电压时，也无电流产生。如图 8.2.7 (a) 所示，当栅源短接（即栅源电压 $u_{GS}=0$）时，源区、衬底和漏区就形成两个背靠背的 PN 结，无论 u_{DS} 的极性如何，其中总有一个 PN 结是反偏的。如果源极 S 与衬底 B 相连且接电源 U_{DS} 的负极，漏极接电源正极时，漏极和衬底间的 PN 结是反偏的，此时漏源之间的电阻很大，可高达 10^{12} 数量级，也就是说，D、S 之间没有形成导电沟道，因此 $i_D=0$。

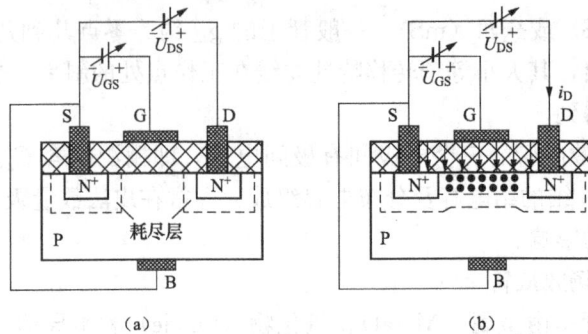

图 8.2.7　N 沟道增强型场效应管工作原理
(a) $U_{GS}=0$ 时；(b) $U_{GS}>0$ 时

当 $0<u_{GS}<U_{GS(th)}$ 时，即在栅源之间加上正向电压（栅极接正，源极接负），则栅极和 P 型硅片相当于以二氧化硅为介质的平板电容器。在正的 u_{GS} 作用下，会产生一个垂直于 P 型衬底的电场，但不会产生电流 i_G。这个电场排斥空穴而吸引电子，故将一部分 P 区中的自由电子吸引到栅极下的衬底表面。但由于 u_{GS} 不够大，还未形成导电沟道（感生沟道），D、S 间加电压后，没有电流产生。

当 $u_{GS}>U_{GS(th)}$ 时，此时正的栅源电压达到一定数值，在电场作用下自由电子在栅极附近的 P 型衬底表面形成一个 N 型薄层，称为反型层，从而产生导电沟道。u_{GS} 越大，作用于半导体表面的电场越强，吸引到 P 型硅表面的电子就越多，导电沟道越厚，沟道电阻将越小，如图 8.2.7（b）所示。

一旦出现了导电沟道，原来被 P 型衬底隔开的两个 N^+ 型区就被导电沟道连通了。因此，在 D、S 间加电压后，将有电流 i_D 产生。一般把在漏源电压作用下开始导电时的栅源电压 $U_{GS(th)}$ 称为开启电压。当 $u_{GS}<U_{GS(th)}$ 时，$i_D=0$，场效应管工作于输出特性曲线的截止区。

2) u_{DS} 对沟道的控制作用。当 u_{GS} 一定（满足 $u_{GS}>U_{GS(th)}$）时，如图 8.2.8 所示。

当外加较小的 u_{DS} 时，漏极电流 i_D 将随 u_{DS} 上升而迅速增大，此时输出特性曲线的斜率较大。但随着 u_{DS} 上升，由于沟道存在电位梯度，因此沟道厚度是不均匀的：靠近源端厚，靠近漏端薄，整个沟道呈楔形分布。当 u_{DS} 增加到一定数值时（使 $u_{GD}=U_T$），这时在紧靠漏极处反型层消失，出现预夹断。

在预夹断处：

$$u_{GD}=u_{GS}-u_{DS}=U_{GS(th)} \tag{8.2.2}$$

预夹断后，若 u_{DS} 继续增加，将形成一夹断区（反型层消失后的耗尽区），夹断点向源极方向移动。值得注意的是，虽然沟道夹断，但耗尽区中仍可有电流通过，只有将沟道全部夹断，才能使 $i_D=0$。当 u_{DS} 继续增加时，u_{DS} 增加的部分主要降落在夹断区，而降落在导电沟道上的电压基本不变，因而 u_{DS} 上升，i_D 趋于饱和，这时输出特性曲线的斜率变为 0，即由可变电阻区进入饱和区。由此可见，预夹断点就是可变电阻区和饱和区的分界点。

(3) 伏安特性曲线。MOSFET 的输出特性是指在栅源电压 u_{GS} 一定的条件下，漏极电流 i_D 与漏源电压 u_{DS} 之间的关系，即

$$i_D = f(u_{DS})\big|_{u_{GS}=常数}$$

给定一个 u_{GS}，就有一条不同的 i_D—u_{DS} 曲线。在 i_D—u_{DS} 坐标系下取不同的 u_{GS}，就可以得到 MOSFET 的输出特性曲线，如图 8.2.9 所示。

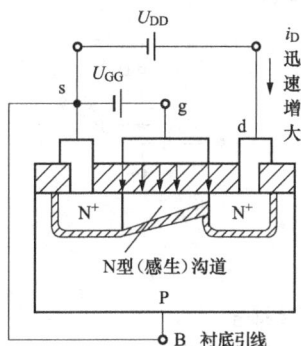

<table>
<tr><td>图 8.2.8　u_{DS} 对沟道的控制作用</td><td>图 8.2.9　N 沟道 MOSFET 的输出特性曲线</td></tr>
</table>

由图可见，该输出特性曲线与结型场效应管相似，MOSFET 有可变电阻区、饱和区、截止区三个工作区域。

1）截止区：当 $u_{GS} < U_{GS(th)}$ 时，导电沟道尚未形成，$i_D = 0$，为截止工作状态。

2）可变电阻区：当 $u_{DS} \leqslant (u_{GS} - U_{GS(th)})$ 时，为可变电阻区。

3）饱和区（又称恒流区或放大区）：当 $u_{GS} > U_{GS(th)}$，且 $u_{DS} \geqslant (u_{GS} - U_{GS(th)})$ 时，MOS-FET 进入饱和区。

N 沟道 MOSFET 的转移特性曲线如图 8.2.10 所示。由于转移特性与输出特性都是反映 FET 工作的同一物理过程，所以转移特性可以直接从输出特性上用作图法求出。这里不再赘述。

2. N 沟道耗尽型 MOS 管

N 沟道耗尽型 MOSFET 的结构与增强型基本相同。耗尽型 MOS 管结构图及符号如图 8.2.11 所示。对于 N 沟道增强型 MOSFET 在 $u_{GS} = 0$ 时，管内没有导电沟道。而耗尽型则不同，它在 $u_{GS} = 0$ 时就存在导电沟道。因为这种器件在制造过程中，栅极下面的 SiO_2 绝缘层中掺入了大量碱金属正离子（如 Na++

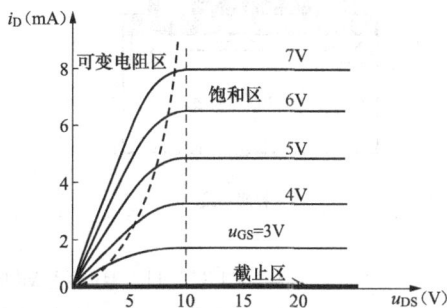

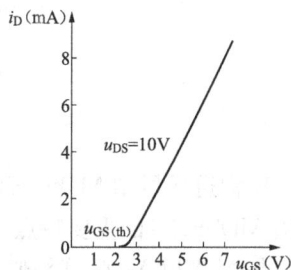

图 8.2.10　N 沟道 MOSFET 的
转移特性曲线

或 K++），这些正离子的作用如同加正的栅源电压并使 $u_{GS} > U_{GS(th)}$ 时相似，能在 P 型衬底表面产生垂直于衬底的自建电场，排斥空穴，吸引电子，从而形成表面导电沟道，称为原始导电沟道。

由于 $u_{GS} = 0$ 时就存在原始沟道，所以只要此时 $u_{DS} > 0$，就有漏极电流 i_D。如果 $u_{GS} > 0$，由于绝缘层的存在，并不会产生栅极电流，但指向衬底的电场加强，沟道变宽，漏极电流 i_D 将会增大。反之，若 $u_{GS} < 0$，则栅压产生的电场与正离子产生的自建电场方向相反，总电场减弱，沟道变窄，沟道电阻变大，i_D 减小。当 u_{GS} 继续变负，等于某一阈值电压时，沟道将完全被夹断，$i_D = 0$，管子进入截止状态。此时的栅源电压称为夹断电压 $U_{GS(off)}$。

N 沟道耗尽型 MOSFET 的输出特性和转移特性如图 8.2.12 所示。

耗尽型 MOS 管的工作区域同样可以分为截止区、可变电阻区和饱和区。所不同的是 N

沟道耗尽型 MOS 管的夹断电压 $U_{GS(off)}$ 为负值，而 N 沟道增强型 MOS 管的开启电压 $U_{GS(th)}$ 为正值。

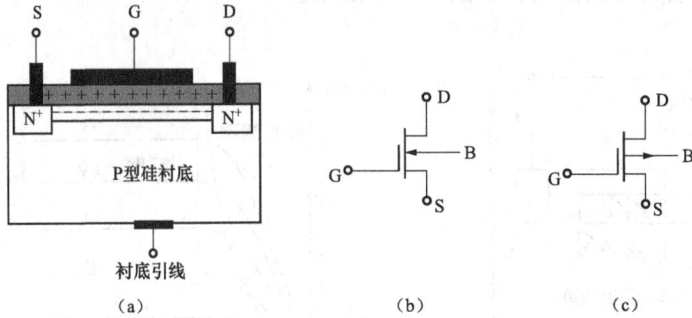

图 8.2.11 耗尽型 MOS 管结构图及符号

(a) N 沟道结构图；(b) N 沟道符号；(c) P 沟道符号图

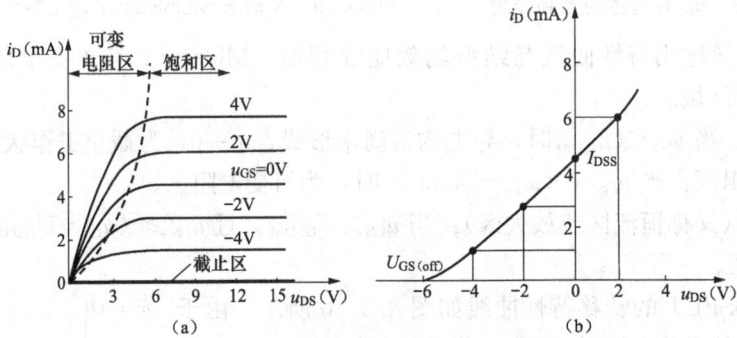

图 8.2.12 N 沟道耗尽型 MOS 管的特性

(a) 输出特性；(b) 转移特性

N 沟道耗尽型 MOSFET 可以在正或负的栅源电压下工作，而且基本上无栅流，这是耗尽型 MOSFET 的重要特点之一。

与 N 沟道 MOS 管相似，P 沟道 MOS 管也有增强型和耗尽型两种。为了能正常工作，P 沟道 MOS 管外加的 u_{DS} 必须是负值，开启电压 $U_{GS(th)}$ 也是负值，但夹断电压 $U_{GS(off)}$ 为正值。实际的电流方向为流出漏极。

3. MOSFET 的主要参数

由于耗尽型 MOSFET 与 JFET 均属于耗尽型管，故其参数与 JFET 相同。只是增强型 MOSFET 不用夹断电压 $U_{GS(off)}$，而用开启电压 $U_{GS(th)}$ 来表征管子参数。

8.3 共射极放大电路

实际中常常需要把一些微弱信号放大到便于测量和利用的程度。例如，从收音机天线接收到的无线电信号或者从传感器得到的信号，有时只有微伏或毫伏的数量级，必须经过放大才能驱动扬声器或者进行观察、记录和控制。

放大，表面是将信号的幅度由小增大，但是，放大的实质是能量转换，即由一个能量较小的输入信号控制直流电源，使之转换成交流能量输出，驱动负载。

8.3.1　共射极放大电路的工作原理

三极管可以利用控制基极电流从而控制集电极电流，达到放大的目的。鉴于三极管有三种基本接法，下面以共发射极接法为例，说明放大电路的工作原理。

1. 放大电路的组成

图 8.3.1 所示为一个常用 NPN 型 BJT 构成的低频（20Hz～10kHz）共射极放大电路。其输入端接交流信号源，输入电压为 u_i；输出端接负载，输出电压为 u_o。

电路中各元件的作用如下。

（1）BJT：起放大作用，是整个放大电路的核心元件。以基极电流的微弱变化控制集电极电流的较大变化，从而实现电流放大作用。

（2）基极电源 U_{BB}：保证 BJT 发射结处于正向偏置。无输入信号时，发射结电压为 U_{BE}，而当输入信号 u_i 作用时，只引起发射结电压 u_{BE} 的大小变化（即在直流电压 U_{BE} 基础上叠加一个小的交流电压信号），而无方向变化（即发射结始终处于正偏）。

图 8.3.1　基本共发射极放大电路原理图

（3）基极电阻 R_b：和基极电源 U_{BB} 配合提供合适的静态基极电流 I_B。输入信号 u_i 只引起基极电流 i_B 的大小变化（在直流电流 I_B 基础上叠加一个小的交流电流信号），而无方向变化。基极电阻 R_b 的另一作用是防止输入信号短路。

（4）集电极电源 U_{CC}：保证 BJT 集电结处于反向偏置状态，同时它又为整个放大电路提供能量，是电路的能源。

（5）集电极电阻 R_c：把集电极电流的变化转换为电压的变化，从而实现电压放大。

（6）耦合电容 C_1、C_2：在放大电路的输入端和输出端分别接入电容 C_1、C_2，一方面起到隔直作用，C_1 隔断放大电路与交流输入信号源之间的直流通路，C_2 隔断放大电路与负载 R_L 之间的直流通路，使交流信号源、放大电路、负载三者之间无直流联系；另一方面又起到耦合交流的作用，沟通交流信号源、放大电路、负载三者之间的交流通路，保证交流信号畅通无阻。为使交流信号无损失地传递，C_1、C_2 取值要大，一般为几微法至几十微法，采用电解电容，使用时正负极性要连接正确。

2. 工作原理

输入信号 u_i 经电容 C_1 加在 BJT 的基极和发射极之间，从而引起管子基极和发射极间电压 u_{BE} 的变化，导致基极电流 i_B 随 u_i 的增减而做相应的增减变化，而集电极电流 i_C 受 i_B 控制变化更大，当 i_C 流经电阻 R_c 时就产生一个较大的电压变化 $i_C R_c$，而后经由 C_2 耦合输出，得到一个放大的输出电压信号 u_o。图 8.3.2 所示即为图 8.3.1 所示放大电路中各点电压、电流的工作波形。

3. 放大电路的电源简化

放大电路中同时使用两个直流电源 U_{BB} 和 U_{CC} 实际是很不方便的，故只要合理地选择 R_b 和 R_c 的大小，就可将直流电源 U_{BB} 省去，而只采用单个电源 U_{CC}，同样也能保证 BJT 的发射结正偏、集电结反偏，管子工作于放大区。

利用电位的概念，取共射极放大电路的公共端发射极作为电位参考点，可省去电源不画，只标出它对参考点的电位值。同样，电路中其他各点的电位也都以发射极作为参考点。

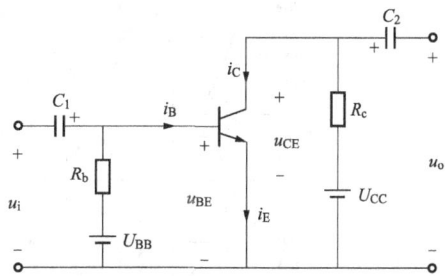

于是可规定：电压的正方向以公共端为负端，其他各点为正；电流的正方向以 BJT 实际的电流方向作为正方向。简化后的放大电路如图 8.3.3 所示。

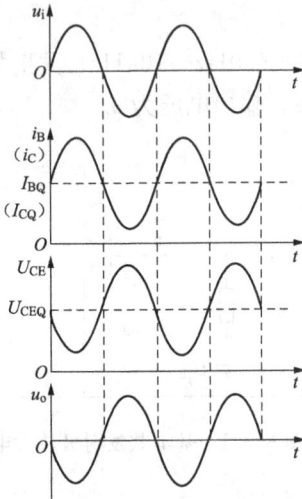

图 8.3.2 放大电路各点电压、电流的工作波形

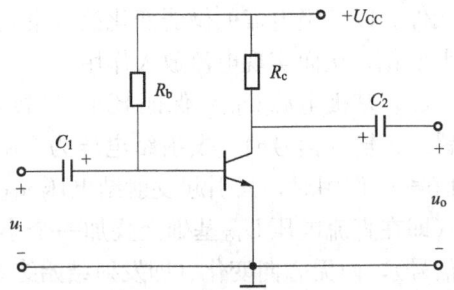

图 8.3.3 基本共射极放大电路

8.3.2 放大电路的静态分析

为了保证放大电路能够正常工作，且 BJT 具有电流放大作用，就必须使管子的发射结正偏，集电结反偏。因此，即使在无交流信号输入时（称为静态），BJT 也应该有合适的极间电压 U_{BE}、U_{CE} 和电流 I_B、I_C，它们都是直流量，称为静态值；而在有交流信号输入时（称为动态），BJT 的极间电压和电流都将变化，但是，这种变化是在静态直流量的基础上进行的，只有量值大小的变化，没有方向（即正负极性）的变化。也就是说，始终维持发射结正偏，集电结反偏，BJT 处于放大状态。可见，静态直流量的选择十分重要，直接关系到放大电路的性能，而静态直流量可以通过调整 U_{CC}、R_b、R_c 加以改变。常用的电路求解方法有图解法和估算法两种。

图解法：是利用 BJT 的特性曲线，通过作图的方法分析放大电路的静态工作情况。它也可以用于分析放大电路的动态工作情况。

估算法：在一定条件下，若忽略次要因素，进行适当的近似处理，就可利用公式迅速、简便地对放大电路的静态进行分析计算，且得到的结果仍能满足工程要求。

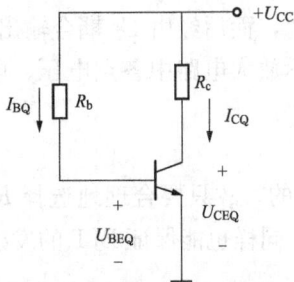

图 8.3.4 基本共射极放大电路的直流通路

1. 直流通路

直流通路表示直流量传递的路径，可以由它来决定静态电压和电流，即 U_{BEQ}、I_{BQ}、I_{CQ}、U_{CEQ}。在画直流通路图时，由于电容的隔直作用使放大电路与信号源、负载间的直流联系被隔断，相当于开路，从而可绘出无输入信号时的直流通路，如图 8.3.4 所示。

2. 静态工作点的确定

BJT 的一组静态直流量 U_{BEQ}、I_{BQ}、I_{CQ}、U_{CEQ}，在 BJT 输入、输出特性曲线上以一个点来表示，称为静态工作点 Q

（Quiescent operating point）。

（1）估算法。图 8.3.4 所示的直流通路包含两个独立回路：一个是由直流电源 U_{CC}、基极电阻 R_b 和发射极组成的基极回路；另一个是由直流电源 U_{CC}、集电极负载电阻 R_c 和发射极组成的集电极回路。

对基极回路有

$$I_{BQ} = (U_{CC} - U_{BE})/R_b \approx U_{CC}/R_b \qquad (8.3.1)$$

其中，U_{BE} 为 BJT 发射结的正向压降。因管子在放大区正常工作时，发射结的正向偏置电压 $U_{BE} = 0.6 \sim 0.7V$（NPN 型硅管），一般可取为 $0.7V$。而 U_{CC} 一般为几伏至几十伏，故 U_{BE} 可忽略不计。

由 I_{BQ} 可得出静态时的集电极电流 I_{CQ} 为

$$I_{CQ} = \beta I_{BQ} \qquad (8.3.2)$$

此时 BJT 集电极和发射极之间的电压 U_{CEQ} 为

$$U_{CEQ} = U_{CC} - R_c I_{CQ} \qquad (8.3.3)$$

（2）图解法。图解法是根据 BJT 的输入、输出特性曲线，通过作图的方法确定放大电路的静态值，若已知 BJT 的特性曲线如图 8.3.5 所示，则用图解法确定静态值的步骤如下。

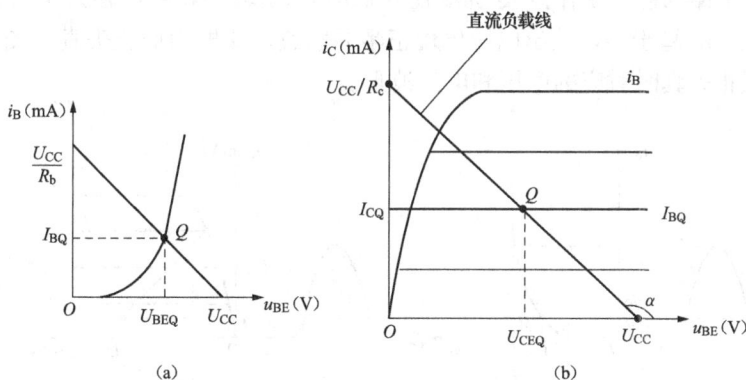

图 8.3.5　静态工作点的图解分析

(a) 输入回路的图解分析；(b) 输出回路的图解分析

1）利用输入特性曲线确定 I_{BQ} 和 U_{BEQ}。由图 8.3.4 所示的直流通路，可以列出输入回路的电压方程

$$U_{CC} = I_B R_b + U_{BE} \qquad (8.3.4)$$

同时关系式中的 I_B 和 U_{BE} 应符合 BJT 输入特性曲线。输入特性用函数式表示为

$$i_B = f(u_{BE})|_{u_{CE}=常数} \qquad (8.3.5)$$

联立式（8.3.4）和式（8.3.5），其解就是静态工作点，即图 8.3.5 (a) 中同一坐标系下两线的交点 Q (U_{BEQ}, I_{BQ})。

2）在输出特性曲线上作直流负载线。根据直流通路列出输出回路电压方程为

$$U_{CE} = U_{CC} - R_c I_C \qquad (8.3.6)$$

或

$$I_C = -\frac{1}{R_c} U_{CE} + \frac{U_{CC}}{R_c} \qquad (8.3.7)$$

这是一个直线方程，它在横轴上的截距为 U_{CC}（集—射极间开路工作点，$I_C = 0$ 时取得），在

纵轴上的截距为 U_{CC}/R_c（集—射极间短路工作点，$U_{CE}=0$ 时取得），直线的斜率为 $\tan\alpha=-\dfrac{1}{R_c}$，因其是由直流通路得出的，且与集电极负载电阻 R_c 有关，故称为直流负载线。

如图 8.3.5（b）所示，直流负载线与对应 I_B（即输入特性上确定的 I_B 值）的输出特性曲线的交点就是静态工作点 Q（U_{CEQ}，I_{CQ}）。显然，当电路中元件参数改变时，静态工作点 Q 将在直流负载线上移动。

上述分析说明，静态基极电流 I_B 确定了直流负载线上静态工作点 Q 的位置，因而也就确定了 BJT 的工作状态。因此，静态 I_B 称为偏置电流，简称偏流。产生偏流的路径对应直流通路中 U_{CC}—R_b—发射结—地，称为偏置电路。当 U_{CC} 和 R_b 确定后，静态基极电流 I_B 就固定了，所以这种偏置电路称为固定式偏置电路。

3. 静态工作点对波形失真的影响

对放大电路的基本要求之一就是输出波形不能失真，否则就失去了放大的意义。导致放大电路产生失真的原因很多，其中最基本的原因之一就是因静态工作点不合适而使放大电路的工作范围超出了 BJT 特性曲线的线性区，即进入非线性区域所引起的非线性失真。

（1）当放大电路的静态工作点 Q 选取比较低时，I_{BQ} 较小，致使输入信号的负半周进入截止区而造成 i_B、i_C 趋于零，输出电压出现正半周削波，此即为截止失真。图 8.3.6 所示为放大电路产生截止失真时对应的电压和电流波形。

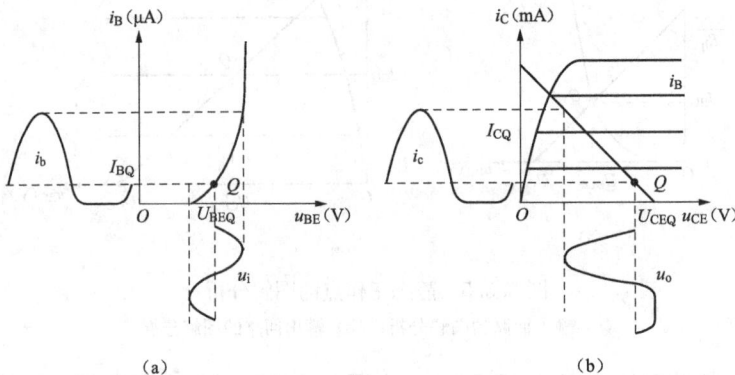

图 8.3.6 放大电路产生截止失真时对应的电压和电流波形

(a) 截止失真的 i_B 波形；(b) 截止失真的 i_C 及 u_{CE} 波形

要消除截止失真，唯有抬高静态工作点，增大静态基极电流 I_B，使 BJT 发射结的正向偏置电压始终大于死区电压，脱离截止区。

（2）当放大电路静态工作点 Q 选得太高时，基极电流 i_B 虽不失真，但在输入信号变至正半周时，BJT 工作进入饱和区，致使 u_{CE} 太小，集电结反向偏压极低，收集电子的能力削弱，i_C 不再增加，而趋于饱和，输出电压将维持饱和压降不变，导致负半周被削波，此即为饱和失真。图 8.3.7 所示为放大电路产生饱和失真时对应的电压和电流波形。

要消除饱和失真，就应降低静态工作点，使静态基极电流 I_B 减小，可通过改变电路参数予以实现，如增加 R_b 或减小 R_c。

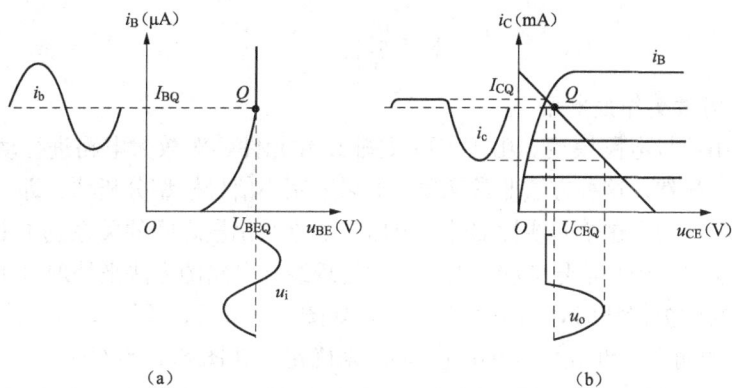

图 8.3.7　放大电路产生饱和失真时对应的电压和电流波形
（a）饱和失真的 i_B 波形；（b）饱和失真的 i_C 及 u_{CE} 波形

8.3.3　放大电路的动态分析

1. 放大电路的动态性能指标

放大电路放大的对象是变化量，研究放大电路时除了要保证放大电路具有合适的静态工作点外，更重要的是研究它的放大性能。对于放大电路的放大性能有两个方面的要求：①放大倍数要尽可能大；②输出信号要尽可能不失真。衡量放大电路性能的重要指标有电压放大倍数、输入电阻和输出电阻。

（1）电压放大倍数 A_u。放大电路输出电压 $\dot{U}_o$ 和输入电压 $\dot{U}_i$ 之比称为放大电路的电压放大倍数，即

$$\dot{A}_u = \frac{\dot{U}_o}{\dot{U}_i} \text{ 或 } A_u = \frac{u_o}{u_i} \tag{8.3.8}$$

电压放大倍数反映了放大电路的放大能力。

（2）输入电阻 r_i。放大电路对信号源或前级放大电路而言是负载，可等效为一个电阻，该电阻是从放大电路输入端看进去的等效动态电阻，称为放大电路的输入电阻。在电子电路中，往往要求放大电路具有尽可能高的输入电阻。

输入电阻 r_i 在数值上应等于输入电压的变化量与输入电流的变化量之比，即 $r_i = \Delta U_i / \Delta I_i$；当输入信号为正弦交流信号时，有

$$r_i = \frac{u_i}{i_i} \tag{8.3.9}$$

（3）输出电阻 r_o。放大电路对负载或后级放大电路而言是信号源，可以用一个理想电压源与内阻的串联电路来表示，这个内阻称为放大电路的输出电阻，记为 r_o。一般要求放大电路具有尽可能小的输出电阻，最好能远小于负载电阻 R_L。输出电阻在数值上等于放大电路输出端开路电压的变化量与短路电流的变化量之比，即

$$r_o = \frac{u_{OC}}{i_{SC}} \tag{8.3.10}$$

实际在计算电路输出电阻时，是利用戴维南定理来求解的。即将信号源 u_s 短路，并断开负载，在输出端加 u_t，求出电流 i_t，则

$$r_{\mathrm{o}} = \left. \frac{u_{\mathrm{t}}}{i_{\mathrm{t}}} \right|_{\substack{u_{\mathrm{s}}=0 \\ R_{\mathrm{L}}=\infty}} \qquad (8.3.11)$$

2. 放大电路的微变等效电路

(1) BJT 的小信号电路模型。由于 BJT 是非线性元件，对放大电路进行动态分析的最直接方法是图解法。显然，这种方法非常麻烦，如果采用小信号模型分析法，即：当信号变化范围很小时，可以认为 BJT 这个非线性器件的电压与电流变化量之间的关系基本上是线性的，这样就可以给 BJT 建立一个小信号的线性模型，用处理线性电路的方法来处理 BJT 放大电路。

BJT 在采用共射极接法时，对应两个端口，如图 8.3.8 (a) 所示。输入端的电压与电流的关系可由 BJT 的输入特性 $i_{\mathrm{B}} = f(u_{\mathrm{BE}})|_{u_{\mathrm{CE}}=\text{常数}}$ 来确定。在图 8.3.8 (b) 中，当 BJT 工作在输入特性曲线的线性段时，输入端电压与电流的变化量，即 ΔU_{BE} 与 ΔI_{B} 成正比例关系。因而可以用一个等效的动态电阻 r_{be} 来表示，即 $r_{\mathrm{be}} = \Delta U_{\mathrm{BE}}/\Delta I_{\mathrm{B}}$ 称为 BJT 的输入电阻。在常温下低频小功率晶体管的动态输入电阻 r_{be} 的计算式为

$$r_{\mathrm{be}} = 200\Omega + (1+\beta) \frac{26\mathrm{mV}}{I_{\mathrm{EQ}}} \qquad (8.3.12)$$

输出端的电压与电流的关系可由 BJT 的输出特性 $i_{\mathrm{C}} = f(u_{\mathrm{CE}})|_{i_{\mathrm{B}}=\text{常数}}$ 来确定，在图 8.3.8 (c) 中，由于 BJT 工作在放大区时，$\Delta I_{\mathrm{C}} = \beta \Delta I_{\mathrm{B}}$，与 ΔU_{CE} 几乎无关，因此，从 BJT 的输出端看进去，可用一个等效的恒流源来表示，不过这个恒流源的电流 ΔI_{C} 不是孤立的，而是受 ΔI_{B} 控制，故称为电流控制电流源，简称受控电流源。

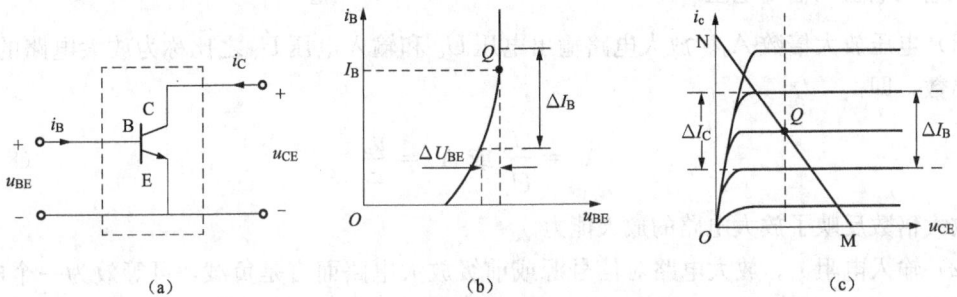

图 8.3.8　BJT 小信号模型的动态分析

(a) BJT；(b) BJT 输入特性；(c) BJT 输出特性

由此可见，当输入为交流小信号时，BJT 可用如图 8.3.9 (b) 所示的电路模型来代替。这样就把 BJT 的非线性分析转化为线性分析。

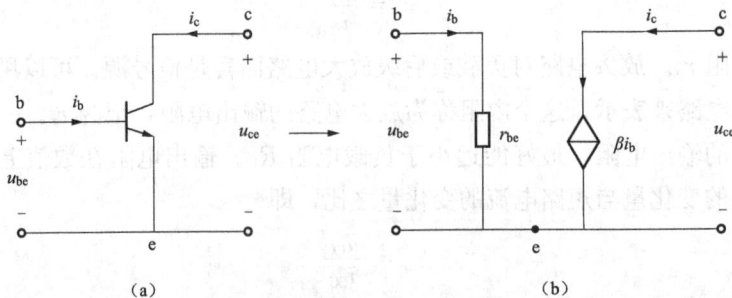

图 8.3.9　BJT 小信号模型的建立

(a) BJT；(b) BJT 的小信号电路模型

（2）放大电路的微变等效电路。放大电路的微变等效电路只是针对交流分量作用的情况，也就是信号源单独作用时的电路。为得到微变等效电路，首先要画出放大电路的交流通路。其原则是：将放大电路中的直流电源和所有电容短路。需注意，这里所说的电源短路，是将直流电源的作用去掉，而只考虑信号单独作用的情况。

画出交流通路后，再将 BJT 用小信号模型代替，便得到放大电路的微变等效电路。交流通路和微变等效电路如图 8.3.10 所示。

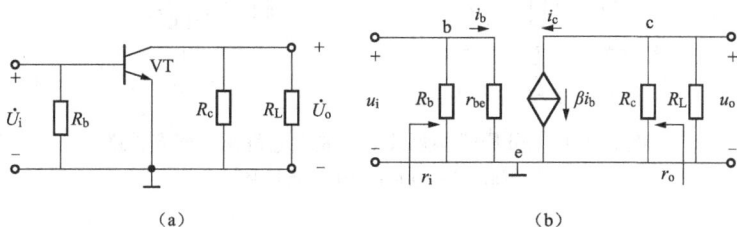

图 8.3.10　基本共射极放大电路的交流通路及微变等效电路

(a) 交流通路；(b) 微变等效电路

用微变等效电路分析法分析放大电路的步骤如下：

1) 用公式估算法计算 Q 值，并求出 Q 点处的参数 r_{be} 值。

2) 由放大电路的交流通路，画出放大电路的微变等效电路。

3) 利用微变等效电路，可求出空载（即不接负载 R_L）时，有

$$u_o = -R_c i_c = -R_c \cdot \beta i_b, \quad u_i = -r_{be} i_b$$

$$A_u = \frac{u_o}{u_i} = -\frac{\beta R_c}{r_{be}} \tag{8.3.13}$$

接上 R_L 时，有

$$A_u = \frac{u_o}{u_i} = -\frac{\beta R'_L}{r_{be}} (R'_L = R_c /\!/ R_L) \tag{8.3.14}$$

式（8.3.13）中，负号表示输出电压 u_o 与输入电压 u_i 反相位。

该电路的输入电阻为

$$r_i = R_b /\!/ r_{be} \tag{8.3.15}$$

一般基极偏置电阻 $R_b \gg r_{be}$，故式（8.3.15）可以近似为

$$r_i \approx r_{be} \tag{8.3.16}$$

该电路的输出电阻为

$$r_o = R_c \tag{8.3.17}$$

8.3.4　分压式偏置共射极放大电路

放大电路的 Q 点易受电源波动、偏置电阻的变化、管子的更换、元件的老化等因素的影响，而环境温度的变化是影响 Q 点的最主要因素。因为 BJT 是一个对温度非常敏感的器件，随温度的变化，管子参数（U_{BE}、I_{CBO}、β）会受到影响，导致 Q 点变化。因此在一些要求比较高的放大电路中，必须要考虑静态工作点的稳定问题。

稳定静态工作点 Q 实际就是稳定静态电流 I_C，因为温度变化，使 BJT 参数变化最终都归结于 I_C 的变化。设法使 I_C 维持恒定，也就稳定了静态工作点。

为此，引入分压式偏置共射极放大电路，如图 8.3.11（a）所示。该电路稳定静态工作

点的实质是：利用发射极电流 I_E 在电阻 R_e 上产生的压降 U_E 的变化去影响基极电流 I_B。

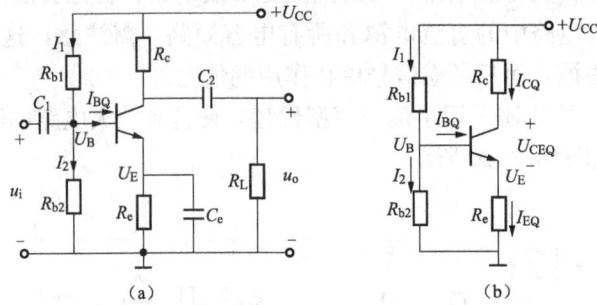

图 8.3.11 分压式偏置共射极放大电路及其直流通路

(a) 基本电路；(b) 直流通路

1. 电路特点

（1）利用基极分压电阻 R_{b1} 和 R_{b2} 固定静态基极电位 U_B。根据基尔霍夫电流定律（KCL）有 $I_1 = I_2 + I_B$，当满足 $I_2 \gg I_B$ [一般取 $I_2 = (5\sim10)I_B$] 时，则 $I_1 \approx I_2$。静态基极电位为

$$U_B = \frac{R_{b2}}{R_{b1} + R_{b2}} U_{CC} \tag{8.3.18}$$

此时，U_B 主要由电路中固定参数确定，几乎与 BJT 参数无关，不受温度影响。

（2）利用射极电阻 R_e 将静态集电极电流 I_C 的变化转化为电压的变化，回送到基极（输入）回路。根据基尔霍夫电压定律（KVL）有

$$U_E = U_B - U_{BE} = R_e I_E \approx R_e I_C (因为 \beta \gg 1，所以 I_E \approx I_C)$$

如果满足 $U_B \gg U_{BE}$，那么静态集电极电流为

$$I_C \approx I_E = \frac{U_B - U_{BE}}{R_e} \approx \frac{U_B}{R_e} \tag{8.3.19}$$

静态集—射极间的电压为

$$U_{CE} = U_{CC} - I_C R_c - I_E R_e \approx U_{CC} - I_C(R_c + R_e) \tag{8.3.20}$$

这样，集电极电流 I_C 和集—射极电压 U_{CE} 主要由电路参数确定，几乎与 BJT 参数无关。

电路稳定静态工作点的过程：当温度升高时，I_C 增加，电阻 R_e 上压降增大，由于基极电位 U_B 固定，则加到发射结上的电压减小，I_B 减小，从而使 I_C 减小，即 I_C 趋于恒定。

调节过程可以表示：

$$T \uparrow \rightarrow I_C \uparrow \rightarrow I_E \uparrow \rightarrow R_e I_E \uparrow \rightarrow U_{BE} \downarrow \rightarrow I_B \downarrow \rightarrow I_C \downarrow$$

（3）R_e 两端并联一个发射极旁路电容 C_e，以免放大电路的电压放大倍数下降。

2. 静态分析

根据前面对电路特点的分析，很容易求出静态参数，即

$$U_B = \frac{R_{b2}}{R_{b1} + R_{b2}} U_{CC}$$

$$I_C \approx I_E = \frac{U_B - U_{BE}}{R_e} \approx \frac{U_B}{R_e}, \quad I_B = \frac{I_C}{\beta}$$

$$U_{CE} = U_{CC} - I_C R_c - I_E R_e \approx U_{CC} - I_C(R_c + R_e)$$

从而确定了放大电路的静态工作点。

3. 动态分析

（1）接有射极电容 C_e：因 C_e 一般较大，可达几十至几百微法，故可视为交流短路。其对应的交流通路和微变等效电路如图 8.3.12 所示。

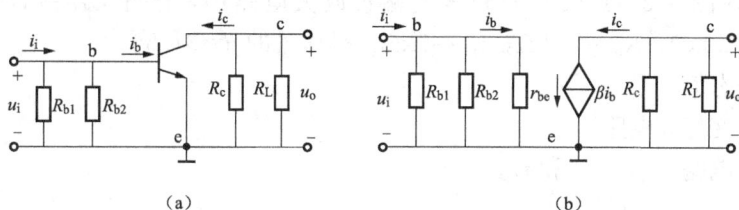

图 8.3.12 分压式偏置共射极放大电路的交流分析

（a）交流通路；（b）微变等效电路图

由微变等效电路可得到输入、输出电压的表达式为

$$u_i = -r_{be}i_b$$

$$u_o = -R'_L i_c = -R'_L \cdot \beta i_b (R'_L = R_c /\!/ R_L)$$

所以

$$A_u = \frac{u_o}{u_i} = -\frac{\beta R'_L}{r_{be}} \tag{8.3.21}$$

输入电阻为

$$r_i = R_{b1} /\!/ R_{b2} /\!/ r_{be} \tag{8.3.22}$$

输出电阻为

$$r_o = R_c \tag{8.3.23}$$

（2）未接发射极电容 C_e 时，其对应的微变等效电路如图 8.3.13 所示。

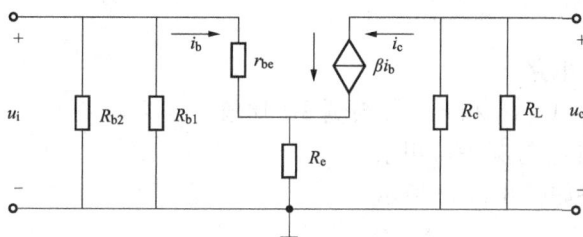

图 8.3.13 未接射极电容时对应放大电路的微变等效电路

由微变等效电路可得到输入、输出电压的表达式为

$$u_i = r_{be}i_b + R_e i_e = [r_{be} + (1+\beta)R_e]i_b$$

$$u_o = -R'_L i_c = -R'_L \cdot \beta i_b (R'_L = R_c /\!/ R_L)$$

所以

$$A_u = \frac{u_o}{u_i} = -\frac{\beta R'_L}{r_{be} + (1+\beta)R_e} \tag{8.3.24}$$

可以看出，去掉发射极电容后，对电路的电压放大倍数影响很大，使得 A_u 急剧下降。

输入电阻为

$$r_i = R_{b1} /\!/ R_{b2} /\!/ [r_{be} + (1+\beta)R_e] \tag{8.3.25}$$

此时，提高了放大电路的输入电阻。

输出电阻为

$$r_{\text{o}} = R_{\text{c}} \tag{8.3.26}$$

【例 8-1】 在图 8.3.11（a）的分压式偏置放大电路中，已知 $U_{\text{CC}} = 12\text{V}$，$R_{\text{c}} = 2\text{k}\Omega$，$R_{\text{e}} = 2\text{k}\Omega$，$R_{\text{b1}} = 20\text{k}\Omega$，$R_{\text{b2}} = 10\text{k}\Omega$，$R_{\text{L}} = 6\text{k}\Omega$，晶体管的 $\beta = 37.5$。

(1) 试求静态值。

(2) 画出微变等效电路。

(3) 计算该电路的 A_{u}、r_{i} 和 r_{o}。

解　(1)　$U_{\text{B}} = \dfrac{10}{20+10} \times 12 = 4(\text{V})$

$$I_{\text{C}} \approx I_{\text{E}} = \frac{U_{\text{B}} - U_{\text{BE}}}{R_{\text{e}}} = \frac{4-0.6}{2} = 1.7(\text{mA})$$

$$I_{\text{B}} = \frac{I_{\text{C}}}{\beta} = \frac{1.7}{37.5} = 0.045(\text{mA}) = 45\mu\text{A}$$

$$U_{\text{CE}} \approx U_{\text{CC}} - I_{\text{C}}(R_{\text{c}} + R_{\text{e}}) = 12 - (2+2) \times 10^3 \times 1.7 \times 10^{-3} = 5.2(\text{V})$$

(2) 微变等效电路同图 8.3.12（b）。

(3) $r_{\text{be}} = 200\Omega + (1+\beta)\dfrac{26\text{mV}}{I_{\text{EQ}}} = 200 + (1+37.5) \times \dfrac{26}{1.7} = 0.79(\text{k}\Omega)$

$$A_{\text{u}} = \frac{u_{\text{o}}}{u_{\text{i}}} = -\frac{\beta R_{\text{L}}'}{r_{\text{be}}} = -37.5 \times \frac{2/\!/6}{0.79} = -37.5 \times \frac{1.5}{0.79} = -71.2$$

$$r_{\text{i}} = R_{\text{b1}} /\!/ R_{\text{b2}} /\!/ r_{\text{be}} \approx r_{\text{be}} = 0.79\text{k}\Omega$$

$$r_{\text{o}} = R_{\text{c}} = 2\text{k}\Omega$$

【例 8-2】 在例 8-1 中，如图 8.3.11（a）中的 R_{e} 未全被 C_{e} 旁路，而尚留一段 R_{e2}，$R_{\text{e2}} = 0.2\text{k}\Omega$，如图 8.3.14 所示。

(1) 试求静态值。

(2) 画出微变等效电路。

(3) 计算该电路的 A_{u}、r_{i} 和 r_{o}，并与例 8-1 比较。

解　(1) 静态值和 r_{be} 与例 8-1 相同。

(2) 微变等效电路如图 8.3.15 所示。

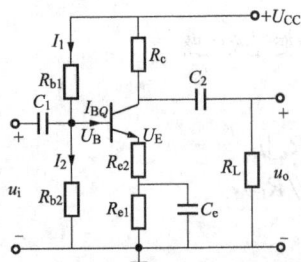

图 8.3.14　例 8-2 的电路图　　　　　图 8.3.15　例 8-2 的微变等效电路

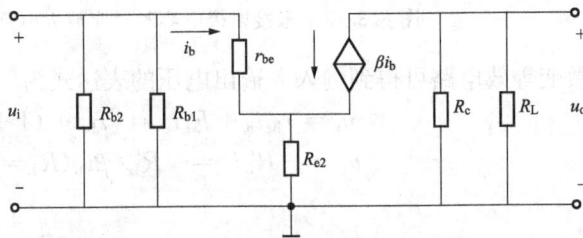

(3) 由图 8.3.15 并根据式 (8.3.24)～式 (8.3.26) 可得出

$$A_{\text{u}} = \frac{u_{\text{o}}}{u_{\text{i}}} = -\frac{\beta R_{\text{L}}'}{r_{\text{be}} + (1+\beta)R_{\text{e2}}} = -\frac{37.5 \times 1.5}{0.79 + 38.5 \times 0.2} = -6.63$$

$$r_i = R_{b1} /\!/ R_{b2} /\!/ [r_{be} + (1+\beta)R_{e2}] = 3.74(\text{k}\Omega)$$
$$r_o = R_c = 2\text{k}\Omega$$

可见，留有一段发射极电阻 R_{e2} 未被 C_e 旁路时，电路的电压放大倍数虽然降低了，但改善了放大电路的工作性能，使增益的稳定性提高，输入电阻增大。这将在第 9.2 节详细介绍。

8.4 共集电极与共基极放大电路

基本放大电路共有三种组态，前面讨论的放大电路均是共射极放大电路，这种电路的优点是电压放大倍数比较大，但缺点是输入电阻较小，输出电阻较大。本节主要讨论共集电极放大电路并简单介绍一下共基极放大电路的特点。

8.4.1 共集电极放大电路

共集电极放大电路如图 8.4.1 所示。采用固定偏置电路使 BJT 工作在放大状态。交流输入信号 u_s（R_s 为信号源内阻）从基极送入，输出信号从发射极取出，由此得名为射极输出器。而集电极作为交流地，是输入、输出回路的公共端，故为共集电极放大电路。

1. 静态分析

共集电极放大电路的交、直流通路如图 8.4.2 所示。

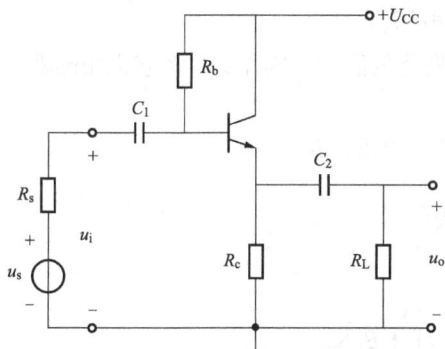

图 8.4.1 共集电极放大电路图

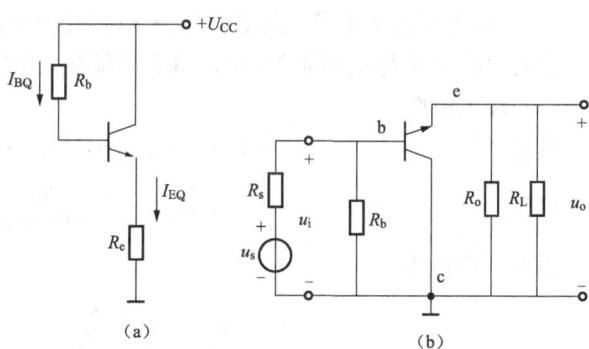

图 8.4.2 共集电极放大电路的交、直流通路
(a) 直流通路；(b) 交流通路

根据图 8.4.2（a）可得到

$$U_{CC} = R_b I_B + U_{BE} + R_e I_E$$

于是

$$I_B = \frac{U_{CC} - U_{BE}}{R_b + (1+\beta)R_e} \tag{8.4.1}$$
$$I_E = (1+\beta)I_B \tag{8.4.2}$$
$$U_{CE} = U_{CC} - R_e I_E \tag{8.4.3}$$

从而确定了放大电路的静态工作点。

2. 动态分析

（1）电压放大倍数。由图 8.4.2（b）所示的共集电极电路的交流通路，便可得到图 8.4.3 所示的共集电极放大电路的微变等效电路。根据 KVL 可列出输入、输出回路电压方程：

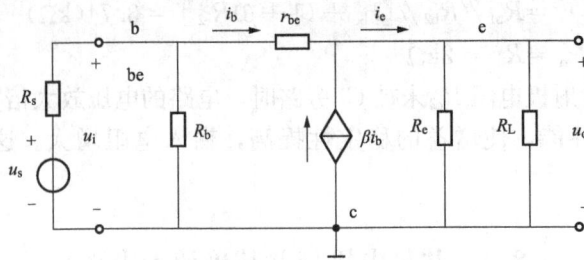

图 8.4.3 共集电极放大电路的微变等效电路

输出回路为

$$u_o = (1+\beta)i_b R'_L \quad (R'_L = R_e /\!/ R_L)$$

输入回路为

$$u_i = r_{be}i_b + R'_L i_e = [r_{be} + (1+\beta)R'_L]i_b$$

电压放大倍数的表达式为

$$A_u = \frac{u_o}{u_i} = \frac{(1+\beta)R'_L}{r_{be} + (1+\beta)R'_L} \tag{8.4.4}$$

在实际电路中，因为 $(1+\beta)R'_L \gg r_{be}$，所以 $A_u \approx 1$。

共集电极放大电路的电压放大倍数为正实数，且小于 1 而接近于 1，这说明：

1）共集电极放大电路的输出电压和输入电压同相位。

2）共集电极放大电路的输出电压大小接近于输入电压。

故共集电极放大电路的输出电压具有跟随输入电压变化的能力，因而又称为射极跟随器。

（2）输入电阻

根据

$$u_i = r_{be}i_b + R'_L i_e = [r_{be} + (1+\beta)R'_L]i_b$$

可得

$$i_b = \frac{u_i}{r_{be} + (1+\beta)R'_L}$$

而输入电流为

$$i_i = \frac{u_i}{R_b} + i_b = \frac{u_i}{R_b} + \frac{u_i}{r_{be} + (1+\beta)R'_L}$$

所以

$$r_i = R_b /\!/ [r_{be} + (1+\beta)R'_L] \tag{8.4.5}$$

可见，与共射极放大电路相比，共集电极放大电路的输入电阻要高得多，可高出几十至几百倍。

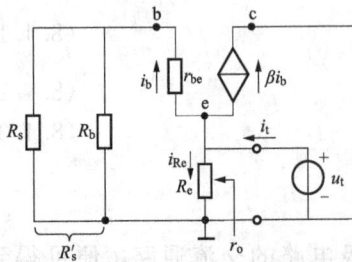

图 8.4.4 共集电极电路
求 r_o 的等效电路

（3）输出电阻。

按照输出电阻定义的表达式 $r_o = \dfrac{u_t}{i_t}\bigg|_{\substack{u_s=0 \\ R_L=\infty}}$，可画出共集电极电路求 r_o 的等效电路，如图 8.4.4 所示。

根据等效电路可得 $i_{R_e} = \dfrac{u_t}{R_e}$

$$i_b = \frac{u_t}{R'_s + r_{be}}，其中 R'_s = R_s /\!/ R_b$$

$$\beta i_b = \frac{\beta u_t}{R_s + r_{be}}$$

则

$$i_t = i_{Re} + i_b + \beta i_b = \frac{u_t}{R_e} + \frac{(1+\beta)u_t}{R'_s + r_{be}}$$

所以
$$r_o = \frac{u_t}{i_t} = R_e /\!/ \frac{R'_s + r_{be}}{1+\beta} \tag{8.4.6}$$

可见共集电极放大电路的输出电阻是很低的，它远小于共射极放大电路的输出电阻（$r_o = R_c$），为几十至几百欧。

3. 共集电极放大电路的应用

共集电极放大电路虽然没有电压放大作用，但有电流放大作用和功率放大作用。故仍属于放大电路之列，利用共集电极电路的特点，使它在放大电路的很多地方得到广泛地应用。

（1）作放大电路、测量仪器的输入级，是利用其输入电阻高的特点。它可以降低输入电流，减轻信号源的负担；提高输入电压，减小信号损失；当它作为测量仪器的输入级接入被测电路时，由于其分流作用小，对被测电路的影响就小，提高了测量精确度。

（2）作放大电路的输出级，是利用其输出电阻低的特点。它可以提高放大器的带负载能力，增强输出电压的稳定性。

（3）作多级放大电路的中间级，起阻抗变换作用。其高输入电阻可提高前级的电压放大倍数，减小前级的信号损失；其低输出电阻可提高后级输入电压，这对输入电阻小的共射极放大电路十分有益。所以，共集电极电路作为中间级有利于提高整个电路的电压放大倍数。

8.4.2　共基极放大电路

共基极放大电路及其微变等效电路如图8.4.5所示。

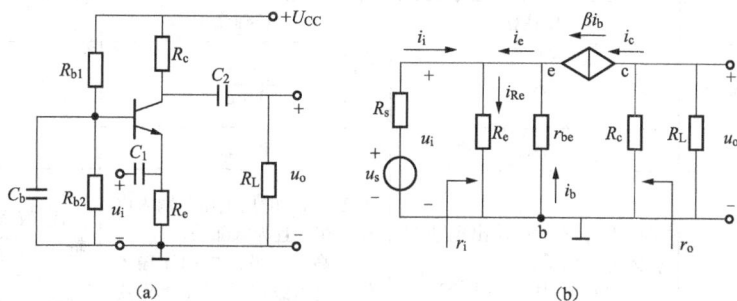

图 8.4.5　共基极放大电路及其微变等效电路
（a）共基极放大电路；（b）微变等效电路

由图可见，该电路的偏置方式与分压式偏置共射极放大电路完全相同，故静态工作点的计算可直接利用式（8.3.18）～式（8.3.20）来求解。

电路构成的特点：

（1）射极电阻 R_e 同样起着稳定静态工作点的作用。

（2）信号改由发射极输入。

（3）增加了基极电容 C_b，使基极成为信号输入和输出的公共端，即形成共基极电路。

共基极放大电路，信号由发射极输入，自集电极输出，故无电流放大作用，但它的电流放大倍数小于 1 而接近于 1，具有电流跟随作用，所以又将共基极放大电路称为电流跟随器。共基极放大电路有电压放大和功率放大作用。输出电压与输入电压相位相同。输入电阻比共射放大电路还要小，而输出电阻与共射放大电路相同。这种放大电路的主要优点是通频带宽，稳定性好，具有恒流输出特性，适用于要求通频带宽和频率高的场合。

　　式（8.4.7）~式（8.4.9）是根据图 8.4.5（b）所示共基极放大电路的微变等效电路推导的动态性能指标计算的公式。具体推导过程可参照前面共射极放大电路（或共集电极放大电路）动态性能指标的分析方法进行推导。

$$A_u = \frac{\beta R_L'}{r_{be}} \tag{8.4.7}$$

式中 $R_L' = R_c /\!/ R_L$

$$r_i = R_e /\!/ \frac{r_{be}}{1+\beta} \tag{8.4.8}$$

$$r_o = R_c \tag{8.4.9}$$

　　综上所述，可将三种基本放大电路列表进行比较，见表 8.4.1。

表 8.4.1　　　　　　　　　　　　三种基本放大器比较

（设 $\beta=50$，$r_{be}=1.1\text{k}\Omega$，$R_c=R_e=R_s=3\text{k}\Omega$，$R_L=\infty$）

<table>
<tr><td colspan="2"></td><td>共射极</td><td>共集极</td><td>共基极</td></tr>
<tr><td rowspan="2">A_u</td><td>表达式</td><td>$-\dfrac{\beta R_c}{r_{be}}$</td><td>$\dfrac{(1+\beta)R_e}{r_{be}+(1+\beta)R_e}$</td><td>$\dfrac{\beta R_c}{r_{be}}$</td></tr>
<tr><td>数值</td><td>-136</td><td>0.993</td><td>136</td></tr>
<tr><td rowspan="2">r_i</td><td>表达式</td><td>r_{be}</td><td>$r_{be}+(1+\beta)R_e$</td><td>$\dfrac{r_{be}}{1+\beta}$</td></tr>
<tr><td>数值</td><td>$1.1\text{k}\Omega$</td><td>$154\text{k}\Omega$</td><td>20.6Ω</td></tr>
<tr><td rowspan="2">r_o</td><td>表达式</td><td>R_c</td><td>$\dfrac{r_{be}+R_s}{1+\beta}$</td><td>$R_c$</td></tr>
<tr><td>数值</td><td>$3\text{k}\Omega$</td><td>80.4Ω</td><td>$3\text{k}\Omega$</td></tr>
<tr><td colspan="2">特点及用途</td><td>$|A_u|$ 较大；输出电压与输入电压相反；r_i 和 r_o 适中，应用广泛</td><td>$A_u<1$，输出电压与输入电压同相，且为跟随关系；r_i 高；r_o 低。可用作输入级、输出级以及起隔离作用的中间级</td><td>A_u 较大，且输出电压与输入电压同相；r_i 低；r_o 高。用于宽频带放大或作为恒流源</td></tr>
</table>

8.5　多级放大电路

　　前面介绍过的基本放大电路，其电压放大倍数一般只能达到几十至几百倍。然而在实际应用中，放大电路的输入信号通常很微弱（毫伏或微伏级），为了使放大后的信号能够驱动负载，仅仅通过一级放大电路进行信号放大，很难满足实际要求，故需要采用多级放大电路。

8.5.1　多级放大电路的组成

　　多级放大电路是指两个或两个以上的单级放大电路组成的电路。图 8.5.1 所示为多级放大电路的组成框图。通常称多级放大电路的第一级为输入级。对于输入级，一般采用输入阻抗较高的放大电路，以便从信号源获得较大的电压输入信号并对信号进行放大。中间级主要实现电压信号的放大，一般要用几级放大电路才能完成。而多级放大电路的最后一级称为输出级，也是功率放大级，与负载直接相连，要求带负载能力强，且具有足够的负载驱动能力。

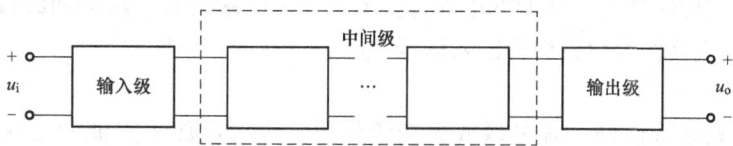

图 8.5.1　多级放大电路的组成框图

8.5.2　多级放大电路的耦合方式

既然是多级放大电路，就必然存在级间连接方式，这种连接方式称为耦合方式。而级与级之间耦合时，必须满足：

（1）耦合后，各级电路仍具有合适的静态工作点。

（2）保证信号在级与级之间能够顺利地传输。

（3）耦合后，多级放大电路的性能指标必须满足实际的要求。

为了满足上述要求，常用的耦合方式有阻容耦合、直接耦合和变压器耦合。

1. 阻容耦合

级与级之间通过电容连接靠电阻取信号的方式称为阻容耦合方式。图 8.5.2 所示为两级阻容耦合放大电路。

电容 C_2 将两级放大电路隔离开。因级间耦合电容的隔直作用，各级的直流工作状态独立，静态工作点互不影响，且电容越大，容抗越小，对交流可视为短路，从而使得交流信号几乎无损失地在级间传递。

由图 8.5.2 可得阻容耦合放大电路的特点如下。

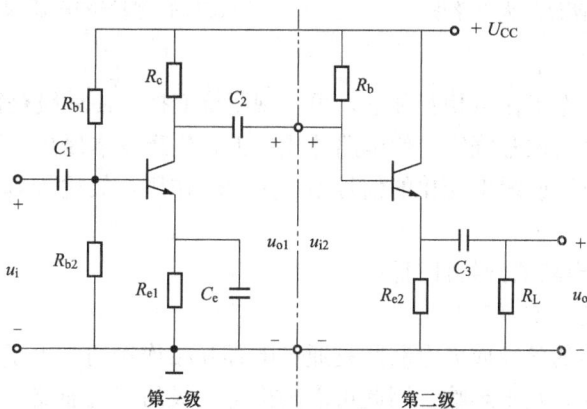

图 8.5.2　两级阻容耦合放大电路

（1）优点：因电容具有隔直作用，所以各级电路的静态工作点相互独立，互不影响，避免了温漂信号的逐级传递和放大，且给放大电路的分析、设计和调试带来了很大的方便。

（2）缺点：因电容对交流信号具有一定的容抗，为了减小信号传输过程中的衰减，需将耦合电容尽可能加大。但电容加大，不利于电路实现集成化，因为集成电路中很难制造大容量的电容。另外，这种耦合方式无法传递缓慢变化的信号。

2. 直接耦合

为了避免电容对缓慢变化的信号在传输过程中带来不良影响，可以把级与级之间直接用导线连接起来，这种连接方式称为直接耦合。图 8.5.3 所示为直接耦合两级放大电路。前级的输出信号 u_{o1}，直接作为后一级的输入信号 u_{i2}。

直接耦合的特点如下。

（1）优点：频率特性好，既可以放大交流信号，也可以放大直流和变化非常缓慢的信号；电路中无大的耦合电容，便于实现集成化，所以集成电路中多采用这种耦合方式。

（2）缺点：由于是直接耦合，各级静态工作点将相互影响，不利于电路的设计、调试和维修；且输出端存在温度漂移。

3. 变压器耦合

各级放大电路之间通过变压器耦合传递信号。图 8.5.4 所示为两级变压器耦合放大电路。通过变压器 T1 把前级的输出信号 u_{o1}，耦合传送到后级，作为后一级的输入信号 u_{i2}。变压器 T2 将第二级的输出信号耦合传递给负载 R_L。

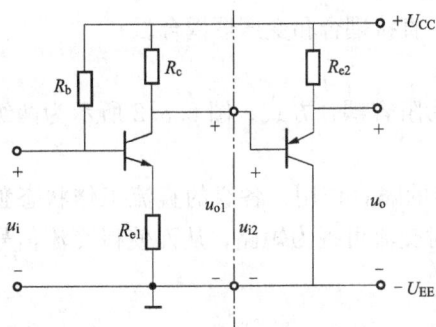

图 8.5.3　直接耦合两级放大电路图　　　　图 8.5.4　两级变压器耦合放大电路

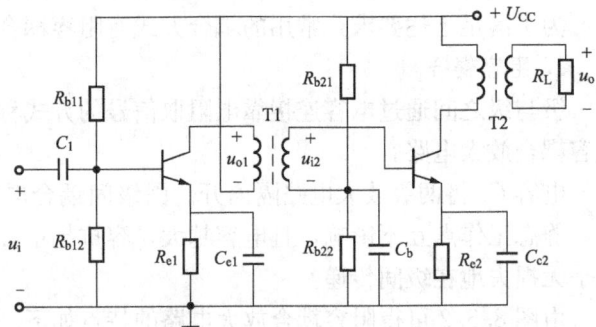

变压器耦合的特点如下。

（1）优点：各级静态工作点相互独立，可实现阻抗变换，使后级获得最大功率。

（2）缺点：由于采用铁芯绕组，使电路体积加大，生产成本提高，无法实现集成化。

另外，变压器对直流或缓慢变化的信号不产生耦合作用，故这种耦合方式只能放大交流信号。

8.5.3　多级放大电路的分析计算

1. 静态工作点的分析计算

阻容耦合放大电路的各级放大电路间是通过电容互相连接的，由于电容的隔直作用，各级静态工作点彼此独立，互不影响。因此可以画出每一级的直流通路，分别计算各级的静态工作点。

直接耦合放大电路的各级静态工作点相互影响，因此静态工作点的分析计算要比阻容耦合复杂。可以运用电路理论的知识，通过列电压、电流方程组联立求解，从而确定各级的静态工作点。

2. 动态性能指标的分析计算

多级放大电路的动态分析仍可以利用微变等效电路来计算动态性能指标。在分析多级放大电路的性能指标时，一般采用的方法：通过计算每一级指标来分析多级指标。由于后级电路相当于前级的负载，该负载又是后级放大电路的输入电阻。所以在计算前级输出时，只要将后级的输入电阻作为其负载即可。同样，前级的输出信号又是后级的输入信号。

设多级放大电路的输入信号为 u_i，输出信号为 u_o，其级间为阻容耦合方式，如图 8.5.5 所示。

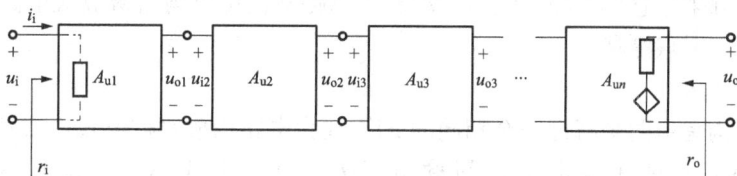

图 8.5.5　多级放大电路示意图

下面分析计算阻容耦合放大电路的动态指标。

（1）电压放大倍数 A_u。图 8.5.5 为多级放大电路示意图，可以看出，前一级的输出信号就是后一级的输入信号。因此，多级放大电路的电压放大倍数就等于各级电路的电压放大倍数的乘积，用公式表示为

$$A_u = \frac{u_{o1}}{u_i} \times \frac{u_{o2}}{u_{o1}} \times \cdots \times \frac{u_{on}}{u_{o(n-1)}} = A_{u1} A_{u2} \cdots A_{un} = \prod_{i=1}^{n} A_{ui} \qquad (8.5.1)$$

其中，A_{ui}（$i = 1 \sim n$）指第 i 级电路的放大倍数。

（2）输入电阻。多级放大电路的输入电阻，就是输入级的输入电阻，即等于从第一级放大电路的输入端看进去的等效输入电阻 r_{i1}。计算时要注意：当输入级为共集电极放大电路时，要考虑第二级的输入电阻作为前级负载时对输入电阻的影响。

（3）输出电阻。多级放大电路的输出电阻就是输出级的输出电阻，即等于从最后一级（末级）放大电路的输出端看进去的等效电阻 r_{on}。计算时要注意：当输出级为共集电极放大电路时，要考虑其前级对输出电阻的影响。

8.6　差 动 放 大 电 路

8.6.1　直接耦合放大电路中的主要问题

直接耦合放大电路可以放大直流信号。如果一个电路的输入信号为零，而输出信号却不为零，则将这种现象称为零点漂移，简称零漂。

零漂是直接耦合放大电路中存在的主要问题。当温度变化时，BJT 参数也随之变化，从而造成静态工作点的漂移。因温度变化引起的零点漂移称为温漂。由于直接耦合放大电路中各级静态工作点相互影响，故前级的漂移可经放大后送至末级，造成输出端产生较大的电压波动，即产生零漂。若零漂很严重，有用信号将完全淹没于噪声中，电路将不能正常工作。所以，零漂越小，电路性能越稳定。

在多级放大电路中，第一级电路的零漂决定整个放大电路的零漂指标，故为了提高放大

电路放大微弱信号的能力,在提高放大倍数的同时,必须减小输入级的零点漂移。集成运算电路的输入级多采用差动放大电路,它能有效抑制因温度变化引起的零点漂移。

8.6.2 差动放大电路的工作原理

差动放大电路是一种具有两个输入端且电路结构对称的放大电路,基本特点是只有两个输入端的输入信号间有差值时才能进行放大,即差动放大电路放大的是两个输入信号的差,所以称为差动放大电路,又称为差分放大电路。

差动放大电路是模拟集成电路中应用最广泛的基本单元电路,几乎所有模拟集成电路中的多级放大电路都采用它作为输入级。差动放大电路不仅可以与后级放大电路直接耦合,而且能够很好地抑制零点漂移。

1. 基本电路结构

基本电路结构是由两个特性完全相同的 BJT 放大电路构成对称形式,信号分别从两个基极与地之间输入,从两个集电极之间输出,这种电路形式称为双端输入、双端输出。图 8.6.1 所示为基本的差动放大电路。

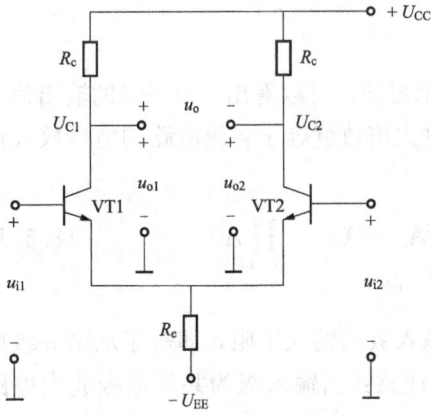

图 8.6.1 基本差动放大电路

2. 零点漂移的抑制

由于电路的对称性,温度的变化对 VT1、VT2 两管组成的左右两个放大电路的影响是一致的,相当于给两个放大电路同时加入了大小和极性完全相同的输入信号。因此,在电路完全对称的情况下,两管的集电极电位始终相同,差动放大电路的输出为零,不会出现普通直接耦合放大电路中的漂移电压,可见,差动放大电路利用电路结构的对称性抑制了零点漂移。

静态时,输入信号电压为零,$u_{i1} = u_{i2} = 0$,两输入端与地之间可视为短路,电路的对称决定了左右两个 BJT 的静态工作点相同,而有

$$I_{B1} = I_{B2}, \quad I_{C1} = I_{C2}, \quad U_{CE1} = U_{CE2}$$

$$U_{BE} + 2R_e I_E = U_{EE}$$

$$I_E = \frac{U_{EE} - U_{BE}}{2R_e} \tag{8.6.1}$$

$$I_B = \frac{I_E}{1 + \beta}, \quad I_C = \beta I_B$$

$$U_{CE} = U_{CC} + U_{EE} - R_C I_C - 2R_e I_E \tag{8.6.2}$$

由上述分析可知,在图 8.6.1 所示电压正方向下,静态时的双端输出电压 $U_o = U_{C1} - U_{C2} = 0$,当某种原因(例如温度)引起左右两管的静态工作点变化时,由于电路的完全对称性,使得这种变化完全相同,即 $\Delta I_{B1} = \Delta I_{B2}$,$\Delta I_{C1} = \Delta I_{C2}$,$\Delta U_{CE1} = \Delta U_{CE2}$,各管静态工作点变化产生的零点漂移是同相等量的。输出电压维持不变,从而有效地抑制零漂。

需要指出的是,利用电路结构的对称性,在两管集电极之间取输出,可有效地抑制两管的同相等量漂移,这是此电路的特点。然而它无法抑制每个管子的静态工作点变化,因而在单端输出时,即输出电压取自单个管子的集电极与地之间,零漂仍然存在。

3. 动态工作过程

（1）差模信号与共模信号。共模信号定义为：两输入端所加信号 u_{i1} 和 u_{i2} 大小相等、极性相同。在共模信号作用下，差放两管输出端的电位变化也是大小相等、极性相同，因此输出电压 $u_o = u_{C1} - u_{C2} = 0$。

差模信号定义为：两输入端所加信号 u_{i1} 和 u_{i2} 大小相等、极性相反。在差模信号作用下，差放两管输出端的电位变化同样是大小相等、极性相反，因此输出电压 $u_o = u_{C1} - u_{C2} = 2u_{C1} = -2u_{C2}$。

当两输入端所加信号 u_{i1} 和 u_{i2} 的大小和极性为任意时，为了便于分析，可以将其分解成差模分量与共模分量。

差模分量定义为：差动放大电路两个输入端信号之差，即

$$u_{id} = u_{i1} - u_{i2} \tag{8.6.3}$$

共模分量定义为：差动放大电路两个输入端信号的算术平均值，即

$$u_{ic} = \frac{1}{2}(u_{i1} + u_{i2}) \tag{8.6.4}$$

由式（8.6.3）和式（8.6.4）可以得到

$$u_{i1} = \frac{1}{2}u_{id} + u_{ic} \tag{8.6.5}$$

$$u_{i1} = -\frac{1}{2}u_{id} + u_{ic} \tag{8.6.6}$$

式（8.6.5）和式（8.6.6）说明：任意一对信号都可以分解为差模分量与共模分量的叠加。

（2）共模输入 $u_{i1} = u_{i2}$ 的情况。当差动放大输入共模信号时，由于电路对称，因而两管的集电极对地电压 $u_{C1} = u_{C2}$，差动放大电路的双端输出电压等于零。说明电路对共模信号是抑制的，即无放大作用，共模电压放大倍数 $A_{uc} = 0$。

实际上，前述差动放大电路对零漂的抑制就是该电路抑制共模信号的特例。因为折合到两个输入端的等效漂移电压如果相同，就相当于给放大电路加了一对共模信号。所以，差动放大电路抑制共模信号能力的大小，反映出它对零点漂移的抑制水平，电路的对称性越好，对共模信号的抑制能力就越强。

（3）差模输入 $u_{i1} = -u_{i2}$ 的情况。当差动放大输入差模信号时，等效交流通路如图 8.6.2 所示。

显然，差模信号使得完全对称的差分放大电路的左右两边产生等量、反相的电压和电流变化，即两管集电极电流一增一减，集电极电位一减一增，$u_{C1} = -u_{C2}$，从而导致双端输出电压 $u_o = u_{C1} - u_{C2} = 2u_{C1} = -2u_{C2}$，为单端输出电压的 2 倍。这说明差动放大电路对差模信号具有放大作用，差模电压放大倍数 $A_{ud} \neq 0$。

由于在差模信号作用下引起的 $i_{e1} = -i_{e2}$，通过 R_e（恒流源等效交流电阻）的电流信号分量 $i_{Re} = i_{e1} + i_{e2} = 0$，$R_e$ 上的电压变化 $u_{Re} = i_{Re}R_e = 0$，即差模信号

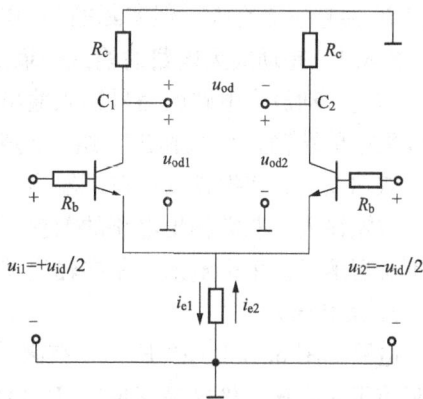

图 8.6.2　基本差动放大电路差模输入时的交流通路

不会在 R_e 上产生电压降，R_e 对差模信号来说相当于短路，则差模电压放大倍数

$$A_{ud} = \frac{u_{od1} - u_{od2}}{u_{i1} - u_{i2}} = \frac{2u_{od1}}{2u_{i1}} = A_{ud1} = A_{ud2} \qquad (8.6.7)$$

而每个单管放大电路的电压放大倍数与共射放大电路相同，即

$$A_{ud1} = \frac{u_{od1}}{u_{i1}} = A_{ud2} = \frac{u_{od2}}{u_{i2}} = -\frac{\beta R_c}{R_b + r_{be}} \qquad (8.6.8)$$

当在两管集电极之间接入负载电阻 R_L 时，若电路对称，两管集电极电位将一升一降，绝对值相等，则 R_L 中点电位不变，相当于两管以 $R_L/2$ 负载接入。故此时的电压放大倍数为

$$A_{ud1} = A_{ud2} = -\frac{\beta R_L'}{R_b + r_{be}} \qquad (8.6.9)$$

式中 $R_L' = R_c /\!/ \frac{1}{2} R_L$。

由于输入回路可看成两个管子输入回路的串联，同样输出回路也可看成两个管子输出回路的串联，故差模输入电阻和输出电阻分别是单管放大电路输入、输出电阻的 2 倍，即

$$r_i = 2(r_{be} + R_b) \qquad (8.6.10)$$
$$r_o = 2R_c \qquad (8.6.11)$$

（4）共模抑制比 K_{CMR}。对差动放大电路而言，差模信号是有用的信号，要求对它有较大的电压放大倍数，而共模信号则是零点漂移或干扰等原因产生的无用的附加信号，对它的电压放大倍数越小越好。为了衡量差动放大电路放大差模信号和抑制共模信号的能力，通常把差动放大电路的差模电压放大倍数 A_{ud} 与共模电压放大倍数的 A_{uc} 比值作为评价其性能优劣的主要指标，称为共模抑制比，记作 K_{CMR}。

$$K_{CMR} = \left| \frac{A_{ud}}{A_{uc}} \right| \qquad (8.6.12)$$

差动放大电路的差模电压放大倍数越大，共模电压放大倍数越小，放大电路的性能就越好。因为它表明放大电路的零点漂移就越小，抗共模干扰能力就越强。说明放大电路的输出信号越能够准确灵敏地反映输入信号的偏差，不致被共模干扰信号或零点漂移所淹没。共模抑制比越大，差动放大电路分辨差模信号的能力越强，对共模干扰（零点漂移）抑制越好。

K_{CMR} 实质上反映出实际差动电路的对称性。在双端输出理想对称的情况下，因 $A_{uc} = 0$，所以 K_{CMR} 趋于无穷大。但实际的差动电路不可能完全对称，因此 K_{CMR} 为一个有限值。

8.6.3　差动放大电路的输入—输出方式

前述差动放大电路的信号输入输出方式为双端输入双端输出，根据使用情况的不同，也可以采用单端输入单端输出。组合起来，差动放大电路的输入输出方式共有四种：双端输入—双端输出；双端输入—单端输出；单端输入—双端输出；单端输入—单端输出。在已掌握了双端输入—双端输出电路的前提下，只要再了解单端输入—单端输出电路，其余电路也就不难理解了。单端输入—单端输出差动放大电路又有以下两种情况。

1. 反相输入

电路如图 8.6.3（a）所示，在满足 $R_e \gg r_{be}$ 的前提条件下（恒流源等效交流电阻 R_e 的实际阻值很大，该条件极易满足），R_e 电阻的分流作用就可以忽略，即相当于开路。此时，输入信号 u_i 将均分在两管的输入回路上，满足大小相等，极性相反，两管所取得的信号是一对差模信号。从这一点看，单端输入和双端输入的效果是一样的。

设 u_i 增加，则

$$\Delta u_i > 0 \to \Delta u_{BE1} > 0 \to \Delta i_{C1} > 0 \to \Delta u_o < 0$$

可见，输入和输出电压的相位相反，故称反相输入。

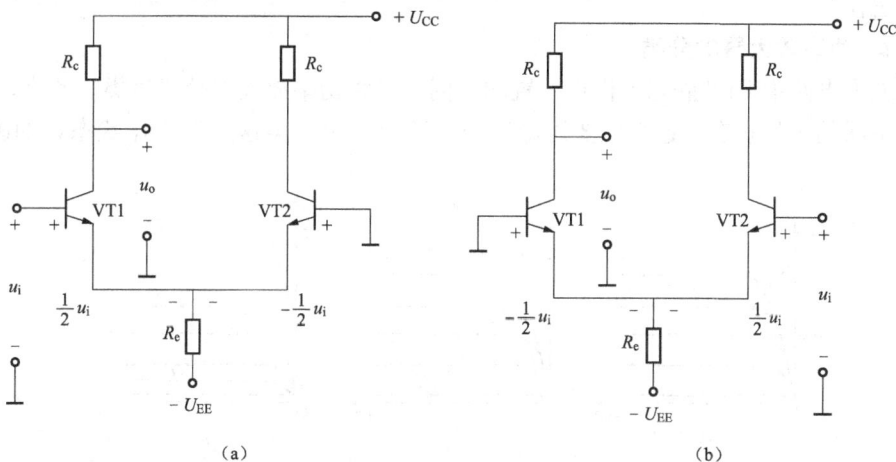

图 8.6.3　单端输入—单端输出的差动放大电路
(a) 反相输入；(b) 同相输入

2. 同相输入

电路如图 8.6.3（b）所示，设 u_i 增加，则

$$\Delta u_i > 0 \to \Delta u_{BE1} < 0 \to \Delta i_{C1} < 0 \to \Delta u_o > 0$$

可见，输入电压和输出电压的相位相同，故称同相输入。

双端输出时，$u_o = 2u_{c1}$，而单双端输出时，$u_o = u_{c1}$，另一半输出未用上，故在 u_i 相同时，u_o 较双端输出时减少了一半，即电压放大倍数为双端输出时的 $1/2$。

8.7　功率放大电路

多级放大电路的末级或末前级一般都是功率放大级，它将前置电压放大级送来的低频信号进行功率放大，去推动负载工作。例如，使仪表指针偏转，使扬声器发声，驱动控制系统中的执行机构，等等。电压放大电路和功率放大电路都是利用 BJT 的放大作用将信号放大，所不同的是，前者的目的是输出足够大的电压，而后者主要是要求输出最大的功率；前者是工作在小信号状态，而后者工作在大信号状态。两者对放大电路的考虑有各自的侧重点。

8.7.1　对功率放大电路的基本要求

对功率放大电路的基本要求主要有以下几个方面。

（1）在电子元件参数允许的范围内，放大电路的输出电压和输出电流都要有足够大的变化量，以便根据负载的要求，提供足够的输出功率。

（2）具有较高的效率。放大电路输出给负载的功率是由直流电源提供的，在输出功率较大的情况下，如果效率不高，不仅造成能量消耗，而且消耗在电路内部的电能将转换为热量，使管子、元件等温度升高。

（3）尽量减小非线性失真。由于功率放大电路的工作点变化范围大，因此输出波形的非线性失真问题要比小信号放大电路严重得多，应对这一问题特别注意。

此外，由于 BJT 工作在大信号状态，要求它的极限参数 I_{CM}、P_{CM}、$U_{(BR)CEO}$ 等应满足电路正常工作并留有一定的裕量，同时还要考虑 BJT 有良好的散热功能，以降低结温，确保 BJT 安全工作。

8.7.2　功率放大器的分类

根据放大电路中 BJT 静态工作点设置的不同，可将功率放大器分成甲类、乙类、甲乙类和丙类等不同的工作状态，这里主要讨论甲类、乙类和甲乙类这三种工作状态，如图 8.7.1 所示。

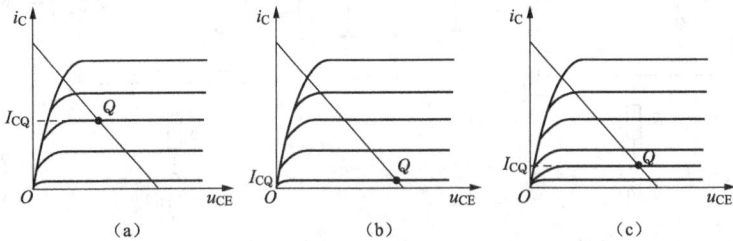

图 8.7.1　功率放大电路的工作状态
(a) 甲类放大；(b) 乙类放大；(c) 甲乙类放大

甲类放大的工作点设置在放大区，这种电路的优点是在输入信号的整个周期内 BJT 都处于导通状态，输出信号失真较小（前面讨论的电压放大器都工作在这种状态）。缺点是 BJT 有较大的静态电流 I_{CQ}，这时管耗 P_C 较大，电路能量转换效率低。

乙类放大的工作点设置在截止区，BJT 仅在信号的半个周期处于导通状态。这时，由于管子的静态电流 $I_{CQ}=0$，所以能量转换效率高。其缺点是只能对半个周期的输入信号进行放大，非线性失真大。

甲乙类放大的工作点设在放大区但接近截止区的位置上，即 BJT 处于微导通状态，且在信号作用的多半个周期内导通，这样可以有效克服乙类放大电路出现的交越失真，且能量转换效率较高，目前广泛使用。

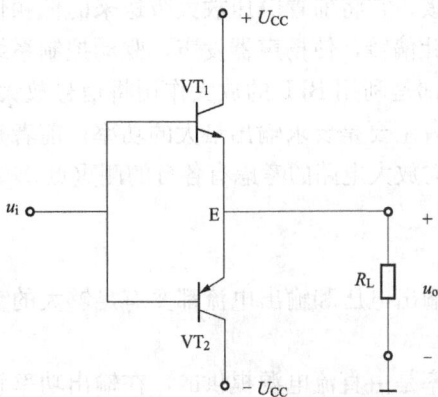

图 8.7.2　乙类双电源互补对称式功率放大电路

8.7.3　OCL 互补对称式功率放大电路（OCL 电路）

1. 电路和工作原理

图 8.7.2 所示为乙类双电源互补对称式功率放大电路，又称无输出电容功率放大电路，简称 OCL（Output Capacitor Less）电路。VT_1、VT_2 分别为 NPN 型和 PNP 型 BJT，要求 VT_1 和 VT_2 管特性对称，并且正负电源对称。

该电路可以看成是两个射极输出器互补对称连接。下面分析电路的工作原理。

静态时：由于两管特性对称，供电电源对称，两管射极电位 $U_E=0$，由于无基极偏置电流，故 VT_1、VT_2 均截止，电路中无静态功率损耗。

动态时：忽略发射结死区电压，在 u_i 的正半周内，VT_1 导通，VT_2 截止。负载 R_L 上流过由 VT_1 提供的射极电流，即 i_{c1} 经 U_{CC} 自上而下流过负载，在 R_L 上形成正半周输出电压，$u_o > 0$。其最大输出电压幅度约为 $+U_{CC}$（实际为 $U_{CC} - U_{CES1}$）。

在 u_i 的负半周内，VT_1 截止，VT_2 导通。负载 R_L 上流过由 VT_2 提供的射极电流，即 i_{c2} 经 $-U_{CC}$ 自下而上流过负载，在 R_L 上形成负半周输出电压，$u_o < 0$。其最大输出电压幅度约为 $-U_{CC}$。

由此可见，该电路实现了在静态时，管子不取用电流；而在有信号作用时，VT_1 和 VT_2 轮流导通，组成推挽式电路，从而在负载上得到一个完整的信号波形。由于两管互补对方的不足，工作性能对称，故称该电路为互补对称电路。

该电路的优点是简单、效率高、低频响应好、易于实现集成化。缺点是电路的输出波形在信号过零的附近产生失真。

2. 输出功率和效率

（1）输出功率。当输入正弦信号时，每只 BJT 只在半个周期内工作，若忽略交越失真，并设 BJT 饱和压降 $U_{CES} = 0$，则 $U_{om} \approx U_{CC}$，输出电压幅度最大。其输出功率为

$$P_{om} = U_o I_o = \frac{1}{2} U_{om} I_{om} \tag{8.7.1}$$

式中　I_{om}——集电极交流电流最大值；

U_{om}——BJT 集—射极间交流电压最大值。

或有由于

$$I_{om} = \frac{U_{om}}{R_L}$$

所以

$$P_{om} = \frac{U_{om}^2}{2R_L} \approx \frac{U_{CC}^2}{2R_L} \tag{8.7.2}$$

（2）效率。直流电源送入电路的功率，一部分转换为输出功率，另一部分则消耗在 BJT 上。所以，OCL 电路的效率为

$$\eta = \frac{P_o}{P_E} \tag{8.7.3}$$

式中　P_o——电路输出功率；

P_E——直流电源提供的功率。

由于每个直流电源只提供半个周期的电流，故其电流平均值为

$$I_{av} = \frac{1}{2\pi} \int_0^\pi I_{om} \sin\omega t \, d(\omega t) = \frac{1}{2\pi} \int_0^\pi \frac{U_{om}}{R_L} \sin\omega t \, d(\omega t) = \frac{U_{om}}{\pi R_L} \tag{8.7.4}$$

故两个电源提供的功率为

$$P_E = 2I_{av} U_{CC} = \frac{2}{\pi R_L} U_{om} U_{CC} \approx \frac{2}{\pi} \frac{U_{CC}^2}{R_L} \tag{8.7.5}$$

输出电压幅值最大时，电路输出的功率最大，同时电源提供的功率也最大。

在理想情况下，电路的最大效率为

$$\eta_{max} = \frac{P_{om}}{P_{Emax}} = \frac{\pi}{4} = 78.5\% \tag{8.7.6}$$

（3）管耗 P_C。直流电源提供的功率与输出功率之差就是消耗在 BJT 上的功率，即

$$P_C = P_E - P_{om} = \frac{2}{\pi R_L} U_{om} U_{CC} - \frac{U_{om}^2}{2R_L} \tag{8.7.7}$$

对式（8.7.7）求极值，可得当 $U_{om} \approx 0.64 U_{CC}$ 时，BJT 消耗的功率最大，其值为

$$P_{Cmax} = P_E - P_{om} = \frac{2U_{CC}^2}{\pi^2 R_L} = 0.4 P_{om} \tag{8.7.8}$$

每个管子的最大功耗为

$$P_{C1max} = P_{C2max} = \frac{1}{2} P_{Cmax} = 0.2 P_{om} \tag{8.7.9}$$

8.7.4　交越失真的产生及其消除

由于 BJT 输入特性存在死区，在输入信号的电压低于导通电压期间，VT_1 和 VT_2 都截止，输出电压为零，出现了两只 BJT 交替波形衔接不好的现象，这种失真现象称为交越失真。

演示电路如图 8.7.3（a）所示，在放大器的输入端加入一个 1000Hz 的正弦信号，用示波器观察其输出端的信号波形，发现输出波形在正、负半周的交界处产生了失真，观察到的输出波形如图 8.7.3（b）所示。

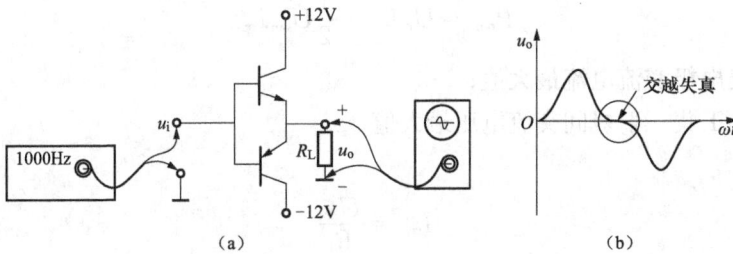

图 8.7.3　交越失真现象的演示

（a）演示电路；（b）输出波形

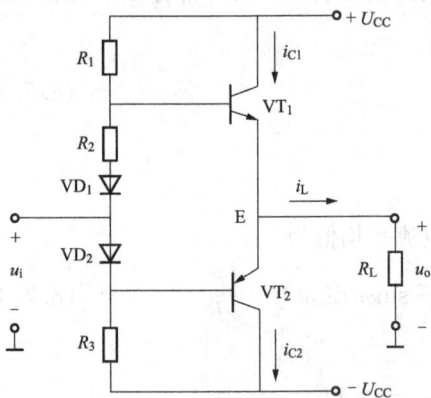

图 8.7.4　交越失真的克服

为了克服交越失真，可给 BJT 加适当的基极偏置电流，即使之工作在甲乙类放大状态。如图 8.7.4 所示，图中的 R_1、R_2、R_3、VD_1、VD_2 用来作为 VT_1、VT_2 的偏置电路，使之在静态时保证 VT_1、VT_2 发射结电压略大于死区电压，管子处于微导通状态，即有一个微小的静态基极电流。静态调整时可调节 R_1 和 R_3，使 VT_1、VT_2 的发射极电位为零（即 $U_E = 0$）。这样，当交流信号作用时 BJT 可在信号作用的全部时间内正常放大，消除了交越失真。

8.8　场效应管放大电路

场效应管同样也是一种放大器件，它的三个电极与双极型三极管的三个电极具有对应关系，即栅极 g、源极 s 和漏极 d 分别对应双极型三极管的基极 b、发射极 e 和集电极 c。所以

根据双极型三极管放大电路，可组成相应的场效应管放大电路。但由于两种放大器件各自的特点，故不能将双极型三极管放大电路中的管子简单地用场效应管取代来构成场效应管放大电路。

因为双极型三极管是电流控制器件，它在组成放大电路时，应给管子设置合适的偏流 I_B。而场效应管是电压控制器件，故在组成放大电路时，应给管子设置合适的偏压 U_{GS}，才能保证放大电路具有合适的静态工作点，以避免输出波形产生非线性失真。

同双极型三极管放大电路一样，场效应管放大电路也有共源（与共射对应）、共漏（与共集对应）和共栅（与共基对应）三种基本组态的电路，其中以共源放大电路应用最多，故现以共源电路为例来说明场效应管放大电路的工作原理。

8.8.1　增强型 MOS 管构成的共源放大电路

图 8.8.1 所示是增强型 NMOS 管构成的共源放大电路，其静态工作点是依靠给栅、源极间提供合适的电压 U_{GS} 来实现的。这个静态栅、源极间电压称为栅源偏置电压，简称栅偏压。图中 R_{g1} 和 R_{g2} 为偏置电阻。静态时，通过它们的分压给栅极建立合适的对地电压 U_G，从而建立合适的栅偏压 U_{GS}，所以这种偏置电路称为分压式偏置放大电路。由于栅极与源极之间有一层二氧化硅绝缘层，所以场效应管的输入电阻 $R_{gs} \to \infty$，栅极电流 $I_G = 0$，电阻 R_{g3} 上没有电压降，它只是为提高放大电路的输入电阻而设置的。因而有

$$U_G = \frac{R_{g2}}{R_{g1} + R_{g2}} U_{DD}$$

增强型 NMOS 管只有在 $U_{GS} > U_{GS(th)}$（开启电压）时，才能建立起反型层导电沟道。这时在 U_{DD} 的作用下，才会形成电流 $I_D = I_S$，因而有

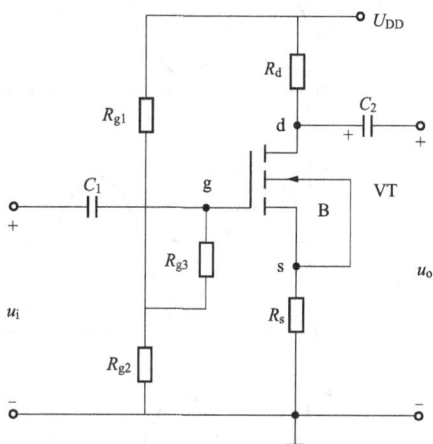

图 8.8.1　分压偏置共源放大电路

$$U_{GS} = U_G - U_S = U_G - R_s I_D$$
$$U_D = U_{DD} - R_d I_D$$

U_G 值必须保证在有信号输入时，NMOS 管处于 $U_{GS} > U_{GS(th)}$ 的状态，而且工作在管子输出特性的饱和区（即处于放大状态）。静态时各电极电压和电流都是直流，波形如图 8.8.2 中的虚线所示。

动态时，输入电压 u_i 通过 C_1 耦合到栅极与地之间，$u_G = U_G + u_i$，u_G 的变化引起 u_{GS} 变化，由于管子工作在输出特性的饱和区，i_D 与 u_{GS} 的交流分量之间基本成正比关系，其工作波形相同，如图 8.8.2 所示。当 i_D 增加时，$R_d i_D$ 增加，$u_D = U_{DD} - R_d i_D$ 减小；当 i_D 减小时，$R_d i_D$ 减小，u_D 增加，它的直流分量被 C_2 隔离，交流分量通过 C_2 耦合输出，从而在输出端获得一个被放大的交流电压 u_o，它的相位与 u_i 相反。

上述电路中采用的是 NMOS 管，如果改用 PMOS 管，只需将电源由 $+U_{DD}$ 改为 $-U_{DD}$ 即可。

8.8.2　耗尽型 MOS 管构成的共源放大电路

耗尽型 MOS 管构成的共源放大电路可采用图 8.8.1 所示的分压式偏置放大电路，也可采用图 8.8.3 所示的自给偏置放大电路。

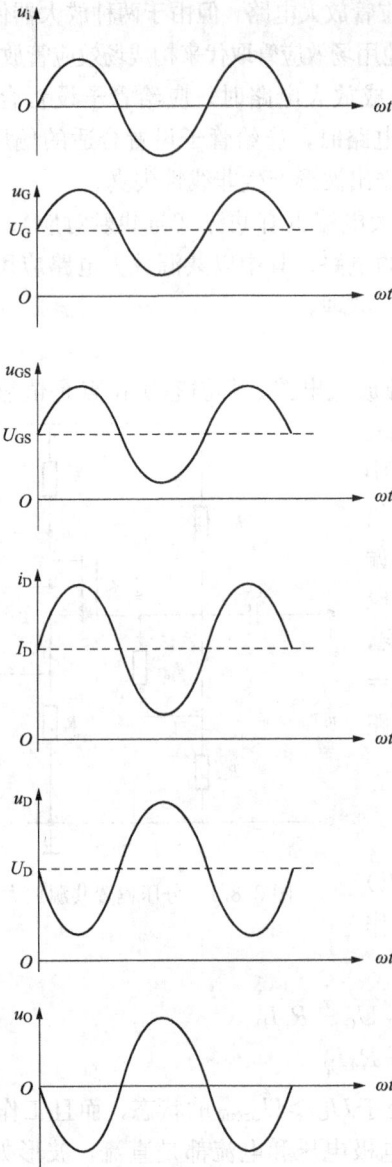

图 8.8.2　电压和电流的波形　　　　图 8.8.3　自给偏置共源放大电路

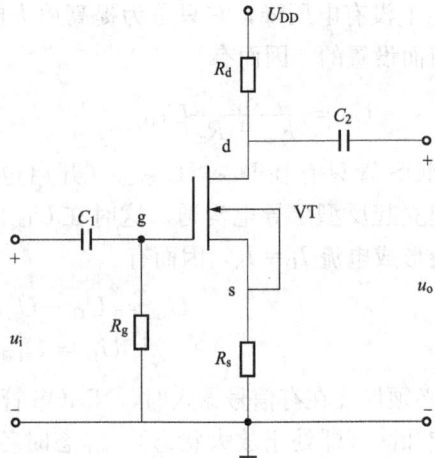

　　耗尽型场效应管有自建的反型层导电沟道，而且 NMOS 管的夹断电压 $U_{GS(off)}$ 为负值，当 U_{GS} 在大于、等于和小于零时，只要 $U_{GS} > U_{GS(off)}$，导电沟道就不会消失。由于 $I_G = 0$，R_g 上没有电压降，R_g 的作用只是沟通栅极与地之间的联系，为栅源极间提供直流通路。因此，该电路虽未设置偏置电阻，但只要接通电源 U_{DD}，便可使 $I_D = I_S$ 通过源极电阻 R_s，从而有 $U_{GS} = -R_s I_D$，故称该电路为自给偏置放大电路。

　　动态时的工作情况与图 8.8.1 所示的电路相同，波形如图 8.8.2 所示。同理，上述电路中采用的是耗尽型 NMOS 管，如果改用 PMOS 管，只需将电源由 $+U_{DD}$ 改为 $-U_{DD}$ 即可。

　　由于场效应管的输入电阻 $r_{gs} \to \infty$，所以场效应管放大电路的输入电阻也很大，故在模拟集成电路中常用作输入级。

习　题

8.1.1　分别测得两个放大电路中 BJT 的各电极电位如图所示，试判断：

(1) BJT 的管脚，并在各电极上注明 e、b、c。

(2) 是 NPN 管还是 PNP 管，是硅管还是锗管。

8.1.2　在两个放大电路中，测得 BJT 各极电流分别如图所示。求另一个电极的电流，并在图中标出其实际方向及各电极 e、b、c。试分别判断它们是 NPN 管还是 PNP 管。

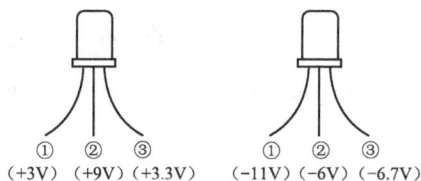

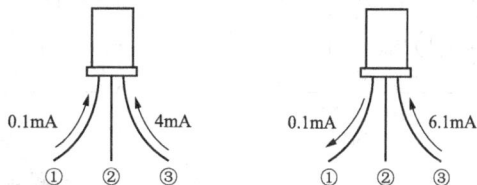

习题 8.1.1 图　　　　　　　　　　　　　习题 8.1.2 图

8.1.3　试根据 BJT 各电极的实测对地电压数据，分别判断图中各 BJT 的工作区域（放大区、饱和区、截止区）。

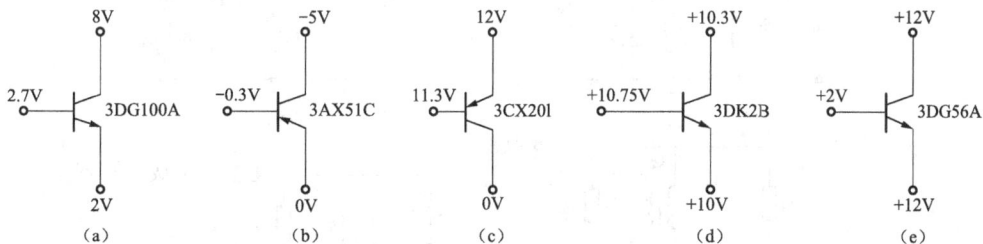

习题 8.1.3 图

8.2.1　说明场效应管的夹断电压 $U_{GS(off)}$ 和开启电压 $U_{GS(th)}$ 的意义。试画出：

(1) N 沟道增强型 MOSFET。

(2) N 沟道耗尽型 MOSFET。

(3) P 沟道增强型 MOSFET。

(4) P 沟道耗尽型 MOSFET 的转移特性曲线，并总结出何者具有夹断电压，何者具有开启电压以及它们的正负，耗尽型和增强型的区别在哪里。

8.3.1　判断图示各电路能否对交流信号实现正常的放大。若不能，试说明原因。

8.3.2　试画出图示各电路的直流通路和交流通路，并将电路进行化简。

8.3.3　根据图示各放大电路的直流通路，试计算其静态工作点，并判断 BJT 的工作情况。

8.3.4　放大电路如图（a）所示，当输入交流信号时，出现图（b）所示的输出波形，试判断是何种失真？如何才能使其不失真？

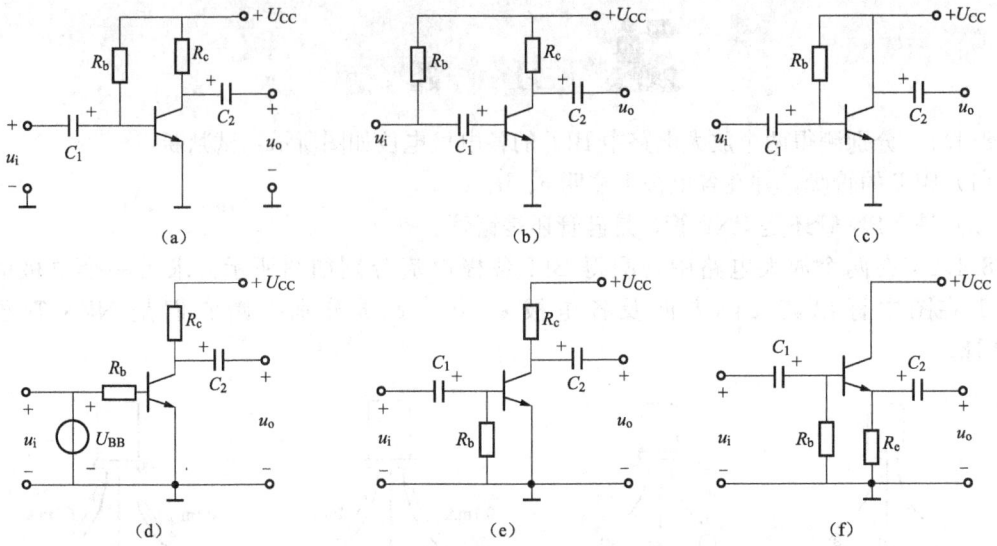

习题 8.3.1 图

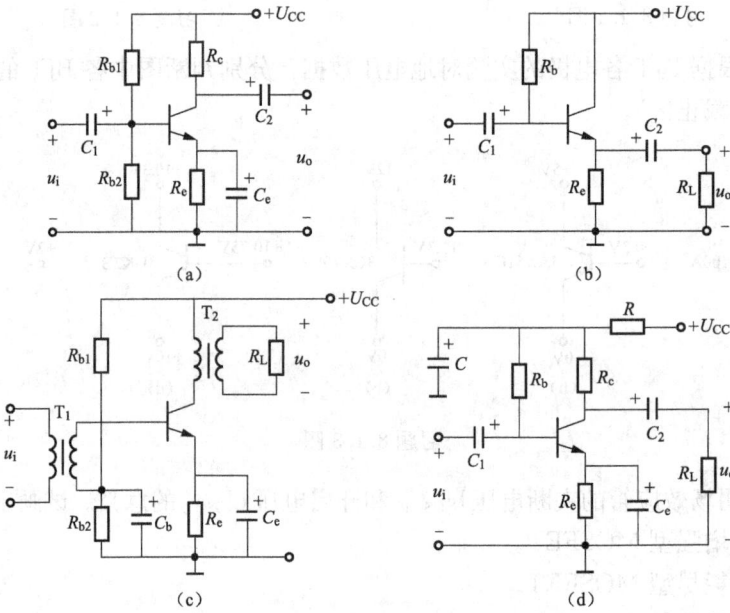

习题 8.3.2 图

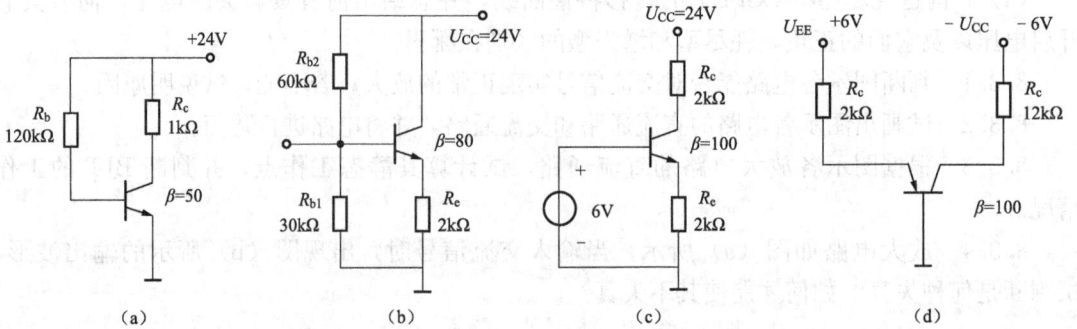

习题 8.3.3 图

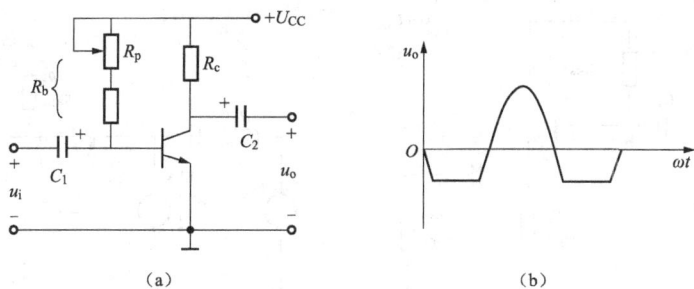

习题 8.3.4 图

8.3.5　在习题 8.3.4 中，当输出波形出现削顶失真时，试判断是何种失真？产生该种失真的原因是什么？如何消除？

8.3.6　在习题 8.3.4 所示的电路中，当 $R_b=400\text{k}\Omega$，$R_c=R_L=5.1\text{k}\Omega$，$\beta=40$，$U_{CC}=12\text{V}$，BJT 为 NPN 型硅管。

(1) 估算静态工作点（I_{BQ}、I_{CQ} 和 U_{CEQ}）。

(2) 画出其微变等效电路。

(3) 估算空载电压放大倍数 A_u' 以及输入电阻 r_i 和输出电阻 r_o。

(4) 当负载 $R_L=5.1\text{k}\Omega$ 时，试求 A_u 的值。

8.3.7　分压式共射放大电路如图所示，$U_{BEQ}=0.7\text{V}$，$\beta=50$，其他参数如图中标注值。

(1) 试估算静态工作点（I_{BQ}、I_{CQ} 和 U_{CEQ}）。

(2) 试画出其微变等效电路。

(3) 试估算空载电压放大倍数 A_u' 以及输入电阻 r_i 和输出电阻 r_o。

(4) 当在输出端接上 $R_L=2\text{k}\Omega$ 时，试求 A_u 的值。

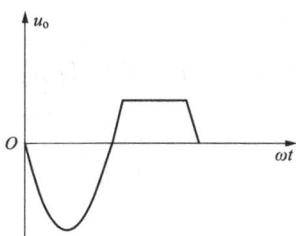

习题 8.3.5 图

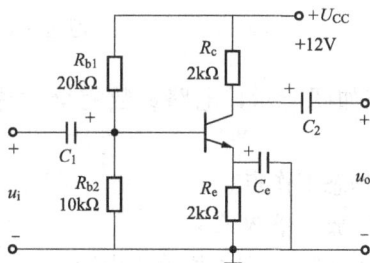

习题 8.3.7 图

8.4.1　某射极输出器的电路如图所示，已知 $U_{CC}=12\text{V}$，$R_b=200\text{k}\Omega$，$R_e=2\text{k}\Omega$，$R_L=2\text{k}\Omega$，BJT 的 $\beta=100$，$r_{be}=1.2\text{k}\Omega$。信号源 $U_s=200\text{mV}$，$R_s=1\text{k}\Omega$。

(1) 试画出放大器的直流通路，并求静态工作点（I_{BQ}、I_{CQ} 和 U_{CEQ}）。

(2) 试画出放大电路的微变等效电路。

(3) 试计算 A_u、r_i 和 r_o。

8.4.2　共基极电路如图所示。射极电路里接入一恒流源，设 $\beta=49$，$R_s=0$，$R_L=\infty$。试确定电路的电压增益、输入电阻和输出电阻。

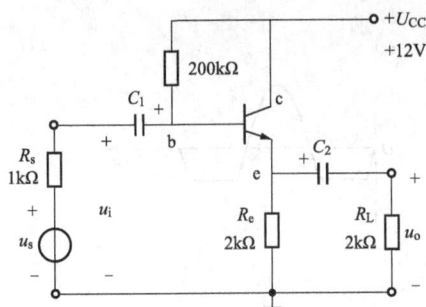

习题 8.4.1 图

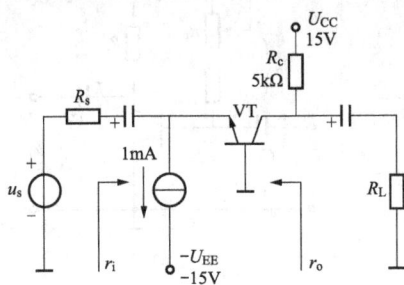

习题 8.4.2 图

8.5.1 两级放大电路如图所示，$\beta_1=\beta_2=50$，其他参数如图中标注值。

(1) 试求各级电路的静态工作点。

(2) 试画出放大电路的微变等效电路。

(3) 试估算电路总的电压放大倍数 A_u。

(4) 试计算电路总的输入电阻 r_i 和总的输出电阻 r_o。

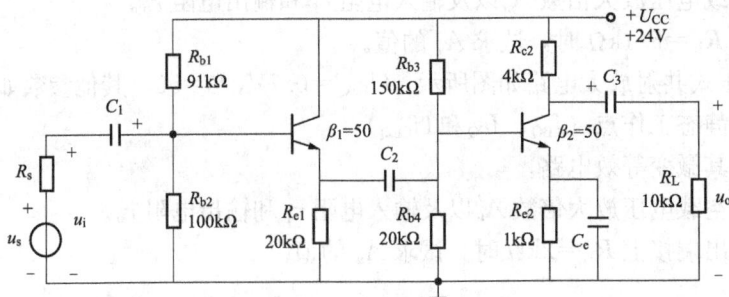

习题 8.5.1 图

8.6.1 电路如图所示，电路参数完全对称，已知 $\beta_1=\beta_2=60$，$U_{BEQ1}=U_{BEQ2}=0.7V$，试求：

(1) 电路的静态工作点。

(2) 差模电压放大倍数 A_{ud}。

(3) 差模输入电阻 r_{id} 和差模输出电阻 r_{od}。

(4) 共模抑制比 K_{CMR}。

8.6.2 电路如图所示，已知 $\beta_1=\beta_2=80$，$U_{BEQ1}=U_{BEQ2}=0.7V$，试求：

(1) 电路的静态工作点。

(2) 差模电压放大倍数 A_{ud}。

(3) 差模输入电阻 r_{id} 和差模输出电阻 r_{od}。

8.6.3 一个单端输入、双端输出的差动放大电路如图所示。已知晶体管的 $\beta_1=\beta_2=100$，U_{BE} 均为 $0.6V$，$r_{bb'}$ 均为 200Ω，试求：

(1) VT1、VT2 静态时的集电极电压（即对地电位）U_{C1}、U_{C2}。

(2) 该电路的差模电压放大倍数 A_{ud}。

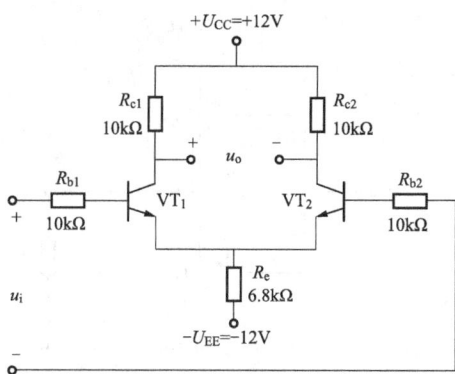

习题 8.6.1 图

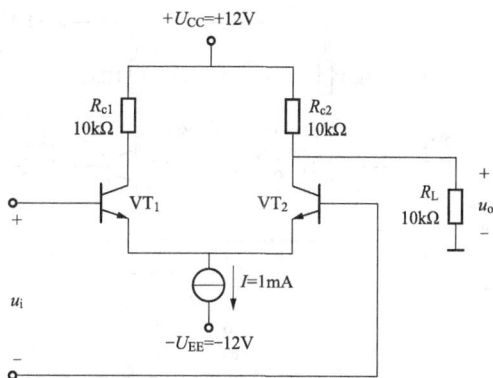

习题 8.6.2 图

8.6.4　在图示的差动放大电路中，设 $u_{i2}=0$（接地），试选择正确的答案填空：

（1）若希望负载电阻 R_L 的一端接地，输出电压 u_o 与输入电压 u_{i1} 极性相同，则 R_L 的另一端应接_____（C_1，C_2）。

（2）若希望 R_L 的一端接地，而 u_o 与 u_{i1} 极性相反，则 R_L 的另一端应接_____（C_1、C_2）。

（3）当输入电压有一个变化量时，R_e 两端_____（也存在，不存在）变化电压，对差模信号而言，发射极_____（仍然是，不再是）交流接地点。

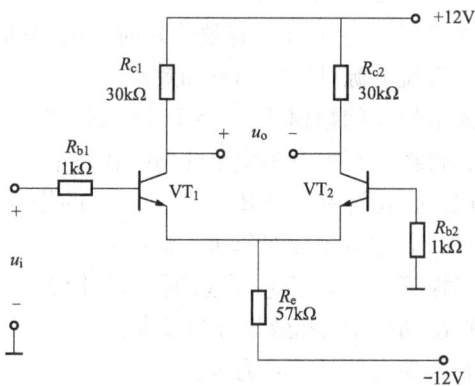

习题 8.6.3 图

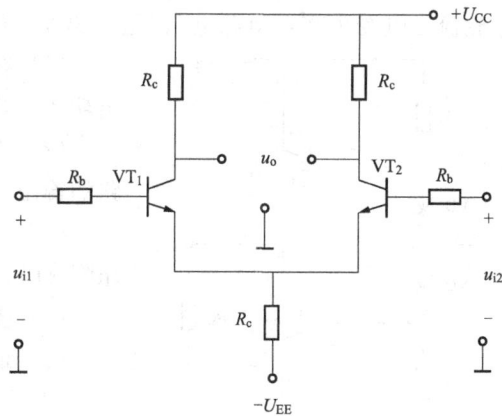

习题 8.6.4 图

8.6.5　在图示的恒流源差动放大电路中，晶体管 $\beta_1=\beta_2=60$，$r_{bb'}=300\Omega$，输入电压 $u_{i1}=1V$，$u_{i2}=1.01V$，试求双端输出时的 u_o 和从 VT_1 单端输出时的 u_{o1}。

8.7.1　一双电源互补对称功率放大电路如图所示，设已知 $U_{CC}=12V$，$R_L=16\Omega$，u_i 为正弦波。试求：

（1）在 BJT 的饱和压降 U_{CES} 可以忽略不计的条件下，负载上可能得到的最大输出功率 P_{om}。

（2）每个管子允许的管耗 P_{CM} 至少应为多少？

（3）每个管子的耐压 $U_{(BR)CEO}$ 应大于多少？

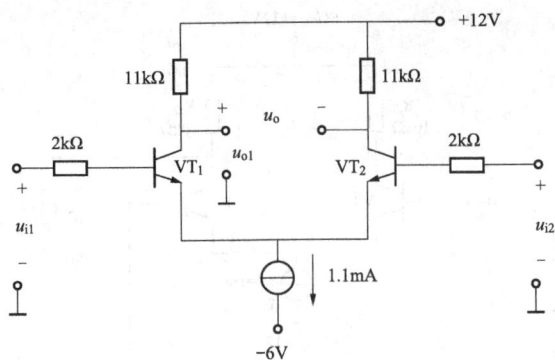

习题 8.6.5 图

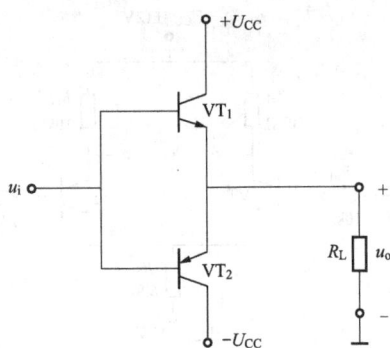

习题 8.7.1 图

8.7.2　在习题 8.7.1 所示的电路中，设 u_i 为正弦波，$R_L = 8\Omega$，要求最大输出功率 $P_{om} = 9W$。在 BJT 的饱和压降 U_{CES} 可以忽略不计的条件下，试求：

（1）正、负电源 U_{CC} 的最小值。

（2）根据所求 U_{CC} 的最小值，计算相应的 I_{CM}、$U_{(BR)CEO}$ 的最小值。

（3）输出功率最大（$P_{om} = 9W$）时，电源供给的功率 P_E。

（4）每个管子允许的管耗 P_{CM} 的最小值。

（5）当输出功率最大（$P_{om} = 9W$）时的输入电压有效值。

8.7.3　在习题 8.7.1 所示的电路中，管子在输入信号 u_i 的作用下，一周期内 VT_1 和 VT_2 轮流导电约 180°，电源电压 $U_{CC} = 20V$，负载 $R_L = 8\Omega$，试计算：

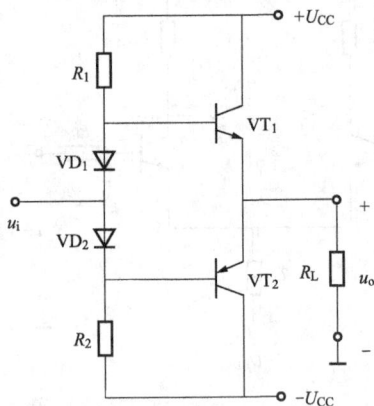

习题 8.7.4 图

（1）在输入信号 $U_i = 10V$（有效值）时，电路的输出功率、管耗、直流电源供给的功率和效率。

（2）当输入信号 u_i 的幅值为 $U_{im} = U_{CC} = 20V$ 时，电路的输出功率、管耗、直流电源供给的功率和效率。

8.7.4　在图示电路中，已知 VT_1、VT_2 的饱和管压降 $|U_{CES}| = 2V$，输入电压足够大。试问：

（1）图中二极管 VD_1、VD_2 所起的作用是什么？

（2）最大输出功率 P_{om} 和效率 η 为多少？

（3）晶体管的最大功耗 P_{CM} 为多少？

（4）为了使输出功率达到 P_{om}，输入电压的有效值 U_i 为多少？

第九章 集成运算放大器及其应用

前面讨论了二极管及其应用，晶体管、场效应管及其基本放大电路，它们都是分立元器件组成的电路。而利用半导体制造工艺，把整个电路中的元器件和连接导线等集合在一小块半导体晶片上，使之成为一个不可分割的、具有特定功能的电子电路，称为集成电路。由于集成电路具有体积小、质量轻、功耗小、特性好、可靠性强等一系列优点，因而在电子电路中得到广泛地应用。集成电路按其功能来分，有数字集成电路和模拟集成电路。模拟集成电路种类众多，有运算放大器、宽频带放大器、功率放大器、模拟乘法器、模拟锁相环、模—数和数—模转换器、稳压电源和音像设备中常用的其他模拟集成电路等。本章介绍的集成运算放大器是线性集成电路中发展最早、应用最广、也是最为庞大的一族成员。

9.1 集成运算放大器的基础知识

集成运算放大器是一种高增益的直接耦合多级放大电路。由于在早期的模拟计算机中，广泛使用这种器件（需要外接不同的网络）来完成如比例、求和、积分、微分、对数、反对数等运算，因而得名运算放大器，通常简称为集成运放或运放。虽然现在的集成运放的应用早已超出模拟运算的范围，但还是习惯上称为运算放大器。

9.1.1 集成电路中元器件的特点

由于集成电路是利用半导体生产工艺把整个电路的元器件制作在同一片硅基片上，与分立元件电路相比，集成电路的元件有如下特点：

1. 相邻元件的特性一致性好

集成电路中所有元器件同在一个很小的基片上，互相非常接近，材料工艺和环境温度也都相同。虽然元器件参数精度较差，但在同一基片内，相同元器件的参数有同向的偏差，容易造成两个特性相同的管子或两个阻值相同的电阻，其温度特性也一样，因而相邻元器件特性一致性好。

2. 用有源器件代替无源器件

集成电路中的电阻元件是由半导体电阻形成的，由于基片面积的限制不可能做成较大阻值的电阻，一般从几十欧到 $20\text{k}\Omega$ 左右，而较大阻值的电阻都采用晶体管或场效应管组成的有源负载来代替。

3. 二极管大多数由晶体管构成

集成电路中制造晶体管比较方便，如将晶体管的集电极与基极短路，利用发射结制作普通的二极管；将三极管的发射极与基极短路，利用反偏的集电结制作齐纳二极管。

4. 只能制作小容量的电容

集成电路中电容元件是由半导体二极管 PN 结的结电容形成的，其大小也受基片面积的限制，只能制作几十皮法的小容量的电容。

9.1.2　集成运算放大器的典型结构

集成运放是一种多级放大电路，性能理想的运放应该具有电压增益高、输入电阻大、输出电阻小、工作点漂移小等特点。与此同时，在电路的选择及构成形式上又要受到集成工艺条件的严格制约。因此，集成运放在电路设计上具有许多特点，主要有：

（1）级间采用直接耦合方式。

（2）尽可能用有源器件代替无源元件。

（3）利用对称结构改善电路性能。

从 20 世纪 60 年代至今，集成运放发展已经经历了四代产品，类型和品种相当丰富，但在结构上基本一致，其内部通常包含四个基本组成部分：输入级、中间级、输出级以及偏置电路，如图 9.1.1 所示。

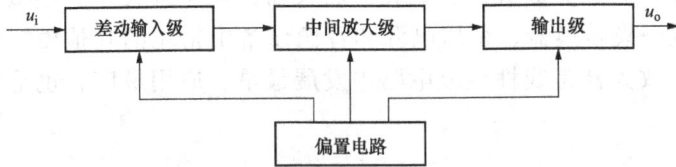

图 9.1.1　集成运算放大器的组成

1. 输入级

输入级又称前置级，是提高运算放大器质量的关键一级，输入级的好坏直接影响着集成运放的大多数性能参数。故要求其输入电阻高，差模放大倍数大，抑制共模信号能力强，静态电流小。为了能减小零点漂移和抑制共模干扰信号，输入级往往采用一个双端输入的差动放大电路，也称差动输入级。

2. 中间级

中间级是整个放大电路的主放大器，其作用是为集成运放提供足够大的电压放大倍数，因而也称电压放大级。中间级要求本身具有较高的电压增益，经常采用复合晶体管共射极放大电路，以恒流源作集电极负载来提高放大能力，其电压放大倍数可达千倍以上。

3. 输出级

输出级的主要作用是输出足够的电流以满足负载的需要，同时还要有较低的输出电阻和较高的输入电阻，以起到将放大器和负载隔离的作用，输出级要求有较大的动态范围，通常采用互补推挽电路。

4. 偏置电路

偏置电路的作用是为各级提供合适的工作电流，并使整个运放的静态工作点稳定且功耗较小，一般由各种恒流源电路组成。

总之，集成运放是一种电压放大倍数高、输入电阻大、输出电阻小、零点漂移小、抗干扰能力强、可靠性高、体积小、耗电少的通用电子器件。

图 9.1.2 所示为集成运算放大器的电路符号。图 9.1.2（a）是国家标准规定的符号，图 9.1.2（b）是国内外常用的符号。两种符号中的 ▷ 表示信号从左（输入端）向右（输出端）传输的方向。本书采用图 9.1.2（a）的符号。

u_o 端为输出端，输出信号在此端与地之间输出。

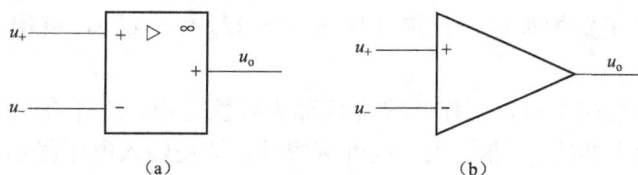

图 9.1.2 集成运算放大器的电路符号

（a）国家标准规定的符号；（b）国内外常用符号

u_- 端为反相输入端，当信号由此端与地之间输入时，输出信号与输入信号相位相反，这种输入方式称为反相输入。

u_+ 端为同相输入端，当信号由此端与地之间输入时，输出信号与输入信号相位相同，这种输入方式称为同相输入。

如果将两个输入信号分别从 u_- 和 u_+ 两端与地之间输入，则信号的这种输入方式称为差动输入。

反相输入、同相输入和差动输入是运算放大器最基本的信号输入方式。

常见的集成运算放大器有圆形、扁平型、双列直插式等，对应管脚有 8 脚、14 脚等，如图 9.1.3 所示。

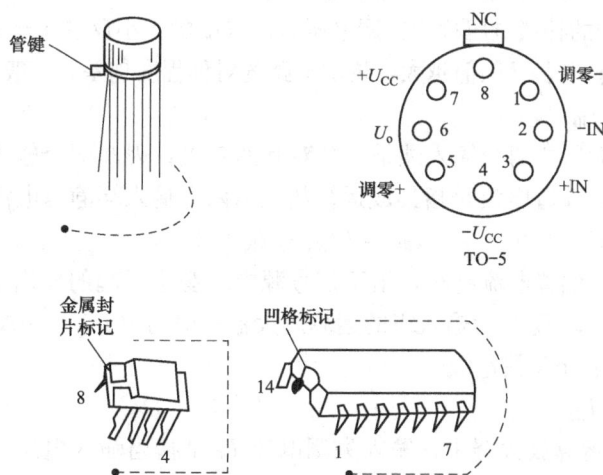

图 9.1.3 常见的集成运算放大器的外形

9.1.3 电压传输特性

集成运算放大器的输出电压 u_o 与输入电压 u_d（$u_d = u_+ - u_-$）之间的关系 $u_o = f(u_d)$ 称为集成运算放大器的电压传输特性，包括线性区和饱和区两部分，如图 9.1.4 所示。

在线性区内 u_o 与 u_d 成正比关系，即

$$u_o = A_o u_d = A_o(u_+ - u_-) \qquad (9.1.1)$$

其中，A_o 为开环电压增益。

线性区的斜率取决于 A_o 的大小。由于受电源电压的限制，u_o 不可能随 u_d 的增加而无限增加，因此，当 u_o 增

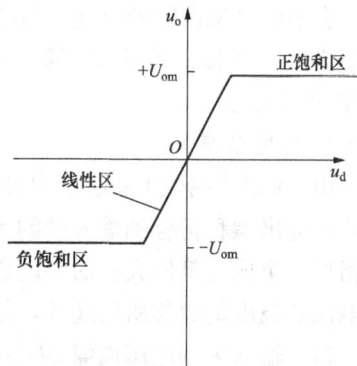

图 9.1.4 集成运算放大器的电压传输特性

加到一定值后进入了正负饱和区。正饱和区 $u_o = +U_{om} \approx +U_{CC}$，负饱和区 $u_o = -U_{om} \approx -U_{EE}$。

集成运算放大器在应用时，工作于线性区称为线性应用，工作在饱和区称为非线性应用。由于集成运算放大器的 A_o 非常大，线性区很陡，即使输入电压很小，也很容易使输出达到饱和。而外部干扰等原因不可避免，若不引入深度负反馈，集成运算放大器很难在线性区稳定工作。

9.1.4　集成运算放大器的主要性能参数

评价集成运算放大器性能的参数很多，一般可分为输入直流误差特性、差模特性、共模特性、大信号特性和电源特性等，这里仅介绍几个主要参数，其他参数如需要时可查阅相关手册。

1. 输入失调电压 U_{IO}

一个理想的集成运算放大器，当输入电压为零时，输出电压也应为零（不加调零装置）。但实际上它的差分输入级很难做到完全对称，故某种原因（如温度变化）会使输入级的 Q 点稍有偏移，输入级的输出电压就会发生微小的变化，这种缓慢的微小变化会逐级放大使运放输出端产生较大的输出电压（常称为漂移），所以通常在输入电压为零时，存在一定的输出电压。在室温（25℃）及标准电源电压下，输入电压为零时，为了使集成运算放大器的输出电压为零，在输入端加的补偿电压称为失调电压 U_{IO}。U_{IO} 的大小反映了运算放大器制造中电路的对称程度和电位配合情况。U_{IO} 值越大，说明电路的对称程度越差，一般为 $\pm(1 \sim 10)$mV。

2. 输入偏置电流 I_{IB}

BJT 集成运算放大器的两个输入端是差分对管的基极，因此两个输入端总需要一定的输入电流 I_{BN} 和 I_{BP}。输入偏置电流是指集成运算放大器两个输入端静态电流的平均值，即

$$I_{IB} = (I_{BN} + I_{BP})/2 \tag{9.1.2}$$

从使用角度来看，偏置电流越小，由于信号源内阻变化引起的输出电压变化也越小，故它是重要的技术指标，以 BJT 为输入级的运算放大器一般为 $10\text{nA} \sim 1\mu\text{A}$；采用 MOSFET 输入级的运算放大器 I_{IB} 在 pA 数量级。

3. 输入失调电流 I_{IO}

在 BJT 集成电路运算放大器中，输入失调电流 I_{IO} 是指当输入电压为零时流入放大器两输入端的静态基极电流之差，即

$$I_{IO} = |I_{BP} - I_{BN}|_{U_I=0} \tag{9.1.3}$$

由于信号源内阻的存在，I_{IO} 会引起一个输入电压，破坏放大器的平衡，使放大器输出电压不为零。所以，希望 I_{IO} 越小越好，它反映了输入级差分对管的不对称程度，一般为 $1\text{nA} \sim 0.1\mu\text{A}$。

4. 温度漂移

由于温度变化引起输出电压产生 ΔU_o（或电流 ΔI_o）的漂移，通常把温度升高一度（1℃）输出漂移折合到输入端的等效漂移电压 $\Delta U_o/(A_u \Delta T)$〔或电流 $\Delta I_o/(A_i \Delta T)$〕作为温漂指标。集成运算放大器的温度漂移是漂移的主要来源，而它又是由输入失调电压和输入失调电流随温度的漂移所引起的，故常用下面方式表示：

（1）输入失调电压温漂 $\Delta U_{IO}/\Delta T$。这是指在规定温度范围内 U_{IO} 的温度系数，也是衡量电路温漂的重要指标。

（2）输入失调电流温漂 $\Delta I_{IO}/\Delta T$。这是指在规定温度范围内 I_{IO} 的温度系数，也是对放大电路电流漂移的度量。

以上参数均是在标称电源电压、室温、零共模输入电压条件下定义的。

5. 开环差模电压增益 A_{uo} 和带宽 BW

开环差模电压增益 A_{uo}，是指集成运算放大器工作在线性区，在标称电源电压下接规定的负载，无负反馈情况下的直流差模电压增益。

开环带宽 $BW(f_H)$。开环带宽 BW 又称为 $-3dB$ 带宽，是指开环差模电压增益下降 3dB 时对应的频率 f_H。741 型集成运算放大器频率响应的 f_H 约为 7Hz。

6. 差模输入电阻 r_{id} 和输出电阻 r_o。

以 BJT 为输入级的运算放大器 r_{id} 一般在几百千欧到数兆欧，MOSFET 为输入级的运算放大器 $r_{id} > 10^{12}\,\Omega$。一般运算放大器的 $r_o < 200\Omega$，而超高速 AD9610 的 $r_o = 0.05\Omega$。

7. 最大差模输入电压 U_{idmax}

所指的是集成运算放大器的反相和同相输入端之间所能承受的最大电压值。超过这个电压值，运算放大器输入级某一侧的 BJT 将出现发射结的反向击穿，而使运算放大器的性能显著恶化，甚至可以造成永久性损坏。

8. 共模抑制比 K_{CMR} 和共模输入电阻 r_{ic}

一般通用型运算放大器 K_{CMR} 为（80～120）dB，高精度运算放大器可达 140dB，$r_{ic} \geqslant 100M\Omega$。

9. 最大共模输入电压 U_{icmax}

是指运算放大器所能承受的最大共模输入电压。超过 U_{icmax} 值，它的共模抑制比将显著下降。

9.1.5　集成运算放大器的选择

根据技术要求应首选通用型运算放大器，当通用型运算放大器难以满足要求时，才考虑专用型运算放大器，这是因为通用型器件的各项参数比较均衡，做到技术性与经济性的统一。至于专用型运算放大器，虽然某项技术参数很突出，但其他参数则难以兼顾，例如低噪声运算放大器的带宽往往设计得较窄，而高速型与高精度常常有矛盾。

9.2　负反馈放大电路

在放大电路中广泛采用着各种类型的反馈。例如，为改善放大电路的工作性能，而采用负反馈；在振荡电路中为使电路能够自激，而采用正反馈。因此，在讨论集成运算放大器的应用之前，先要介绍反馈的基本概念及其作用。

9.2.1　反馈的概念

将放大电路输出量（电压或电流）的一部分或全部，通过某些元件或网络（称为反馈网络），反向送回到输入端来影响原输入量（电压或电流）的过程称为反馈。而带有反馈的放大电路称为反馈放大电路。

任意一个反馈放大电路都可以表示为一个基本放大电路和反馈网络组成的闭环系统，其构成如图 9.2.1 所示。

图 9.2.1 中，x_i、x_{id}、x_f、x_o 分别表示放大电路的输入信号、净输入信号、反馈信号和

输出信号，它们可以是电压量，也可以是电流量。箭头表示信号的传递方向；比较环节说明反馈放大电路中的输入信号和反馈信号在输入端按一定极性比较后可得净输入信号，即差值信号 $x_{id} = x_i - x_f$。

反馈信号和输出信号之比定义为反馈系数 F。反馈电路无放大作用，多为电阻和电容元件构成，其 F 值恒小于1。

没有引入反馈时的基本放大电路称为开环放大电路，其中的 A 表示基本放大电路的放大倍数，也称为开环放大倍数，它等于输出信号和净输入信号之比。

引入负反馈以后的放大电路称为闭环放大电路，其放大倍数称为闭环放大倍数，记作 A_f，它等于输出信号和输入信号之比。

由图 9.2.1 可得各信号量之间的基本关系式为

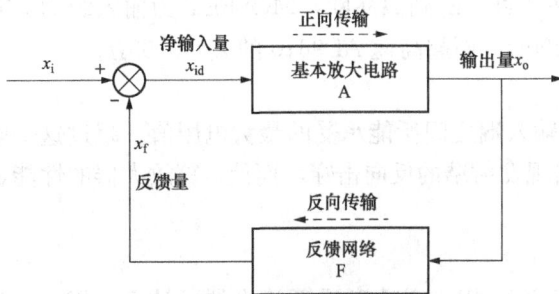

图 9.2.1　反馈放大电路的组成框图

$$x_{id} = x_i - x_f \qquad (9.2.1)$$

$$A = \frac{x_o}{x_{id}} \qquad (9.2.2)$$

$$F = \frac{x_f}{x_o} \qquad (9.2.3)$$

$$A_f = \frac{x_o}{x_i} = \frac{x_o}{x_{id} + x_f} = \frac{A}{1 + AF} \qquad (9.2.4)$$

式（9.2.4）表明，闭环放大倍数 A_f 是开环放大倍数 A 的 $1/(1+AF)$。其中，$(1+AF)$ 称为反馈深度，它的大小反映了反馈的强弱，乘积 AF 称为环路增益。

9.2.2　反馈类型的判别方法

反馈电路是多种多样的，反馈可以存在于本级内部，也可以存在于级与级（或多级）之间。

1. 反馈类型的划分

（1）按照反馈信号极性的不同，可以分为正反馈和负反馈。

正反馈：若引入的反馈信号 x_f 增强了外加输入信号的作用，使放大电路的净输入信号增加，导致放大电路的放大倍数增加，则为正反馈。正反馈主要用于振荡电路、信号产生电路。

负反馈：若引入的反馈信号 x_f 削弱了外加输入信号的作用，使放大电路的净输入信号减小，导致放大电路的放大倍数减小，则为负反馈。一般放大电路中经常引入负反馈来改善放大电路的性能指标。

（2）根据反馈信号的性质不同，可以分为交流反馈和直流反馈。如果反馈信号是静态直流分量，则这种反馈称为直流反馈；如果反馈信号是动态交流分量，则这种反馈称为交流反馈。

（3）根据反馈在输出端的取样方式不同，可以分为电压反馈和电流反馈。从输出端看，若反馈信号取自输出电压，且反馈信号正比于输出电压，则为电压反馈；若反馈取自输出电流，且反馈信号正比于输出电流，则为电流反馈。

（4）根据反馈在输入端的连接方式不同，可以分为串联反馈和并联反馈。

串联反馈：反馈信号 x_f 与输入信号 x_i 在输入回路中以电压的形式相加减，即在输入回路中彼此串联，则为串联反馈。

并联反馈：反馈信号 x_f 与输入信号 x_i 在输入回路中以电流的形式相加减，即在输入回路中彼此并联，则为并联反馈。

由于在放大电路中主要采用负反馈，所以在此只讨论负反馈。由以上所述可知负反馈组态有四种形式，即电压串联负反馈、电流串联负反馈、电压并联负反馈、电流并联负反馈。

2. 反馈在放大电路中的判别方法

（1）判定反馈的有无。只要在放大电路的输入和输出回路间存在起联系作用的元件（或电路网络）———反馈元件（或反馈网络），那么该放大电路中必存在反馈。

（2）判定反馈的极性，采用瞬时极性法。常用电压瞬时极性法判定电路中引入反馈的极性，具体步骤如下：

1）先假定放大电路的输入信号电压处于某一瞬时极性。如用"＋"号表示该点电压的变化是增大的，用"—"号表示电压的变化是减小的。

2）按照信号单向传输的方向，同时根据各级放大电路输出电压与输入电压的相位关系，确定电路中相关各点电压的瞬时极性。

3）根据反送到输入端的反馈电压信号的瞬时极性，确定是增强还是削弱了原来输入信号的作用。如果是增强，则引入的为正反馈；反之，为负反馈。

判定反馈的极性时，一般有这样的结论：在放大电路的输入回路，输入信号电压 u_i 和反馈信号电压 u_f 相比较，当输入信号 u_i 和反馈信号 u_f 在同一端点时，如果引入的反馈信号 u_f 和输入信号 u_i 同极性，则为正反馈；若二者的极性相反，则为负反馈。当输入信号 u_i 和反馈信号 u_f 不在同一端点时，若引入的反馈信号 u_f 和输入信号 u_i 同极性，则为负反馈；若二者的极性相反，则为正反馈。图 9.2.2 所示为反馈极性的判定方法。

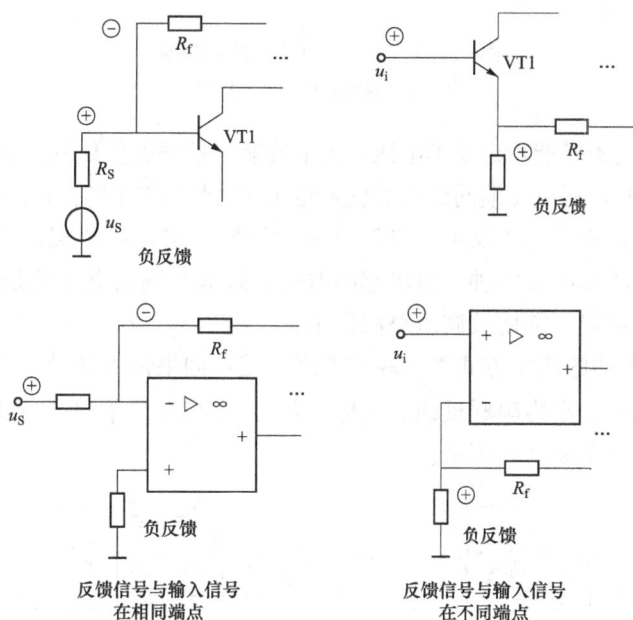

图 9.2.2 反馈极性的判断方法

如果反馈放大电路是由单级运算放大器构成的，则反馈信号送回到反相输入端时，为负反馈；反馈信号送回到同相输入端时，为正反馈。

（3）判定反馈的交、直流性质。交流反馈和直流反馈的判定，可以通过画反馈放大电路的交、直流通路来完成。在直流通路中，如果反馈回路存在，即为直流反馈；在交流通路中，如果反馈回路存在，即为交流反馈；如果在交、直流通路中，反馈回路都存在，即为交、直流反馈。

(4) 判定反馈的组态。

1) 从反馈在输出端的取样方式看：判断电压反馈时，根据电压反馈的定义，反馈信号与输出电压成正比，可以假设将负载 R_L 两端短路（$u_o = 0$，但 $i_o \neq 0$），判断反馈量是否为零，如果是零，就是电压反馈，如图 9.2.3（a）所示。

电压反馈的重要特点是能稳定输出电压。无论反馈信号是以何种方式引回到输入端，实际上都是利用输出电压本身，通过反馈网络来对放大电路起自动调整作用的，这是电压反馈的实质。

判断电流反馈时，根据电流反馈的定义，反馈信号与输出电流成正比，可以假设将负载 R_L 两端开路（$i_o = 0$，但 $u_o \neq 0$），判断反馈量是否为零，如果是零，就是电流反馈，如图 9.2.3（b）所示。

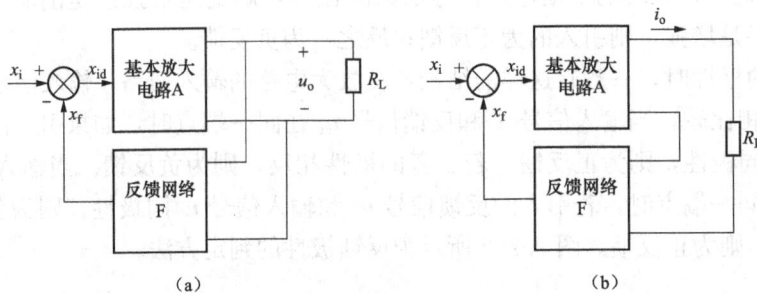

图 9.2.3　电压、电流反馈的判断
(a) 电压反馈；(b) 电流反馈

电流反馈的重要特点是能稳定输出电流。无论反馈信号是以何种方式引回到输入端，实际都是利用输出电流本身，通过反馈网络来对放大器起自动调整作用的，这是电流反馈的实质。

由上述分析可知，判断电压反馈、电流反馈的简便方法是用负载短路法和负载开路法。由于输出信号只有电压和电流两种，输出端的取样不是取自输出电压便是输出电流，因此利用其中一种方法就能判定。常用负载短路法判定。

2) 从反馈在输入端的连接方式看串联或并联反馈：如果输入信号 x_i 与反馈信号 x_f 分别在输入回路的不同端点，则为串联反馈，若输入信号 x_i 与反馈信号 x_f 在输入回路的相同端点，则为并联反馈，如图 9.2.4 所示。

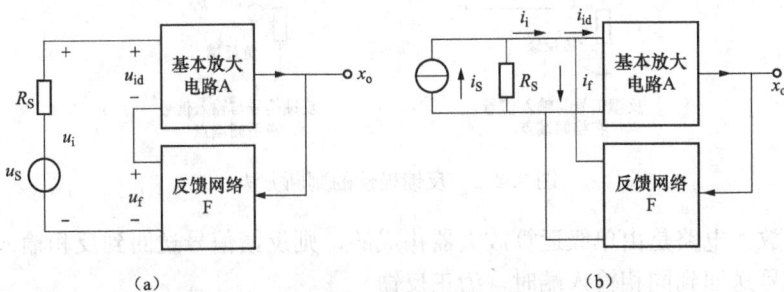

图 9.2.4　串联、并联反馈的判断
(a) 串联反馈；(b) 并联反馈

9.2.3 负反馈放大电路的四种组态

根据反馈在输出端的取样方式和输入端的连接方式不同，可以组成四种不同类型的负反馈电路，即电压串联负反馈、电压并联负反馈、电流串联负反馈、电流并联负反馈。

1. 电压串联负反馈

在图 9.2.5 所示负反馈放大电路中，反馈极性的判别采用瞬时极性法，各相关点的电压极性如图中所示，可见反馈信号 u_f 削弱了净输入，即为负反馈；而采样点和输出电压在同端点，若将负载短路即输出电压 $u_o=0$ 时，反馈信号不存在，为电压反馈；从输入回路看，反馈信号与输入信号不在同端点，为串联反馈。因此电路引入的反馈为电压串联负反馈。

引入电压串联负反馈后，可使电路输出电压稳定。其过程如下：

$$R_L\downarrow \rightarrow u_o\downarrow \rightarrow u_f\downarrow = \frac{R_1}{R_1+R_2}u_o \rightarrow u_{id}\uparrow$$
$$（温度）u_o\uparrow \longleftarrow$$

2. 电压并联负反馈

图 9.2.6 所示为由运算放大器构成的负反馈放大电路，反馈极性的判别采用瞬时极性法，各相关点的电压、电流极性如图中所示，可见反馈信号 i_f 削弱了净输入，即为负反馈；而采样点和输出电压在同端点，若将负载短路即输出电压 $u_o=0$ 时，反馈信号不存在，为电压反馈；从输入回路看，反馈信号与输入信号在同端点，为并联反馈。因此电路引入的反馈为电压并联负反馈。

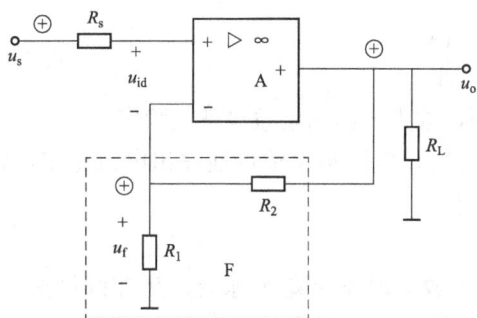

图 9.2.5 电压串联负反馈　　　　　图 9.2.6 电压并联负反馈

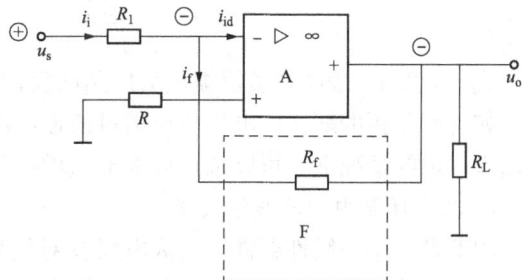

3. 电流串联负反馈

图 9.2.7 所示为由运算放大器构成的负反馈放大电路，反馈极性的判别采用瞬时极性法，各相关点的电压、电流极性如图所示，可见反馈信号 u_f 削弱了净输入，即为负反馈；而采样点和输出电压不在同一端点，若将负载短路即输出电压 $u_o=0$ 时，反馈信号依然存在，为电流反馈；从输入回路看，反馈信号与输入信号不在同一端点，为串联反馈。因此电路引入的反馈为电流串联负反馈。

引入电流串联负反馈后，可使输出电流稳定。其过程如下：

$$T\uparrow \rightarrow i_o\uparrow \rightarrow u_f\uparrow = R_1i_o \rightarrow u_{id}\downarrow$$
$$（温度）i_o\downarrow \longleftarrow$$

4. 电流并联负反馈

图 9.2.8 所示为由运算放大器构成的负反馈放大电路，反馈极性的判别采用瞬时极性法，各相关点的电压、电流极性如图中所示，可见反馈信号 i_f 削弱了净输入，即为负反馈；若将负载短路即输出电压 $u_o=0$ 时，反馈信号依然存在，为电流反馈；从输入回路看，反馈信号与输入信号在同一端点，为并联反馈。因此电路引入的反馈为电流并联负反馈。

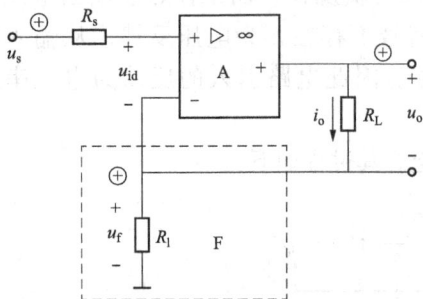

图 9.2.7　电流串联负反馈　　　　　图 9.2.8　电流并联负反馈

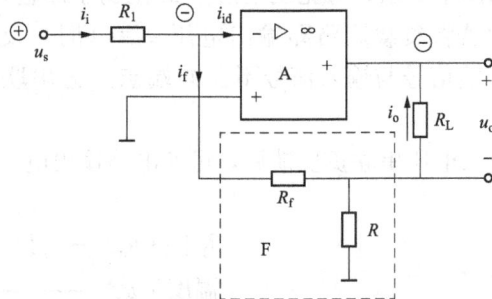

9.2.4　负反馈对放大电路性能的影响

对于负反馈放大电路，负反馈的引入会造成增益的下降，但放大电路的其他性能会得到改善，如提高放大倍数的稳定性、减小非线性失真、抑制噪声干扰、扩展通频带等。

1. 提高放大倍数的稳定性

可以证明，负反馈的引入使放大电路闭环增益的相对变化量为开环增益相对变化量的 $1/(1+AF)$，可表示为

$$\frac{\mathrm{d}A_f}{A_f} = \frac{1}{1+AF}\frac{\mathrm{d}A}{A} \tag{9.2.5}$$

式 (9.2.5) 表明，负反馈放大电路的反馈越深，放大电路的增益也就越稳定。

如前面分析的那样，电压负反馈可使输出电压稳定，电流负反馈可使输出电流稳定，即在输入一定的情况下，可以维持放大电路增益的稳定。

2. 减小环路内的非线性失真

BJT 是一个非线性器件，放大电路在对信号进行放大时不可避免地会产生非线性失真。假设放大电路的输入信号为正弦信号，没有引入负反馈时，开环放大电路产生如图 9.2.9 所示的非线性失真，即输出信号的正半周幅度变大，而负半周幅度变小。

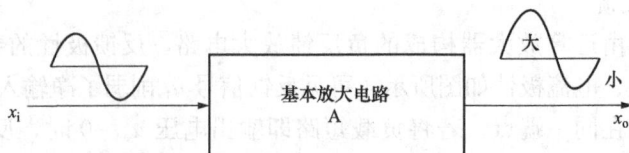

图 9.2.9　开环放大电路产生的非线性失真

现在引入负反馈，假设反馈网络为不会引起失真的线性网络，则反馈回来的信号将反映输出信号的波形失真。当反馈信号在输入端与输入信号相比较时，使净输入信号 $x_{id}=x_i-x_f$ 的波形正半周幅度变小，而负半周幅度变大，如图 9.2.10 所示。再经基本放大电路放大后，输出信号趋于正、负半周对称，从而减小了非线性失真。

注意：引入负反馈减小的是环路内的失真。如果输入信号本身就有失真，此时引入负反馈则不起作用。

3. 抑制环路内的噪声和干扰

在反馈环内，放大电路本身产生的噪声和干扰信号，可以通过负反馈进行抑制，其原理与减小非线性失真的原理相同。但对反馈环外的噪声和干扰信号，引入负反馈也不能达到抑制的目的。

4. 扩展频带

频率响应是放大电路的重要特性之一。在多级放大电路中，级数越多，增益越大，频带越窄。引入负反馈后，可有效扩展放大电路的通频带。

图 9.2.11 所示为放大器引入负反馈后通频带的变化。根据上、下限频率的定义，从图 9.2.11 中可见，放大器引入负反馈以后，其下限频率降低，上限频率升高，通频带变宽。

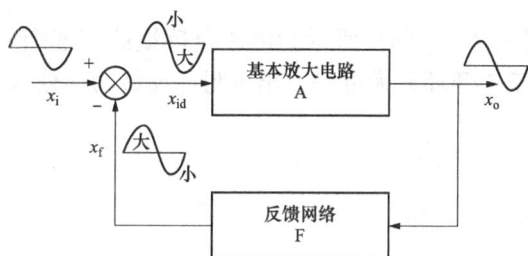

图 9.2.10　负反馈减小了非线性失真

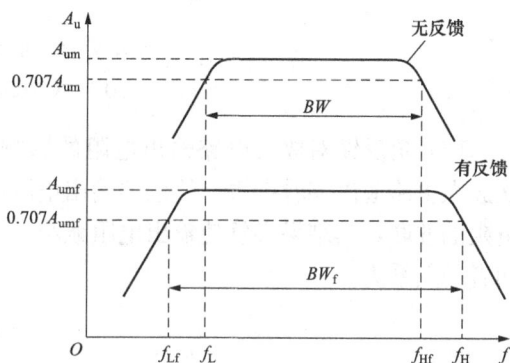

图 9.2.11　负反馈使通频带变宽

5. 负反馈对输入和输出电阻的影响

(1) 负反馈对放大电路输入电阻的影响。图 9.2.12 (a) 所示为串联负反馈电路的方框图。由图可知，开环放大电路的输入电阻为

$$r_i = \frac{u_{id}}{i_i} \tag{9.2.6}$$

引入负反馈后，闭环输入电阻 r_{if} 为

$$r_{if} = \frac{u_i}{i_i} = \frac{u_{id} + u_f}{i_i} = \frac{u_{id} + AFu_{id}}{i_i} = r_i(1 + AF) \tag{9.2.7}$$

式 (9.2.7) 表明，引入串联负反馈后，输入电阻是无反馈时输入电阻的 $(1 + AF)$ 倍。这是由于引入负反馈后，输入信号与反馈信号串联连接。从图 9.2.12 (a) 中可以看出，等效的输入电阻相当于原开环放大电路的输入电阻与反馈网络的输出电阻串联，其结果必然是增加了。因此串联负反馈使放大电路的输入电阻增大。

图 9.2.12 (b) 所示为并联负反馈电路的方框图。由图可知，开环放大电路的输入电阻为

$$r_i = \frac{u_i}{i_{id}} \tag{9.2.8}$$

引入负反馈后，闭环输入电阻 r_{if} 为

$$r_{if} = \frac{u_i}{i_i} = \frac{u_i}{i_{id} + i_f} = \frac{u_i}{i_{id} + AFi_{id}} = r_i\frac{1}{1 + AF} \tag{9.2.9}$$

式（9.2.9）表明，引入并联负反馈后，输入电阻是无反馈时输入电阻的 $1/(1+AF)$。这是由于引入负反馈后，输入信号与反馈信号并联连接。从图 9.2.12（b）中可以看出，等效的输入电阻相当于原开环放大电路的输入电阻与反馈网络的输出电阻并联，其结果必然是减小了。因此并联负反馈使输入电阻减小。

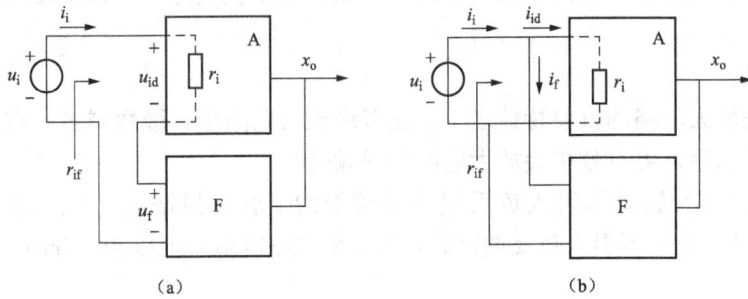

图 9.2.12　串联、并联负反馈框图
（a）串联负反馈；（b）并联负反馈

（2）负反馈对放大电路输出电阻的影响。图 9.2.13（a）所示为电压负反馈的方框图。从放大电路输出端看进去，等效的输出电阻相当于原开环放大电路输出电阻与反馈网络输入电阻的并联，其结果必然使输出电阻减小。
两者的关系为

$$r_{of} = r_o \frac{1}{1+AF} \tag{9.2.10}$$

即电压负反馈使放大电路的输出电阻减小。

图 9.2.13（b）所示为电流负反馈的方框图。从放大电路输出端看进去，等效的输出电阻相当于原开环放大电路输出电阻与反馈网络输入电阻的串联，其结果必然使输出电阻增大。
两者的关系为

$$r_{of} = r_i(1+AF) \tag{9.2.11}$$

即电流负反馈使放大电路的输出电阻增大。

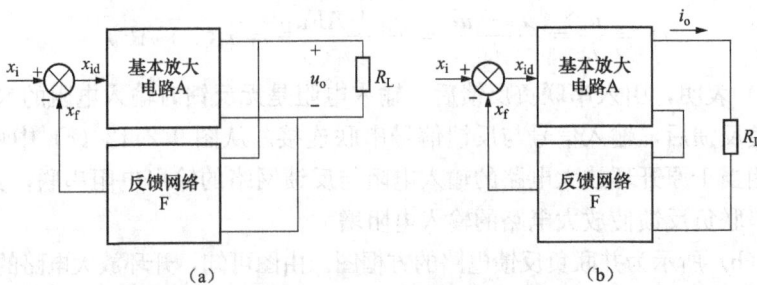

图 9.2.13　电压、电流负反馈框图
（a）电压负反馈；（b）电流负反馈

以上分析说明，引入负反馈能改善放大电路的性能，那么在实际电路中应如何引入负反馈呢？可将放大电路引入负反馈的一般原则归纳为以下几点。

　　1）要稳定放大电路的静态工作点 Q，应该引入直流负反馈。

　　2）要改善放大电路的动态性能（如提高增益的稳定性、稳定输出量、减小失真、扩展频带等），应该引入交流负反馈。

　　3）要稳定输出电压，减小输出电阻，提高电路的带负载能力，应该引入电压负反馈。

　　4）要稳定输出电流，增大输出电阻，应该引入电流负反馈。

　　5）要提高电路的输入电阻，减小电路向信号源索取的电流，应该引入串联负反馈。

　　6）要减小电路的输入电阻，应该引入并联负反馈。

　　注意：在多级放大电路中，为了达到改善放大电路性能的目的，所引入的负反馈一般为级间反馈。

9.3　基本运算电路

9.3.1　理想运算放大器

　　理想运算放大器可以理解为实际运算放大器的理想化模型，就是将集成运算放大器的各项技术指标理想化，得到一个理想的运算放大器。理想运算放大器的主要条件：

　　（1）开环电压放大倍数 $A_{od} \to \infty$。

　　（2）输入电阻 $r_{id} \to \infty$。

　　（3）输出电阻 $r_{od} \to 0$。

　　（4）共模抑制比 $K_{CMR} \to \infty$。

　　由于实际集成运算放大器与理想集成运算放大器比较接近，因此在分析、计算应用电路时，用理想集成运算放大器代替实际集成运算放大器所带来的误差并不严重，在一般工程计算中是允许的。本节中凡未特别说明，均将集成运算放大器视为理想集成运算放大器来考虑。

　　集成运算放大器外接深度负反馈电路后，便可构成信号的比例、加减、微分、积分等基本运算电路。它是运算放大器线性应用的一部分，而放大器线性应用的必要条件是引入深度负反馈。

　　当集成运算放大器工作在线性区时，输出电压在有限值之间变化，而集成运算放大器的 $A_{od} \to \infty$，则 $u_{id} = u_{od}/A_{od} \approx 0$，可知输入信号的变化范围很小，由 $u_{id} = u_+ - u_-$，得 $u_+ \approx u_-$。说明，同相端和反相端电压几乎相等，所以称为虚假短路，简称虚短。

　　由集成运算放大器的输入电阻 $r_{id} \to \infty$，所以集成运算放大器输入端不取用电流，得 $i_+ = i_- \approx 0$。说明，流入集成运算放大器的同相端和反相端电流几乎为零，所以称为虚假断路，简称虚断。

　　"虚短"和"虚断"的概念是分析理想放大器在线性区工作的基本依据。运用这两个概念会使电路的分析计算大为简化，因此必须牢记。

9.3.2　比例运算电路

　　将输入信号按比例放大的电路称为比例运算电路。按输入信号加入不同的输入端又分为同相比例运算和反向比例运算。

　　1. 反相比例运算电路

　　如图 9.3.1 所示为反相比例运算电路。图中输入信号 u_i 经外接电阻 R_1 接到运算放大器

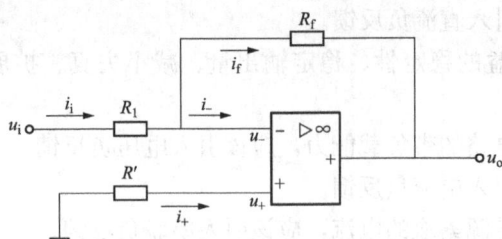

图 9.3.1　反相比例运算电路

的反相输入端，反馈电阻 R_f 接在输出端与反相输入端之间，引入电压并联负反馈。同相输入端经平衡电阻 R' 接地，R' 的作用是保证运算放大器输入级电路的对称性，从而消除偏置电流及其温漂的影响。为此，静态时运算放大器同相端与反相端的对地等效电阻应该相等，即 $R' = R_1 /\!/ R_f$。由于 R' 中电流 $i_+ = 0$，故 $u_- = u_+ = 0$。反相输入端虽然未直接接地，但其电位却为零，这种情况称为"虚地"。"虚地"是反相输入电路的共同特征。

根据"虚断"有 $i_i \approx i_f$，又因为 $i_i = \dfrac{u_i}{R_1}$，$i_f = \dfrac{0 - u_o}{R_f} = -\dfrac{u_o}{R_f}$，所以 $\dfrac{u_i}{R_1} = -\dfrac{u_o}{R_f}$，即

$$A_{uf} = \frac{u_o}{u_i} = -\frac{R_f}{R_1} \tag{9.3.1}$$

或

$$u_o = -\frac{R_f}{R_1} u_i \tag{9.3.2}$$

可见，输出电压与输入电压成正比，比值与运算放大器本身的参数无关，只取决于外接电阻 R_1 和 R_f 的大小。比例系数的数值可以是大于、等于和小于 1 的任何值，且输出电压与输入电压相位相反。由于反相端和同相端对地电压都接近于 0，所以运算放大器输入端的共模输入电压极小，这是反相输入电路的特点。

当 $R_1 = R_f = R$ 时，$u_o = -\dfrac{R_f}{R_1} u_i = -u_i$，输入电压与输出电压大小相等，相位相反，称为反相器。

2. 同相比例运算电路

在图 9.3.2 中，输入信号 u_i 经过外接电阻 R' 接到集成运算放大器的同相端，反相输入端经电阻 R_1 接地，反馈电阻 R_f 接在输出端与反相输入端之间，引入电压串联负反馈。由图 9.3.2 可得：

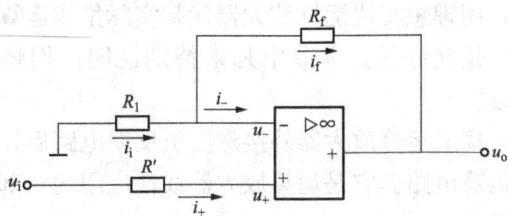

图 9.3.2　同相比例运算电路

$$u_+ = u_i, \quad u_i \approx u_- = u_o \frac{R_1}{R_1 + R_f}$$

所以

$$A_{uf} = \frac{u_o}{u_i} = 1 + \frac{R_f}{R_1} \tag{9.3.3}$$

或

$$u_o = \left(1 + \frac{R_f}{R_1}\right) u_i \tag{9.3.4}$$

可见，u_o 与 u_i 成正比关系，且同相位。

由同相比例运算电路的分析可知：因为同相输入电路的两输入端电压相等且不为零（不存在"虚地"），故有共模输入电压存在，应当选用共模抑制比高的运算放大器。

在同相比例运算电路中，若将输出电压的全部反馈到反相输入端，就构成了电压跟随器。即当 $R_f = 0$ 或 $R_1 \to \infty$ 时，如图 9.3.3 所示，则有

$$u_o = \left(1 + \frac{R_f}{R_1}\right)u_i = u_i \tag{9.3.5}$$

即输出电压与输入电压大小相等，相位相同，该电路称为电压跟随器。

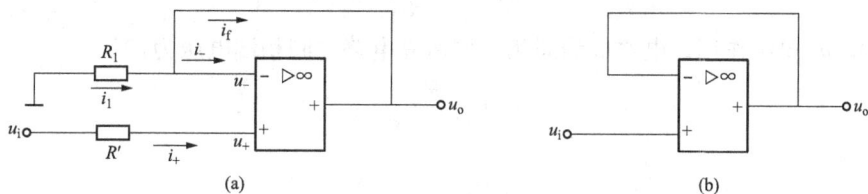

图 9.3.3　电压跟随器（同相比例运算电路的特例）

(a) $R_f = 0$ 时；(b) $R_f = 0$ 且 $R_1 \rightarrow \infty$ 时

9.3.3　加法运算电路

在自动控制电路中，往往需要将多个采样信号按一定的比例叠加起来输入到放大电路中，这就需要用到加法运算电路，如图 9.3.4 所示。

图中有两个输入信号 u_{i1}、u_{i2}（实际应用中可以根据需要增减输入信号的数量），分别经电阻 R_1、R_2 加在反相输入端；反馈电阻 R_f 引入深度电压并联负反馈；平衡电阻 $R' = R_f \mathbin{/\mkern-5mu/} R_1 \mathbin{/\mkern-5mu/} R_2$。

根据"虚断"的概念，可得 $i_i \approx i_f$，其中 $i_i = i_1 + i_2$，根据"虚地"的概念可得：$i_1 = \dfrac{u_{i1}}{R_1}$，$i_2 = \dfrac{u_{i2}}{R_2}$，则有

$$u_o = -R_f i_f = -R_f \left(\frac{u_{i1}}{R_1} + \frac{u_{i2}}{R_2}\right) \tag{9.3.6}$$

实现了各信号按比例进行加法运算。若取 $R_1 = R_2 = R_f$，则

$$u_o = -(u_{i1} + u_{i2}) \tag{9.3.7}$$

即实现了真正意义上的加法运算，但输入与输出信号反相。

如在图 9.3.4 的输出端再接一级反相电路，则可消去负号，实现完全符合常规的加法运算。求和电路也可以利用同相放大电路组成，但输入输出关系式较繁琐，这里就不一一列举了。

9.3.4　减法运算电路

从对比例运算电路和加法运算电路的分析可知，输出电压与同相输入端信号电压极性相同，与反相输入端信号电压极性相反，因而若多个信号同时作用于运算放大器的两个输入端，就可实现减法运算。能实现减法运算的电路如图 9.3.5 所示。

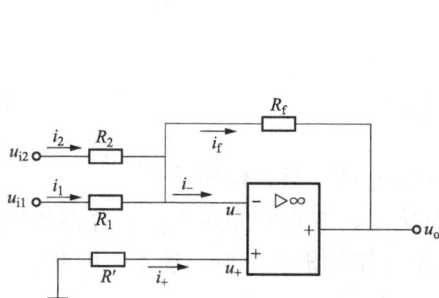

图 9.3.4　加法运算电路

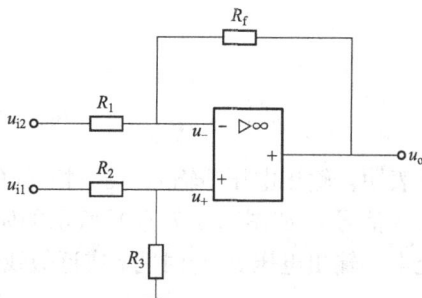

图 9.3.5　减法运算电路

根据叠加定理，首先令 $u_{i1}=0$，u_{i2} 单独作用，电路成为反相比例运算电路，其输出电压为

$$u_{o2} = -\frac{R_f}{R_1}u_{i2}$$

再令 $u_{i2}=0$，u_{i1} 单独作用，电路成为同相比例运算电路，同相端电压为：

$$u_+ = \frac{R_3}{R_2+R_3}u_{i1}$$

其输出电压为

$$u_{o1} = \left(1+\frac{R_f}{R_1}\right)\left(\frac{R_3}{R_2+R_3}\right)u_{i1}$$

这样

$$u_o = u_{o1}+u_{o2} = \left(1+\frac{R_f}{R_1}\right)\left(\frac{R_3}{R_2+R_3}\right)u_{i1}-\frac{R_f}{R_1}u_{i2} \tag{9.3.8}$$

当 $R_1=R_2=R_3=R_f=R$ 时，$u_o=u_{i1}-u_{i2}$。在理想情况下，它的输出电压等于两个输入信号电压之差，具有很好的抑制共模信号的能力。但是，该电路作为差动放大器有输入电阻低和增益调节困难两大缺点。因此，为了满足输入阻抗和增益可调的要求，在工程上常采用多级运算放大器组成的差动放大器来完成对差模信号的放大。

9.3.5 积分和微分运算电路

积分运算和微分运算互为逆运算。在自控系统中，常用积分电路和微分电路作为调节环节。此外，它们还广泛应用于波形的产生和变换，以及仪器仪表之中。以集成运算放大器作为放大电路，利用电容和电阻作为反馈网络，可以实现这两种运算电路。

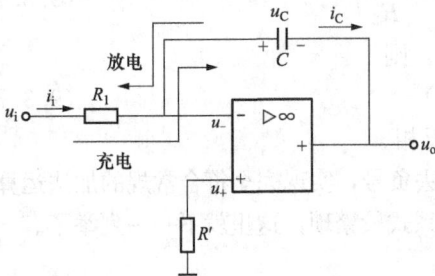

图 9.3.6 积分运算电路

1. 积分运算电路

积分运算电路可以完成对输入信号的积分运算，即输出电压与输入电压的积分成正比。这里介绍的是常用基本反相积分电路，如图 9.3.6 所示。电容 C 作为反馈元件引入电压并联负反馈，运算放大器工作在线性区。

根据"虚地"的概念，$u_-\approx 0$，再根据"虚断"的概念，$i_-\approx 0$，则 $i_i=i_C$，即电容 C 以 $i_C=u_i/R$ 进行充电。设电容 C 的初始电压为零，那么

$$u_o = -u_C = -\frac{1}{C}\int i_C dt = -\frac{1}{C}\int i_i dt$$

即

$$u_o = -\frac{1}{RC}\int u_i dt \tag{9.3.9}$$

上式表明，输出电压与输入电压对时间的积分成正比，且相位相反。

当输入信号 u_i 如图 9.3.7（a）所示的阶跃电压时，在它的作用下，电容器将以恒流方式进行充电，输出电压 u_o 与时间 t 成近似线性关系，如图 9.3.7（b）所示。因此

$$u_o \approx -\frac{U_I}{RC}t = -\frac{U_I}{\tau}t \tag{9.3.10}$$

式中 $\tau=RC$ 为积分时间常数。由图 9.3.7（b）可知，当 $t=\tau$ 时，$-u_{\text{o}}=U_{\text{I}}$。当 $t>\tau$ 时，u_{o} 增大，直到 $-u_{\text{o}}=+U_{\text{om}}$，即运算放大器输出电压的最大值 U_{om} 受直流电源电压的限制，致使运算放大器进入饱和状态，u_{o} 保持不变，而停止积分。

积分电路的波形变换作用如图 9.3.8 所示，当输入信号为矩形波时，积分电路可将矩形波变成三角波输出。积分电路在自动控制系统中用以延缓过渡过程的冲击，使被控制的电动机外加电压缓慢上升，避免其机械转矩猛增，造成传动机械的损坏。积分电路还常用来做显示器的扫描电路，以及模/数转换器、数学模拟运算等。

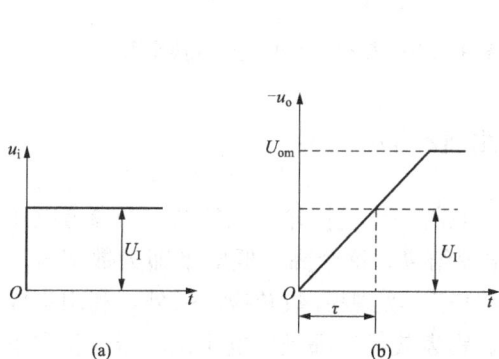

图 9.3.7　积分电路的阶跃响应
（a）输入阶跃电压信号的波形；（b）输出电压的波形

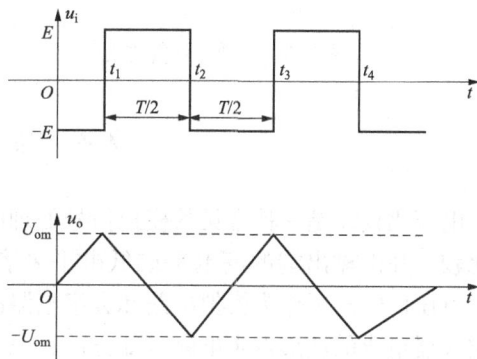

图 9.3.8　积分电路将矩形波变成三角波

在实用电路中，为了防止低频信号增益过大，常在电容上并联一个电阻，利用并联电阻引入直流负反馈来限制增益。

2. 微分运算电路

将积分运算电路中的 R 和 C 互换，就可得到微分运算电路，如图 9.3.9 所示。微分是积分的逆运算，其输出电压与输入电压的微分成正比。图中 R 引入电压并联负反馈，使运算放大器工作在线性区。

根据理想运算放大器特性可知

$$u_{\text{C}} = u_{\text{i}} \qquad i_{\text{C}} = C\frac{\mathrm{d}u_{\text{C}}}{\mathrm{d}t} = C\frac{\mathrm{d}u_{\text{i}}}{\mathrm{d}t} = i_{\text{R}}$$

故得输出电压 u_{o} 与输入电压 u_{i} 的关系为

$$u_{\text{o}} = -Ri_{\text{R}} = -RC\frac{\mathrm{d}u_{\text{i}}}{\mathrm{d}t} \tag{9.3.11}$$

上式表明，输出电压与输入电压对时间的微分成正比，且相位相反。

微分电路的波形变换作用如图 9.3.10 所示，可将矩形波变成尖脉冲输出。微分电路在自动控制系统中可用作加速环节，例如电动机出现短路故障时，加速环节起加速保护作用，可迅速降低电动机的供电电压。

基本微分电路由于对输入信号中的快速变化分量敏感，所以它对输入信号中的高频干扰和噪声成分十分敏感，从而使电路性能下降。所以实用微分电路中，通常在输入回路中串联一个小电阻，但这将会影响微分电路的精度，故要求所串电阻一定要小。

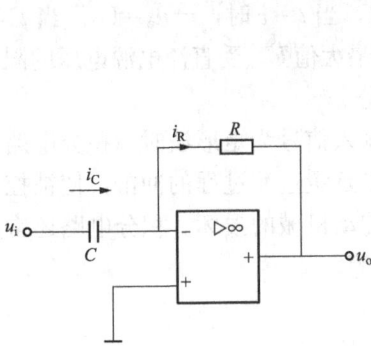

图 9.3.9　微分运算电路

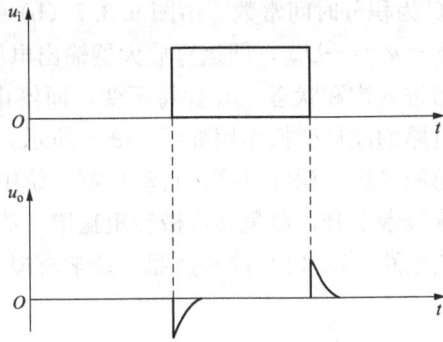

图 9.3.10　微分电路的波形变换作用

9.4　电 压 比 较 器

电压比较器是一种常见的模拟信号处理电路，它将一个模拟输入电压与一个参考电压进行比较，并由输出端的高电平或低电平来表示比较结果。这个高、低电平即为数字量。所以，电压比较器可作为模拟电路和数字电路的"接口"，实现模/数转换。另外，利用集成运算放大器组成的波形发生电路（如方波、三角波、锯齿波等）都是以电压比较器为基本单元电路，电压比较器还广泛应用于信号的处理和检测电路等。采用集成运算放大器可以构成电压比较器，也可采用专用的单片集成电压比较器。

电压比较器是运算放大器工作在非线性区的典型应用。从电路构成上看，此时运算放大器工作在开环状态或加入正反馈的情况下。

根据比较器的传输特性不同，电压比较器可分为单门限电压比较器、滞回电压比较器及窗口电压比较器。

9.4.1　单门限电压比较器

单门限电压比较器是指只有一个门限电压的比较器。其基本电路如图 9.4.1（a）所示。U_{REF}是参考电压，加在运算放大器的反相输入端，输入信号 u_i 加在运算放大器的同相输入端，构成同相输入的单门限电压比较器（也可以将 U_{REF} 和 u_i 输入端的位置互换，构成反相输入的单门限电压比较器）。

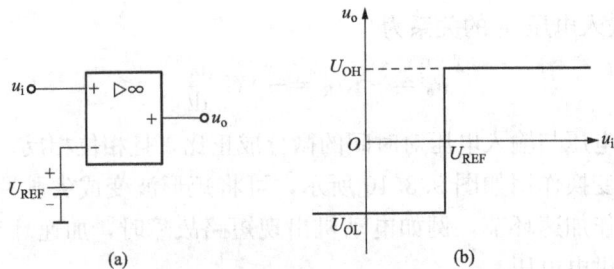

图 9.4.1　单门限电压比较器电路及其电压传输特性
（a）基本电路；（b）电压传输特性

比较器中的运算放大器工作在开环状态时，由于开环电压放大倍数很高，即使输入端只有一个很小的差值信号，也会使输出电压饱和。因此，构成电压比较器的运算放大器工作在饱和区，即非线性区。当 $u_i < U_{REF}$ 时，$u_o = U_{OL}$（负饱和电压）；当 $u_i > U_{REF}$ 时，$u_o = U_{OH}$（正饱和电压）。图 9.4.1（b）所示为单门限电压比较器的电压传输特性。

电压比较器的输出电压发生跳变时对应的输入电压通常称为阈值电压或门限电压，用 U_{TH} 表示。可见，图 9.4.1（a）所示电路只有一个门限电压，其值 $U_{TH} = U_{REF}$。

若 $U_{REF} = 0$，即运算放大器同相输入端接地，这种单门限比较器也称为过零比较器。显然，过零比较器的阈值电压 $U_{TH} = 0$。图 9.4.2（a）所示是一个反相输入的过零比较器。它的电压传输特性如图 9.4.2（b）所示。利用过零比较器可以将正弦波转变为方波，输入、输出波形如图 9.4.2（c）所示。

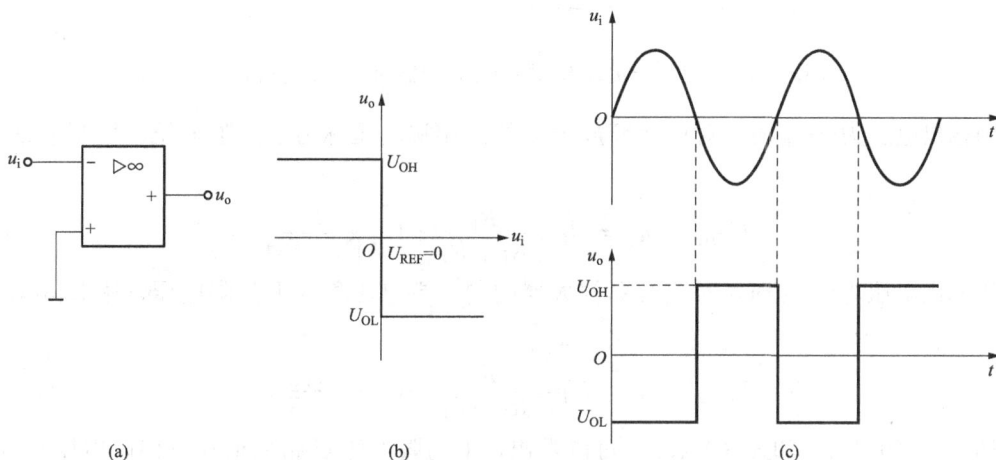

图 9.4.2　过零比较器基本电路、电压传输特性及其波形转换作用
（a）基本电路；（b）电压传输特性；（c）波形转换

对照图 9.4.1（b）和图 9.4.2（b）的传输特性，可见，同相输入的电压比较器与反相输入的电压比较器的传输特性对应输出电压的跳变方向是不同的。同相输入的电压比较器针对阈值电压而言，$u_i < U_{TH}$，$u_o = U_{OL}$（负饱和电压）；$u_i > U_{TH}$，$u_o = U_{OH}$（正饱和电压）。即输入电压在从小到大变化的过程中，输出电压由低电平向高电平跳变；反之，输出电压由高电平向低电平跳变。而对反相输入的电压比较器而言，$u_i < U_{TH}$，$u_o = U_{OH}$（正饱和电压）；$u_i > U_{TH}$，$u_o = U_{OL}$（负饱和电压）。即输入电压在从小到大变化的过程中，输出电压由高电平向低电平跳变；反之，输出电压由低电平向高电平跳变。

9.4.2　滞回电压比较器

单门限电压比较器电路简单，灵敏度高，但抗干扰能力差。如果输入电压受到干扰或噪声的影响在门限电平上下波动时，则输出电压将在高、低两个电平之间反复跳变，如图 9.4.3 所示。若用此输出电压控制电动机等设备，将出现误操作。为了解决这一问题，常采用滞回电压比较器。

滞回电压比较器通过引入上、下两个门限电压，从而获得正确、稳定的输出电压。在电路构成上以单门限电压比较器为基础，增加了正反馈电阻 R_2 和 R_f，使它的电压传输特性呈现滞回性，如图 9.4.4（b）所示。图 9.4.4（a）所示电路中的两个稳压管将比较器的输出电压稳定在 $+U_Z$ 和 $-U_Z$ 之间。

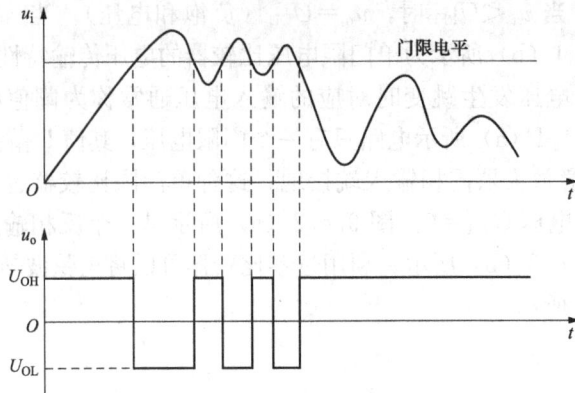

图 9.4.3　存在干扰时单门限电压比较器的输入、输出波形

当输出电压为 $+U_Z$ 时，对应运算放大器的同相端电压称为上门限电压，用 U_{TH1} 表示，则有

$$U_{\mathrm{TH1}} = u_+ = U_{\mathrm{REF}} \frac{R_{\mathrm{f}}}{R_{\mathrm{f}}+R_2} + U_Z \frac{R_2}{R_{\mathrm{f}}+R_2} \qquad (9.4.1)$$

当输出电压为 $-U_Z$ 时，对应运算放大器的同相端电压称为下门限电压，用 U_{TH2} 表示，则有

$$U_{\mathrm{TH2}} = u_+ = U_{\mathrm{REF}} \frac{R_{\mathrm{f}}}{R_{\mathrm{f}}+R_2} - U_Z \frac{R_2}{R_{\mathrm{f}}+R_2} \qquad (9.4.2)$$

通过式（9.4.1）和式（9.4.2）可以看出，上门限电压 U_{TH1} 的值比下门限电压 U_{TH2} 的值大。

从滞回电压比较器的传输特性可见，当输入信号 u_i 从小于或等于零开始增加时，电路输出为 $+U_Z$，此时运放同相端对地电压为 U_{TH1}。u_i 增至刚超过 U_{TH1} 时，电路翻转，输出跳变为 $-U_Z$，此时运放同相端对地电压变为 U_{TH2}。u_i 继续增加时，输出保持 $-U_Z$ 不变。

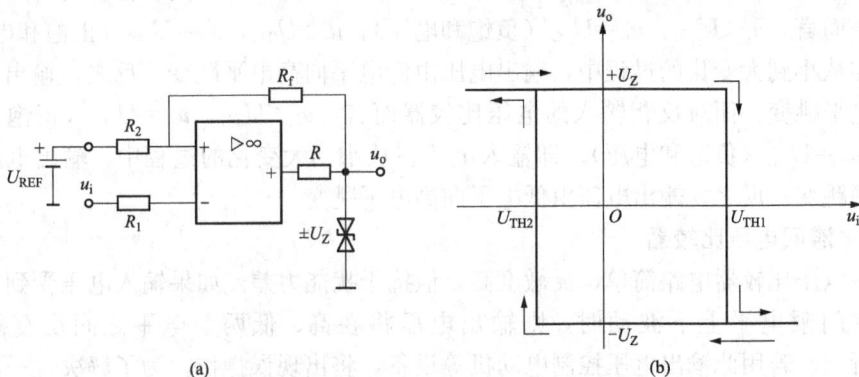

图 9.4.4　滞回电压比较器电路及其传输特性
(a) 基本电路；(b) 传输特性

若 u_i 从最大值开始减小，当减到上门限电压 U_{TH1} 时，输出并不翻转，只有减小到略小于下门限电压 U_{TH2} 时，电路才发生翻转，输出变为 $+U_Z$。

由以上分析可以看出，该比较器的电压传输特性具有滞回特性。其上门限电压 U_{TH1} 与下

门限电压 U_{TH2} 之差称为回差电压，用 ΔU_{TH} 表示，即

$$\Delta U_{TH} = U_{TH1} - U_{TH2} = 2U_Z \frac{R_2}{R_f + R_2} \tag{9.4.3}$$

滞回电压比较器用于控制系统时的主要优点是抗干扰能力强。当输入信号受干扰或噪声的影响而上下波动时，只要根据干扰或噪声电平适当调整滞回电压比较器两个门限电压 U_{TH1} 和 U_{TH2} 的值，就可以避免比较器的输出电压在高、低电平之间反复跳变，如图9.4.5所示。

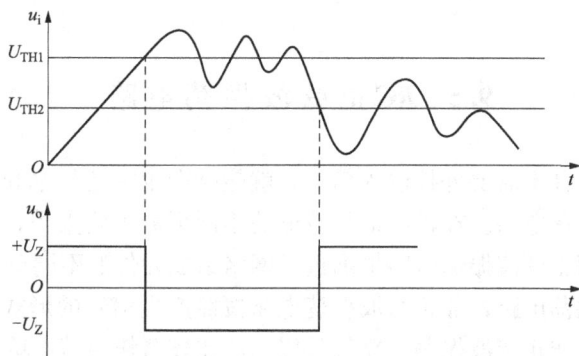

图9.4.5　存在干扰时滞回电压比较器的输入、输出波形

9.4.3　窗口电压比较器

窗口电压比较器电路如图9.4.6（a）所示。电路由两个单门限电压比较器、二极管、稳压管和电阻构成。其中比较器 A_1 的参考电压等于 U_{RH}，比较器 A_2 的参考电压等于 U_{RL}，且设 $U_{RH} > U_{RL} > 0$。若两个电压比较器的参数一致，特性对称，稳压管 VD_Z 的稳定电压值等于 U_Z。则其工作原理为

（1）当 $u_i > U_{RH}$ 时，$u_{o1} = U_{OH}$，$u_{o2} = U_{OL}$，VD_1 导通，VD_2 截止，$u_o = +U_Z$。

（2）当 $u_i < U_{RL}$ 时，$u_{o1} = U_{OL}$，$u_{o2} = U_{OH}$，VD_1 截止，VD_2 导通，$u_o = +U_Z$。

（3）当 $U_{RL} < u_i < U_{RH}$，$u_{o1} = u_{o2} = U_{OL}$，VD_1、VD_2 均截止，$u_o = 0$。

由此可画出窗口电压比较器的电压传输特性如图9.4.6（b）所示。可见，该比较器有两个阈值，传输特性呈现窗口状，故称为窗口电压比较器。

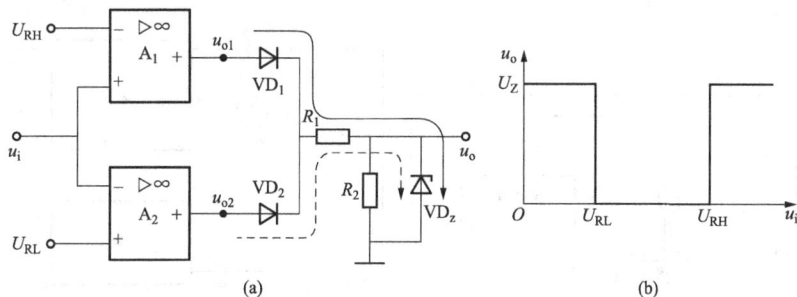

图9.4.6　窗口比较器及其电压传输特性

（a）电路结构图；（b）电压传输特性

窗口电压比较器可用于检测输入信号的电平是否处于两个给定的参考电压之间。

通过以上三种电压比较器的分析，可以得出以下结论：

（1）在电压比较器中，集成运放工作在非线性区，输出电压只有高电平和低电平两种可能的情况。

（2）通常用电压传输特性来描述输出电压与输入电压之间的关系。

（3）电压传输特性的三个要素是输出电压的高、低电平，阈值电压和输出电压的跳变方向。输出电压的高、低电平由输出端限幅电路决定；当令 $u_+ = u_-$ 时所求出的输入电压 u_i 就是阈值电压；u_i 等于阈值电压时输出电压的跳变方向决定于输入电压作用在同相输入端还是反相输入端。

9.5 RC 正弦波振荡电路

信号产生电路是一种不需要外接输入信号，就能够产生特定频率和幅值交流信号的波形发生电路，也称自激振荡电路。按输出信号波形的不同可分为两大类，即正弦波振荡电路和非正弦波振荡电路，而正弦波振荡电路根据选频网络组成元件的不同分为 RC 振荡电路、LC 振荡电路和石英晶体振荡电路；非正弦波振荡电路按照产生信号的形式又可分为方波、三角波和锯齿波振荡电路。非正弦波振荡电路都是以电压比较器作为基本单元电路的。

本节主要介绍自激振荡形成的条件；RC 振荡电路的组成及工作原理。

信号产生电路的基本构成是在放大电路中引入正反馈来产生稳定的振荡，输出的交流信号是由直流电源的能量转换而来的。

9.5.1 正弦波振荡电路的基本原理

1. 自激振荡形成的条件

扩音系统在使用中有时会发出刺耳的啸叫声，其形成过程如图 9.5.1 所示。

由图可见，扬声器发出的声音传入话筒，话筒将声音转化为电信号，送给扩音机放大，再由扬声器将放大了的电信号转化为声音，声音又返送回话筒，形成正反馈，如此反复循环，就产生了自激振荡啸叫。显然，自激振荡是扩音系统应该避免的，而信号发生器正是利用自激振荡的原理来产生正弦波的。

所以，自激振荡电路是一个没有输入信号的正反馈放大电路。可用图 9.5.2 所示的方框图来分析自激振荡形成的条件。

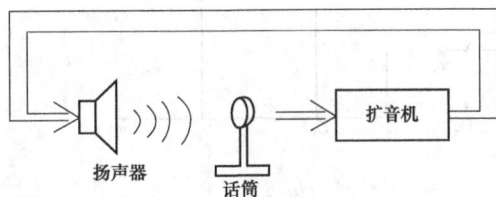

图 9.5.1 扩音系统形成的自激振荡图　　　　图 9.5.2 自激振荡电路的方框图

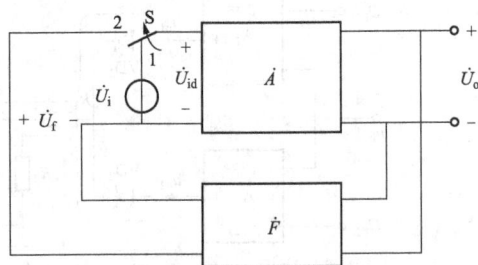

自激振荡形成的基本条件是反馈信号与输入信号大小相等、相位相同，即 $\dot{U}_f = \dot{U}_i$，此式可变形为 $\dot{U}_f = \dfrac{\dot{U}_o}{\dot{U}_i} \dfrac{\dot{U}_f}{\dot{U}_o} \dot{U}_i = \dot{A}\dot{F}\dot{U}_i$，故可得

$$\dot{A}\dot{F} = 1 \tag{9.5.1}$$

式（9.5.1）包含着两层含义：

（1）反馈信号与输入信号大小相等，用 $|\dot{U}_f| = |\dot{U}_i|$ 关系表示，即

$$|\dot{A}\dot{F}| = 1 \tag{9.5.2}$$

称为幅度平衡条件。

（2）反馈信号与输入信号相位相同，表示输入信号经过放大电路产生的相移 φ_A 和反馈网络产生的相移 φ_F 之和为 2π 的整数倍，即

$$\varphi_A + \varphi_F = 2n\pi(n = 0,1,2,3,\cdots) \tag{9.5.3}$$

称为相位平衡条件。

2. 正弦波振荡的形成过程

当放大电路在接通电源的瞬间，随着电源电压由零开始突然增大，电路受到扰动，在放大电路的输入端产生一个微弱的扰动电压 u_i，这个扰动电压包括从低频到高频的各种频率的谐波成分。u_i 经放大器放大、正反馈，再放大、再反馈……如此反复循环，输出信号的幅度很快增加。为了能得到所需频率的正弦波信号，必须增加选频网络，只有在选频网络中心频率上的信号能通过，其他频率的信号被抑制。这样，在输出端就会得到如图 9.5.3 中 ab 段所示的起振波形。

那么，振荡电路在起振以后，振荡幅度会不会无休止地增长下去呢？这就需要增加稳幅环节，当振荡电路的输出达到一定幅度后，稳幅环节就会使输出减小，维持一个相对稳定的稳幅振荡，如图 9.5.3 中的

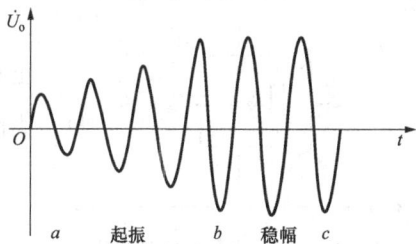

图 9.5.3　自激振荡的输出波形图

bc 段所示。也就是说，在振荡建立的初期，必须使反馈信号大于原输入信号，反馈信号一次比一次大，才能使振荡幅度逐渐增大；当振荡建立后，还必须使反馈信号等于原输入信号，才能使建立的振荡得以维持下去。

由上述分析可知，起振条件应为

$$|\dot{A}\dot{F}| > 1 \tag{9.5.4}$$

稳幅后的幅度平衡条件为

$$|\dot{A}\dot{F}| = 1$$

3. 振荡电路的组成

故要形成振荡，电路中必须包含以下组成部分：

（1）放大器。

（2）正反馈网络。

（3）选频网络。

（4）稳幅环节。

根据选频网络组成元件的不同，正弦波振荡电路通常可分为 RC 振荡电路、LC 振荡电路和石英晶体振荡电路。

4. 振荡电路的分析方法

(1) 检查电路是否具有振荡电路的 4 个组成部分。

(2) 分析放大电路的静态偏置是否能保证放大电路正常工作。

(3) 分析放大电路的交流通路是否能正常放大交流信号。

(4) 检查电路是否满足相位平衡条件和幅度平衡条件。

9.5.2 RC 正弦波振荡电路

RC 正弦波振荡电路结构简单，性能可靠，可用来产生几兆赫兹以下的低频信号。常用的 RC 振荡电路有 RC 桥式振荡电路和移相式振荡电路。这里只介绍由 RC 串、并联网络构成的桥式振荡电路。

1. RC 串并联网络的选频特性

RC 串并联网络由 R_2 和 C_2 并联后与 R_1 和 C_1 串联组成，如图 9.5.4 所示。

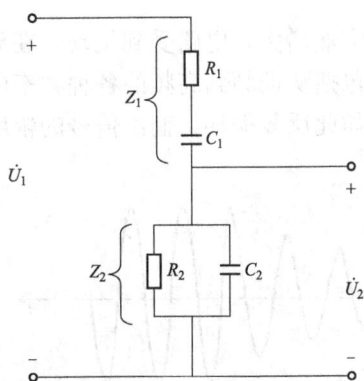

图 9.5.4　RC 串并联选频网络

设 R_1 和 C_1 的串联阻抗用 Z_1 表示，R_2 和 C_2 的并联阻抗用 Z_2 表示，那么

$$Z_1 = R_1 + \frac{1}{j\omega C_1}, \quad Z_2 = \frac{R_2}{1+j\omega R_2 C_2}$$

输入电压 $\dot{U}_1$ 加在 Z_1 与 Z_2 串联网络的两端，输出电压 $\dot{U}_2$ 从 Z_2 两端取出。将输出电压 $\dot{U}_2$ 与输入电压 $\dot{U}_1$ 之比作为 RC 串、并联网络的传输系数，记为 $\dot{F}$，那么

$$\dot{F} = \frac{\dot{U}_2}{\dot{U}_1} = \frac{Z_2}{Z_1+Z_2} \tag{9.5.5}$$

在实际电路中，通常取 $R_1=R_2=R$，$C_1=C_2=C$，故由数学推导得

$$\dot{F} = \frac{1}{3+j\left(\omega RC - \frac{1}{\omega RC}\right)} = \frac{1}{3+j\left(\frac{\omega}{\omega_0}-\frac{\omega_0}{\omega}\right)} \tag{9.5.6}$$

令 $\omega_0 = \frac{1}{RC}$。

幅频特性为

$$F = \frac{1}{\sqrt{3^2+\left(\frac{\omega}{\omega_0}-\frac{\omega_0}{\omega}\right)^2}} \tag{9.5.7}$$

相频特性为

$$\varphi_F = -\arctan\frac{1}{3}\left(\frac{\omega}{\omega_0}-\frac{\omega_0}{\omega}\right) \tag{9.5.8}$$

设输入电压 $\dot{U}_1$ 为振幅恒定、频率可调的正弦信号。由式 (9.5.7)、式 (9.5.8) 可知：

当 $\omega \ll \omega_0$ 时，传输系数 $\dot{F}$ 的模值 $F \to 0$，相角 $\varphi_F \to +90°$；

当 $\omega \gg \omega_0$ 时，传输系数 $\dot{F}$ 的模值 $F \to 0$，相角 $\varphi_F \to -90°$；

当 $\omega = \omega_0$ 时，传输系数 $\dot{F}$ 的模值 $F=1/3$，且为最大，相角 $\varphi_F=0$。

由此可以看出，ω 在整个增大的过程中，F 的值先从 0 逐渐增大，然后又逐渐减小到 0。其相角也从 +90° 逐渐减小经过 0° 直至 -90°。

可见，RC 串、并联网络只在

$$\omega = \omega_0 = \frac{1}{RC} \tag{9.5.9}$$

即

$$f = f_0 = \frac{\omega_0}{2\pi} = \frac{1}{2\pi RC} \tag{9.5.10}$$

此时，输出幅度最大，而且输出电压与输入电压同相，即相位移为 0°，所以 RC 串、并联网络具有选频特性，如图 9.5.5 所示。

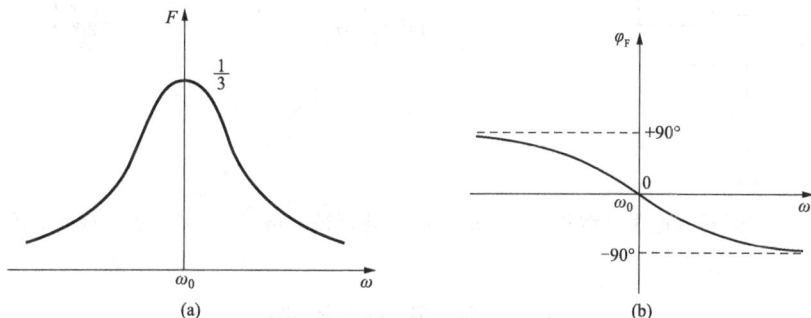

图 9.5.5 RC 串、并联网络的选频特性

(a) 幅频特性；(b) 相频特性

2. RC 桥式振荡电路

将 RC 串、并联选频网络和放大器结合起来即可构成 RC 振荡电路，放大器件可采用集成运算放大器，也可采用分离元件构成。图 9.5.6 所示为由集成运算放大器构成的 RC 桥式振荡电路，图中 RC 串、并联选频网络接在运算放大器的输出端和同相输入端之间，构成正反馈；R_f 和 R_1 接在运算放大器的输出端和反相输入端之间，构成负反馈。正反馈电路与负反馈电路构成一个文氏电桥，如图 9.5.7 所示。所以，把这种振荡电路称为 RC 桥式振荡电路。

在图 9.5.6 中，集成运算放大器组成一个同相放大器，它的输出电压 u_o 作为 RC 串、并联网络的输入电压，而将 RC 串、并联网络的输出电压作为放大器的输入电压。当 $f = f_0$ 时，RC 串、并联网络的相位移为零，放大器是同相放大器，故电路的总相位移是零，满足相位平衡条件。而对于其他频率的信号，RC 串、并联网络的相位移不为零，不满足相位平衡条件。由于 RC 串、并联网络在 $f = f_0$ 时的传输系数 $F = 1/3$，因此要求放大器的总电压增益 A_u 应大于 3，这对于集成运算放大器组成的同相放大器来说是很容易满足的。

又知，同相输入比例运算放大电路的电压增益为

$$A_u = 1 + \frac{R_f}{R_1} \tag{9.5.11}$$

只要选择合适的 R_f 和 R_1 的比值，就能满足 $A_u > 3$ 的要求。

为控制输出电压幅度在起振以后不再增加，可在放大电路的负反馈回路里采用非线性元件来自动调整反馈的强弱，以维持输出电压恒定。非线性元件一般可采用热敏电阻、二极管及场效应管。它们稳幅的原理这里不再赘述。

由集成运算放大器构成的 RC 桥式振荡电路，具有性能稳定、电路简单等优点。其振荡

频率由 RC 串、并联正反馈选频网络的参数决定，即

$$f_0 = \frac{1}{2\pi RC}$$

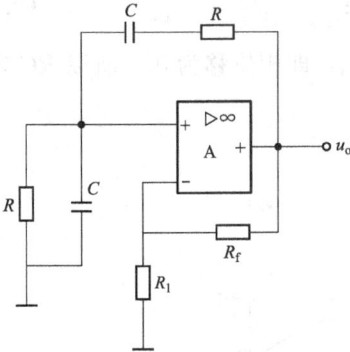

图 9.5.6　RC 桥式振荡电路图　　　图 9.5.7　正反馈电路与负反馈电路构成的文氏电桥

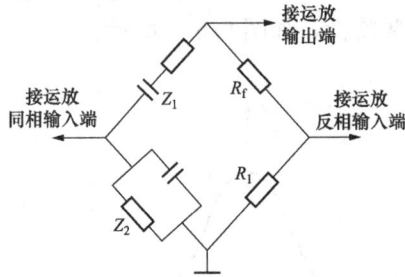

9.6　有源滤波器

9.6.1　基本概念

滤波器是一种能使有用频率信号通过而同时抑制或衰减无用频率信号的电子装置。主要用作信号处理和滤除干扰等。

按滤波器所含元器件的不同，滤波器可分为无源滤波器和有源滤波器两种。由无源元件 R、C 组成的滤波器称为无源滤波器；而含有放大电路的滤波器称为有源滤波器。有源滤波器实质上是由 R 和 C 组成的无源滤波器加上集成运算放大器组成的放大电路而构成的。由于不用电感 L 元件，有源滤波器具有体积小、质量轻的优点；而采用了集成运算放大器组成的放大电路，又可以对信号产生一定的放大作用，还可以克服无源滤波器的滤波特性随负载变化的缺点。

按允许通过的信号频率范围的不同，滤波器可分为

低通滤波器：允许 $0<\omega<\omega_H$ 的低频信号通过，而将 $\omega>\omega_H$ 的高频信号衰减。

高通滤波器：允许 $\omega>\omega_L$ 的高频信号通过，而将 $0<\omega<\omega_L$ 的低频信号衰减。

带通滤波器：允许 $\omega_L<\omega<\omega_H$ 的某一频带范围内的信号通过，而将 $\omega<\omega_L$ 及 $\omega>\omega_H$ 频带的信号衰减。

带阻滤波器：阻止 $\omega_L<\omega<\omega_H$ 的某一频带范围内的信号通过，而允许 $\omega<\omega_L$ 及 $\omega>\omega_H$ 频带的信号通过。

图 9.6.1 所示为各种滤波器电路的电压增益 $|\dot{A}_u|$ 随频率 ω 变化的特性曲线（即幅频特性），图中通带范围指被保留的频率段，阻带范围指被抑制的频率段。

由图 9.6.1 可见，要使实际的滤波器幅频特性与理想特性接近，就必须满足以下条件：

（1）通带范围内的信号要无衰减地通过，阻带范围内的信号应该无输出。

（2）通带与阻带之间的过渡带为零。

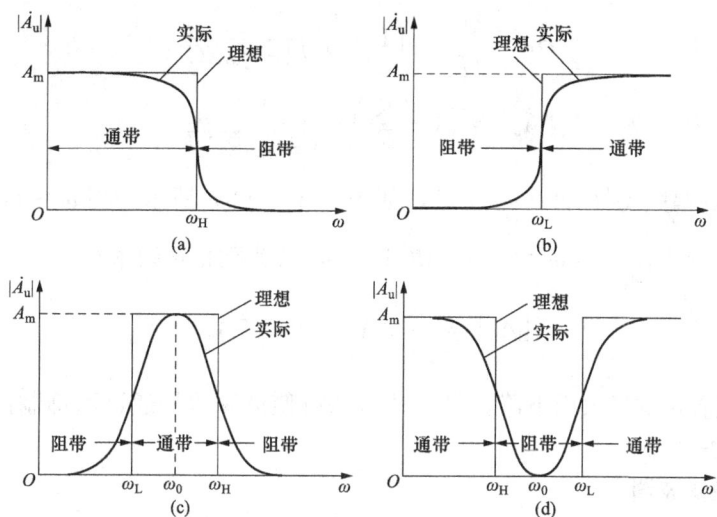

图 9.6.1　各种滤波器电路的幅频特性
（a）低通滤波器；（b）高通滤波器；（c）带通滤波器；（d）带阻滤波器

9.6.2　低通滤波器

电路如图 9.6.2（a）所示，它是由 RC 无源低通滤波器后面加上一个同相放大电路组成。无源低通滤波电路的输出电压为

$$\dot{U}_+ = \frac{\frac{1}{j\omega C}}{R + \frac{1}{j\omega C}}\dot{U}_i = \frac{1}{1 + j\omega RC}\dot{U}_i$$

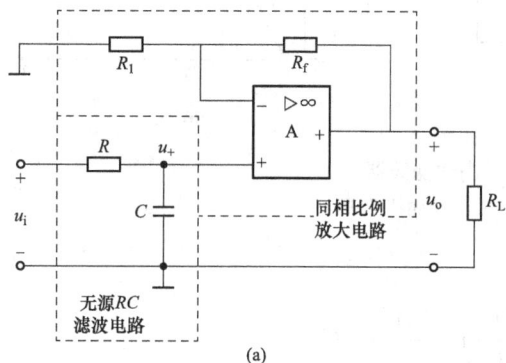

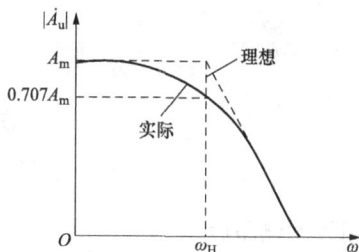

图 9.6.2　低通滤波器
（a）电路图；（b）幅频特性

经过同相放大电路后

$$\dot{U}_o = \left(1 + \frac{R_f}{R_1}\right)\frac{1}{1 + j\omega RC}\dot{U}_i$$

故该电路的电压放大倍数为

$$\dot{A}_u = \frac{\dot{U}_o}{\dot{U}_i} = \left(1 + \frac{R_f}{R_1}\right)\frac{1}{1 + j\omega RC}$$

$$|\dot{A}_u| = \left(1 + \frac{R_f}{R_1}\right)\frac{1}{\sqrt{1 + (\omega RC)^2}} \qquad (9.6.1)$$

由此得到该电路的幅频特性 $|\dot{A}_u| = f(\omega)$，如图 9.6.2（b）所示。当 $\omega = 0$ 时，$|\dot{A}_u|$ 最大，用 A_m 表示，$A_m = 1 + \frac{R_f}{R_1}$。当 $\omega = \omega_H = 1/RC$ 时（ω_H 称为截止角频率）

$$|\dot{A}_u| = \frac{1}{\sqrt{2}} \quad A_m = 0.707 A_m$$

此后，$|\dot{A}_u|$ 将随着 ω 的增大而下降，可见该电路有使低频信号通过而抑制高频信号通过的作用，故为低通滤波器。

9.6.3 高通滤波器

电路如图 9.6.3（a）所示，它是由 RC 无源高通滤波器后面加上一个同相放大电路组成。无源高通滤波电路的输出电压为

$$\dot{U}_+ = \frac{R}{R + \frac{1}{j\omega C}}\dot{U}_i = \frac{1}{1 - j\frac{1}{\omega RC}}\dot{U}_i$$

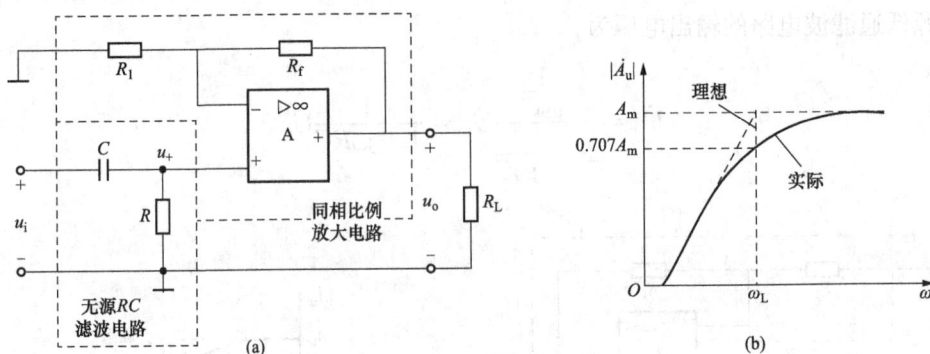

图 9.6.3 高通滤波器
(a) 电路图；(b) 幅频特性图

经过同相放大电路后

$$\dot{U}_o = \left(1 + \frac{R_f}{R_1}\right)\frac{1}{1 - j\frac{1}{\omega RC}}\dot{U}_i$$

故该电路的电压放大倍数为

$$\dot{A}_u = \frac{\dot{U}_o}{\dot{U}_i} = \left(1 + \frac{R_f}{R_1}\right)\frac{1}{1 - j\frac{1}{\omega RC}}$$

$$|\dot{A}_u| = \left(1 + \frac{R_f}{R_1}\right)\frac{1}{\sqrt{1 + \left(\frac{1}{\omega RC}\right)^2}} \qquad (9.6.2)$$

由此得到该电路的幅频特性$|\dot{A}_u| = f(\omega)$，如图 9.6.3（b）所示。当 $\omega \to \infty$ 时，$|\dot{A}_u|$ 最大，用 A_m 表示。

$$A_m = 1 + \frac{R_f}{R_1}$$

当 $\omega = \omega_L = 1/RC$ 时（ω_L 称为截止角频率）

$$|\dot{A}_u| = \frac{1}{\sqrt{2}} \quad A_m = 0.707 A_m$$

此后，$|\dot{A}_u|$ 将随着 ω 的减小而下降，可见该电路有使高频信号通过而抑制低频信号通过的作用，故为高通滤波器。

9.6.4 带通滤波器和带阻滤波器

将低通滤波器和高通滤波器进行不同的组合，就可获得带通滤波器和带阻滤波器。图 9.6.4 所示为带通滤波器的构成示意图。由图可见，当将一个低通滤波器和一个高通滤波器串联便组成带通滤波器。此时，$\omega < \omega_L$ 的信号被高通滤波器滤掉；$\omega > \omega_H$ 的信号被低通滤波器滤掉；只有 $\omega_L < \omega < \omega_H$ 频率段的信号才能通过。显然，该方式组成的带通滤波器必须满足低通滤波器的上限截止频率应大于高通滤波器的下限截止频率，即 $\omega_H > \omega_L$ 的条件。

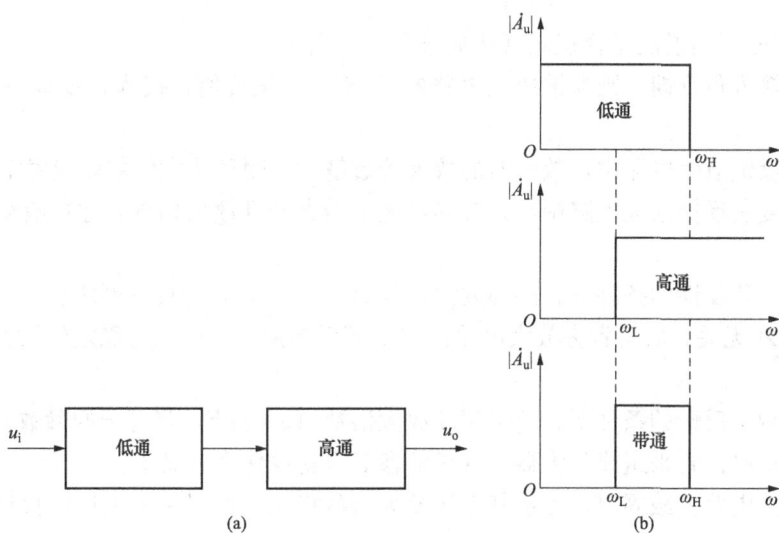

图 9.6.4 带通滤波器的构成示意图
（a）原理框图；（b）理想的幅频特性

图 9.6.5 所示为带阻滤波器的构成示意图。由图可见，当将一个低通滤波器和一个高通滤波器并联便组成带阻滤波器。此时，$\omega < \omega_H$ 的信号从低通滤波器通过；$\omega > \omega_L$ 的信号从高通滤波器通过；只有 $\omega_H < \omega < \omega_L$ 频率段的信号被滤掉。显然，该方式组成的带阻滤波器必须满足低通滤波器的上限截止频率应小于高通滤波器的下限截止频率，即 $\omega_H < \omega_L$ 的条件。

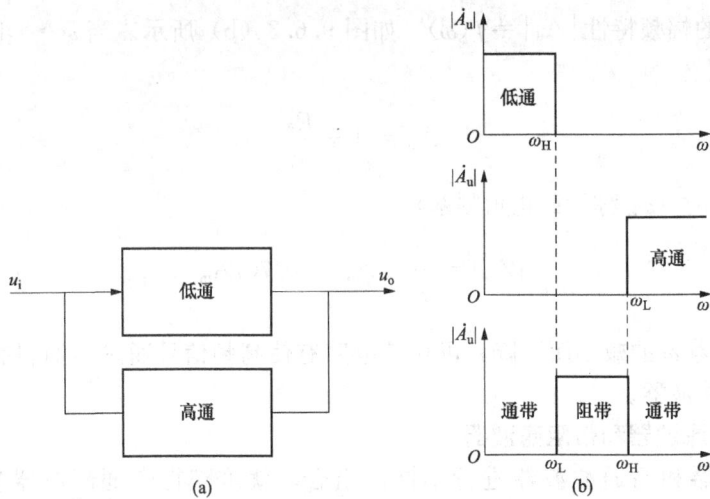

图 9.6.5　带阻滤波器的构成示意图
（a）原理框图；（b）理想的幅频特性

习　题

9.2.1　判断下列说法是否正确（在括号中打×或√）。

（1）由于接入负反馈，则反馈放大电路的 A 就一定是负值，接入正反馈后 A 就一定是正值。　　　　　　　　　　　　　　　　　　　　　　　　　　　　　（　　）

（2）在负反馈放大电路中，放大器的放大倍数越大，闭环放大倍数就越稳定。　（　　）

（3）在深度负反馈放大电路中，只有尽可能地增大开环放大倍数，才能有效地提高闭环放大倍数。　　　　　　　　　　　　　　　　　　　　　　　　　　　　（　　）

（4）在深度负反馈的条件下，闭环放大倍数 $A_{uf}\approx 1/F$，它与反馈网络有关，而与放大器开环放大倍数 A 无关，故可省去放大电路，仅留下反馈网络，以获得稳定的放大倍数。

　　　　　　　　　　　　　　　　　　　　　　　　　　　　　　　　　　（　　）

（5）在深度负反馈的条件下，由于闭环放大倍数 $A_{uf}\approx 1/F$，与管子的参数几乎无关，因此可以任意选择晶体管来组成放大器，管子的参数也就没什么意义了。　　　　（　　）

（6）若放大电路负载固定，为使其电压放大倍数稳定，可以引入电压负反馈，也可以引入电流负反馈。　　　　　　　　　　　　　　　　　　　　　　　　　　　（　　）

9.2.2　试分别判断图示各电路的反馈极性及交、直流反馈。

9.2.3　试分别判断图示各电路级间反馈极性。

9.2.4　试分别判断图示各电路中的反馈类型。

9.2.5　有一负反馈放大器，其开环增益 $A=100$，反馈系数 $F=1/10$。试问它的反馈深度和闭环增益各为多少？

9.2.6　有一负反馈放大器，当输入电压为 0.1V 时，输出电压为 2V。而在开环时，对于 0.1V 的输入电压，其输出电压则为 4V。试计算其反馈深度和反馈系数。

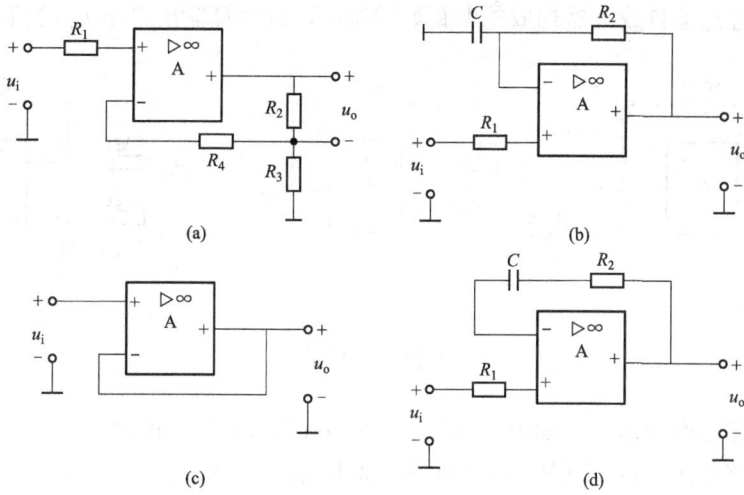

(a)　(b)　(c)　(d)

习题 9.2.2 图

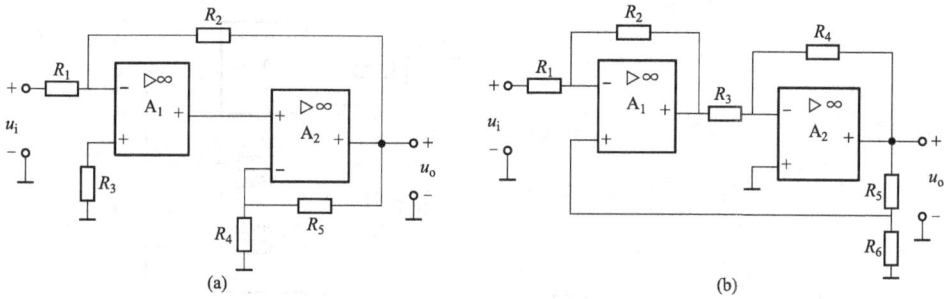

(a)　(b)

习题 9.2.3 图

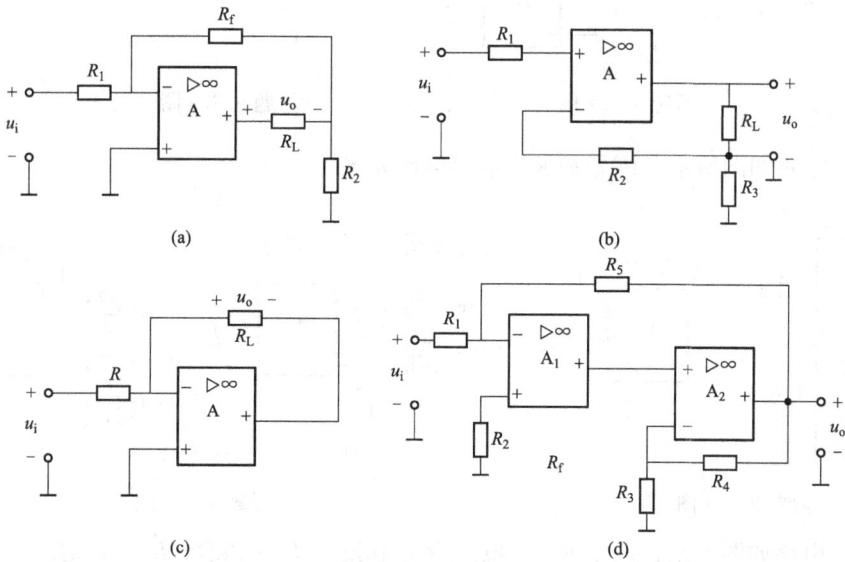

(a)　(b)　(c)　(d)

习题 9.2.4 图

9.3.1 由理想运算放大器构成的电路如图所示，试计算输出电压 u_o 的值。

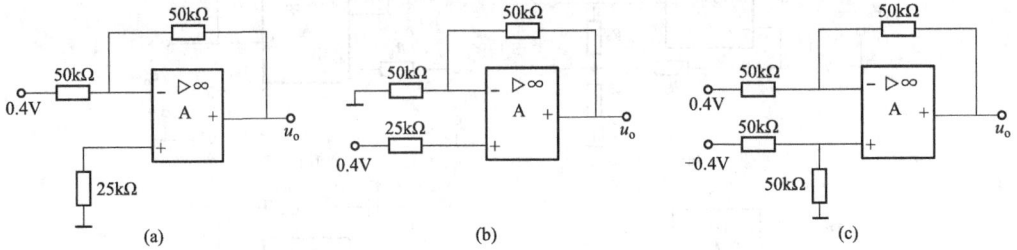

习题 9.3.1 图

9.3.2 电路如图所示，已知 $R_f = 5R_1$，$u_i = 10\text{mV}$，试求 u_o 的值。

9.3.3 电路如图所示，已知 $u_i = 10\text{mV}$，试求 u_{o1}、u_{o2} 和 u_o 的值。

9.3.4 电路如图所示，试写出 u_o 与 u_{i1} 和 u_{i2} 的关系，并求出当 $u_{i1} = +1.5\text{V}$，$u_{i2} = -0.5\text{V}$ 时 u_o 的值。

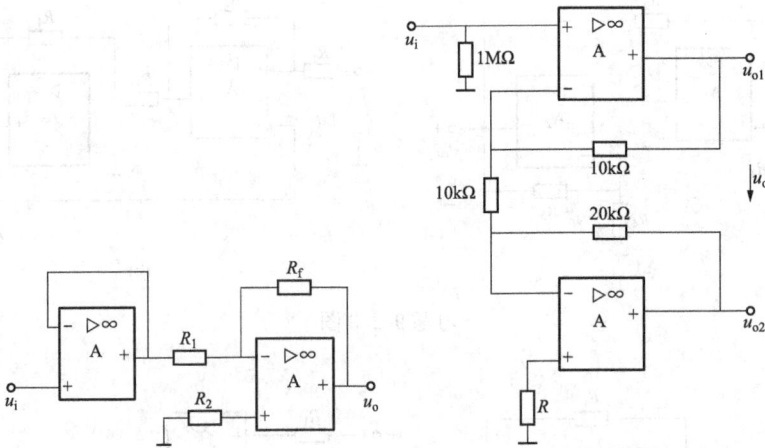

习题 9.3.2 图   习题 9.3.3 图

9.3.5 电路如图所示，试分别求出输出电压 u_o 的值。

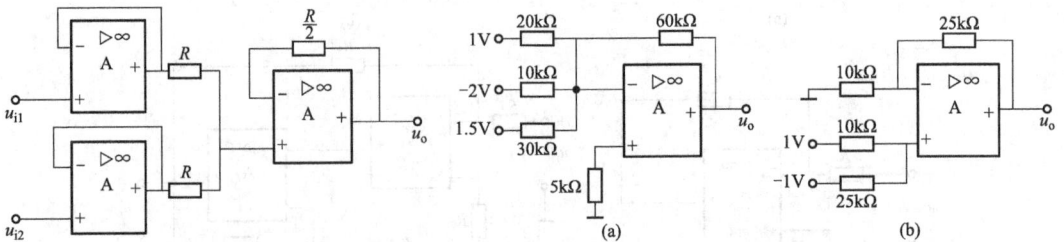

习题 9.3.4 图   习题 9.3.5 图

9.3.6 电路如图所示，已知 $R_1 = 2\text{k}\Omega$，$R_f = 10\text{k}\Omega$，$R_2 = 2\text{k}\Omega$，$R_3 = 18\text{k}\Omega$，$u_i = 1\text{V}$，求 u_o 的值。

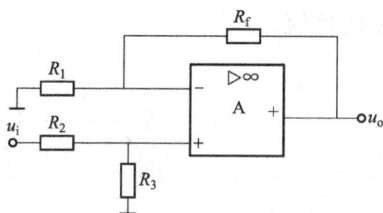

习题 9.3.6 图

9.3.7　如果要求运算放大电路的输出电压 $u_o = -5u_{i1} + 2u_{i2}$，已知反馈电阻 $R_f = 50\text{k}\Omega$，试画出电路图并求出各电阻值。

9.4.1　电路如图所示，$R_f = R_1$，试分别画出各比较器的电压传输特性曲线。

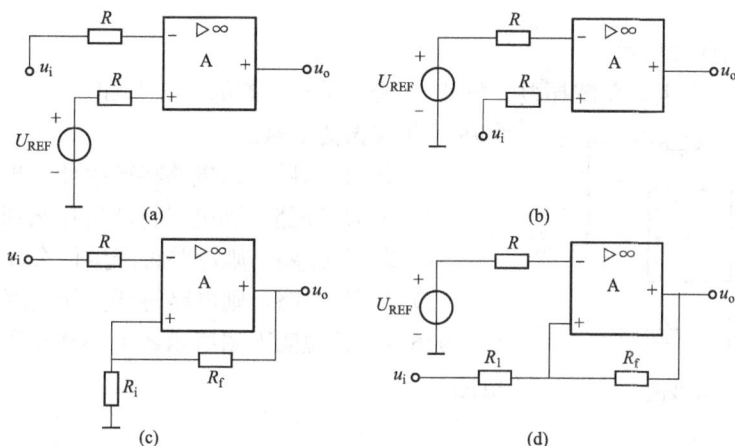

习题 9.4.1 图

9.4.2　电路如图所示，其中双向稳压管的电压 $U_Z = \pm 6\text{V}$，输入信号 $u_i = 12\sin\omega t\,\text{V}$，在参考电压 U_{REF} 为 3V 和 −3V 两种情况下，试画出电压比较器的传输特性曲线和输出电压波形。

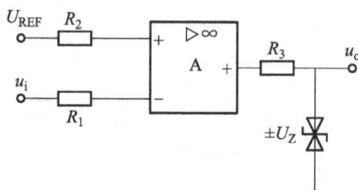

习题 9.4.2 图

9.4.3　电路如图所示，A 为理想集成运算放大器，$R_1 = 5\text{k}\Omega$，$R_2 = R_3 = 1\text{k}\Omega$，试分析确定在 $u_i = 2\text{V}$ 及 $u_i = -2\text{V}$ 时 u_o 的值。

9.5.1　某音频信号发生器的电路原理如图所示，已知图中 $R = 22\text{k}\Omega$，$C = 6600\text{pF}$。

（1）分析电路的工作原理。

（2）若 R_P 从 1kΩ 调到 10kΩ，计算电路振荡频率的调节范围。

（3）确定电路中电阻 R_f/R_1 的比值。

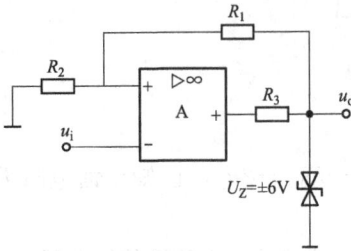

习题 9.4.3 图

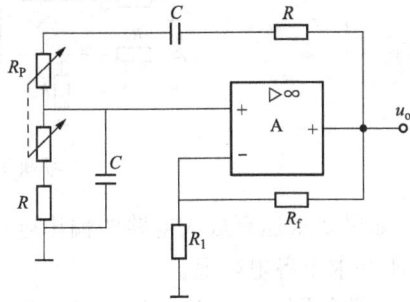

习题 9.5.1 图

9.5.2　电路如图所示。

（1）为使电路产生正弦波振荡，标出集成运算放大器的"＋"和"－"；并说明电路是哪种正弦波振荡电路。

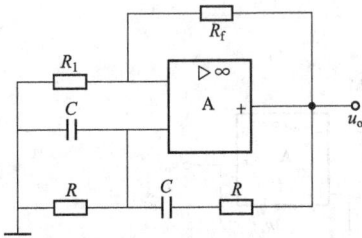

习题 9.5.2 图

（2）若 R_1 短路，则电路将产生什么现象？

（3）若 R_1 断路，则电路将产生什么现象？

（4）若 R_f 短路，则电路将产生什么现象？

（5）若 R_f 断路，则电路将产生什么现象？

9.6.1　试说明下图所示各电路属于哪种类型的滤波电路。

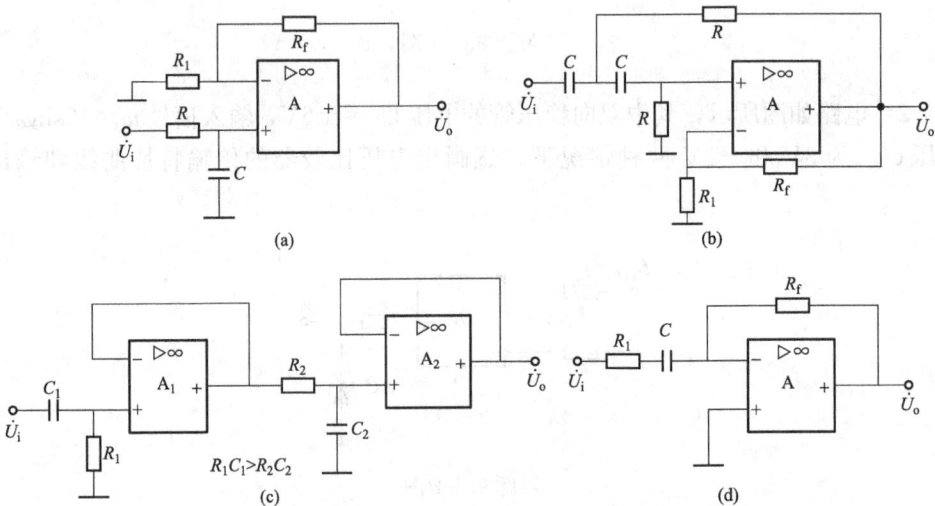

习题 9.6.1 图

9.6.2　设一阶 LPF 和一阶 HPF 的通带放大倍数均为 2，通带截止频率分别为 100Hz 和 2kHz。试用它们构成一个带通滤波电路，并画出理想的幅频特性。

第十章　数字电路的基础知识

电子电路所处理的电信号可以分为两大类：一类是在时间和数值上都是连续变化的信号，称为模拟信号；另一类是在时间和数值上都是离散的信号，称为数字信号或脉冲信号。脉冲信号有正、负脉冲的区分，如果脉冲跃变后的值高于初始值，称为正脉冲；反之，脉冲跃变后的值低于初始值，则称为负脉冲。

对模拟信号进行处理的电子电路称为模拟电路，而传送和处理数字信号的电路，称为数字电路。前者电路中的 BJT 工作在放大状态，后者电路中的 BJT 工作在饱和状态和截止状态；模拟电路研究的是输出和输入信号间的大小、相位等问题，而数字电路则主要研究输出和输入信号间的逻辑关系。数字电路的工作特点及分析方法与模拟电路是不同的。

目前，数字电路已经广泛应用于通信、计算机、自动控制以及家用电器等各个技术领域。而对数字电路中的信号进行分析、运算，所使用的数学工具是逻辑代数，也称布尔代数或开关代数。布尔代数起源于 19 世纪 50 年代，是英国数学家 G·Boole 首先提出的。1938 年开始用于开关电路的设计。到 20 世纪 60 年代，数字技术的发展使布尔代数成为逻辑设计的基础，广泛地应用于数字电路的分析和设计中。

本章开始将对数字电路的基本理论、基本概念、基本分析方法进行讨论，并结合当前数字电子技术的发展，介绍一些目前已普遍应用的数字器件。

10.1　数　制　与　码　制

10.1.1　几种常用的数制

数制是用以表示数值大小的方法。按照进位的方式来计数，称为进位制，简称进制。根据需要可以有多种不同的进制。在讲述数制之前，必须先说明几个概念。

· 基数——在某种数制中，允许使用的数字符号的个数，称为这种数制的基数。

· 系数——任一种 N 进制中，第 i 位的数字符号 K_i，称为第 i 位的系数。

· 权——任一种 N 进制中，N^i 称为第 i 位的权。

下面介绍几种常用的数制。

1. 十进制

基数为 10，数码为 0～9；运算规律：逢十进一，即 $9+1=10$。

十进制数的权展开式：任意一个十进制数都可以表示为各个数位上的数码与其对应的权的乘积之和，称为按权展开式。

$$[M]_{10} = K_{n-1} \times 10^{n-1} + K_{n-2} \times 10^{n-2} + \cdots + K_1 \times 10^1 + K_0 \times 10^0 = \sum_{i=0}^{n-1} K_i \times 10^i$$

$$(10.1.1)$$

如：$[209.04]_{10} = 2 \times 10^2 + 0 \times 10^1 + 9 \times 10^0 + 0 \times 10^{-1} + 4 \times 10^{-2}$

2. 二进制

基数为 2，数码为 0、1；运算规律：逢二进一，即 1+1=10。

二进制数的权展开式：

$$[M]_2 = K_{n-1} \times 2^{n-1} + K_{n-2} \times 2^{n-2} + \cdots + K_1 \times 2^1 + K_0 \times 2^0 = \sum_{i=0}^{n-1} K_i \times 2^i \quad (10.1.2)$$

3. 八进制

基数为 8，数码为 0~7；运算规律：逢八进一，即 7+1=10。

八进制数的权展开式：

$$[M]_8 = K_{n-1} \times 8^{n-1} + K_{n-2} \times 8^{n-2} + \cdots + K_1 \times 8^1 + K_0 \times 8^0 = \sum_{i=0}^{n-1} K_i \times 8^i \quad (10.1.3)$$

4. 十六进制

基数为十六，数码为 0~9、A~F；运算规律：逢十六进一，即 F+1=10。

十六进制数的权展开式：

$$[M]_{16} = K_{n-1} \times 16^{n-1} + K_{n-2} \times 16^{n-2} + \cdots + K_1 \times 16^1 + K_0 \times 16^0 = \sum_{i=0}^{n-1} K_i \times 16^i$$

$$(10.1.4)$$

10.1.2　几种常用的编码

编码是在数字系统中，将各种数据、信息、文档、符号等用二进制数字符号来表示的过程。这些特定的二进制数字符号称为二进制代码。

1. BCD 码

用四位二进制代码表示一位十进制数的编码方法，称为二—十进制代码，或称 BCD 码。BCD 码有多种形式，常用的有 8421 码、2421 码、5421 码、余 3 码等，见表 10.1.1。

表 10.1.1　　　　　　　　　　　　　　　　　BCD 码

十进制数 \ 编码种类	有权码			无权码	
	8421 码	5421 码	2421 码	余 3 码	BCD 格雷码
0	0000	0000	0000	0011	0000
1	0001	0001	0001	0100	0001
2	0010	0010	0010	0101	0011
3	0011	0011	0011	0110	0010
4	0100	0100	0100	0111	0110
5	0101	1000	1011	1000	0111
6	0110	1001	1100	1001	0101
7	0111	1010	1101	1010	0100
8	1000	1011	1110	1011	1100
9	1001	1100	1111	1100	1101

（1）8421 码。8421 码是有权码，用四位二进制代码表示一位十进制数，从高位到低位各位的权分别为 8、4、2、1。8421 码中只利用了四位二进制数 0000~1111 十六种组合的前十种 0000~1001，分别表示 0~9 十个数码，其余 6 种组合 1010~1111 是无效的。8421 码与十进制之间直接按各位转换。

设各位系数为 K_3、K_2、K_1、K_0，则它们所代表的值分别为：

$$8421 = K_3 \times 8 + K_2 \times 4 + K_1 \times 2 + K_0 \times 1 \tag{10.1.5}$$

例如：　　　　　(8　　　　6)$_{10}$ = (1000 0110)$_{BCD}$

　　　　　　　　　↓　　　　↓

　　　　　　　1000　　　0110

　　(2) 2421码和5421码。2421码和5421码也属于恒权码，同样是用四位二进制数代表一位十进制数，从高位到低各位的权分别为2、4、2、1和5、4、2、1。2421码利用了四位二进制数 0000～1111 十六种组合的前五和后五个代码，舍弃了中间6个代码。而5421码则利用了四位二进制数 0000～1111 十六种组合的前五个和第8～第12五个代码。

　　设各位系数为 K_3、K_2、K_1、K_0，则它们所代表的值分别为

$$2421 = K_3 \times 2 + K_2 \times 4 + K_1 \times 2 + K_0 \times 1 \tag{10.1.6}$$

$$5421 = K_3 \times 5 + K_2 \times 4 + K_1 \times 2 + K_0 \times 1 \tag{10.1.7}$$

　　(3) 余3码。余3码是无权码，每位码无固定权值。它也是用四位二进制数代表一位十进制数，但不能由各位二进制数的权求得所代表的十进制数。余3码构成的规律是：由 8421BCD 码的每个码组加 3(0011) 形成。

　　例如：　　　　　(86.2)$_{10}$ = (1011 1001.0101)$_{余3码}$

　　2. 可靠性编码

　　为了尽量减少、发现和纠正代码在形成和传输过程中，因各种原因而出现的错误，故产生了可靠性编码。它有格雷码、奇偶校验码等。

　　(1) 格雷码。格雷码又称循环码，是无权码。它有多种编码形式，但都具有一个共同的特点：相邻两个代码之间仅有一位不同，且以中间为对称轴的两个对应代码〔即 0100(7) 与 1100 (8) 之间所形成的对称轴〕也只有一位不同。当计数状态按格雷码递增或递减时，每次状态更新仅有一位代码改变。减少了状态变化中出错的可能性。这在实际应用中很有意义。

　　(2) 奇偶校验码。为了避免二进制信息在存储、传输过程中可能出现的将 0 误传为 1 或将 1 误传为 0，出现了奇偶校验码。它的每个代码由两部分组成：一是奇偶校验位，占一位，它是根据计算方法求得并附加在信息位后；二是信息位，它是需传递的信息，由位数不限的二进制代码组成。

　　奇偶校验位分为奇校验和偶校验两种。使得代码中有奇数个 1 称为奇校验；若代码中有偶数个 1 称为偶校验。

　　3. 常用字符代码

　　字符代码是对常用字母、符号进行的编码。常用的字符代码有 ASCII 码（美国标准信息交换码）、ISO 码（国际标准化组织码）和我国国家标准码。

　　ASCII 码是七位二进制数组合成的编码，它能表示 0～9 十个数字码、26 个英文字母、各种常用符号及字符等，目前已被确认为国际标准代码。

10.2　逻辑运算和逻辑门电路

10.2.1　基本逻辑运算和基本逻辑门电路

　　逻辑代数中的变量往往也用字母 A、B、C……表示，这种变量称为逻辑变量。而每个变量只取"0"或"1"两种情况，即变量不是取"0"就是取"1"，不可能有第三种情况。它

相当于信号的有或无，电平的高或低，电路的导通或截止。这使逻辑代数可以直接用于二值逻辑电路的分析和研究。下面将会看到，虽然有些逻辑代数的运算公式在形式上和普通代数的运算雷同，但是两者所包含的物理意义有本质的不同。逻辑运算表示的是逻辑变量以及常量之间逻辑状态的推理运算，而不是数量之间的运算。

虽然在二值逻辑中，每个变量的取值只有 0 和 1 两种可能，只能表示两种不同的逻辑状态，但可以用多变量的不同状态组合表示事物的多种逻辑状态，用来处理任何复杂的逻辑问题。逻辑代数的基本运算类型有与、或、非三种。

1. 与逻辑运算及与门电路

决定某一事件发生的多个条件必须同时具备，事件才能发生，这样的逻辑关系称为与逻辑。若定义开关接通为"1"，开关断开为"0"；电灯亮为"1"，电灯灭为"0"，那么由若干个开关和电灯就能组成与运算这一逻辑关系。图 10.2.1 为两个开关 A、B 和电灯 L 及电源 E 组成的一个串联电路。显然只有当 A 与 B 都接通时，灯 L 才亮。表 10.2.1 列出了输入变量 A、B 的各种取值组合和输出变量 L 的一一对应关系。这种用表格形式列出的逻辑关系，称为真值表。另外，在表 10.2.1 中同时也列出了与逻辑运算的规则。

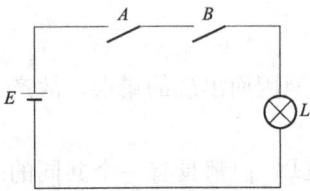

由表 10.2.1 可知，只有当 $A=1$、$B=1$，L 才等于 1；A、B 中只要有一个为 0，则 $L=0$。

用逻辑函数式可表示为

$$L=A \cdot B \quad\quad (10.2.1)$$

其中，符号"·"称为逻辑乘，式中符号"·"也可以不写。

逻辑乘的表达式也可推广到多变量的一般形式，即 $L=A \cdot B \cdot C \cdot D\cdots=ABCD\cdots$。

图 10.2.1　与逻辑电路

表 10.2.1　　　　　　　　　　与逻辑真值表及运算规则

变量		与逻辑	与逻辑运算规则
A	B	AB	
0	0	0	$0 \cdot 0=0$
0	1	0	$0 \cdot 1=0$
1	0	0	$1 \cdot 0=0$
1	1	1	$1 \cdot 1=1$

实现与逻辑的电路称为与门，图 10.2.2 所示为由二极管构成的与门电路及其逻辑符号。与门电路中 A、B 为与门的输入端，L 为与门的输出端。A、B 的输入电平为 0V（逻辑"0"）或 3V（逻辑"1"）。当输入全为 1 时，两个二极管全导通，输出端 L 的电位略高于 3V，输出 L 为 1；当输入有一个或两个全为 0 时，输入为 0 的二极管优先导通或全导通，输出 L 的电位也在 0 附近，输出 L 为 0，即有低出低、全高出高，符合与逻辑运算的规则。

2. 或逻辑运算及或门电路

决定某一事件的条件中只有一个或一个以上成立，该事件就发生，否则就不发生，这样的逻辑关系称为或逻辑。图 10.2.3 所示为两个开关的并联电路，灯 L 亮这个事件由两个条件决定，只有开关 A 与 B 中有一个闭合时，灯 L 就亮。因此灯 L 与开关 A 与 B 满足或逻辑关系，表 10.2.2 所列为其真值表和或逻辑运算的规则。

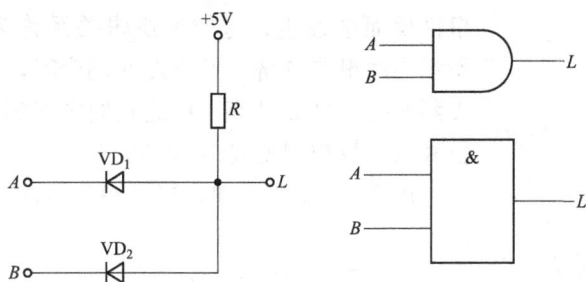

图 10.2.2　二极管与门电路及与逻辑符号

由表 10.2.2 可知，只有当 $A=0$、$B=0$，L 才等于 0；A、B 中只要有一个为 1，则 $L=1$。

用逻辑函数式可表示为

$$L = A + B \qquad\qquad (10.2.2)$$

其中：符号"＋"称为逻辑加。

逻辑加的表达式也可推广到多变量的一般形式，即 $L = A+B+C+D\cdots$。

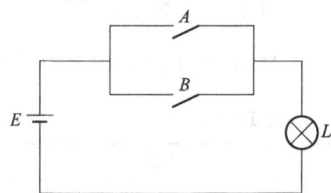

图 10.2.3　或逻辑电路

表 10.2.2　　　　　　　　　　　　或逻辑真值表及运算规则

变量		或逻辑	或逻辑运算规则
A	B	$A+B$	
0	0	0	0＋0＝0
0	1	1	0＋1＝1
1	0	1	1＋0＝1
1	1	1	1＋1＝1

这里必须注意的是，逻辑代数中的 1＋1＝1。

实现或逻辑的电路称为或门。图 10.2.4 所示为由二极管构成的或门电路及其逻辑符号。若 A、B 输入电平为 0V（逻辑"0"）或 3V（逻辑"1"），经分析可知该电路输入中有 3V 时，相对应的二极管导通，使输出端电位为 3V，输出 L 为 1；只有在输入全为 0V 时，输出端电位为 0V，输出 L 才为 0，即有高出高、全低出低，符合或逻辑的运算规则。

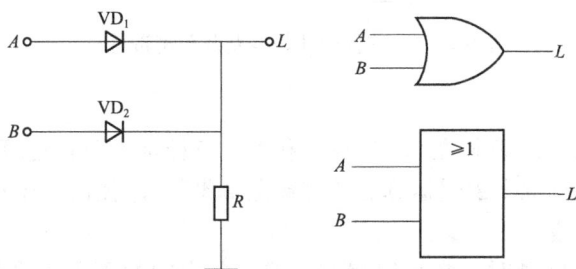

图 10.2.4　二极管或门电路及或逻辑符号

3. 非逻辑运算及非门电路

某事件的发生取决于某个条件的否定，即该条件成立，事件不发生；而该条件不成立，

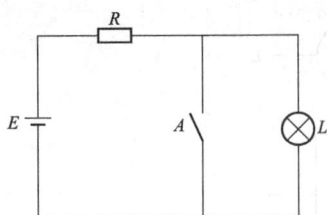

图 10.2.5　非逻辑电路

事件反而会发生，这样的逻辑关系称为非逻辑。图 10.2.5 所示为逻辑非电路，当开关 A 闭合时，灯 L 不亮；而当开关 A 断开时，灯 L 才亮。因此它们之间满足非逻辑关系，其真值表及运算规则见表 10.2.3。

由表 10.2.3 可知，当 $A=0$，$L=1$；反之，$A=1$，则 $L=0$。

用逻辑函数式可表示为

$$L = \bar{A} \tag{10.2.3}$$

读成"L 等于 A 非"。

这种逻辑关系称为非逻辑。其中 A 称为原变量，$\bar{A}$ 称为反变量。

表 10.2.3　　　　　　　　　　　　　非逻辑真值表及运算规则

变量	与逻辑	非逻辑运算规则
A	$\bar{A}$	
0	1	$\bar{0}=1$
1	0	$\bar{1}=0$

实现逻辑非运算的电路称为非门。图 10.2.6 所示为非门电路及其逻辑符号。当 A 为高电平时，三极管 VT 饱和，其集电极电位在 0V 附近，即输出端 L 为 0；当 A 为低电平时，三极管 VT 截止，其集电极电位在电源电压附近，即输出端 L 为 1。所以非门又称为反相器，即输入"1"，输出为"0"；输入"0"，输出为"1"。

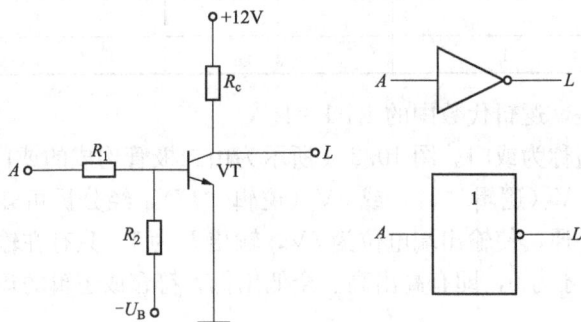

图 10.2.6　三极管非门电路及非逻辑符号

4. 复合逻辑运算

前面已经学习了三种最基本的逻辑运算，利用这三种基本逻辑运算，可以解决所有的逻辑运算问题，因此它们构成了逻辑运算的"完备逻辑集"。即任何一个逻辑问题都可以用与、或、非运算的组合来实现。

在处理复杂的逻辑问题时，常可以将与、或、非之间的不同组合用一个单元电路来对应，这样有利于数字电路或系统的简化。也就出现了复合逻辑运算和与之对应的复合门电路。常见的复合门电路有与非门、或非门、与或非门、异或门和同或门电路等。

（1）与非逻辑运算。与非逻辑运算相当于一个与门和一个非门的组合电路，其逻辑关系式为

$$L = \overline{A \cdot B} \tag{10.2.4}$$

与非门用图 10.2.7 所示的逻辑符号来表示，通过对与非门所完成的运算分析可知，与非门的逻辑功能是：输入端只要有低电平，输出必为高电平；只有当所有的输入端都是高电平时，输出端才是低电平。

（2）或非逻辑运算。或非逻辑运算相当于一个或门和一个非门的组合电路，其逻辑关系式为

$$L = \overline{A + B} \tag{10.2.5}$$

或非门电路用图 10.2.8 所示的逻辑符号表示。通过对或非门所完成的运算分析可知，或非门的逻辑功能是：输入端只要有高电平，输出必为低电平。只有当所有的输入端都是低电平时，输出端才是高电平。

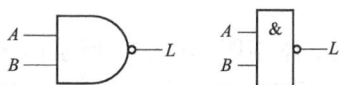

图 10.2.7　与非门的逻辑符号　　　图 10.2.8　或非门的逻辑符号

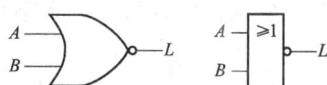

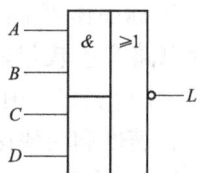

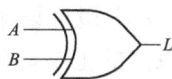

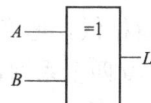

（3）与或非逻辑运算。与或非逻辑运算相当于两个与门、一个或门和一个非门的组合电路，其逻辑关系式为

$$L = \overline{AB + CD} \tag{10.2.6}$$

与或非门电路用图 10.2.9 所示的逻辑符号表示。通过对与或非门所完成的运算分析可知，与或非门的逻辑功能是：由于 A、B 之间以及 C、D 之间都是与运算关系，故只要 A、B 或 C、D 任何一组同时为 1，输出 L 就是 0；只有当每一组输入都不全是 1 时，输出 L 才是 1。与或非门电路也可以由多个与门和一个或门、一个非门组合而成，从而具有更强的逻辑运算功能。

（4）异或逻辑运算。异或逻辑运算符号用"$\oplus$"表示，其逻辑运算关系式为

$$L = A \oplus B \tag{10.2.7}$$

异或运算的规则如下：

$$0 \oplus 0 = 0 \qquad\qquad 0 \oplus 1 = 1$$
$$1 \oplus 0 = 1 \qquad\qquad 1 \oplus 1 = 0$$

由对异或运算的分析可得出结论：当两个变量取值相同时，运算结果为 0；当两个变量取值不同时，运算结果为 1。如推广到多个变量异或时，当变量中 1 的个数为偶数时，运算结果为 0；1 的个数为奇数时，运算结果为 1。

异或门电路用图 10.2.10 所示的逻辑符号表示。由表 10.2.4 异或逻辑的真值表可见，逻辑表达式 $L = \bar{A}B + A\bar{B}$ 也可完成异或运算。所以，异或运算可以用与、或、非运算的组合来完成。

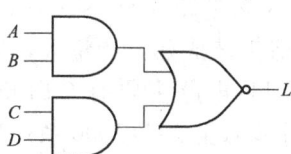

图 10.2.9　与或非门的逻辑符号　　　图 10.2.10　异或门的逻辑符号

表 10.2.4　　　　　　　　　　　　　异 或 逻 辑 真 值 表

A	B	L	$L=\bar{A}B+A\bar{B}$
0	0	0	0
0	1	1	1
1	0	1	1
1	1	0	0

（5）同或逻辑运算。同或逻辑运算符号用"⊙"表示。其逻辑运算关系式为

$$F = A \odot B \tag{10.2.8}$$

同或运算的规则正好和异或运算相反，即当两个变量取值相同时，运算结果为 1；当两个变量取值不同时，运算结果为 0。如推广到多个变量同或时，当变量中 1 的个数为奇数时，运算结果为 0；1 的个数为偶数时，运算结果为 1。

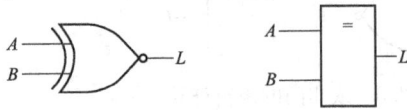

图 10.2.11　同或门的逻辑符号

同或门电路用图 10.2.11 所示的逻辑符号表示。由表 10.2.5 同或逻辑的真值表可见，逻辑表达式 $L = \bar{A}\bar{B} + AB$ 也可完成同或运算。所以，同或运算也可以用与、或、非运算的组合来完成。

表 10.2.5　　　　　　　　　　　　　同 或 逻 辑 真 值 表

A	B	L	$L=\bar{A}\bar{B}+AB$
0	0	1	0
0	1	0	1
1	0	0	1
1	1	1	0

由以上分析可得关系式 $A \odot B = \overline{A \oplus B}$。

5. 正逻辑与负逻辑

在前面讨论的门电路中均规定：高电平（U_H）为逻辑"1"，低电平（U_L）为逻辑"0"，这就是正逻辑的规定。反之，若规定低电平（U_L）为逻辑"1"，高电平（U_H）为逻辑"0"，这种规定与正逻辑的规定正好相反，此规定称为负逻辑。在本书中若没有特殊的说明，通常是指正逻辑，即逻辑"1"表示高电平，逻辑"0"表示低电平。

10.2.2　集成逻辑门电路

随着电子技术的发展，在绝大部分实际应用中，分立元件门电路已被集成逻辑门电路所取代。与分立元件电路相比，集成逻辑门电路除了具有高可靠性、微型化等优点外，更为突出的优点是转换速度快，便于多级串接使用。

从内部电路看，在数字电路的众多类型中，目前应用最多的是 TTL 电路和 CMOS 电路。TTL 电路的输入和输出部分都采用晶体管，故称晶体管-晶体管逻辑电路（Transistor-Transistor Logic circuit），简称 TTL 电路。这种电路产生较早，制造工艺成熟，产量大，品种全，价格低，速度快，是中小型规模集成电路的主流。国产 TTL 电路主要有 CT1000～CT4000 四个系列，四个系列的主要差别反应在速度和功耗这两个参数上。CT1000 系列为通用系列，CT2000 和 CT3000 为高速系列，CT4000 为低功耗系列。国产系列的产品可以直接与国外对应系列的产品互换。

CMOS 电路是由 PMOS 管和 NMOS 管组成的一种互补型 MOS 集成电路（Complementary Metal Oxide Semiconductor circuit，CMOS 电路）。这种电路制造方便，功耗小，带负载和抗干扰能力强，工作速度接近于 TTL 电路，在大规模和超大规模集成电路中大多采用这种电路。国产 CMOS 电路主要有 CC0000～CC4000 等几个系列。国产系列的 CMOS 电路与国外的产品可以完全互换。

1. 或非门电路

这里以 CMOS 集成或非门电路为例，介绍或非门的工作原理。CMOS 或非门的原理电路如图 10.2.12 所示。其连接形式为：VT_1、VT_2 两个增强型 NMOS 驱动管是并联的，VT_3、VT_4 两个增强型 PMOS 负载管是串联的，增强型 NMOS 管的开启电压 $U_{GS(th)}$ 为正值，只有在 $U_{GS} > U_{GS(th)}$ 时，NMOS 管导通，否则 NMOS 管截止；增强型 PMOS 管的开启电压 $U_{GS(th)}$ 为负值，只有在 $U_{GS} < U_{GS(th)}$ 时，PMOS 管导通，否则 PMOS 管截止。由此可知，该电路的工作原理如下：当输入 A、B 中只要有一个或一个以上为高电平"1"时，与高电平直接连接的 NMOS 管 VT_1 或 VT_2 就会导通，PMOS 管 VT_3 或 VT_4 就会截止，因而输出 Y 为低电平"0"。只有当两个输入均

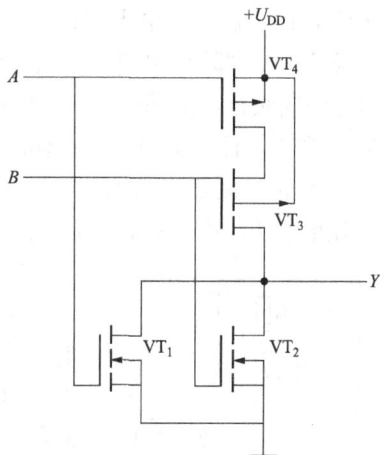

图 10.2.12 CMOS 或非门

为低电平"0"时，VT_1、VT_2 才截止，VT_3、VT_4 都导通，故输出 Y 为高电平"1"。

由此可见，该电路输入输出关系为"全低出高、有高出低"，满足"或非"逻辑关系。

2. 与非门电路

这里以 TTL 集成与非门电路为例，介绍与非门的工作原理。TTL 集成与非门的原理电路如图 10.2.13（a）所示，该电路由三部分组成。即由多发射极晶体管 VT_1 和电阻 R_1 构成的输入级电路，对输入信号实现"与"的功能，由晶体管 VT_2 和电阻 R_2、R_3 组成的中间级电路，VT_2 的集电极和发射极输出反相；由 VT_3、VT_4、VT_5、R_4、R_5 组成的推挽式输出级电路。

多发射极晶体管 VT_1 在电路中的作用可以用图 10.2.13（b）所示的等效电路来代替。显然，它等效为一个二极管与门电路，其工作原理在前面已经讨论过。所以 VT_1 对输入信号实现"与"的功能。

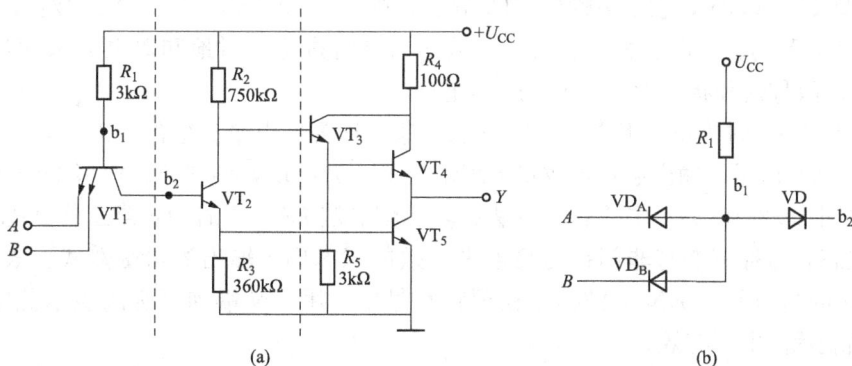

(a)

(b)

图 10.2.13 TTL 与非门

（a）TTL 与非门电路；（b）多发射极晶体管等效电路

　　设输入信号的高电平为 3.6V（"1"），低电平信号为 0.3V（"0"）。当 A、B 输入信号有一个或两个为低电平时，VT_1 的基极 b_1 的电位被钳制在 1V 左右，由 b_1 经 VT_1 的集电结、VT_2 的发射结和 VT_5 的发射结到地经过了三个 PN 结，1V 的电压不可能让它们都导通，所以 VT_1 将处于饱和状态，VT_2 和 VT_5 都处于截止状态。而 VT_2 的截止使它的集电极处于高电平，这使 VT_3 和 VT_4 导通，则输出电压 $u_o = U_{OH} = U_{CC} - I_{C2}R_2 - U_{BE3} - U_{BE4} \approx 5 - 1.4 = 3.6(V)$，即输出为高电平 "1"。

　　当 A 和 B 都为高电平时，电源 U_{CC} 经 R_1、VT_1 的集电结、VT_2 的发射结和 VT_5 的发射结到地构成通路，使基极 b_1 的电位被钳制在 2.1V 左右，它低于 A 和 B 端的电位 3.6V，使得 VT_1 截止，而 VT_2 和 VT_5 饱和导通，VT_2 的饱和又使它的集电极处于低电平，这使 VT_3 和 VT_4 截止，则输出电压 $u_o = U_{OL} = U_{CES5} \approx 0V$，即输出为低电平 "0"。

　　由此可见，该电路输入输出的关系为"全高出低、有低出高"，满足"与非"逻辑关系。

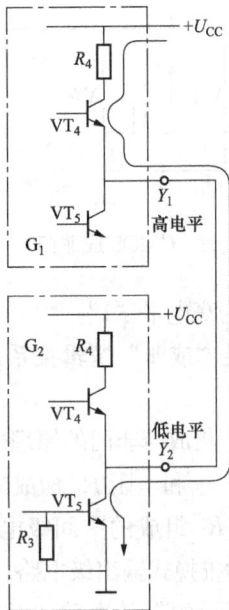

3. 三态与非门电路

　　上述集成与非门是不能将两个与非门的输出端接在公共的信号传输线上的，否则，因两输出端并联，若一个输出为高电平，另一个输出为低电平，两者之间将有很大的电流通过，会使器件损坏，如图 10.2.14 所示。但在实用中，为了减少信号传输线的数量，以适应各种数字电路的需要，有时需要将两个或多个与非门（也可以是其他逻辑功能的 TTL 门）的输出端接在同一信号传输线上，这就需要一种输出端除了低电平 0 和高电平 1 两种状态之外，还要有第三种高阻状态（即开路状态）Z 的门电路。当输出端处于 Z 状态时，与非门与信号传输线是隔断的。故把这种具有 0、1、Z 三种输出状态的与非门称为三态与非门。

　　与前面介绍的与非门相比，三态与非门多了一个控制端，又称使能端 $\overline{EN}$。其原理电路如图 10.2.15（a）所示。当使能端 $\overline{EN} = 0$ 时，非门 G 输出为 1，VD_1 截止，与 P 端相连的 VT_1 的发射结也截止。三态门相当于一个正常的与非门，输出 $Y = \overline{AB}$，有 0、1 两种状态，称为正常工作状态。当 $\overline{EN} = 1$ 时，G

图 10.2.14　推拉式输出级并联的情况

输出为 0，即 $U_P = 0.2V$，它一方面使 VD_1 导通，则 $U_{C2} = 0.9V$，VT_4、VD 截止；另一方面使 $U_{B1} = 0.9V$，VT_2、VT_5 也截止。所以，从输出端看进去，对地和对电源都相当于开路，呈现高阻 Z。故称这种状态为高阻态，或禁止态。

　　这种在 $\overline{EN} = 0$ 时为正常工作状态的三态与非门称为低电平有效的三态门，逻辑符号如图 10.2.15（b）所示。输出逻辑函数式可表示为 $Y = \overline{AB}（\overline{EN} = 0$ 时）；$Y = Z（\overline{EN} = 1$ 时）。

　　如果将图 10.2.15（a）中的非门 G 去掉，则使能端 $EN = 1$ 时为正常工作状态，$EN = 0$ 时为高阻状态，这种三态与非门称为高电平有效的三态门。输出逻辑函数式可表示为 $Y = \overline{AB}（EN = 1$ 时）；$Y = Z（EN = 0$ 时）。在逻辑符号中，用 EN 端加小圆圈表示低电平有效，不加小圆圈表示高电平有效。

　　不同逻辑功能的门电路可以通过外部接线进行相互转换，下面举例说明。

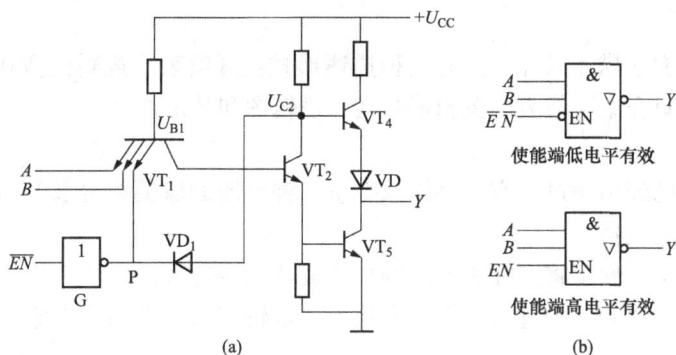

图 10.2.15 TTL 三态与非门

(a) 原理电路；(b) 逻辑符号

【例 10-1】 试利用与非门来组成非门、与门和或门。

解 由与非门组成非门的方法如图 10.2.16（a）所示。只要将与非门的各个输入端并接在一起作为输入端 A。由于 $A=0$ 时，与非各输入端都为 0，故 $Y=1$；当 $A=1$ 时，与非门各输入端都为 1，故 $Y=0$，实现了非门运算。

由于与逻辑表达式可写为

$$Y = A \cdot B = \overline{\overline{A \cdot B}}$$

所以，由与非门组成与门的方法如图 10.2.16（b）所示。即在一个与非门后面再接一个由与非门组成的非门。

由于或逻辑表达式可通过下节所介绍的逻辑代数的基本公式给出，即为

$$Y = A + B = \overline{\overline{A} \cdot \overline{B}}$$

所以，由与非门组成或门的方法如图 10.2.16（c）所示，即在由两个与非门组成的非门后面再接一个与非门。

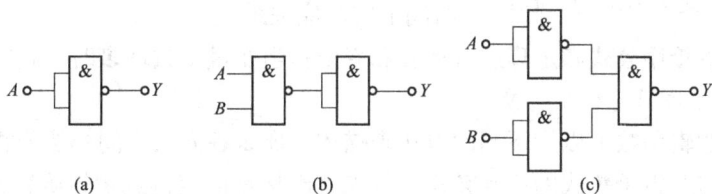

图 10.2.16 与非门组成的非门、与门和或门

(a) 非门；(b) 与门；(c) 或门

10.3 逻辑函数的表示方法及化简

10.3.1 逻辑函数的表示方法

从上述各种逻辑关系中可以看到，若以逻辑变量作为输入，用字母 A、B、C、…来表示，以运算结果作为输出，用字母 F 来表示。那么当输入变量的取值确定之后，输出的取值便随之而定，因此，输出与输入之间仍是一种函数关系。这种函数关系称为逻辑函数。记为 $F = f(A, B, C, \cdots)$。由于输入变量和输出变量的取值只有 0 和 1 两种状态，故称为二值逻辑

函数。

逻辑函数除用文字描述以外，还有五种描述形式：真值表、逻辑函数式、卡诺图、逻辑图和波形图。在此只介绍真值表、逻辑函数式、逻辑图和波形图。

1. 真值表

真值表在前面已经出现过，它是将输入变量各种可能的取值组合及其对应的输出函数值排列在一起而组成的表格。

优点：直观明了，便于将实际逻辑问题抽象成数学表达式。

缺点：难以用公式和定理进行运算和变换；变量较多时，列函数真值表较繁琐。

2. 逻辑函数式

逻辑函数式在前面也已经出现过，它是将输出与输入之间的逻辑关系写成与、或、非等运算的组合式，就得到了所需的逻辑函数式。

对于每一个逻辑函数式都对应一种逻辑电路。而同一个逻辑函数式又有多种不同的表达形式。

3. 逻辑图

逻辑图是用逻辑图形符号表示逻辑运算关系，它与逻辑电路的实现相对应。

优点：最接近实际电路。

缺点：不能直接进行运算和变换；所表示的逻辑关系不直观。

4. 波形图

如果将逻辑函数输入变量的每一种可能出现的取值与对应的输出值按时间顺序依次排列起来，就得到表示该函数的波形图。

例如：已知 A、B 的波形如图 10.3.1 所示，画出 $Y=AB$ 的波形。

优点：形象、直观地表示了变量取值与函数值在时间上的对应关系。

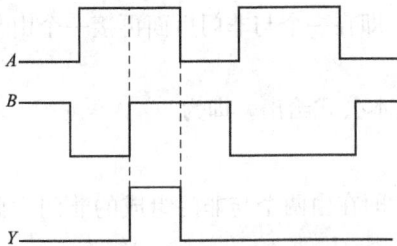

图 10.3.1 表达式 $Y=AB$ 的波形图

缺点：难以直接用公式和定理进行运算和变换；当变量个数增多时，画图比较麻烦。

5. 各种表示方法间的相互转换

既然同一个逻辑函数可以用不同的方法来描述，那么各方法之间必然能相互转换。

(1) 真值表与逻辑函数式的相互转换。首先讨论从真值表得到逻辑函数式的方法。为便于理解转换的原理，先来讨论一个具体的例子。

【例 10-2】 已知逻辑函数 Y 的真值表见表 10.3.1，试写出它的逻辑函数式。

表 10.3.1　　　　　　　　　　　例 10-2 的真值表

A B C	Y	A B C	Y
0 0 0	0	1 0 0	0
0 0 1	0	1 0 1	0
0 1 0	1	1 1 0	0
0 1 1	1	1 1 1	1

解 由真值表可见，当输入变量 A、B、C 的取值为以下三种情况时，Y 将等于 1。

$$A=0,\ B=1,\ C=0;$$
$$A=0,\ B=1,\ C=1;$$
$$A=1,\ B=1,\ C=1;$$

而当 $A=0$、$B=1$、$C=0$ 时，必然使乘积项 $\bar{A}B\bar{C}=1$；当 $A=0$、$B=1$、$C=1$ 时，必然使乘积项 $\bar{A}BC=1$；当 $A=1$、$B=1$、$C=1$ 时，必然使乘积项 $ABC=1$。因此，Y 的逻辑函数应当等于这三个乘积项之和，即 $Y=\bar{A}B\bar{C}+\bar{A}BC+ABC$。

通过例 10-2 可以总结出由真值表写出逻辑函数式的一般方法如下：

1) 找出真值表中使逻辑函数 $Y=1$ 的那些输入变量取值的组合。

2) 每组输入变量取值的组合对应一个乘积项，其中取值为 1 的写入原变量，取值为 0 的写入反变量。

3) 将这些乘积项相加，即得 Y 的逻辑函数式。

反之，若由逻辑函数式列出真值表，只需把输入变量取值的所有组合状态逐个代入逻辑式中求出函数值，列表即可得到真值表。

（2）逻辑函数式与逻辑图的相互转换。从给定的逻辑函数式转换为相应的逻辑图时，只要用图形符号代替逻辑函数式中的逻辑运算符号并按运算优先顺序将它们连接起来，就可以得到所求的逻辑图了。

而从给定的逻辑图转换为相应的逻辑函数式时，只要从逻辑图的输入端到输出端逐级写出每个图形符号的输出逻辑式，就可以在输出端得到所求的逻辑函数式了。

（3）波形图与真值表的相互转换。在从已知的逻辑函数波形图上求对应的真值表时，首先需要从波形图中找出每个时间段里输入变量与函数输出的取值，然后将这些输入、输出取值对应列表，就得到了所求的真值表。

在将真值表转换为波形图时，只需将真值表中所有的输入变量与对应的输出变量取值依次排列画出以时间为横坐标的波形，就得到了所求的波形图。

【例 10-3】　已知逻辑函数 Y 的波形如图 10.3.2 所示，试求该逻辑函数的真值表。

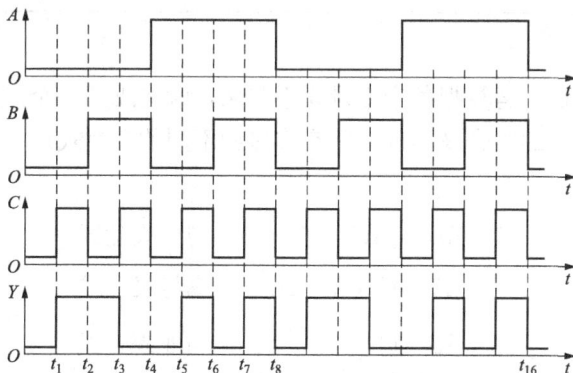

图 10.3.2　例 10-3 的波形图

解　从 Y 的波形图上可以看出，在 $0\sim t_8$ 时间区间里输入变量 A、B、C 所有可能的取值组合均已出现过，$t_8\sim t_{16}$ 区间的波形只是 $0\sim t_8$ 区间波形的重复。因此，只要将 $0\sim t_8$ 区间每个时间段里 A、B、C 与 Y 的取值对应列表，即可得表 10.3.2 所示的真值表。

表 10.3.2　　　　　　　　　　　　例 10-3 的真值表

A B C	Y	A B C	Y
0 0 0	0	1 0 0	0
0 0 1	1	1 0 1	1
0 1 0	1	1 1 0	0
0 1 1	0	1 1 1	1

10.3.2　逻辑函数的化简——公式化简法

1. 逻辑代数的基本定律和公式

根据逻辑代数三种基本运算可以推导出逻辑运算的一些基本定律，由基本定律可推出逻辑代数的一些常用公式，这些定律和公式为逻辑函数的化简提供了依据，是分析和设计数字逻辑电路的一个数学工具。逻辑代数的定律和公式见表 10.3.3。其中，注有"*"者与普通代数不符，它属于逻辑代数所特有的。

公式证明的方法常用的是真值表法，即通过分别作出等式两边的真值表，再检验其结果是否相同来证明，这个方法是最有效也是最准确的。

表 10.3.3　　　　　　　　　　　　逻辑代数的定律和公式

定律名称	公式内容	定律名称	公式内容
自等律	$A+0=A$ $A \cdot 1=A$	交换律	$A+B=B+A$ $A \cdot B=B \cdot A$
0-1 律	$A+1=1$ * $A \cdot 0=0$	结合律	$A+(B+C)=B+(C+A)=C+(A+B)$ $A \cdot (B \cdot C)=B \cdot (C \cdot A)=C \cdot (A \cdot B)$
重叠律	$A+A=A$ * $A \cdot A=A$ *	分配律	$A+(B \cdot C)=(A+B) \cdot (A+C)$ * $A \cdot (B+C)=(A \cdot B)+(A \cdot C)$
互补律	$A+\bar{A}=1$ $A \cdot \bar{A}=0$	吸收律	$A+(A \cdot B)=A$ * $A \cdot (A+B)=A$ *
复原律	$\bar{\bar{A}}=A$ *	反演律 （摩根定律）	$\overline{A+B}=\bar{A} \cdot \bar{B}$ * $\overline{A \cdot B}=\bar{A}+\bar{B}$ *

2. 公式化简法

通过与、或、非等逻辑运算把各个变量联系起来，就构成了一个逻辑函数式。一个逻辑函数式可以用若干门电路的组合来实现，并有许多种不同的表达式。

例如：

$$F =AB+\bar{A}C \qquad 与或表达式$$
$$=(A+C)(\bar{A}+B) \qquad 或与表达式$$
$$=\overline{\overline{AB} \ \overline{\bar{A}C}} \qquad 与非表达式$$

这些表达式是同一个逻辑函数的不同表达形式，反映的是同一逻辑关系。在数字电路中，用逻辑符号表示的实现逻辑关系的电路称为逻辑电路图，简称逻辑图。显然这些电路组成形式各不相同，但逻辑功能却是相同的。一般来说，表达式越简单，实现它的逻辑电路就越简单。同样，如果已知一个逻辑电路，则按其列出的逻辑表达式越简单，它所表示的逻辑关系就越明显，也越有利于简化对电路逻辑功能的分析，所以必须对逻辑函数进行化简。化简时，应力图得到最简单的与或表达式，使得乘积项中的乘积因子最少，以减小与门的输入端及连线数；乘积项最少，以减少电路所用的与门数和减少或门的输入端和连线数。

公式化简法是采用基本公式和常用公式进行推演的化简方法。

能否快速、准确地得到最简结果，与对公式掌握的熟练程度及化简经验密切相关。

公式化简法没有固定的步骤。现将经常使用的几种方法归纳如下：

(1) 并项法：利用 $A+\bar{A}=1$，将两项合并为一项，并消去 A 和 $\bar{A}$ 一对因子。

(2) 吸收法：利用 $A+AB=A$，可将 AB 项消去。

(3) 消因子法：利用 $A+\bar{A}B=A+B$，可将 $\bar{A}B$ 中的 $\bar{A}$ 消去。

(4) 消项法：利用 $AB+\bar{A}C+BC=AB+\bar{A}C$，可将多余的 BC 项消去。

(5) 配项法：

1) 利用 $A+A=A$ 将一项变为两项或多项，然后寻找新的组合关系进行化简。

2) 利用 $A+\bar{A}=1$，给某个与项乘上 $(A+\bar{A})$，然后拆成两项分别与其他项合并化简。

由于逻辑函数的表达式通常多以与或式给出，函数的其他表达形式又可以通过转换来得到与或的形式，所以在此只针对与或式的公式化简，通过具体例题来说明化简方法。

【例 10-4】 化简逻辑式 $Y_1=AB+ABC+BD$。

解 　　　　　 $Y_1=AB+ABC+BD$ 　　　　　（吸收）
　　　　　　　　 $=AB+BD$

【例 10-5】 化简逻辑式 $Y_2=A+A\bar{B}\bar{C}+\bar{A}CD+\bar{C}E+\bar{D}E$。

解 　　　 $Y_2=A+A\bar{B}\bar{C}+\bar{A}CD+\bar{C}E+\bar{D}E$ 　　（吸收）
　　　　　 $=A+\bar{A}CD+\bar{C}E+\bar{D}E$ 　　　　　（消因子）
　　　　　 $=A+CD+\bar{C}E+\bar{D}E$
　　　　　 $=A+CD+(\bar{C}+\bar{D})E$ 　　　　　（摩根定理）
　　　　　 $=A+CD+\overline{CD}E$ 　　　　　（消因子）
　　　　　 $=A+CD+E$

【例 10-6】 化简逻辑式 $Y_3=A+AB+\bar{A}C+BD+ACFE+\bar{B}E+EDF$。

解 　 $Y_3=A+AB+\bar{A}C+BD+ACFE+\bar{B}E+EDF$ 　（吸收）
　　　 $=A+\bar{A}C+BD+\bar{B}E+EDF$ 　　　　（消因子）
　　　 $=A+C+BD+\bar{B}E+EDF$ 　　　　　（消项）
　　　 $=A+C+BD+\bar{B}E$

【例 10-7】 化简逻辑式 $Y_4=\bar{A}\bar{C}+\bar{A}\bar{B}+BC+\bar{A}\bar{C}D$。

解 　　 $Y_4=\bar{A}\bar{C}+\bar{A}\bar{B}+BC+\bar{A}\bar{C}D$ 　　（吸收）
　　　　 $=\bar{A}\bar{C}+\bar{A}\bar{B}+BC$
　　　　 $=\bar{A}(\bar{B}+\bar{C})+BC$ 　　　　　（摩根定理）
　　　　 $=\bar{A}\cdot\overline{BC}+BC$ 　　　　　（消因子）
　　　　 $=\bar{A}+BC$

以下是采用配项法化简的几个例题：

【例 10-8】 化简逻辑式 $Y_5=ABC+\bar{A}BC+\overline{BC}$。

解 　　　　　　 $Y_5=ABC+\bar{A}BC+\overline{BC}$

$$=BC(A+\bar{A})+\bar{B}C=1$$

【例 10-9】 化简逻辑式 $Y_6=B(ABC+\bar{A}B+AB\bar{C})$。

解
$$Y_6=B(ABC+\bar{A}B+AB\bar{C})$$
$$=B \cdot B(AC+\bar{A}+A\bar{C})$$
$$=B[A(C+\bar{C})+\bar{A}]$$
$$=B(A+\bar{A})$$
$$=B$$

【例 10-10】 化简逻辑式 $Y_7=A\bar{B}+B\bar{C}+\bar{B}C+\bar{A}B$。

解
$$Y_7=A\bar{B}+B\bar{C}+\bar{B}C+\bar{A}B$$
$$=A\bar{B}(C+\bar{C})+B\bar{C}(A+\bar{A})+\bar{B}C+\bar{A}B$$
$$=A\bar{B}C+A\bar{B}\bar{C}+AB\bar{C}+\bar{A}B\bar{C}+\bar{B}C+\bar{A}B$$
$$=(A\bar{B}C+\bar{B}C)+A\bar{C}(B+\bar{B})+(\bar{A}B\bar{C}+\bar{A}B)$$
$$=\bar{B}C+A\bar{C}+\bar{A}B$$

由例 10-10 可以看出，如果不采用配项法，这个逻辑式很难再化简。就是采用了配项法，如果（$A+\bar{A}$）乘的位置不对，变量符号是选（$B+\bar{B}$），还是选（$C+\bar{C}$），选得不合适均不能奏效。因此公式化简法的关键是看对公式的熟练程度和灵活、交替地综合运用技巧。实际上，化简的实质就是要找出最小项之间的相邻关系，由于公式化简法不形象直观，很容易漏掉一些相邻关系，使得化简结果不能做到最简。所以下面介绍的卡诺图化简法，可以弥补公式化简法的不足。

10.3.3 逻辑函数的化简——卡诺图化简法

1. 逻辑函数的卡诺图表示法

（1）什么是卡诺图。与变量最小项对应的按一定规则排列的方格图，每一小方格填入一个最小项。

而最小项定义为：在 n 变量的逻辑函数中，如果 m 为包含 n 个因子的乘积项，而且这 n 个变量均以原变量或反变量的形式在 m 中出现一次，则称 m 是 n 个变量的最小项。简单地说，最小项就是包含全部变量组合的与项。

例如：$\bar{A}\bar{B}\bar{C}$、$\bar{A}\bar{B}C$、$\bar{A}B\bar{C}$、$\bar{A}BC$、$A\bar{B}\bar{C}$、$A\bar{B}C$、$AB\bar{C}$、ABC 就是三个变量的最小项组合，共 8 个（即 2^3 个）。

而 $\bar{A}\bar{B}$、$\bar{A}B$、$A\bar{B}$、AB 就是两个变量的最小项组合，共 4 个（即 2^2 个），所以 n 个变量有 2^n 种组合，最小项就有 2^n 个，卡诺图也相应地有 2^n 个小方格。

（2）卡诺图的构成特点。图 10.3.3 给出了二到四变量最小项的卡诺图，由图可见卡诺图的构成特点如下：

1）图中小方格数为 2^n，其中 n 为变量数。

2）图形两侧标注的 0 和 1 表示对应小方格内的最小项为 1 的变量取值，同时这些 0、1 组成的二进制数所对应的十进制数的大小也就是相应方格所表示的最小项的编号。

如：图 10.3.3（a）中 $\bar{A}\bar{B}→AB=00→m_0$；$A\bar{B}→AB=10→m_2$。

又如：三变量最小项 $AB\bar{C}→ABC=110→m_6$；四变量最小项 $A\bar{B}\bar{C}D→ABCD=1001→m_9$。

3）变量取值顺序按格雷码排列，使具有逻辑相邻性的最小项在几何位置上也相邻。故在图中可以看到，任意两个相邻的最小项之间仅有一个变量是不同的。

如：图 10.3.3（a）中 $\bar{A}\bar{B}$ 与 $A\bar{B}$ 相邻，$\bar{A}\bar{B}$ 与 $\bar{A}B$ 相邻。

又如：三变量最小项为 $AB\bar{C}$ 与 ABC 相邻；四变量最小项为 $A\bar{B}\bar{C}D$ 与 $A\bar{B}C\bar{D}$ 相邻。

4）实际上处于卡诺图上下及左右两端、四个顶角的最小项都具有相邻性。因此，从几何位置上可把卡诺图看成上下、左右封闭的图形。

由图可见，当变量数超过 4 个以后，卡诺图将失去直观性的优点。

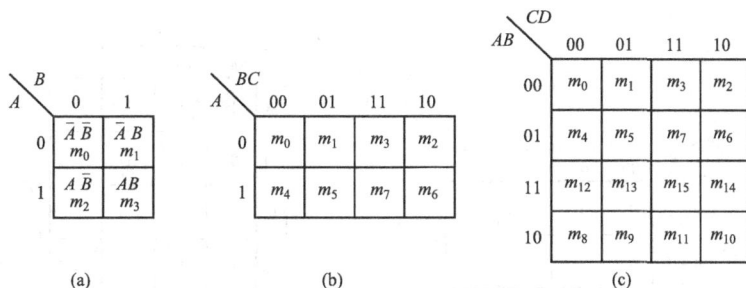

图 10.3.3　二到四变量最小项的卡诺图
(a) 两变量；(b) 三变量；(c) 四变量

（3）根据真值表画卡诺图。卡诺图实际上是真值表的阵列图形式，它们仅仅是排列方式不同，故其对应关系十分明显。

例如：三变量逻辑函数 F 的真值表见表 10.3.4。其对应卡诺图如图 10.3.4 所示。

表 10.3.4　　　　　　　　　　　F 的 真 值 表

A	B	C	F
0	0	0	0
0	0	1	1
0	1	0	1
0	1	1	0
1	0	0	1
1	0	1	0
1	1	0	0
1	1	1	1

对照 F 的真值表和卡诺图可以看出，填图时，只要将真值表中 F 等于 0 和 1 的值与卡诺图中相应最小项所在位置对应即可。

（4）根据逻辑函数表达式画卡诺图。

1）将函数化为最小项之和的形式。

2）画出与函数的变量数对应的卡诺图。

3）在图中找到与函数所对应的最小项方格并填入"1"，其余的填入"0"。也就是说，任何一个逻辑函数都等于它在卡诺图中填入"1"的那些最小项之和。

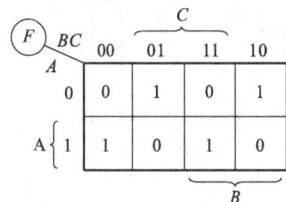

图 10.3.4　与表 10.3.4 对应的卡诺图

【例 10-11】　将 $F=\bar{A}\bar{B}\bar{C}+\bar{A}B\bar{C}+A\bar{B}\bar{C}+AB\bar{C}$ 用卡诺图来表示。

解　$F=\bar{A}\bar{B}\bar{C}+\bar{A}B\bar{C}+A\bar{B}\bar{C}+AB\bar{C}=\sum m(0,2,4,6)$

对应卡诺图如图 10.3.5 所示。

在掌握了卡诺图的填图规则之后，就不再需要把函数化为最小项之和的形式了。当已知函数的一般与或式时，可直接采用"观察法"填写卡诺图。

【例 10-12】 将 $F=C+BD+\bar{A}\bar{B}+\bar{A}D+A\bar{B}\bar{C}$ 填入卡诺图。

解 满足 $C=1$ 的方格为右边两列，填入"1"；满足 $BD=1$ 的方格为中间两行和中间两列的交汇部分，填入"1"；满足 $\bar{A}\bar{B}=1$ 的方格为第一行，填入"1"；满足 $\bar{A}D=1$ 的方格为上边两行和中间两列的交汇部分，填入"1"；满足 $A\bar{B}\bar{C}=1$ 的方格为最下边一行和左边两列的交汇部分，填入"1"，最后剩余的方格填入"0"。对应卡诺图如图 10.3.6 所示。

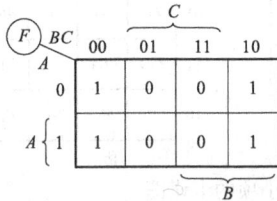

图 10.3.5　例 10-11 的卡诺图　　　　图 10.3.6　例 10-12 的卡诺图

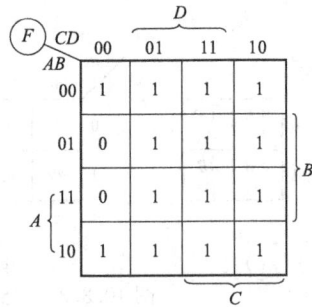

2. 用卡诺图化简逻辑函数

卡诺图化简逻辑函数的原则是根据具有相邻性的最小项可以合并，并消去相应的不同因子得到的。而在卡诺图中，最小项的相邻关系可以从图形中直观地反映出来。

(1) 卡诺图化简逻辑函数的原则：

1) 两个相邻最小项可合并为一项，消去一对相异因子。

2) 四个相邻最小项可合并为一项，消去两对相异因子。

3) 八个相邻最小项可合并为一项，消去三对相异因子。

所以，符合几何相邻的 2^i（$i=1$、2、$3\cdots n$）个小方格可合并在一起构成一个"卡诺圈"，消去 i 个变量，而用含（$n-i$）个变量的乘积项表示该圈。

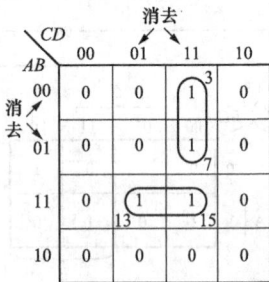

例如，由图 10.3.7 的卡诺图写出的相应逻辑式 Y 中，把 m_3 和 m_7 两个小方格圈在一起，它占有二行一列，二行中互为反变量的 B 可以消去，即

$$m_3+m_7=\bar{A}\bar{B}CD+\bar{A}BCD=\bar{A}CD(\bar{B}+B)=\bar{A}CD$$

把 m_{13} 和 m_{15} 圈在一起，它占有二列一行，二列中互为反变量 C 可以消去，处于同一行中的变量不能消去。于是有

$$m_{13}+m_{15}=AB\bar{C}D+ABCD=ABD(\bar{C}+C)=ABD$$

图 10.3.7　逻辑式 Y 卡诺图

所以　　　　　$Y=m_3+m_7+m_{13}+m_{15}=\bar{A}CD+ABD$

故当相邻方格占据两行或两列时，变量相同的则保留，变量之间互为反变量的则消去，即卡诺图中圈在一起的最小项外面"0""1"标号不同者，所对应的变量应消去，如图 10.3.8 所示。对于四相邻最小项、八相邻最小项……可按同理进行分析。

(2) 卡诺图化简函数的步骤。

1) 将逻辑函数化为最小项之和的形式。

2）画出表示该逻辑函数的卡诺图。

3）按照合并规律合并最小项，画卡诺圈圈住全部"1"的方格。

4）选取化简后的乘积项，将其相或。

乘积项选择原则：乘积项应包含函数式中所有的最小项（覆盖卡诺图中所有的1）；乘积项的数目应最少（卡诺圈组数少）；乘积项包含的因子数少（卡诺圈应包含尽量多的1）；圈可以重复包围，但每个卡诺圈内至少有一个"1"未被别的卡诺圈圈过；属于孤立（无相邻项）的最小项单独包围。

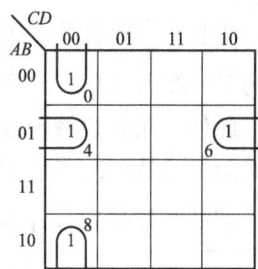

图 10.3.8　不标出 0 的卡诺图

例如，写出图 10.3.8 所示卡诺图对应的逻辑式，以后图中的小方格一般就不再标注了，以使卡诺图显得清晰。

由图可见，把 m_0 与 m_8 圈在一起，m_4 与 m_6 圈在一起是最佳方案，即

$$m_0 + m_8 = \bar{A}\bar{B}\bar{C}\bar{D} + A\bar{B}\bar{C}\bar{D} = \bar{B}\bar{C}\bar{D}$$

$$m_4 + m_6 = \bar{A}B\bar{C}\bar{D} + \bar{A}BC\bar{D} = \bar{A}B\bar{D}$$

所以

$$Y = m_0 + m_8 + m_4 + m_6 = \bar{B}\bar{C}\bar{D} + \bar{A}B\bar{D}$$

在这里应注意，处于卡诺图上下及左右两端、四个顶角的最小项都具有逻辑相邻性。

【例 10-13】 将 $Y(A, B, C) = A\bar{C} + \bar{A}C + \bar{B}C + B\bar{C}$ 化简为最简与或式。

解 先画出卡诺图；然后找出可以合并的最小项，圈成卡诺圈。由图 10.3.9 可见，该函数有两种可取的合并最小项方案。

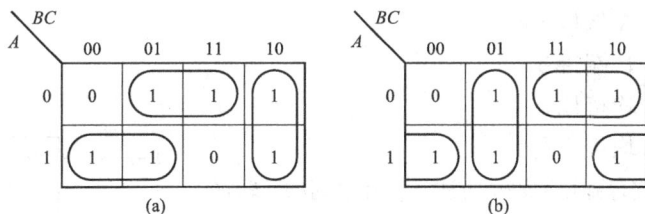

图 10.3.9　例 10-13 的卡诺图

如果按照图 10.3.9（a）合并最小项，则 $Y = A\bar{B} + \bar{A}C + B\bar{C}$；如果按照图 10.3.9（b）合并最小项，则 $Y = A\bar{C} + \bar{A}B + \bar{B}C$。两个结果均符合最简与或式的标准。此例说明，有时一个逻辑函数的化简结果不是唯一的。

【例 10-14】 将 $Y = ABC + ABD + A\bar{C}\bar{D} + \bar{C}\bar{D} + A\bar{B}C + \bar{A}C\bar{D}$ 化简为最简与或式。

解 先画出卡诺图；然后找出可以合并的最小项，圈成卡诺圈。由图 10.3.10 可见，两个卡诺圈所对应的 A 和 $\bar{D}$ 重复包含了 m_8、m_{10}、m_{12} 和 m_{14} 这四个最小项。但根据 $A + A = A$ 可知，在合并最小项的过程中重复使用函数式中的最小项，有利于得到更简化的化简结果。

需要补充说明一点，以上例题是通过合并卡诺图中的 1 来求得简化结果的。但有时也可以通过合并卡诺图中的 0 先求得 $\bar{Y}$ 的简化结果，然后再将 $\bar{Y}$ 求反而得到 Y。这样一来，当卡诺图中 0 的数目远小于 1 的数目时，采用合并 0

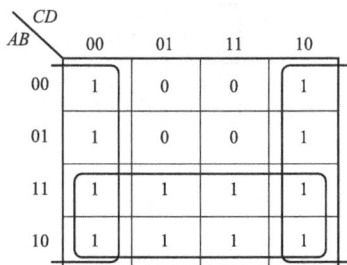

图 10.3.10　例 10-14 的卡诺图

的方法有时会比合并 1 来得简单。如在例 10-14 中，如果将 0 合并，则可立即写出 $\bar{Y}$ 的表达式为 $\bar{Y}=\bar{A}D$，那么 $Y=\bar{\bar{Y}}=\overline{\bar{A}D}=A+\bar{D}$，这与合并 1 的化简结果一致。

此外，在需要将函数化简为最简的与或非式时，采用合并 0 的方法最为适宜，因为所得到的结果正是与或非形式。

例如，某函数合并 0 以后的表达式为 $\bar{Y}=BC+A\bar{B}\bar{C}+\bar{A}B\bar{C}$，对于 $\bar{Y}$ 求反得 $Y=\bar{\bar{Y}}=\overline{BC+A\bar{B}\bar{C}+\bar{A}B\bar{C}}$ 正是与或非形式。如果需要求得 $\bar{Y}$ 的化简结果，则合并 0 就更简单了。

习　题

10.1.1　数字信号和模拟信号各有什么特点？

10.1.2　在数字系统中为什么要采用二进制？它有何优点？

10.1.3　分别写出二进制数、四进制数、八进制数和十六进制数的每位数可能的字符组合。

10.2.1　二值逻辑是什么意思？二值逻辑中的正、负逻辑分别是什么意思？

10.2.2　分别写出与、或、非，与非、或非、与或非、异或、同或的运算表达式；并画出它们的矩形轮廓符号。

10.2.3　分别写出正、负逻辑下与、或、非运算的真值表（两变量）。

10.2.4　在图 10.2.4 的二极管或门电路中，硅二极管的导通压降为 0.7V，试求在下列各种情况下的输出电压 U_o。

(1) B 端接地，A 端接 3V。

(2) A 端接地，B 端接 3V。

(3) A 端、B 端均接地。

(4) A 端、B 端均接 3V。

10.3.1　逻辑函数有哪几种表示方法？相互之间如何转换？

10.3.2　用真值表证明等式
$$\bar{A}B+AC+BC=\bar{A}B+AC$$

10.3.3　已知图示逻辑门电路，试求出 Y 的表达式。

10.3.4　逻辑函数 F_1、F_2、F_3 的逻辑图如下图所示，证明：$F_1=F_2=F_3$。

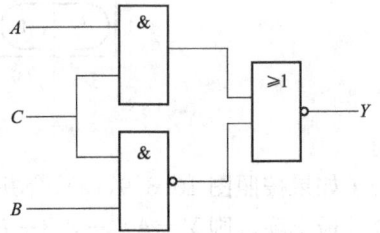

习题 10.3.3 图

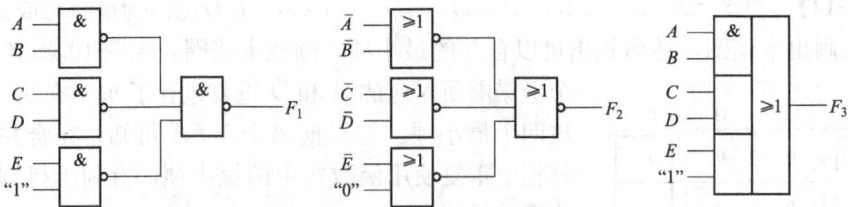

习题 10.3.4 图

10.3.5　用基本定律和基本公式证明下列等式。

(1) $AB+\bar{A}C+BC=AB+\bar{A}C$

(2) $A+\bar{A}B=A+B$

(3) $A\bar{B}+BD+\bar{A}D+DC=A\bar{B}+D$

(4) $AB\bar{D}+A\bar{B}\bar{D}+AB\bar{C}=A\bar{D}+AB\bar{C}$

(5) $BC+D+\bar{D}(\bar{B}+\bar{C})(DA+B)=B+D$

(6) $AB+BC+CA=(A+B)(B+C)(C+A)$

10.3.6　根据下列各逻辑式画出逻辑图。

(1) $F=(A+B)C$

(2) $F=(A+\bar{B})(A+C)$

(3) $F=\overline{AB+BC}$

(4) $F=A(B+C)+BC$

10.3.7　按要求完成下列各题。

(1) 将 $Y=AB+BC+AC$ 化为与非—与非形式，并画出由与非逻辑单元组成的逻辑电路图。

(2) 将 $Y=A\bar{B}C+B\bar{C}$ 化为或非—或非形式，并画出由或非逻辑单元组成的逻辑电路图。

10.3.8　当输入端 A 和 B 同为"1"，或同为"0"时，输出为"1"。当 A 和 B 的状态不同时，输出为"0"。这是"同或"门电路。试列出其真值表，写出逻辑表达式，并画出用"与非"门组成的逻辑电路图。

10.3.9　用公式法将下列逻辑函数化简为最简与或式。

(1) $Y=A\bar{B}+B+\bar{A}B$

(2) $Y=ABD+A\bar{B}C\bar{D}+A\bar{C}DE+A$

(3) $Y=A\bar{B}CD+ABD+A\bar{C}D$

(4) $Y=A\bar{C}+ABC+AC\bar{D}+CD$

(5) $Y=AC+B\bar{C}+\bar{A}B$

(6) $Y=A\bar{B}C+\bar{A}+B+\bar{C}$

10.3.10　用公式将下列函数化简为最简与或式。

(1) $F=\bar{A}\bar{B}+(AB+A\bar{B}+\bar{A}B)C$

(2) $F=AB+\bar{A}C+\bar{B}\bar{C}$

(3) $F=AB+\bar{A}\bar{B}C+BC$

(4) $F=\bar{A}B+\bar{A}C+\bar{B}\bar{C}+AD$

(5) $F=\bar{A}B+\bar{A}CD+AC+B\bar{C}$

(6) $F=AC+\bar{A}\bar{B}+\bar{B}C\bar{D}+BE\bar{C}+DE\bar{C}$

10.3.11　用卡诺图将下列函数化为最简与或式。

(1) $F=\sum m^3(0,1,2,4,5,7)$

(2) $F=\sum m^4(0,1,2,3,4,6,7,8,9,11,15)$

(3) $F=\sum m^4(3,4,5,7,9,13,14,15)$

(4) $F=\sum m^4(2,3,6,7,8,10,12,14)$

10.3.12　用卡诺图将下列函数化为最简与或式。

(1) $F=ABC+\bar{A}\bar{B}C+\bar{A}B\bar{C}+A\bar{B}\bar{C}+\bar{A}\bar{B}\bar{C}$

(2) $F=AC+ABC+A\bar{C}+\bar{A}\bar{B}\bar{C}+BC$

(3) $F=\bar{B}\bar{D}+ABCD+\bar{A}\bar{B}\bar{C}$

(4) $F=\bar{A}BCD+ABC+DC+D\bar{C}B+\bar{A}BC$

第十一章 组合逻辑电路

数字电路按记忆功能的有无可分为两大类，一类为组合逻辑电路，另一类为时序逻辑电路。组合逻辑电路在逻辑功能上的特点是：任意时刻的输出仅取决于该时刻的输入，而与电路过去的状态无关，即无记忆功能。组合逻辑电路可以有多个输入、多个输出，输出与输入之间的关系可用 M 个逻辑函数式来表示。在数字系统中，有很多组合逻辑电路部件，如：编码器、译码器、数据选择器和数据分配器、加法器、数值比较器等。

11.1 组合逻辑电路的分析与设计

11.1.1 组合逻辑电路的分析

1. 分析步骤

分析就是对给定的组合逻辑电路，找出其输出与输入之间的逻辑关系，并描述其逻辑功能、评价电路。描述逻辑功能的方法有，输出与输入之间的逻辑表达式，或列出真值表或者用简洁明了的语言说明等。其分析步骤如下：

(1) 根据逻辑电路图，写出输出变量对应于输入变量的逻辑函数表达式。具体方法：由输入级向后递推，写出每个门输出对应于输入的逻辑关系，最后得出输出信号对应于输入的逻辑关系式，必要时可以化简。

(2) 根据输出函数表达式列出真值表。将输入变量的状态以自然二进制数顺序的各种取值组合代入输出逻辑函数式，求出相应的输出状态，并填入表中，即得真值表。

(3) 根据真值表或输出函数表达式，确定逻辑功能，评价电路。

上述分析步骤可用图 11.1.1 流程表示。

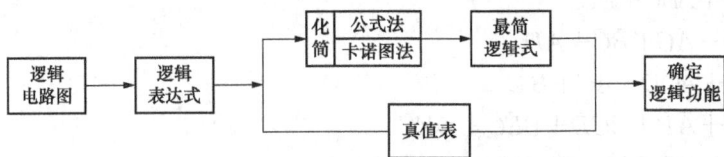

图 11.1.1　组合逻辑电路分析步骤流程图

2. 分析举例

【例 11-1】 分析图 11.1.2 所示电路的逻辑功能。

解 (1) 由逻辑图可写出 Y 的逻辑表达式。

G_1 门　$X=\overline{AB}$

G_2 门　$Y_1=\overline{A\,\overline{AB}}$

G_3 门　$Y_2=\overline{B\,\overline{AB}}$

G_4 门　$Y=\overline{Y_1 Y_2}=\overline{\overline{A\,\overline{AB}}\ \overline{B\,\overline{AB}}}$

$$=\overline{\overline{A}\,\overline{AB}}+\overline{\overline{B}\,\overline{\overline{AB}}}$$

$$=A\,\overline{AB}+B\,\overline{AB}$$

$$=A(\bar{A}+\bar{B})+B(\bar{A}+\bar{B})$$

$$=A\bar{B}+B\bar{A}$$

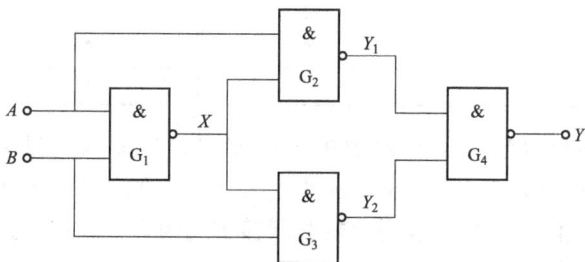

图 11.1.2 例 11-1 电路图

（2）由逻辑表达式列出真值表，见表 11.1.1。

表 11.1.1   例 11-1 的 真 值 表

A B	Y
0 0	0
0 1	1
1 0	1
1 1	0

（3）说明电路的逻辑功能。从真值表中可以看出，当 A、B 相同时，输出为 0；当 A、B 相异时，输出为 1。这种逻辑关系就是异或关系，故逻辑函数式也可表示为

$$Y = A \oplus B$$

【例 11-2】 试分析图 11.1.3 所示电路的逻辑功能（设 $ABCD$ 的取值小于 10）。

解　（1）由逻辑图可写出 F 的逻辑表达式

$$F = \overline{\overline{A}\,\overline{BC}\,\overline{BD}} = A + BC + BD$$

（2）由逻辑表达式列出真值表，见表 11.1.2。

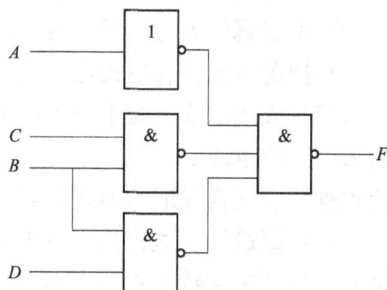

图 11.1.3 例 11-2 电路图

表 11.1.2   例 11-2 的 真 值 表

输入				输出
A	B	C	D	F
0	0	0	0	0
0	0	0	1	0
0	0	1	0	0
0	0	1	1	0
0	1	0	0	0

续表

输入				输出
A	B	C	D	F
0	1	0	1	1
0	1	1	0	1
0	1	1	1	1
1	0	0	0	1
1	0	0	1	1

（3）说明电路的逻辑功能。从真值表中可以看出，当输入变量 A、B、C、D 取值为 0000～0100 时，函数 F 值为 0；当输入变量 A、B、C、D 取值为 0101～1001 时，函数 F 值为 1；又因为 $ABCD$ 取值小于 10，说明此电路能够实现四舍五入功能。

11.1.2　组合逻辑电路设计

1. 设计方法及设计步骤

组合逻辑电路设计是组合逻辑电路分析的逆过程，其目的是根据给出的实际逻辑问题，经过逻辑抽象，找出用最少的逻辑门实现给定逻辑功能的方案，并画出逻辑电路图。其设计步骤如下：

（1）根据给定的逻辑问题，做出输入、输出变量的规定，建立真值表。逻辑要求的文字描述一般很难做到全面而确切，往往需要对题意反复分析，进行逻辑抽象，这是一个很重要的过程，是建立逻辑问题真值表的基础。可根据设计问题的因果关系，确定输入变量和输出变量，同时规定变量状态的逻辑赋值，真值表是描述逻辑问题的一种重要工具，任何逻辑问题，必须列出真值表才能完成整个设计。

（2）根据真值表写出逻辑表达式。

（3）把逻辑函数表达式化简或变换成适当形式。可以用代数法或卡诺图法将所得的函数化为最简与或表达式。对于一个逻辑电路，在设计时应尽可能使用最少数量的逻辑门，且门的输入变量数也应尽可能少（即在逻辑表达式中乘积项最少，乘积项中的变量个数最少），还应根据题意变换成适当形式的表达式。

（4）根据逻辑表达式画出逻辑电路图。可根据最简与或逻辑函数表达式画逻辑图，也可根据要求将逻辑函数变换为与非表达式、或非表达式、与或非表达式或其他表达式来画逻辑图。

上述设计步骤可用图 11.1.4 流程表示。

图 11.1.4　组合逻辑电路设计步骤流程图

2. 设计举例

【例 11-3】 某车间有红、黄两个故障指示灯用来表示 3 台设备的工作情况。如一台设备出现故障，则黄灯亮；如两台设备出现故障，则红灯亮；如三台设备同时出现故障，则红灯和黄灯都亮。试用异或门以及相应的门设计一个能实现此要求的逻辑电路。

解 （1）分析设计要求，列出真值表。设 A、B、C 表示三台不同的设备，出故障用 1 表示，正常用 0 表示；R 表示红色故障指示灯，Y 表示黄色故障指示灯，灯亮用 1 表示，灯灭用 0 表示，由此可列出表 11.1.3 所示的真值表。

表 11.1.3   **例 11-3 的 真 值 表**

输入			输出	
A	B	C	Y	R
0	0	0	0	0
0	0	1	1	0
0	1	0	1	0
0	1	1	0	1
1	0	0	1	0
1	0	1	0	1
1	1	0	0	1
1	1	1	1	1

（2）由真值表写出输出逻辑函数式。

$$Y = \bar{A}\bar{B}C + \bar{A}B\bar{C} + A\bar{B}\bar{C} + ABC$$
$$R = \bar{A}BC + A\bar{B}C + AB\bar{C} + ABC$$

将上式变换成异或表达式

$$Y = (\bar{A}\bar{B} + AB)C + (\bar{A}B + A\bar{B})\bar{C} = (\overline{A \oplus B})C + (A \oplus B)\bar{C} = A \oplus B \oplus C$$
$$R = A(\bar{B}C + B\bar{C}) + BC(\bar{A} + A) = A(B \oplus C) + BC$$

（3）根据输出逻辑函数式画出逻辑图，如图 11.1.5 所示。

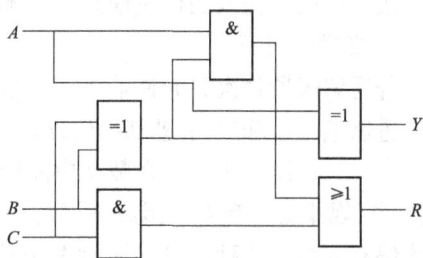

【例 11-4】 某单位举办军民联欢会，军人持红票入场，群众持黄票入场，持蓝票的军民均可入场。试设计合乎此要求的电路图。

解 （1）按题意输入变量有三个，分别为 A、B、C，输出变量有一个为 Y，其对应关系如下：

$A=1$ 军人，$A=0$ 群众；

$B=1$ 红票，$B=0$ 黄票；

$C=1$ 有蓝票，$C=0$ 无蓝票；

$Y=1$ 可入场，$Y=0$ 不可入场。

由此可列出真值表见表 11.1.4。

图 11.1.5 例 11-3 的逻辑电路图

表 11.1.4   **例 11-4 的真值表**

$A\ B\ C$	Y	$A\ B\ C$	Y
0　0　0	1	1　0　0	0
0　0　1	1	1　0　1	1
0　1　0	0	1　1　0	1
0　1　1	1	1　1　1	1

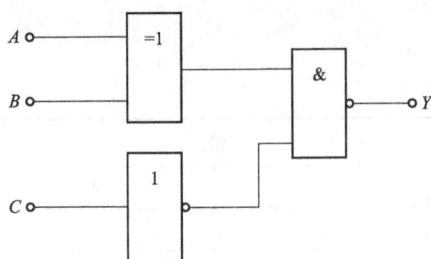

图 11.1.6　例 11-4 的逻辑电路图

（2）根据真值表列出逻辑表达式，并化简。因为 $Y=0$ 的个数少于 $Y=1$，故取 $Y=0$ 列逻辑式较为方便，即

$$\bar{Y} = \bar{A}B\bar{C} + A\bar{B}\bar{C} = (\bar{A}B + A\bar{B})\bar{C} = (A \oplus B)\bar{C}$$

则

$$Y = \bar{\bar{Y}} = \overline{(A \oplus B)\bar{C}}$$

（3）若本题用与非门和异或门实现，则画出的逻辑电路图如图 11.1.6 所示。

11.2　几种常见的组合逻辑电路

基于组合逻辑电路的特点：输出状态仅取决于当前时刻的输入状态，与电路原来所处的状态无关，即电路无记忆功能。故组合逻辑电路在电路结构上的特点是由门电路组成。实用的组合逻辑电路，种类繁多。由于其用途极为广泛，因而都有相对应中规模的集成电路产品，还有少数的大规模集成电路产品。这里只讨论几种常见的组合逻辑电路的功能及其应用。

11.2.1　编码器

一般来说，用数字或某种文字符号来表示某一对象或信号的过程，称为编码。所以，编码器是用来实现编码功能的组合逻辑电路。

按允许同时输入的控制信息量的不同，编码器分为普通编码器和优先编码器两类。

1. 普通编码器

普通编码器每次只允许输入一个控制信号，否则会引起输出代码的混乱。普通编码器分为二进制编码器和二-十进制编码器。

（1）二进制编码器。在数字电路中，二进制只有 0 和 1 两个数码，但可以把若干个 0 和 1 按一定规律编排起来，组成不同的代码（二进制数）用来表示某一对象或信号。一位二进制代码有 0 和 1 两种，可以表示两个信号；两位二进制代码有 00、01、10、11 四种，可以表示四个信号，n 位二进制代码有 2^n 种，可以表示 2^n 个信号，对应的电路称为二进制编码器。例如，当用两位二进制数 00、01、10、11 的四种组合来表示 4 种控制信息时，编码器有 4 根输入线，2 根输出线，示意图如图 11.2.1 所示。当第 1 个控制信息输入时，第 1 根输入线的电平为 0，其余为 1，输出代码为 00；当第 2 个控制信息输入时，第 2 根输入线的电平为 0，其余为 1，输出代码为 01，以下依次类推。这是采用低电平编码，即输入为低电平有效的方式，也可以采用高电平编码，即输入为高电平有效的方式，这是输入线的电平与上述情况相反。上述二进制编码器，由于有 4 根输入线，2 根输出线，故称 4 线—2 线编码器。同理，还有 8 线—3 线编码器和 16 线—4 线编码器等。

（2）二-十进制编码器。二-十进制编码器是将十进制的十个数码 0、1、2、3、4、5、6、7、8、9 编成 4 位二进制代码的电路。

二进制虽然适用于数字电路，但人们习惯使用的是十进制。因此，在计算机和其他数控装置中输入和输出数据时，要进行

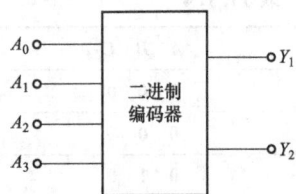

图 11.2.1　4 线—2 线编码器

十进制数与二进制数的相互转换。为了便于人机联系，一般是将准备输入的十进制数的每一位数都用一个 4 位二进制数来表示。它既具有十进制的特点，又具有二进制的形式，是一种用二进制编码的十进制数，故称为二-十进制编码，简称 BCD 码。四位二进制代码共有十六种状态，其中任何十种状态都可表示 0～9 十个数码，故方案很多。最常用的方法是从四位二进制代码的十六种状态中取前十种状态，即用 0000～1001 来表示十进制数码 0～9，舍去后面的六个不用。由于 0000～1001 中每位二进制数的权分别为 2^3、2^2、2^1、2^0，即为 8421，所以这种 BCD 码又称 8421 码。8421 码的编码表见表 11.2.1。根据编码表可以按照组合逻辑电路的设计步骤设计出编码器。图 11.2.2 所示为集成 8421 编码器 C304 的内部电路图。

表 11.2.1　　　　　　　　　　　　　**8421 码的编码表**

十进制数	输入									输出			
	I_1	I_2	I_3	I_4	I_5	I_6	I_7	I_8	I_9	D	C	B	A
0 (I_0)	0	0	0	0	0	0	0	0	0	0	0	0	0
1 (I_1)	1	0	0	0	0	0	0	0	0	0	0	0	1
2 (I_2)	0	1	0	0	0	0	0	0	0	0	0	1	0
3 (I_3)	0	0	1	0	0	0	0	0	0	0	0	1	1
4 (I_4)	0	0	0	1	0	0	0	0	0	0	1	0	0
5 (I_5)	0	0	0	0	1	0	0	0	0	0	1	0	1
6 (I_6)	0	0	0	0	0	1	0	0	0	0	1	1	0
7 (I_7)	0	0	0	0	0	0	1	0	0	0	1	1	1
8 (I_8)	0	0	0	0	0	0	0	1	0	1	0	0	0
9 (I_9)	0	0	0	0	0	0	0	0	1	1	0	0	1

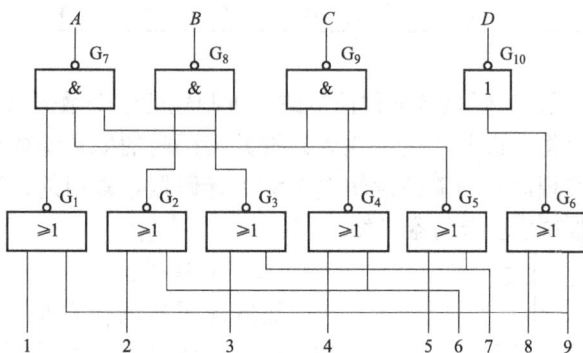

图 11.2.2　C304 内部电路图

在图 11.2.2 中 1～9 为按键。当某一按键按下时，该输入端向电路输入高电平，输出端输出四位代码。如 2 键按下，G_1～G_6 或非门中只有与 2 键对应的 G_2 门输入有高电平，则 G_2 门输出低电平，其他门输出高电平；再看 G_7～G_{10} 与非门中，只有与 G_2 门输出对应的 G_8 门因输入有低电平，则输出为高电平，其他门输出低电平。所以电路输出 $DCBA=0010$。数字 0 是隐含的，当无键按下时 $DCBA=0000$。某些计算机键盘中的编码电路就用的是 C304 编码器。

2. 优先编码器

优先编码器允许同时输入几个控制信号，但在设计时已将各输入信号的优先顺序排好。当几个信号同时输入时，编码器只对其中优先权最高的输入信号进行编码，输出与之对应的代码，而对其他信息不予理睬。普通编码器则没有这一功能。

表 11.2.2 为优先编码器的编码表。由表可见，9 个输入端 $I_1 \sim I_9$ 采用低电平编码，其中 I_9 的优先权最高，I_1 的优先权最低。当 9 个输入端都无输入信号，即都为高电平 1 时，对应着十进制数字 0。当输入端有输入信号，如 $I_1 = 0$ 时，对应着十进制数字 1，相应的 8421 码为 0001，而四个输出端 $Y_4 \sim Y_1$ 的输出是以与 8421 码相反的数码（反码）1110 输出的；若 $I_2 = 0$，则输出数码为 1101，其他可依次类推。另外，表 11.2.2 中出现的"×"符号表示该输入端的输入电平为任意电平，即编码器只对同时输入信号中的最高位（优先权最高的）信号进行编码。与表 11.2.2 对应的优先编码器很多，如国产 CT1147 和 CT4147 型集成优先编码器等。

表 11.2.2　　　　　　　　　　　　　　　　优先编码器的编码表

输入									输出			
I_1	I_2	I_3	I_4	I_5	I_6	I_7	I_8	I_9	Y_4	Y_3	Y_2	Y_1
1	1	1	1	1	1	1	1	1	1	1	1	1
0	1	1	1	1	1	1	1	1	1	1	1	0
×	0	1	1	1	1	1	1	1	1	1	0	1
×	×	0	1	1	1	1	1	1	1	1	0	0
×	×	×	0	1	1	1	1	1	1	0	1	1
×	×	×	×	0	1	1	1	1	1	0	1	0
×	×	×	×	×	0	1	1	1	1	0	0	1
×	×	×	×	×	×	0	1	1	1	0	0	0
×	×	×	×	×	×	×	0	1	0	1	1	1
×	×	×	×	×	×	×	×	0	0	1	1	0

11.2.2　译码器

译码是编码的逆过程。编码是将某种信号或十进制数的十个数码（输入）编成二进制代码（输出）。而译码则是将二进制代码（输入）按其编码时的原意译成对应的信号或十进制数码（输出）。所以，实现译码功能的逻辑电路称为译码器，常用的译码器电路有二进制译码器、二-十进制译码器和显示译码器三类。

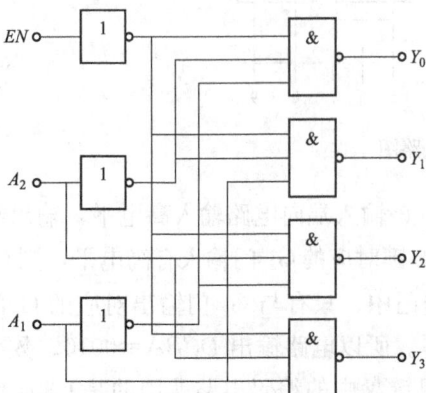

图 11.2.3　2 线—4 线译码器电路

1. 二进制译码器

二进制译码器的输入是一组 n 位二进制代码，而输出的 2^n 个状态是与输入代码一一对应的高、低电平信号。因此二进制译码器又分 2 线—4 线译码器、3 线—8 线译码器和 4 线—16 线译码器等。其输出既可以采用低电平有效的译码方式，也可以采用高电平有效的译码方式。

图 11.2.3 就是一个 $n = 2$ 的译码器（即 2 线—4 线译码器）。其中 A_1、A_2 为输入端，$Y_0 \sim Y_3$ 为输出端，EN 为使能端，其作用与三态门中的使能端作用相同，起控制译码器工作的作用。

由逻辑电路可求出四个输出端的逻辑表达式为

$$Y_0 = \overline{EN\,\overline{A_2}\,\overline{A_1}} = EN + A_2 + A_1$$
$$Y_1 = \overline{EN\,\overline{A_2}A_1} = EN + A_2 + \overline{A_1}$$
$$Y_2 = \overline{ENA_2\,\overline{A_1}} = EN + \overline{A_2} + A_1$$
$$Y_3 = \overline{ENA_2A_1} = EN + \overline{A_2} + \overline{A_1}$$

于是可以得到其真值表见表 11.2.3。

表 11.2.3 译码器的真值表

输入			输出			
EN	A_2	A_1	Y_0	Y_1	Y_2	Y_3
1	×	×	1	1	1	1
0	0	0	0	1	1	1
0	0	1	1	0	1	1
0	1	0	1	1	0	1
0	1	1	1	1	1	0

可见：当 $EN=1$ 时，译码器处于非工作状态，无论 A_1 和 A_2 是何电平，输出 $Y_0\sim Y_3$ 都为 1。

当 $EN=0$ 时，译码器处于工作状态，对应 A_1 和 A_2 的四种不同组合，四个输出端中分别只有一个为 0，其余均为 1。可见，这一译码器是通过四个输出端分别单独处于低电平来识别不同的输入代码的，即是采用低电平译码的。

国产数字集成电路产品中有 2 线—4 线译码器、3 线—8 线译码器和 4 线—16 线等二进制译码器可供选用。如双 2 线—4 线译码器 CT4139、3 线—8 线译码器 CT4138 等。

2. 显示译码器

在数字仪表、计算机和其他数字系统中，常常要把测量数据和运算结果用十进制数显示出来，这就要用显示译码器，它能够把二-十进制代码译成能用显示器件显示出的十进制数。数字显示电路通常由译码器、驱动器和数码显示器组成，如图 11.2.4 所示。

图 11.2.4 数字显示电路的组成

(1) 数码显示器。数码显示器简称数码管，是用来显示数字、文字或符号的器件。常用的显示器件有辉光数码管、荧光数码管、液晶显示器和发光二极管（LED）显示器等。下面只介绍 LED 显示器。

为了能以十进制数码直观地显示数字系统的运行数据，目前广泛使用七段字符显示器，或称为七段数码管。这种字符显示器由七段可发光的线段拼合而成。其发光段由条形发光二极管 a~g 七段组成数码显示器，若数码管右下角处增设小数点 D.P，就形成了八段数码显示器，其外形图如图 11.2.5（a）所示。由图可见，若选择不同字段发光，可显示出不同的字形。例如，当 a、b、c、d、e、f 和 g 七段全部点亮时，显示数字是 8；而当 b 和 c 段点亮时，显示数字是1。

半导体数码显示器的内部接法有共阳和共阴两种，如图11.2.5（b）和（c）所示。若译码器输出高电平时，需选用共阴接法的数码显示器；而译码器输出低电平时，需选用共阳接法的数码显示器。

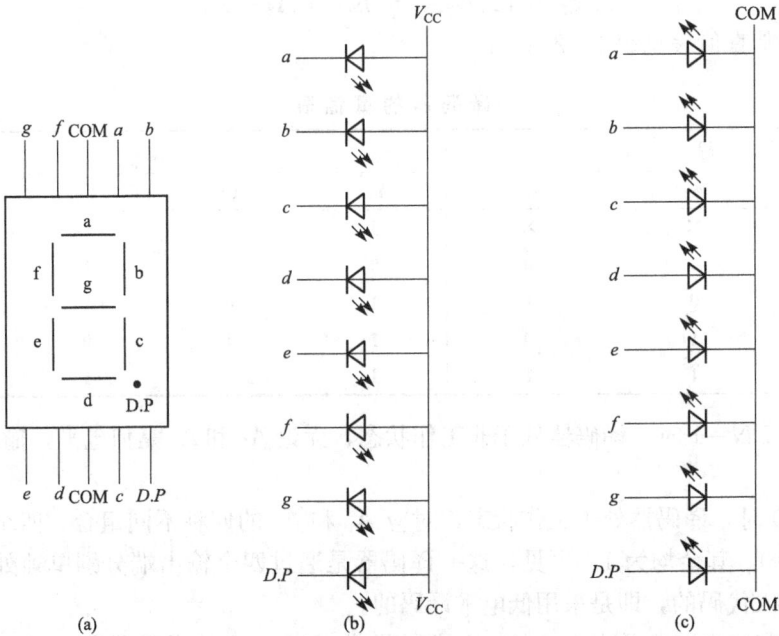

图 11.2.5　半导体数码显示器的结构和接法
（a）外引脚排列图；（b）共阳内部接线图；（c）共阴内部接线图

半导体数码显示器中的发光二极管使用的材料有磷砷化镓、磷化镓、砷化镓等几种，而且半导体中的杂质浓度很高。当外加正向电压时，大量的电子和空穴在扩散过程中复合，其中一部分电子在能量跃变的过程中，会把多余的能量以光的形式释放出来，便发出一定波长的可见光。

半导体数码显示器工作电压较低，一般为 $1.5 \sim 3V$。每个字段的工作电流在 10mA 左右。为了提高显示器的寿命，常在各个字段电路中接入限流电阻。

半导体数码显示器的主要优点是：字形清晰，工作电压低，体积小，可靠性高，响应速度快，寿命长，颜色丰富等。它的主要缺点是：工作电流大。

半导体数码显示器可直接用 TTL 与非门驱动，也可用半导体三极管驱动。

（2）七段显示译码器。显示译码器主要由译码器和驱动器两部分组成，通常这两者都集成在一块芯片中。显示译码器的输入一般为二-十进制代码，其输出的信号用以驱动显示器件，显示出十进制数字来。

图 11.2.6 所示为 4 线—7 段译码器/驱动器 CC14547 的逻辑示意图，D、C、B、A 为输入端，输入为 8421BCD 码，

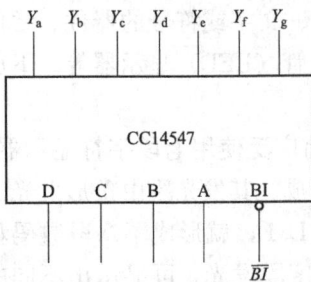

图 11.2.6　CC14547 的逻辑示意图

$\overline{BI}$为消隐控制端，$Y_a \sim Y_g$为输出端，高电平 1 有效。其功能表见表 11.2.4。

表 11.2.4　　　　　　　　　　4 线—7 段译码器/驱动器 CC14547 的功能表

输入					输出							数字显示
$\overline{BI}$	D	C	B	A	Y_a	Y_b	Y_c	Y_d	Y_e	Y_f	Y_g	
0	×	×	×	×	0	0	0	0	0	0	0	消隐
1	0	0	0	0	1	1	1	1	1	1	0	0
1	0	0	0	1	0	1	1	0	0	0	0	1
1	0	0	1	0	1	1	0	1	1	0	1	2
1	0	0	1	1	1	1	1	1	0	0	1	3
1	0	1	0	0	0	1	1	0	0	1	1	4
1	0	1	0	1	1	0	1	1	0	1	1	5
1	0	1	1	0	0	0	1	1	1	1	1	6
1	0	1	1	1	1	1	1	0	0	0	0	7
1	1	0	0	0	1	1	1	1	1	1	1	8
1	1	0	0	1	1	1	1	0	0	1	1	9
1	1	0	1	0	0	0	0	0	0	0	0	消隐
1	1	0	1	1	0	0	0	0	0	0	0	消隐
1	1	1	0	0	0	0	0	0	0	0	0	消隐
1	1	1	0	1	0	0	0	0	0	0	0	消隐
1	1	1	1	0	0	0	0	0	0	0	0	消隐
1	1	1	1	1	0	0	0	0	0	0	0	消隐

1）消隐功能。当$\overline{BI}=0$时，输出$Y_a \sim Y_g$都为低电平 0，各字段都熄灭，显示器不显示数字。

2）数码显示。当$\overline{BI}=1$时，译码器工作。在D、C、B、A端输入 8421BCD 码时，译码器对应输出端输出高电平 1，数码显示器显示与输入代码相对应的数字。如$DCBA=0110$时，输出$Y_c=Y_d=Y_e=Y_f=Y_g=1$，显示数字 6。其余类推。

CC14547 具有较大的输出电流驱动能力，可直接驱动半导体数码显示器或其他显示器件。图 11.2.7 所示为七段显示译码电路。改变图中限流电阻 R 的大小，可以调节数码管的工作电流和显示亮度。

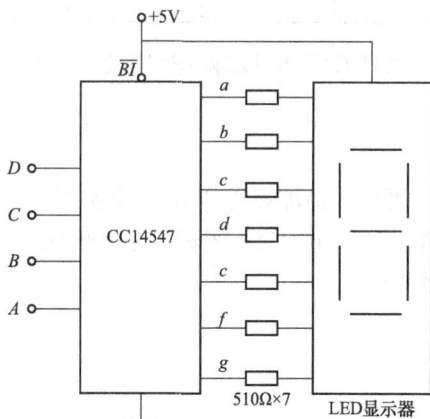

图 11.2.7　七段显示译码电路

11.2.3　算术逻辑电路

两个二进制数之间的算术运算无论是加、减，还是乘、除，目前在数字计算机中都是化做若干步加法运算进行的。因此，加法器是构成算术运算器的基本单元。

1. 加法器的概念

在计算机中经常要进行两个 1 位二进制数的相加运算，如果被加数为 $A = A_n A_{n-1} \cdots A_2 A_1$，加数为 $B = B_n B_{n-1} \cdots B_2 B_1$，则其运算过程可用下面的形式来表示：

$$\begin{array}{llllllll}
\text{被加数} & A & A_n & A_{n-1} & A_{n-2} & \cdots & A_2 & A_1 \\
\text{加数} & B & B_n & B_{n-1} & B_{n-2} & \cdots & B_2 & B_1 \\
\text{低位向相邻高位进位} & + & C_{n-1} & C_{n-2} & C_{n-3} & \cdots & C_1 & \\
\hline
\text{本位向相邻高位进位} & C & C_n & C_{n-1} & C_{n-2} & \cdots & C_2 & C_1 \\
\text{和数} & S & S_n & S_{n-1} & S_{n-2} & \cdots & S_2 & S_1
\end{array}$$

对其中第 i 位的相加过程可概括为：第 i 位的被加数 A_i 和加数 B_i 及相邻低位来的进位 C_{i-1} 三者相加，得到本位的和数及向相邻高位（$i+1$）的进位 C_i。所以要设计出能实现两个 n 位二进制数相加运算的加法器，就应先设计出能实现 A_i、B_i、C_{i-1} 三个一位二进制数相加的电路，这个电路称为全加器（Full Adder）；而不考虑低位向相邻高位的进位（C_{i-1}）的加法运算电路称为半加器（Half-Adder）。

2. 1 位加法器

（1）半加器。设 A_i 和 B_i 是两个一位二进制数，半加后得到的和为 S_i，向高位的进位为 C_i。根据半加器的含义，可得表 11.2.5 所示的真值表。

表 11.2.5　　　　　　　　　　　　半 加 器 真 值 表

输入		输出	
A_i	B_i	S_i	C_i
0	0	0	0
0	1	1	0
1	0	1	0
1	1	0	1

由真值表即可求得逻辑表达式为

$$\begin{cases} S_i = \bar{A}_i B_i + A_i \bar{B}_i \\ C_i = A_i B_i \end{cases} \tag{11.2.1}$$

可见，半加器可以由一个异或门和一个与门组成。逻辑电路如图 11.2.8（a）所示，图 11.2.8（b）为其逻辑符号。框内"Σ"为加法运算总限定符号，"CO"为进位输出的限定符号。

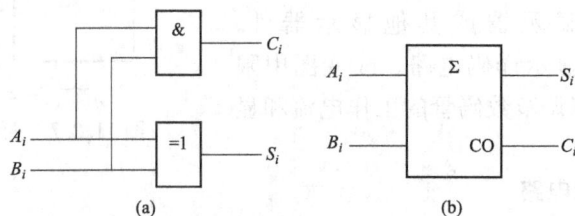

图 11.2.8　半加器及其逻辑符号
(a) 逻辑图；(b) 逻辑符号

（2）全加器。设 A_i 和 B_i 是两个一位二进制数，考虑来自低位的进位（C_{i-1}），这三者相加则可得到表 11.2.6 所示的真值表。

表 11.2.6			全加器的真值表	
输入			输出	
A_i	B_i	C_{i-1}	S_i	C_i
0	0	0	0	0
0	0	1	1	0
0	1	0	1	0
0	1	1	0	1
1	0	0	1	0
1	0	1	0	1
1	1	0	0	1
1	1	1	1	1

由真值表即可求得逻辑表达式为

$$S_i = \bar{A}_i \bar{B}_i C_{i-1} + \bar{A}_i B_i \bar{C}_{i-1} + A_i \bar{B}_i \bar{C}_{i-1} + A_i B_i C_{i-1}$$

$$C_i = \bar{A}_i B_i C_{i-1} + A_i \bar{B}_i C_{i-1} + A_i B_i \bar{C}_{i-1} + A_i B_i C_i \qquad (11.2.2)$$

经化简变换后的逻辑表达式为

$$S_i = A_i \oplus B_i \oplus C_{i-1}$$

$$C_i = A_i(B_i \oplus C_{i-1}) + B_i C_{i-1} \qquad (11.2.3)$$

由上述逻辑表达式画出相应全加器的逻辑电路如图 11.2.9（a）所示，全加器逻辑符号如图 11.2.9（b）所示。

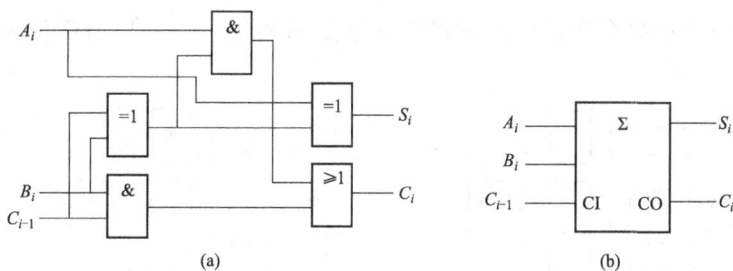

图 11.2.9 全加器及其逻辑符号

(a) 逻辑图；(b) 逻辑符号

3. 多位加法器

实现多位二进制数相加的电路称为加法器。根据加法器进位方式的不同，加法器可分为串行进位加法器和超前进位加法器。

（1）4 位串行进位加法器。串行进位加法器是将低位全加器的进位输出端接到高位全加器的进位输入端，即构成了多位加法器。4 位串行加法器的逻辑电路如图 11.2.10 所示。

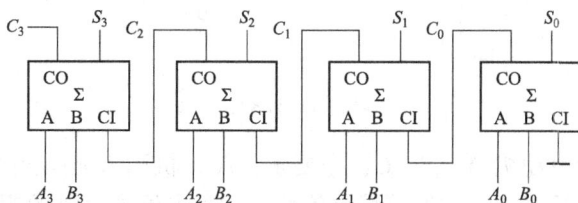

图 11.2.10 4 位串行进位加法器

　　串行进位加法器虽然接法简单，但是，由于每一位的加法运算结果都必须等到低一位的进位输出产生以后才能建立起来，所以这种加法器的最大缺点是运算速度慢。最坏情况下，做一次加法运算需要经过 4 个全加器的传输延迟时间。故这种加法器一般只适用于在位数少的，或对运算速度要求不高的场合使用。当加法运算的位数较多时，为了提高运算速度，可以采用超前进位加法器。

　　（2）超前进位加法器。超前进位加法器，是指在做多位加法运算时，各位的进位输入信号直接由输入二进制数通过超前进位电路产生。由于该电路与每位加法运算无关，所以可以加快加法运算的速度。这里对具体电路不做讨论。

习　题

　　11.1.1　写出如图所示各电路的逻辑表达式，并化简之。

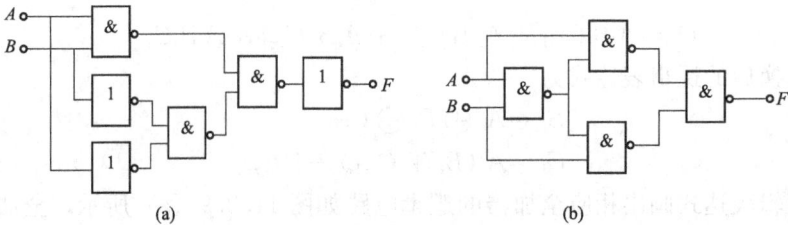

习题 11.1.1 图

　　11.1.2　分析图示两个逻辑电路的逻辑功能是否相同？要求写出逻辑表达式，列出真值表。

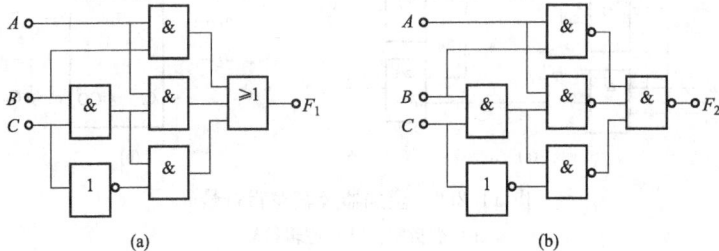

习题 11.1.2 图

　　11.1.3　写出图示各电路输出信号的逻辑表达式，并说明电路的逻辑功能。

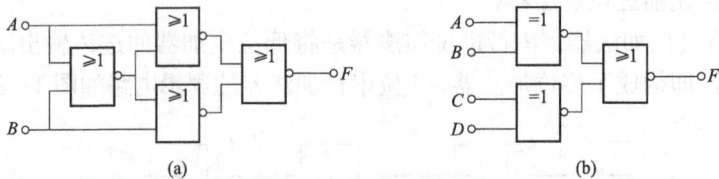

习题 11.1.3 图

　　11.1.4　设有三台电动机 A、B、C，今要求：A 开机则 B 必须开机；B 开机则 C 也必须开机。如果不满足上述要求，即发出报警信号。试写出报警信号的逻辑表达式，并画出逻辑电路图。

11.1.5　按少数服从多数的原则，试设计一个三人表决电路，并用或非门实现。

11.1.6　试设计一个伪码检验电路，当输入的 8421BCD 数码为伪码时，要求输出信号为 1，否则输出为 0，试用与非门实现。

11.1.7　交通灯亮与灭的有效组合是任何一个时刻只允许一盏灯点亮，如果交通灯的控制电路失灵，就会出现信号灯的亮与灭的无效组合，试设计一个交通控制灯失灵检测电路。检测电路能够检测出任何无效组合。要求用最少的与非门实现。

11.1.8　某车间有 A、B、C、D 四台电动机，今要求：

(1) A 机必须开机。

(2) 其他三台电动机中至少有两台开机。

如不满足上述要求，则指示灯熄灭。设指示灯点亮为 "1"，熄灭为 "0"。电动机的开机信号通过某种装置送到各自的输入端，使该输入端为 "1"，否则为 "0"。试用与非门组成指示灯点亮的逻辑电路图。

11.1.9　试用与非门设计一个组合逻辑电路，它有 3 个输入 A、B、C 和一个输出 F，当输入中 1 的个数少于或等于 1 时，输出为 1，否则输出为 0。

11.1.10　某高校毕业班有一个学生还需修满 9 个学分才能毕业，在所剩的 4 门课程中，A 为 5 个学分，B 为 4 个学分，C 为 3 个学分，D 为 2 个学分。试用与非门设计一个逻辑电路，其输出为 1 时表示该生能顺利毕业。

11.1.11　某工程进行检测验收，在 4 项验收指标中，A、B、C 多数合格则验收通过，但前提条件是 D 必须合格，否则检测验收不予通过。试用与非门设计一个能满足此要求的组合逻辑电路。

11.1.12　某保险柜有 3 个按钮 A、B、C，如果在按下按钮 B 的同时再按下按钮 A 或 C，则发出开启柜门的信号 F_1，柜门开启；如果按键错误，则发出报警信号 F_2，柜门不开。试用与非门设计一个能满足这一要求的组合逻辑电路。

11.1.13　分别用与非门设计能实现下列功能的组合逻辑电路。输入是两个 2 位二进制数 $A=A_1A_0$、$B=B_1B_0$。

(1) A 和 B 的对应位相同时输出为 1，否则输出为 0。

(2) A 和 B 的对应位相反时输出为 1，否则输出为 0。

(3) A 和 B 都为奇数时输出为 1，否则输出为 0。

(4) A 和 B 都为偶数时输出为 1，否则输出为 0。

(5) A 和 B 一个为奇数而另一个为偶数时输出为 1，否则输出为 0。

11.1.14　设计一个组合逻辑电路，使其输出信号 F 与输入信号 A、B、C、D 的关系满足如下图所示的波形图。

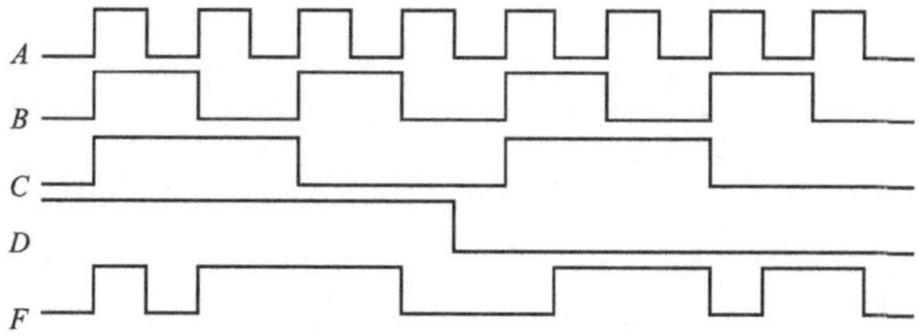

习题 11.1.14 图

11.2.1　图示电路为用 3/8 线译码器 74LS138 和与非门组成的逻辑电路，试写出输出函数 F 的逻辑表达式，列出真值表，并说明电路的逻辑功能。

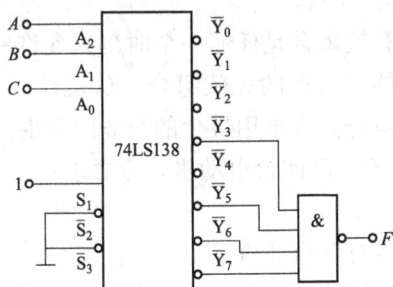

习题 11.2.1 图

11.2.2　分别画出用与非门、或非门以及半加器构成的全加器电路图。

第十二章 时序逻辑电路

各种门电路及其组合逻辑电路都不具有记忆功能。但是一个复杂的数字系统，要连续进行各种复杂的运算和控制，就必须在运算和控制过程中暂时保存（记忆）一定的代码（指令、操作或数字控制信号）。因此，需要具有记忆功能的电路。这种电路在某一时刻的输出状态不仅和当时的输入状态有关，而且与电路原来的状态有关，称这种电路为时序逻辑电路。

组合逻辑电路和时序逻辑电路是数字电路的两大类。门电路是组合逻辑电路的基本单元；而触发器则是时序逻辑电路的基本单元。

12.1 双稳态触发器

双稳态触发器是由门电路加上适当反馈而构成的一种逻辑部件。由于它的输出端有两种可能的稳定状态，故称为双稳态触发器，简称触发器。触发器作为能够存储 1 位二值信息的基本单元电路是组成时序逻辑电路不可或缺的部分。

为了实现记忆 1 位二值信息的功能，触发器需要具有以下基本特点：

（1）具有两个能自行保持的稳定状态，分别用来表示逻辑状态或二进制数的"0"和"1"。

（2）能在外界触发信号的作用下，由一个稳定状态到达另一个稳定状态，否则它将长期稳定在某个状态，即长期保持所记忆的信息。

（3）具有两个互补的输出端：原码输出 Q 和反码输出 $\bar{Q}$（一般用 Q 的状态代表触发器的状态）。

12.1.1 基本 RS 触发器

1. 电路结构

基本 RS 触发器是构成其他各种触发器的基本部分。其电路组成为：两个与非门的输入和输出交叉耦合（反馈延时），构成基本 RS 触发器。其逻辑电路和图形符号如图 12.1.1 所示。

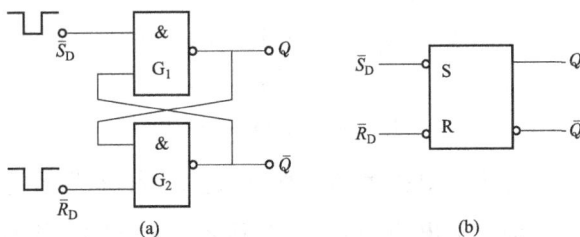

图 12.1.1　与非门组成的基本 RS 触发器

(a) 电路图；(b) 逻辑符号

（1）信号输入端：$\bar{R}_D$ 直接置 0 端（直接复位端）；$\bar{S}_D$ 直接置 1 端（直接置位端）。非号表示低电平有效，另外，在图形符号中 $\bar{R}_D$ 和 $\bar{S}_D$ 端部需加小圆圈，如图 12.1.1（b）所示。

（2）输出端：Q 和 $\bar{Q}$，在触发器处于稳定状态时，它们的输出状态相反。

2. 逻辑功能

定义：触发器的 0 状态为 $Q=0$，$\bar{Q}=1$；触发器的 1 状态为 $Q=1$，$\bar{Q}=0$。

(1) 当 $\bar{R}_\mathrm{D}=0$，$\bar{S}_\mathrm{D}=1$ 时，触发器置 0，即 $Q=0$，$\bar{Q}=1$。在 $\bar{R}_\mathrm{D}=0$ 信号消失以后（即 $\bar{R}_\mathrm{D}$ 回到 1），由于有 Q 端的低电平接回到 G_2 的另一个输入端，而使电路的 0 状态得以保持。这一过程可这样来简单描述为

$$\bar{R}_\mathrm{D} = 0 \rightarrow \bar{Q} = 1$$
$$\downarrow$$
$$\bar{S}_\mathrm{D} = 1 \rightarrow Q = 0$$

可见，$\bar{R}_\mathrm{D}$ 有信号输入时，触发器为 0 态，所以，$\bar{R}_\mathrm{D}$ 端称为直接置 0 端。

(2) 当 $\bar{R}_\mathrm{D}=1$，$\bar{S}_\mathrm{D}=0$ 时，触发器置 1，即 $Q=1$，$\bar{Q}=0$。在 $\bar{S}_\mathrm{D}=0$ 信号消失以后（即 $\bar{S}_\mathrm{D}$ 回到 1），由于有 $\bar{Q}$ 端的低电平接回到 G_1 的另一个输入端，而使电路的 1 状态得以保持。这一过程可这样来简单描述为

$$\bar{S}_\mathrm{D} = 0 \rightarrow Q = 1$$
$$\downarrow$$
$$\bar{R}_\mathrm{D} = 1 \rightarrow \bar{Q} = 0$$

可见，$\bar{S}_\mathrm{D}$ 有信号输入时，触发器为 1 态，所以，$\bar{S}_\mathrm{D}$ 端称为直接置 1 端。

(3) 当 $\bar{R}_\mathrm{D}=1$，$\bar{S}_\mathrm{D}=1$ 时，触发器保持原状态不变。如果触发器原处于 $Q=0$，$\bar{Q}=1$ 的 0 状态时，Q 端的低电平接回到 G_2 的另一个输入端，而使电路的 0 状态得以保持；同理，如果触发器原处于 $Q=1$，$\bar{Q}=0$ 的 1 状态时，电路保持 1 状态不变。

如果触发器原为 0 态，则

$$Q = 0 \rightarrow \bar{Q} = 1$$
$$\downarrow$$
$$\bar{S}_\mathrm{D} = 1 \rightarrow Q = 0$$

如果触发器原为 1 态，则

$$\bar{Q} = 0 \rightarrow Q = 1$$
$$\downarrow$$
$$\bar{R}_\mathrm{D} = 1 \rightarrow \bar{Q} = 0$$

可见，$\bar{R}_\mathrm{D}$ 和 $\bar{S}_\mathrm{D}$ 端都无信号输入时，触发器保持原态，所以触发器具有存储和记忆的功能。

(4) 当 $\bar{R}_\mathrm{D}=0$，$\bar{S}_\mathrm{D}=0$ 时，输出 $Q=\bar{Q}=1$，这既不是定义的 1 状态，也不是 0 状态。而且当 $\bar{R}_\mathrm{D}$ 和 $\bar{S}_\mathrm{D}$ 同时回到 1 以后，触发器将处于保持状态，但由于 G_1 和 G_2 电气性能（延迟时间）上的差异，保持什么状态无法确定。所以在触发器实际工作中，这种情况是不允许发生的。因此，与非门组成的基本 RS 触发器正常工作时应遵守约束条件：$\bar{R}_\mathrm{D}+\bar{S}_\mathrm{D}=1$，即 $\bar{R}_\mathrm{D}$ 和 $\bar{S}_\mathrm{D}$ 不能同时为 0。

归纳以上逻辑功能，可得到该触发器的真值表见表 12.1.1。因为触发器新的状态 Q^*

（也称为次态）不仅与输入状态有关，而且与基本 RS 触发器原来的状态 Q（也称为初态）有关，所以将 Q 也作为一个变量列入了真值表，并将 Q 称为状态变量，故将这种含有状态变量的真值表称为触发器的特性表。

表 12.1.1   **与非门组成的基本 RS 触发器的特性表**

$\bar{R}_D$	$\bar{S}_D$	Q	Q^*	说明
0	0	0	1①	① 触发器的状态不定发生在
0	0	1	1①	当 $\bar{R}_D$ 和 $\bar{S}_D$ 同时回到 1 以后
0	1	0	0	触发器置 0
0	1	1	0	
1	0	0	1	触发器置 1
1	0	1	1	
1	1	0	0	触发器保持原状态不变
1	1	1	1	

3. 高电平有效的 RS 触发器

以上讨论的触发器是输入为低电平有效的基本 RS 触发器，若要触发器的输入为高电平有效，则可以采用由或非门构成的 RS 触发器。电路及逻辑符号如图 12.1.2 所示。与低电平有效的基本 RS 触发器相比，由于此时信号采用正脉冲，故 $\bar{R}_D$ 和 $\bar{S}_D$ 上的非号取消，且 R_D 和 S_D 的位置对调。另外，在图形符号中 R_D 和 S_D 端部不加小圆圈。

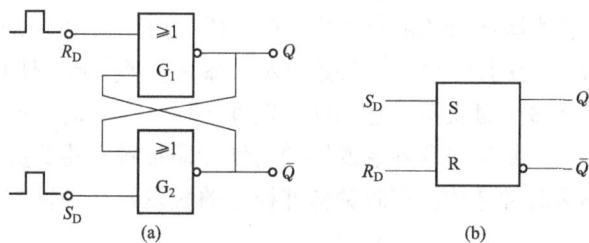

图 12.1.2 或非门组成的基本 RS 触发器
(a) 电路图；(b) 逻辑符号

【例 12-1】 在图 12.1.3（a）所示的电路中，当按钮未按下时，电路输出为 0，按钮按下后，输出为 1，松开按钮时，按钮复位，输出仍为 0。因而，在理想情况下，每按一次按钮，电路输出一个脉冲信号。但是，实际上由于触点的抖动，使得动断触点要通断数次才能复位，故每按一次按钮会产生多个脉冲信号，这些信号输入系统后，会引起系统误动作。如果如图 12.1.3（b）所示，在按钮后面串接一个基本 RS 触发器，便可有效地消除这种干扰信号，试说明其工作原理。

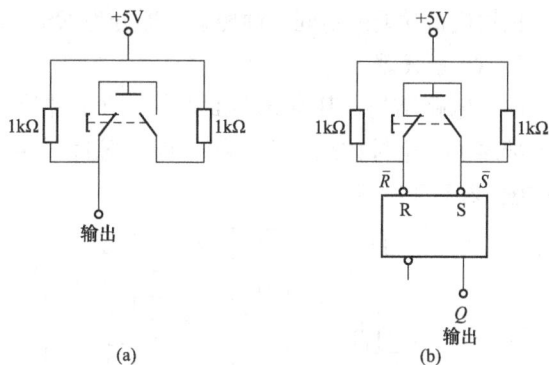

图 12.1.3 例 12-1 电路
(a) 原来的电路；(b) 改进后的电路

解 因为按钮复位时，$\bar{R}=0$，$\bar{S}=1$，触发器的输出 $Q=0$。如果因触点抖动而使动断触点断开，这时的动合触点又未闭合，故 $\bar{R}=1$，$\bar{S}=1$，触发器保持原态，Q 仍为 0，因此，不会因触点抖动而产生干扰信号。

【例 12-2】　在由与非门组成的基本 RS 触发器中，已知 $\bar{R}_D$ 和 $\bar{S}_D$ 的电压波形如图 12.1.4 所示，设触发器的初始状态为 0，试画出 Q 和 $\bar{Q}$ 端对应的电压波形。

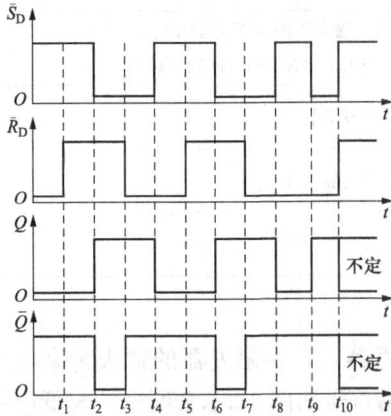

图 12.1.4　例 12-2 波形

解　实质上这是一个用已知 $\bar{R}_D$ 和 $\bar{S}_D$ 的状态确定 Q 和 $\bar{Q}$ 状态的问题。只要根据每个时间区间里 $\bar{R}_D$ 和 $\bar{S}_D$ 的状态去查与非门组成的基本 RS 触发器的特性表，即可找出 Q 和 $\bar{Q}$ 的对应状态，并画出它们的波形图。对于简单电路，可直接从电路图画出 Q 和 $\bar{Q}$ 的波形图。

从图 12.1.4 所示波形可以看出，虽然在 $t_3 \sim t_4$ 和 $t_7 \sim t_8$ 期间输入端出现了 $\bar{R}_D = \bar{S}_D = 0$ 的状态，但由于 $\bar{S}_D$ 首先回到了高电平，所以触发器的次态仍是可以确定的。而在 $t_9 \sim t_{10}$ 期间则不同，此时 $\bar{R}_D$ 和 $\bar{S}_D$ 同时回到高电平，使触发器的次态无法确定。

12.1.2　时钟控制型触发器（同步触发器）

基本 RS 触发器，虽然具有记忆和置"0"、置"1"功能，可以用来表示或存储一位二进制数码，但由于基本 RS 触发器的输出状态受输入状态的直接控制，使其应用范围受到限制。因为一个数字系统往往有多个触发器，它的动作速度各异，为了避免多个触发器动作参差不齐，就需要用一个统一的信号来协调各触发器的动作，即各触发器要受一个统一的指挥信号控制。这个指挥信号称为时钟脉冲。有时钟脉冲控制的触发器称为钟控触发器，也称同步触发器。

同步触发器的特点：因为触发器状态的改变与时钟脉冲同步。即无时钟脉冲时，输入信号不起作用，触发器状态保持不变；只有当时钟脉冲到来时，输入信号才能决定触发器的状态。

根据逻辑功能的不同，钟控触发器分为 RS 触发器、D 触发器、JK 触发器、T 触发器等。

1. RS 触发器

(1) 电路结构。基本 RS 触发器＋两个钟控门 G_3、G_4 构成的输入控制电路，且电路的输入端多了一个钟控端（CP 端），时钟脉冲采用一定周期的正脉冲串。其逻辑电路和图形符号如图 12.1.5 所示。

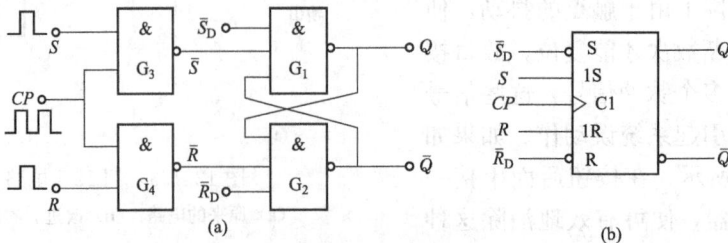

图 12.1.5　RS 触发器

(a) 电路图；(b) 逻辑符号

当 $CP=0$ 时，G_3、G_4 被封锁，其输出为 1，R、S 端的输入信号无法通过 G_3、G_4 而影响输出状态，故触发器保持原状态不变，即 $Q^*=Q$。

当 $CP=1$ 时，G_3、G_4 被打开，R、S 端的输入信号才能通过 G_3、G_4 加到基本 RS 触发器的输入端，其输出状态由 R、S 端的输入信号和电路的原有状态 Q 决定。

由于 CP 脉冲对输入信号起着打开和封锁输入控制电路的作用，因而在多个触发器共存的系统中便可以避免各触发器动作的参差不齐。可见，CP 只起统一步调的作用，而每个触发器的输出状态仍由 R 和 S 的输入信号决定。

在某些应用场合，有时需要在 CP 的有效电平到达之前预先将触发器置成指定的状态，为此，在实用电路上往往还设置有异步（直接）置 0 输入端 $\bar{R}_D$ 和异步（直接）置 1 输入端 $\bar{S}_D$，如图 12.1.5（a）所示。由于 $\bar{R}_D$ 和 $\bar{S}_D$ 直接作用于输出门，它不受时钟信号和输入信号的控制而称为异步。$\bar{R}_D$ 和 $\bar{S}_D$ 为低电平作用有效。

在完成触发器初始状态的预置时，若 $\bar{R}_D=0$，$\bar{S}_D=1$，$Q=0$，$\bar{Q}=1$，触发器置 0；若 $\bar{R}_D=1$，$\bar{S}_D=0$，$Q=1$，$\bar{Q}=0$，触发器置 1；触发器在时钟信号控制下正常工作时应使 $\bar{R}_D=\bar{S}_D=1$。此外，用 $\bar{R}_D$ 或 $\bar{S}_D$ 将触发器置位或复位应当在 $CP=0$ 的状态下进行，否则 $\bar{R}_D$ 或 $\bar{S}_D$ 返回高电平以后预置的状态不一定能保存下来。图 12.1.5（b）是加入异步置位、复位端的 RS 触发器的逻辑符号。

（2）逻辑功能。

1）当 $R=S=0$ 时，触发器保持原态：

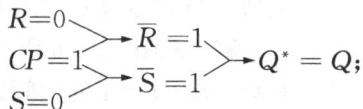

$$\begin{array}{l} R=0 \\ CP=1 \\ S=0 \end{array} \Rightarrow \begin{array}{l} \bar{R}=1 \\ \bar{S}=1 \end{array} \Rightarrow Q^*=Q;$$

2）当 $R=0$，$S=1$ 时，触发器置 1：

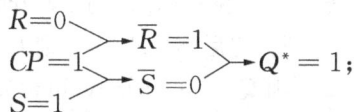

$$\begin{array}{l} R=0 \\ CP=1 \\ S=1 \end{array} \Rightarrow \begin{array}{l} \bar{R}=1 \\ \bar{S}=0 \end{array} \Rightarrow Q^*=1;$$

3）当 $R=1$，$S=0$ 时，触发器置 0：

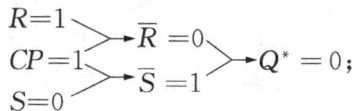

$$\begin{array}{l} R=1 \\ CP=1 \\ S=0 \end{array} \Rightarrow \begin{array}{l} \bar{R}=0 \\ \bar{S}=1 \end{array} \Rightarrow Q^*=0;$$

4）当 $R=S=1$ 时，触发器状态不定：

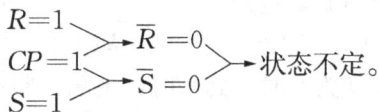

$$\begin{array}{l} R=1 \\ CP=1 \\ S=1 \end{array} \Rightarrow \begin{array}{l} \bar{R}=0 \\ \bar{S}=0 \end{array} \Rightarrow 状态不定。$$

可见，同步 RS 触发器同样存在输出状态不定的情况，但这种状态发生在 CP 回到低电平以后。原因是：当 CP 回到低电平以后，G_3、G_4 被封锁，其输出为 1，这使基本 RS 触发器处于保持状态，但触发器保持什么状态无法确定，故输入信号仍需遵守 $RS=0$ 的约束条件，即 R 和 S 不能同时为 1。同步 RS 触发器的特性见表 12.1.2。

表 12. 1. 2 同步 RS 触发器的特性

CP	R	S	Q	Q^*	说明
0	$\times$ $\times$	$\times$ $\times$	0 1	0 1	保持原状态不变
1	0	0	0 1	0 1	保持原状态不变
	0	1	0 1	1 1	S 高电平有效，置 1
	1	0	0 1	0 0	R 高电平有效，置 0
	1	1	0 1	1 1	状态不定

（3）动作特点。同步 RS 触发器的动作特点：具有电平触发的特性，即只有当 CP 变为有效电平时，触发器才能接受输入信号，并在 $CP=1$ 的全部时间里，Q 和 $\bar{Q}$ 可以随 R 和 S 的变化多次翻转，即为空翻现象。那么触发器保存的是 CP 回到 0 以前瞬间的状态。根据这个动作特点，如果在 $CP=1$ 期间，干扰信号作用于 R 和 S 也会导致触发器发生误动作，这说明同步 RS 触发器的抗干扰能力差。

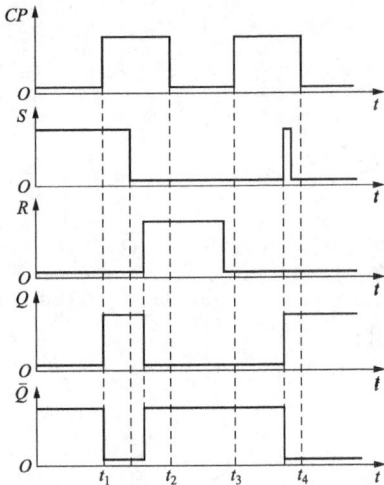

图 12.1.6 例 12-3 波形

【例 12-3】 在同步 RS 触发器中，已知 R 和 S 的电压波形如图 12.1.6 所示，设触发器的初始状态为 0，试画出 Q 和 $\bar{Q}$ 端对应的电压波形。

解 从图 12.1.6 所示波形可以看出，$t_1 \sim t_2$ 和 $t_3 \sim t_4$ 时间段是 $CP=1$ 的期间，故 R 和 S 的多次变化会导致触发器的输出状态发生多次翻转。

在 $t_1 \sim t_2$ 时间段，开始时由于 $S=1$，$R=0$，则 $Q^* =1$；之后 $S=R=0$，则 $Q^* =Q=1$；最后 $S=0$，$R=1$，则 $Q^* =0$。同理，可得到 $t_3 \sim t_4$ 时间段的 Q 波形。

2. JK 触发器

（1）电路结构。由两个结构相同的同步 RS 触发器级联组成，分别称为主触发器（左）和从触发器（右）。主触发器和从触发器分别由两个相位相反的时钟信号 CP、$\overline{CP}$ 控制，使主触发器高电平触发，从触发器低电平触发。另外，由输出 Q、$\bar{Q}$ 端添加了一对接回到输入端的反馈线。其逻辑电路如图 12.1.7（a）所示。

当 $CP=1$ 时，主触发器工作，接收输入信号；从触发器由于 $\overline{CP}=0$ 不工作，而保持原状态不变。当 CP 下降沿（由 1 变为 0 时）到来时，主触发器不工作，保持下降沿到来时那一刻的状态不变；从触发器工作，并按照与主触发器相同的状态翻转。因而实现了在一个 CP 脉冲周期里输出状态只变化一次。

基于主从结构触发器的上述工作特点，故在图 12.1.7（b）的逻辑符号中框内用的"¬"表示"延迟输出"，即 CP 回到低电平以后，输出状态才改变。

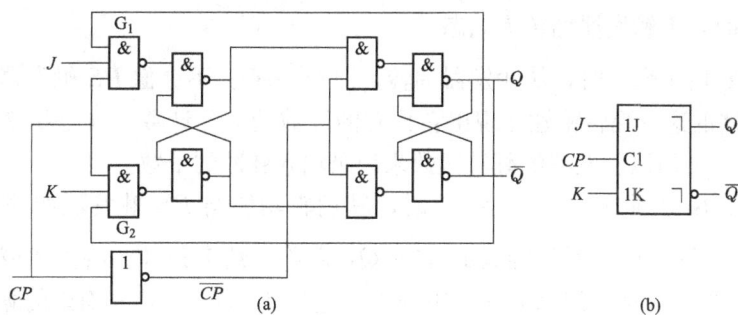

图 12.1.7　JK 触发器

(a) 电路图；(b) 逻辑符号

（2）逻辑功能。

1）$J=1$、$K=0$ 时，触发器置 1。

如果触发器原状态为 0，则主触发器的两个输入门 G_1、G_2 的输入关系式为

$$G_1: \quad J\bar{Q} = 1 \cdot 1 = 1$$
$$G_2: \quad KQ = 0 \cdot 0 = 0$$

当 CP 由 0 变 1 时，主触发器翻转为 1 态。

如果触发器原状态为 1，则主触发器的两个输入门 G_1、G_2 的输入关系式为

$$G_1: \quad J\bar{Q} = 1 \cdot 0 = 0$$
$$G_2: \quad KQ = 0 \cdot 1 = 0$$

当 CP 由 0 变 1 时，主触发器保持 1 态。

可见，无论触发器原状态为 0 态还是 1 态，主触发器置 1，当 CP 由 1 变 0 时，从触发器也跟着置 1，即 $Q^* = 1$，所以 J 为置 1 端。

2）$J=0$、$K=1$ 时，触发器置 0。

其情况与 1）相反，读者可自行分析，所以 K 为置 0 端。

3）$J=0$、$K=0$ 时，触发器保持原状态不变。

由于主触发器的两个输入门 G_1、G_2 的输入关系式为

$$G_1: \quad J\bar{Q} = 0 \cdot \bar{Q} = 0$$
$$G_2: \quad KQ = 0 \cdot Q = 0$$

即 G_1、G_2 被封锁，故 CP 由 0 变 1 时，主触发器状态不变；当 CP 由 1 变 0 时，从触发器状态也不变，即 $Q^* = Q$。

4）$J=K=1$ 时，触发器翻转。

如果触发器原状态为 0，则主触发器的两个输入门 G_1、G_2 的输入关系式为

$$G_1: \quad J\bar{Q} = 1 \cdot 1 = 1$$
$$G_2: \quad KQ = 1 \cdot 0 = 0$$

当 CP 由 0 变 1 时，主触发器翻转为 1 态。

如果触发器原状态为 1，则主触发器的两个输入门 G_1、G_2 的输入关系式为

$$G_1: \quad J\bar{Q} = 1 \cdot 0 = 0$$
$$G_2: \quad KQ = 1 \cdot 1 = 1$$

当 CP 由 0 变 1 时，主触发器翻转为 0 态。

可见，当 CP 由 1 变 0 时，从触发器翻转，即 $Q^* = \bar{Q}$。不会像 RS 触发器那样出现不定状态。JK 触发器的这一翻转特性体现出它具有的计数功能。计数，就是每来一个脉冲，触发器就翻转一次，从而以触发器的翻转次数来记录输入脉冲的个数。

总之，当 J、K 分别为 00、01 和 10 时，其逻辑功能与 RS 触发器相同（可将 $S \rightarrow J$、$R \rightarrow K$），而当 $J = K = 1$ 时逻辑功能满足 $Q^* = \bar{Q}$，解除了约束条件。将上述逻辑关系列成特性表，即得到表 12.1.3。在表中 CP 一栏中的 "⎍" 符号表示高电平有效的脉冲触发特性。

表 12.1.3   **JK 触发器的特性**

CP	J	K	Q	Q^*	说明
×	× ×	× ×	0 1	0 1	保持原状态不变
⎍	0	0	0 1	0 1	保持原状态不变
	0	1	0 1	0 0	K 高电平有效，置 0
	1	0	0 1	1 1	J 高电平有效，置 1
	1	1	0 1	1 0	$Q^* = \bar{Q}$，翻转

（3）动作特点。

通过以上对主从型 JK 触发器的分析，可以看出其动作特点有两个：

1）触发器的动作分两步进行，在 $CP = 1$ 期间，主触发器接收输入信号，从触发器输出保持原状态不变；当 CP 下降沿到来时，主触发器保持，从触发器接收主触发器所保持的 CP 下降沿到来时的输出信号，从而实现了在一个 CP 周期里，触发器的输出 Q 只变化一次。

2）主触发器本身是一个电平触发的 RS 触发器，所以在 $CP = 1$ 期间，输入信号的变化都将对主触发器产生影响。由于 Q 和 $\bar{Q}$ 的反馈作用，主从触发器不会在 CP 的有效期间发生多次翻转，但仍有可能存在一次翻转的问题（证明从略）。一次翻转同样破坏了 JK 触发器的逻辑功能，使其结果与特性表不符，因此，主从触发方式不允许在 $CP = 1$ 期间输入信号发生变化。

由此可见，主从结构的触发器抗干扰能力还是较差的。使用时，除保持 J、K 端输入信号在 $CP = 1$ 期间不变以外，还要求 $CP = 1$ 的持续时间不能太长，这对输入信号及 CP 时钟信号都提出了较高的要求。

【例 12-4】 已知主从结构 JK 触发器输入端 J、K 和 CP 的电压波形如图 12.1.8 所示，试画出 Q、$\bar{Q}$ 端对应的波形。设触发器的初始状态为 $Q = 0$。

解 根据主从型触发器的动作特点及 JK 触发器的翻转特性可画出波形图。

3. D 触发器

（1）边沿触发的概念。为了提高触发器工作的可靠性和抗干扰能力，希望触发器的次态仅取决于 CP 信号某一时刻到达时（指 CP 脉冲的上升沿或下降沿）输入信号的状态，而与该时刻之前和之后输入信号的状态变化无关，故它不存在空翻现象。图 12.1.9 为电平触发

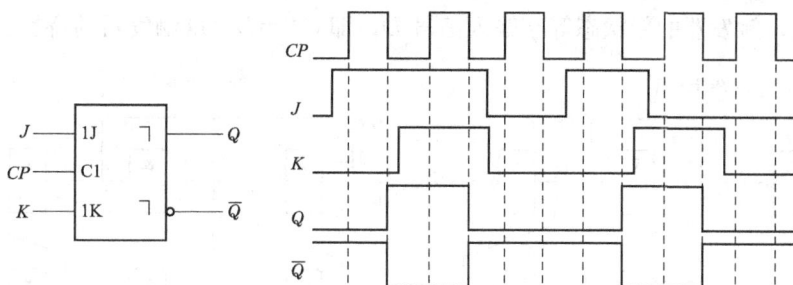

图 12.1.8 例 12-4 的波形

和边沿触发的触发信号波形。维持阻塞型触发器就是为实现这一设想而引入的一种边沿触发的触发器。

（2）电路结构及工作原理。图 12.1.10 给出了由六个与非门构成的维持阻塞型 D 触发器的电路图和逻辑符号。由图可见，该触发器由基本 RS 触发器（G_1、G_2 门）、时钟引导电路（G_3、G_4 门）、信号输入电路（G_5、G_6 门）和 4 根直流反馈线组成。电路依靠 CP 的上升沿触发，故在图 12.1.10（b）的逻辑符号中 CP 输入端处框内用"＞"表示上升沿触发（若是下降沿触发还需在框外加一个小圆圈）。

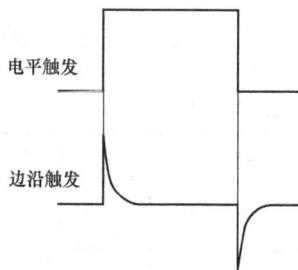

图 12.1.9 电平触发和边沿触发的触发信号波形

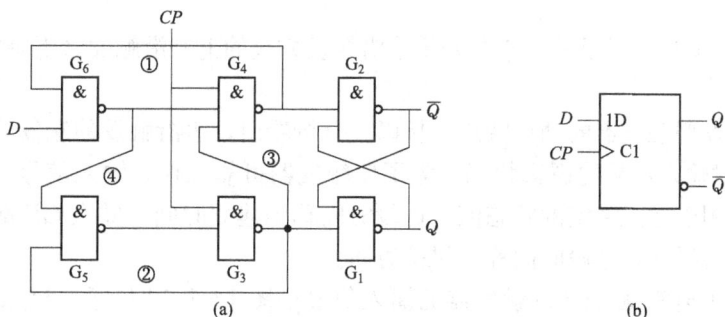

图 12.1.10 维持阻塞型 D 触发器
(a) 电路图；(b) 逻辑符号

1）当 $CP=0$ 时，如图 12.1.11 所示，CP 信号关闭了 G_3、G_4 两个与非门，使其输出为

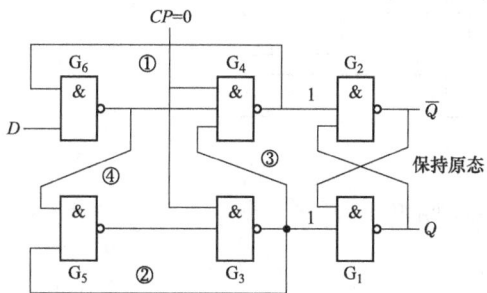

图 12.1.11 维持阻塞型 D 触发器在 $CP=0$ 时的输出状态判断

1，导致由 G_1、G_2 组成的基本 RS 触发器的输出保持原状态不变。

2）当 CP 上升沿到来，且 $D=1$ 时，各相关点电平分部情况如图 12.1.12 所示，它使触发器状态置 1。

3）当 CP 上升沿到来，且 $D=0$ 时，各相关点电平分布情况如图 12.1.13 所示，它使触发器状态置 0。

综合以上分析可将 D 触发器特性归纳为：

时钟作用期间，触发器的新状态等于输入信号 D，即 $Q^* = D$。D 触发器的特性见表 12.1.4。

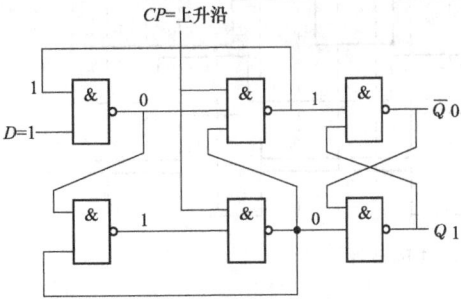

图 12.1.12　$D=1$ 时的输出状态判断　　　　图 12.1.13　$D=0$ 时的输出状态判断

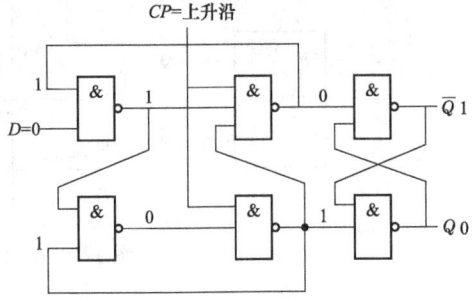

表 12.1.4　　　　　　　　　　　　　上升沿触发 D 触发器的特性

CP	D	Q	Q^*	说明
$\times$	$\times$	0	0	保持原状态不变
	$\times$	1	1	
$\uparrow$	0	0	0	置 0
	0	1	0	
	1	0	1	置 1
	1	1	1	

在特性表中，CP 一栏里的"$\uparrow$"表示边沿触发方式的上升沿触发（下降沿触发用"$\downarrow$"表示）。

（3）边沿触发型触发器的动作特点。从以上分析看出，边沿触发的触发器次态仅取决于 CP 触发沿到达时输入信号的逻辑状态。为了使触发器可靠工作，输入信号应先于 CP 触发沿一个时间段，用于建立稳定的状态值，这段时间称为建立时间；并在 CP 触发沿过后，还需维持一段时间再撤除，这段时间称为保持时间。

【例 12-5】　上升沿触发的 D 触发器的输入信号如图 12.1.14 所示，试求输出 Q 端的电压波形。设触发器的初始状态为 $Q=0$。

解　根据边沿型触发器的动作特点及 D 触发器的翻转特性可画出波形图。

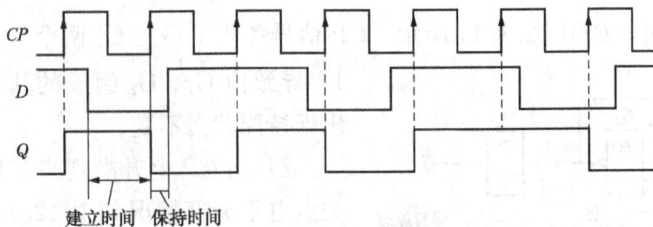

图 12.1.14　例 12-5 的波形

4. T 触发器

T 触发器只有一个输入端 T，当 $T=0$ 时，触发器保持原态，当 $T=1$ 时，触发器翻转，其特性见表 12.1.5。由于 $T=1$ 时，每来一个 CP 脉冲，触发器就翻转一次，所以它不但具有记忆功能，而且还具有计数功能，是一种受控计数触发器。

表 12.1.5　　　　　　　　　　　　　　　　　T 触 发 器 的 特 性

T	Q	Q^*	说明
0	0 1	0 1	保持原状态不变
1	0 1	1 0	$Q^*=\bar{Q}$，翻转

12.1.3　触发器逻辑功能的转换

通过比较 RS、JK、T 三种类型触发器的特性不难看出，JK 触发器的逻辑功能最强，它包含 RS、T 触发器的所有逻辑功能。而 D 触发器的逻辑功能又是其他触发器所不能替代的。故在定型的时钟控制触发器产品中只有 JK 触发器和 D 触发器这两大类。若要使用 RS 和 T 触发器，就必须由 JK 或 D 触发器经过改接或附加一些门电路后转换而成。下面举例说明。

（1）将 JK 触发器转换为 D 触发器。如图 12.1.15 所示，当 $D=1$，即 $J=1$，$K=0$ 时，在 CP 的下降沿触发器翻转（或保持）为"1"态；当 $D=0$，即 $J=0$，$K=1$ 时，在 CP 的下降沿触发器翻转（或保持）为"0"态。可见，转换后的触发器满足 D 触发器的逻辑特性，即满足 $Q^*=D$ 的关系。

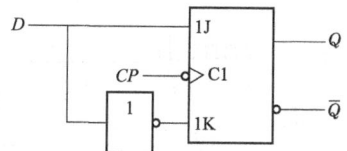

图 12.1.15　JK 触发器转换为 D 触发器

（2）将 JK 触发器转换为 T 触发器。如图 12.1.16 所示，将 J、K 端连在一起，称为 T 端。当 $T=1$，即 $J=K=1$ 时，在 CP 的下降沿触发器具有计数功能，即满足 $Q^*=\bar{Q}$ 的关系；当 $T=0$，即 $J=K=0$ 时，在 CP 的下降沿触发器状态不变。可见，转换后的触发器满足 T 触发器的逻辑特性。

（3）将 D 触发器转换为 T' 触发器。如将 D 触发器的 D 端和 $\bar{Q}$ 端相连，如图 12.1.17 所示，就转换为 T' 触发器了，T' 触发器实际上是 T 触发器的一个特例，它的逻辑功能是每来一个时钟脉冲，就翻转一次，即 $Q^*=\bar{Q}$，具有计数功能。

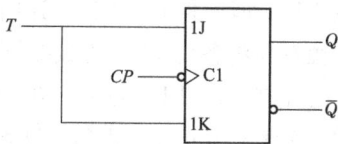

图 12.1.16　JK 触发器转换为 T 触发器

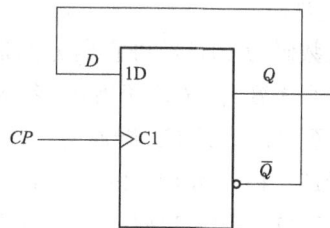

图 12.1.17　D 触发器转换为 T' 触发器

12.2　寄　存　器

用于存放二进制数据、信息的电路称为寄存器。由于一个触发器可以存储一位二进制代码，故 N 个触发器组成的寄存器可以存放 N 位二进制代码。显然，寄存器属于时序逻辑电路的一种，常用于各类数字系统和数字计算机中。

对寄存器中的触发器只要求它们具有置 1、置 0 的功能即可，因而无论是用电平触发的触发器，还是用脉冲触发的触发器或边沿触发的触发器，都可以组成寄存器。按功能的不同，寄存器可分为数码寄存器和移位寄存器两种。数码寄存器只供暂时存储数码，然后根据需要取出数码。移位寄存器不仅能存储数码，而且具有移位的功能，即每从外部输入一个移位脉冲（时钟脉冲）其存储数码的位置就同时向左或向右移动移位。这一功能是进行算术运算时所必需的。按存放和取出数码方式的不同，寄存器又有串行和并行之分。前者一般用在移位寄存器中，后者一般用在数码寄存器中。

12.2.1　数码寄存器

图 12.2.1 所示是由 D 触发器组成的 4 位数码寄存器电路。它有 4 位数据输入端 D_3、D_2、D_1、D_0，对应 4 位数据输出端 O_3、O_2、O_1、O_0，一个异步复位端 R_D（高电平有效），一个时钟控制端 CP 及一个取出指令控制端 Y。

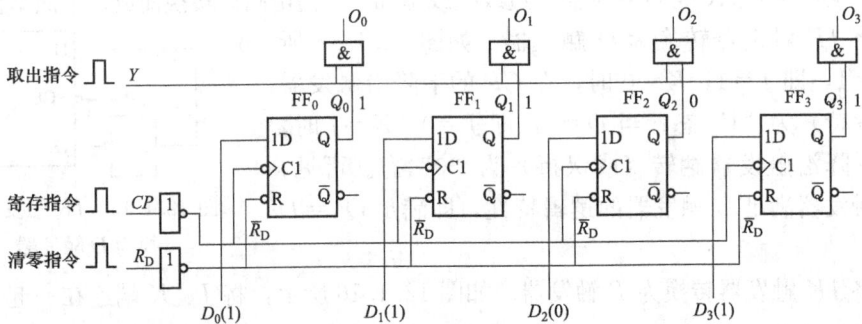

图 12.2.1　数码寄存器

该寄存器的工作过程如下。

1. 预先清零

在清零输入端输入清零正脉冲，它通过非门使得各触发器的直接置 0 端 $\overline{R}_D$ 都为 0，各触发器都处于 0 态。

2. 存入数码

设待存入数码为 1011，将它们分别加到 D_3、D_2、D_1、D_0 端，以 CP 脉冲作为寄存指令。在寄存指令未到时，CP 端为 0，各触发器保持原态，即清零后的 0 态，这时数码尚未存入。寄存指令到来时，即 CP 脉冲的上升沿到达时，触发器将各位 D 端的数据同时存入，根据 $Q^* = D$，FF_3、FF_1 和 FF_0 的 $D=1$，Q_3、Q_1 和 Q_0 都为 1，FF_2 的 $D=0$，Q_2 为 0，故 $Q_3Q_2Q_1Q_0$ 为 1011。数码已被存入。寄存指令过后，各触发器保持原态，即数码被寄存。

3. 取出数码

取出指令未到达时，由于四个与门的左边输入为 0，与门输出也为 0（与门封锁），故数码虽已存，但未取出。取出指令到来时，四个与门的左边输入都为 1（与门打开），其输出取决于它们的另一输入，即取决于四个 Q 端的数码。Q_3、Q_1 和 Q_0 为 1，Q_2 为 0，故 $O_3 = O_1 = O_0 = 1$，$O_2 = 0$，寄存数码 1011 被取出。

上述寄存器，寄存时数码是从四个数据输入端同时存入，取出时又从四个数据输出端同时取出，所以又称为并行输入并行输出的寄存器。

12.2.2　移位寄存器

由数据寄存器的分析可知，寄存器仅在一个 CP 脉冲的作用下，就可以将若干位数据存入触发器，上面只讨论了 4 位寄存器，实际中 4 位寄存器可以很方便地扩展成 8 位、16 位乃至更多。这种寄存器的每一位触发器都是相对独立的，常称为并行寄存器。

下面将介绍一种用移位方式来存储数据的寄存器，称为移位寄存器。它不仅可以用来存储代码，还能在移位脉冲作用下将寄存器内部的二进制数据顺次向左移动或者向右移动（左移或右移），也可用来实现数据的串行—并行转换、数值的运算以及数据处理等。

1. 单向移位寄存器

图 12.2.2 所示电路是由边沿触发方式的 D 触发器组成的 4 位移位寄存器，其中左边起第一个触发器的输入端接收输入信号，然后自左向右每个触发器的输出端依次与相邻右边触发器的输入端连接，即构成了移位寄存器。

因为从 CP 上升沿到达开始至触发器输出端新状态的建立需要经过一段传输延迟时间，所以当 CP 上升沿同时作用于所有的触发器时，它们输入端（D 端）的状态还没有改变。于是 FF_1 按 Q_0 原来的状态翻转，FF_2 按 Q_1 原来的状态翻转，FF_3 按 Q_2 原来的状态翻转。同时，加到寄存器输入端 D_I 的数码存入 FF_0。总效果相当于移位寄存器中原有数码依次右移了 1 位。

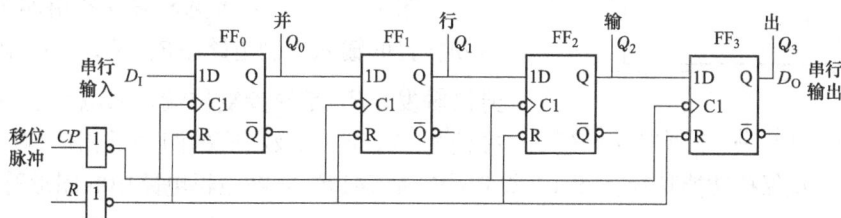

图 12.2.2　D 触发器构成的单向移位寄存器

在存储数据之前，需将寄存器中各触发器状态清 0。假设在 4 个时钟周期内输入数码依次为 1011，那么在移位脉冲作用下，移位寄存器里数码的移动情况见表 12.2.1。图 12.2.3 给出了各触发器输出端在移位过程中的电压波形图。

表 12.2.1　　　　　　　　　移位寄存器中数码的移动情况

时钟顺序	D_I	Q_0	Q_1	Q_2	Q_3	移位
0	×	0	0	0	0	清零
1	1	1	0	0	0	右移一位（存入 1 位）
2	0	0	1	0	0	右移二位（存入 2 位）
3	1	1	0	1	0	右移三位（存入 3 位）
4	1	1	1	0	1	右移四位（存入 4 位）
5	0	0	1	1	0	右移五位（取出 1 位）
6	0	0	0	1	1	右移六位（取出 2 位）
7	0	0	0	0	1	右移七位（取出 3 位）
8	0	0	0	0	0	右移八位（取出 4 位）

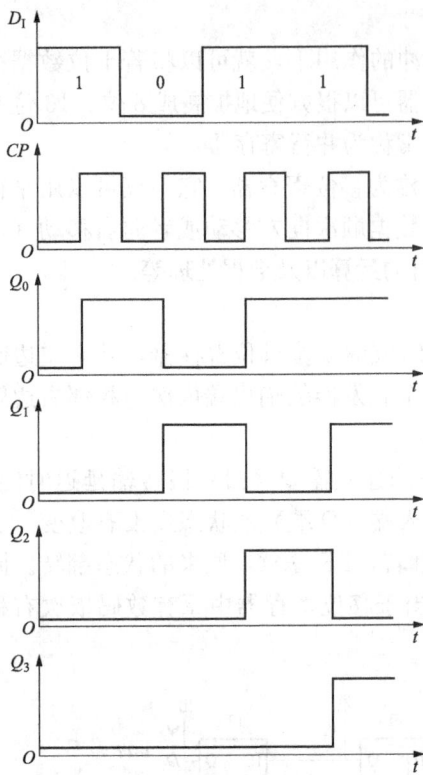

图 12.2.3　图 12.2.2 电路的电压波形

可以看出，经过 4 个 CP 脉冲后，串行输入的 4 位数码全部移入寄存器中，同时在 4 个触发器的输出端得到了并行输出的数码。因此，移位寄存器可以实现数码的串行—并行转换。若继续输入 4 个 CP 脉冲后，4 位数码又会在寄存器的串行输出端 D_O 全部取出，即实现了数码的串行输入—串行输出。

如果首先将 4 位数码并行置入移位寄存器的 4 个触发器中，然后连续加入 4 个移位脉冲，则移位寄存器里的 4 位数码将从串行输出端 D_O 依次送出，从而实现了数码的并行—串行转换。

2. 双向移位寄存器

为了便于扩展逻辑功能和增加使用的灵活性，在定型生产的移位寄存器集成电路上有的附加了左、右移控制、数据并行输入、保持、异步置 0 等功能。图 12.2.4 给出的 74LS194—4 位双向移位寄存器就是一个典型例子。

由图 12.2.4（a）可见，寄存器由四个 RS 触发器和各自的输入控制电路组成。CP 是控制脉冲，上升沿触发；$\bar{R}_D$ 是异步复位端，低电平清零；功能选择信号 S_0、S_1 以及相应的四个反相器构成左移、右移、并行输入及保持功能选择。图 12.2.4（b）是 74LS194 在逻辑电路中的图形符号表示。

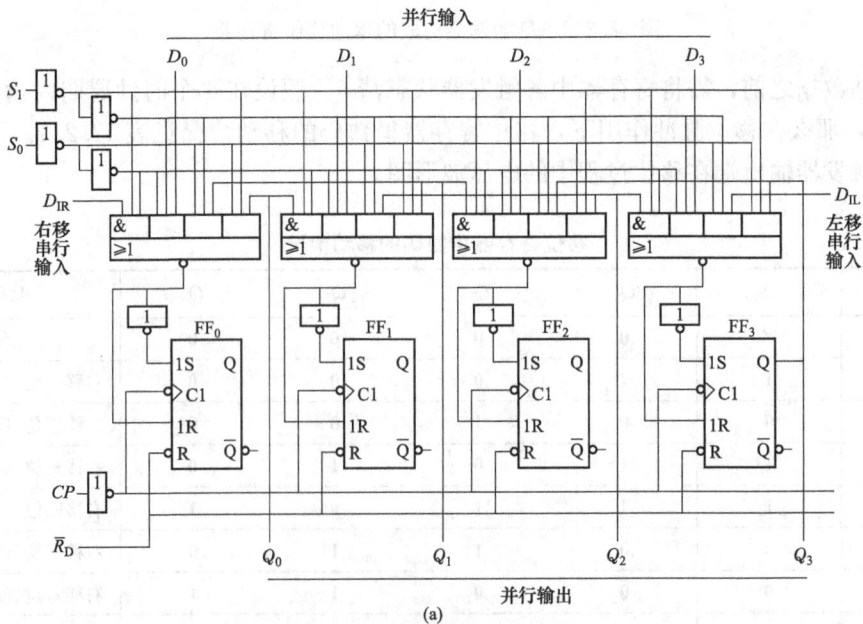

图 12.2.4　双向移位寄存器 74LS194（一）

（a）电路图

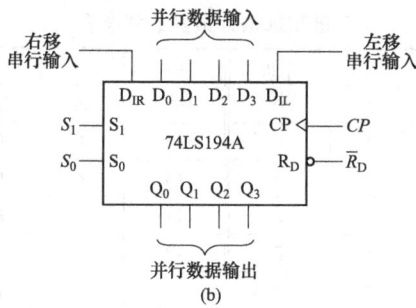

图 12.2.4 双向移位寄存器 74LS194（二）

(b) 图形符号

对 74LS194 电路的工作原理这里不做详细讨论，只给出其功能表，见表 12.2.2。使用时，读者可根据功能表进行操作。

表 12.2.2 双向移位寄存器 74LS194 的功能表

$\bar{R}_D$	S_1	S_0	工作状态
0	×	×	置 零
1	0	0	保 持
1	0	1	右 移
1	1	0	左 移
1	1	1	并行输入

12.3 计 数 器

计数器的基本功能是对输入时钟脉冲进行计数。它也可用于分频、定时、产生节拍脉冲和脉冲序列以及进行数字运算等，是数字系统中应用最广泛的时序逻辑部件之一。

计数器的种类繁多。如果按计数器中的触发器是否同时翻转分类，可以将计数器分为同步式和异步式两种。如果按计数过程中计数器所记录数字的增减分类又可以将计数器分为加法（递增）计数器、减法（递减）计数器和可逆（加/减）计数器。如果按计数器中数字的编码方式分类，还可以分成二进制计数器、二-十进制计数器、任意进制计数器、格雷码计数器等。此外，也可以按计数容量进行分类，有十进制计数器、六十进制计数器、N 进制计数器等。计数容量指计数器所能计到的最大数，n 位二进制计数器的计数容量等于 2^n-1。

本节将主要讨论二进制加法计数器和十进制加法计数器。

12.3.1 二进制计数器

二进制只有 0 和 1 两个数码。二进制加法，就是"逢二进一"，即 $0+1=1$，$1+1=10$。也就是每当本位是 1，再加 1 时，本位变 0，而向高位进位，使高位加 1。

由于双稳态触发器有 1 和 0 两个状态，所以一个触发器可以表示一位二进制数。如果要表示 n 位二进制数，就得用 n 个触发器。

由此可以列出四位二进制加法计数器的状态表（即二进制数在做加 1 计数时的状态迁移规律），见表 12.3.1。另外，表中还列出了对应的十进制数。

表 12.3.1　　　　　　　　　　　　　二进制加法计数器的状态表

计数脉冲	二进制数				十进制数	计数脉冲	二进制数				十进制数
	Q_3	Q_2	Q_1	Q_0			Q_3	Q_2	Q_1	Q_0	
0	0	0	0	0	0	9	1	0	0	1	9
1	0	0	0	1	1	10	1	0	1	0	10
2	0	0	1	0	2	11	1	0	1	1	11
3	0	0	1	1	3	12	1	1	0	0	12
4	0	1	0	0	4	13	1	1	0	1	13
5	0	1	0	1	5	14	1	1	1	0	14
6	0	1	1	0	6	15	1	1	1	1	15
7	0	1	1	1	7	16	0	0	0	0	0
8	1	0	0	0	8						

要实现表 12.3.1 所列的四位二进制加法计数，必须用四个双稳态触发器，它们应具有计数功能。而采用不同的触发器可得到不同的逻辑电路，即使是同一种触发器也可得到不同的逻辑电路。下面介绍两种二进制加法计数器。

1. 异步二进制加法计数器

由表 12.3.1 可见，每来一个计数脉冲，最低位触发器就翻转一次；而高位触发器是在相邻的低位触发器从 1 变为 0 进位时翻转。因此，可以用四个 JK 触发器来组成四位异步二进制加法计数器，如图 12.3.1 所示。每个触发器的 J、K 端接高电平 1，故具有计数功能。触发器的进位脉冲从 Q 端输出送到相邻高位触发器的时钟 CP 端，这符合主从型触发器在输入正脉冲的下降沿触发的特点。图 12.3.2 是它的工作波形图。

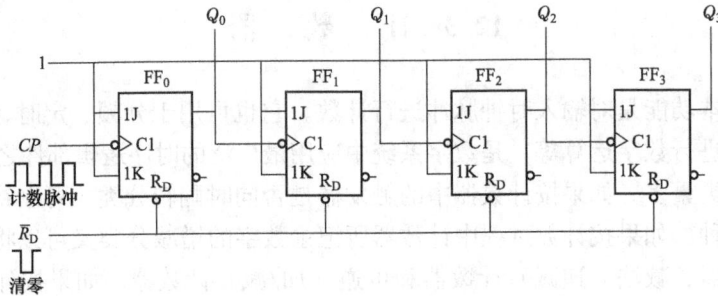

图 12.3.1　主从型 JK 触发器来组成四位异步二进制加法计数器

该加法计数器之所以称为异步，是由于计数脉冲不是同时加到各位触发器的 CP 端，而只加到最低位触发器，其他各位触发器则由相邻低位触发器输出的进位脉冲来触发，因此它们状态的变换有先有后，是异步的。

2. 同步二进制加法计数器

如果计数器还是用四个 JK 触发器来组成，根据表 12.3.1 可得出各位触发器 J、K 端的逻辑关系式：

(1) 第一位触发器 FF_0，每来一个计数脉冲就翻转一次，故 $J_0 = K_0 = 1$。

(2) 第二位触发器 FF_1，在 $Q_0 = 1$ 时再来一个计数脉冲才翻转，故 $J_1 = K_1 = Q_0$。

(3) 第三位触发器 FF_2，在 $Q_1 = Q_0 = 1$ 时再来一个计数脉冲才翻转，故 $J_2 = K_2 = Q_1 Q_0$。

（4）第四位触发器 FF_3，在 $Q_2 = Q_1 = Q_0 = 1$ 时再来一个计数脉冲才翻转，故 $J_3 = K_3 = Q_2 Q_1 Q_0$。

由上述逻辑关系式可得出图 12.3.3 所示的四位同步二进制加法计数器的逻辑电路图。由于计数脉冲同时加到各位触发器的 CP 端，使得它们的状态变换和计数脉冲同步，这是"同步"名称的由来，并与"异步"相区别。同步计数器的计数速度较异步为快。

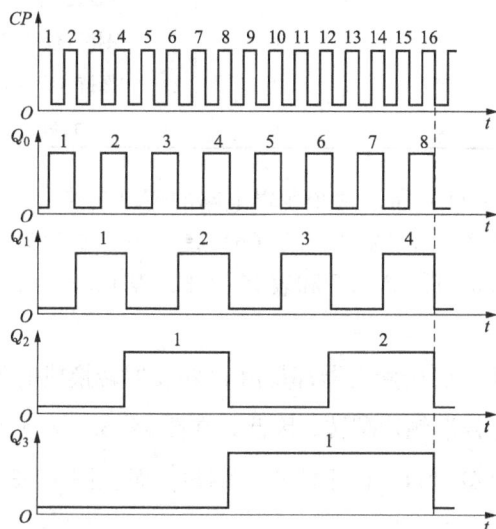

图 12.3.2　图 12.3.1 所示二进制加法
计数器的工作波形图

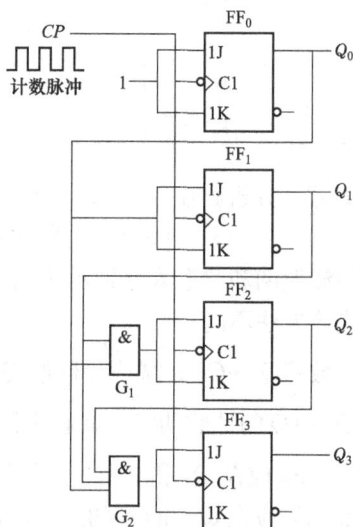

图 12.3.3　主从型 JK 触发器组成的
四位同步二进制加法计数器

在上述的四位二进制加法计数器中，当输入第十六个计数脉冲时，电路又将返回起始状态 0000。如果还有第五位触发器，这时状态应是 10000，即十进制数 16，但是现在只有四位，这个数就记录不下来了，这称为计数器的溢出。因此，四位二进制加法计数器，能记录的最大十进制数为 $2^4 - 1 = 15$。n 位二进制加法计数器，能记录的最大十进制数为 $2^n - 1$。

4 位同步二进制计数器 74161 是与图 12.3.3 对应的中规模集成电路。它除了具有二进制加法计数功能外，还具有预置数、保持和异步置零等附加功能。在图 12.3.4 所示芯片的图形符号中，$\bar{R}_D$ 为异步置零（复位）端；$\overline{LD}$ 为预置数控制端；EP 和 ET 为工作状态控制端；$D_0 \sim D_3$ 为数据输入端；$Q_0 \sim Q_3$ 为数据输出端，数据输入、输出端的角标依次为数据的低位至高位；C 为进位输出端。

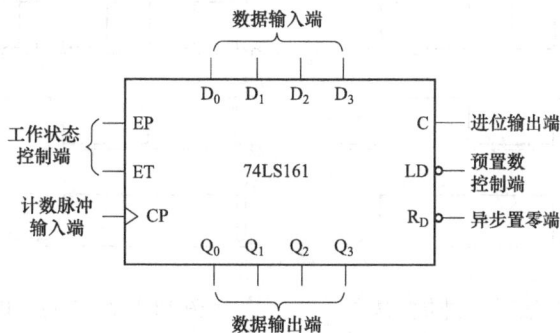

图 12.3.4　74LS161 芯片的图形符号

表 12.3.2 列出是 74LS161 的功能表。

表 12.3.2   **4 位同步二进制计数器 74LS161 的功能表**

CP	$\overline{R}_D$	$\overline{LD}$	EP	ET	工作状态
$\times$	0	$\times$	$\times$	$\times$	异步置零
$\uparrow$	1	0	$\times$	$\times$	预置数（同步）
$\times$	1	1	0	1	保持（包括 C）
$\times$	1	1	$\times$	0	保持（$C=0$）
$\uparrow$	1	1	1	1	计数

【例 12-6】 分析和比较图 12.3.5（a）和（b）所示两个逻辑电路的逻辑功能。

解 图 12.3.5（a）是三位二进制加法计数器，图 12.3.5（b）是三位二进制减法计数器。它们的波形图和状态表分别示于图 12.3.6、图 12.3.7 和表 12.3.3、表 12.3.4 中。两者仅是级间连接方法不同。

加法计数器 $\overline{Q} \rightarrow CP$；减法计数器 $Q \rightarrow CP$。各个触发器都是由 D 触发器转换成的 T' 触发器，具有 $Q^* = \overline{Q}$ 的计数功能。其触发器在上升沿触发翻转。因此，在图 12.3.5（a）中，触发器 FF_1 和 FF_2 应在 $\overline{Q}_0$ 和 $\overline{Q}_1$ 的上升沿（即 Q_0 和 Q_1 的下降沿）翻转；而在图 12.3.5（b）中，FF_1 和 FF_2 应在 Q_0 和 Q_1 的上升沿翻转。

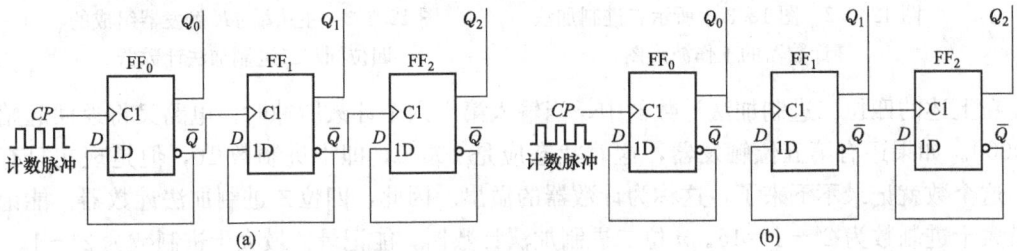

图 12.3.5 例 12-6 的图

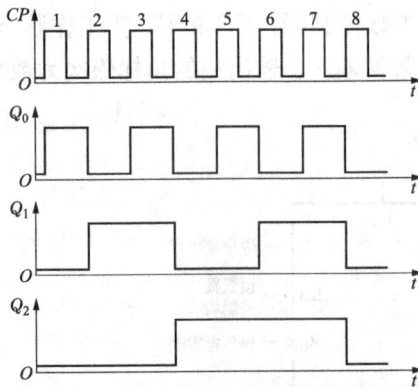

图 12.3.6 三位二进制加法
计数器的工作波形图

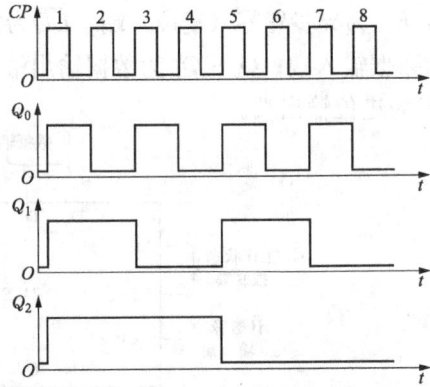

图 12.3.7 三位二进制减法
计数器的工作波形图

表 12.3.3　　　　　　　　　　　三位二进制加法计数器的状态表

计数脉冲	二进制数			十进制数
	Q_2	Q_1	Q_0	
0	0	0	0	0
1	0	0	1	1
2	0	1	0	2
3	0	1	1	3
4	1	0	0	4
5	1	0	1	5
6	1	1	0	6
7	1	1	1	7
8	0	0	0	0

表 12.3.4　　　　　　　　　　　三位二进制减法计数器的状态表

计数脉冲	二进制数			十进制数
	Q_2	Q_1	Q_0	
0	0	0	0	0
1	1	1	1	7
2	1	1	0	6
3	1	0	1	5
4	1	0	0	4
5	0	1	1	3
6	0	1	0	2
7	0	0	1	1
8	0	0	0	0

12.3.2　十进制计数器

二进制计数器结构简单，但是读数不习惯，所以在有些场合采用十进制计数器较为方便。十进制计数器是在二进制计数器的基础上得出的，可用四位二进制数来代表十进制的每一位数，所以也称为二——十进制计数器。

在第 10 章已介绍过最常用的 8421BCD 编码方式，是取四位二进制数前面的 0000～1001 来表示十进制的 0～9 十个数码，而去掉后面 1010～1111 六个数。也就是计数器计到第九个脉冲时再来一个脉冲，即由 1001 变为 0000。经过十个脉冲循环一次。表 12.3.5 是 8421BCD 码十进制加法计数器的状态表。

表 12.3.5　　　　　　　　　　　8421 码十进制加法计数器的状态表

计数脉冲	二进制数				十进制数
	Q_3	Q_2	Q_1	Q_0	
0	0	0	0	0	0
1	0	0	0	1	1
2	0	0	1	0	2
3	0	0	1	1	3
4	0	1	0	0	4
5	0	1	0	1	5
6	0	1	1	0	6
7	0	1	1	1	7

计数脉冲	二进制数				十进制数
	Q_3	Q_2	Q_1	Q_0	
8	1	0	0	0	8
9	1	0	0	1	9
10	0	0	0	0	进位

1. 同步十进制加法计数器

与二进制加法计数器比较（比较表 12.3.1 与表 12.3.5），当第十个脉冲作用后，电路状态不是由 1001 变为 1010，而是恢复 0000，即要求第二位和第三位触发器 FF_1 和 FF_2 不得翻转，保持 0 态，第一位和第四位触发器 FF_0 和 FF_3 应翻转为 0 态。如果十进制加法计数器仍由四个 JK 触发器组成，那么 J、K 端的逻辑关系式应作如下修改：

（1）第一位触发器 FF_0，每来一个计数脉冲就翻转一次，故 $J_0 = K_0 = 1$。

（2）第二位触发器 FF_1，在 $Q_0 = 1$ 时，再来一个计数脉冲翻转，且在 $Q_3 = 1$ 时不得翻转，故 $J_1 = \bar{Q_3}Q_0$，$K_1 = Q_0$。

（3）第三位触发器 FF_2，在 $Q_1 = Q_0 = 1$ 时，再来一个计数脉冲翻转，故 $J_2 = K_2 = Q_1 Q_0$。

（4）第四位触发器 FF_3，在 $Q_2 = Q_1 = Q_0 = 1$ 时，再来一个计数脉冲翻转，且在第十个脉冲到来时应由 1 态翻转为 0 态，故 $J_3 = Q_2 Q_1 Q_0$，$K_3 = Q_0$。

由上述逻辑关系式可得到图 12.3.8 所示的同步十进制加法计数器的逻辑电路图。

图 12.3.9 是十进制加法计数器的工作波形。

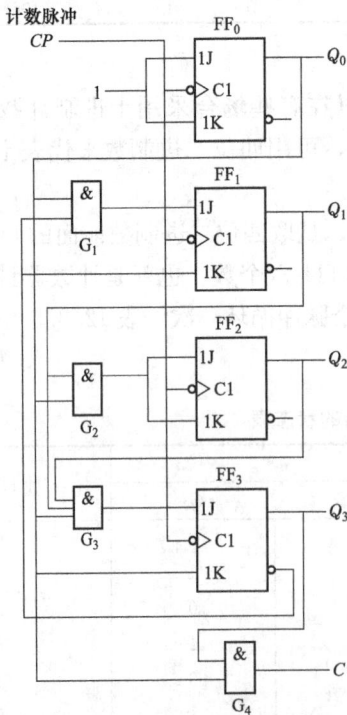

图 12.3.8　JK 触发器组成的
同步十进制加法计数器

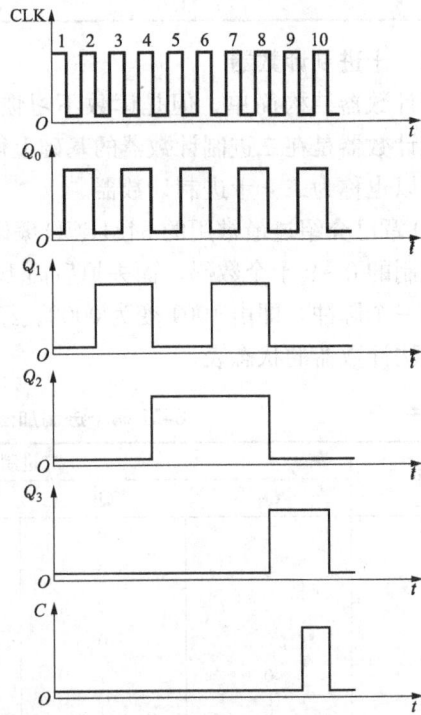

图 12.3.9　十进制加法
计数器的工作波形

与图 12.3.8 电路对应的集成电路芯片是 74LS160。该芯片的各输入端、输出端的功能及用法与 74LS161 完全类同，故使用时两芯片没有任何区别。

2. 异步十进制加法计数器

异步十进制加法计数器是在 4 位异步二进制加法计数器的基础上修改而得到的。修改时要解决的问题仍是如何使 4 位二进制计数器在计数过程中跳过从 1010 到 1111 这 6 个多余状态。

图 12.3.10 所示是异步十进制加法计数器的典型电路，即二—五—十进制计数器 74LS290 的逻辑电路图、图形符号及芯片的引脚排列图。设该电路中所用触发器为 TTL 电路，则 J、K 端悬空时相当于接高电平。另外，为了增加使用的灵活性，FF_1 的 CP 端没有与 Q_0 端连在一起，而从 CP_1 端单独引出。

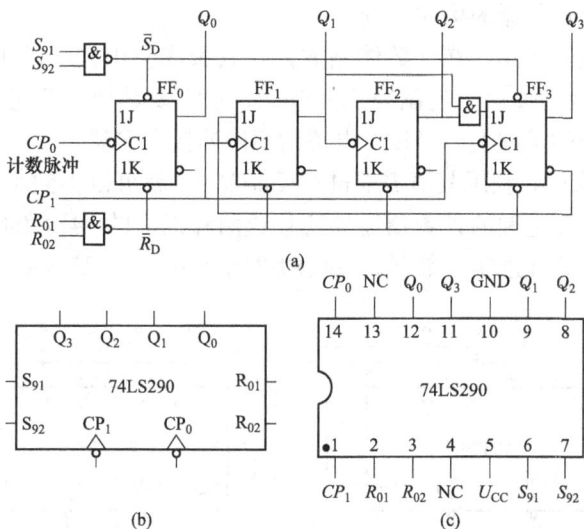

图 12.3.10 异步十进制加法计数器的典型电路 74LS290
(a) 逻辑电路；(b) 图形符号；(c) 芯片的引脚排列图

由功能表 12.3.6 可见，R_{01} 和 R_{02} 是清 "0" 输入端，S_{91} 和 S_{92} 是置 "9" 输入端。清零时，R_{01} 和 R_{02} 两输入端全为 1，而 S_{91} 和 S_{92} 中至少有一端为 0，可将四个触发器全部清零；置 9 时，S_{91} 和 S_{92} 两输入端全为 1，而 R_{01} 和 R_{02} 中至少有一端为 0，则 $Q_3Q_2Q_1Q_0=1001$，即表示十进制数的 9。74LS290 有两个时钟脉冲输入端 CP_0 和 CP_1，当将它们进行不同的连接时，将完成不同进制或不同编码方式的计数。

表 12.3.6   74LS290 的功能表

输入						输出				功能
R_{01}	R_{02}	S_{91}	S_{92}	CP_0	CP_1	Q_3	Q_2	Q_1	Q_0	
1	1	0	×	×	×	0	0	0	0	异步清 0
1	1	×	0	×	×	0	0	0	0	
0	×	1	1	×	×	1	0	0	1	异步置 9
×	0	1	1	×	×	1	0	0	1	
$R_{01}R_{02}=0$		$S_{91}S_{92}=0$		$\downarrow$ × × $\downarrow$ $\downarrow$ Q_0 Q_3 $\downarrow$		二进制 五进制 8421BCD 码 5421BCD 码				计数

74LS290 之所以称为二一五一十进制异步计数器的原因是：

（1）若以 CP_0 为计数脉冲输入端、Q_0 为输出端，$FF_1\sim FF_3$ 三位触发器不用，即得到二进制计数器（或二分频器）。

（2）若以 CP_1 为计数脉冲输入端、Q_3、Q_2、Q_1 为输出端，则得到五进制计数器（或五分频器）。

（3）若将 CP_1 与 Q_0 相连，同时以 CP_0 为计数脉冲输入端、Q_3、Q_2、Q_1、Q_0 为输出端，则得到十进制计数器（或十分频器）。

异步计数器与同步计数器相比，虽然电路结构简单，但它的工作频率较低，工作可靠性较差，也正是因为此限制了异步计数器的应用。

12.3.3 任意进制计数器的构成实例

目前市售集成计数器产品，在计数体制方面，只做成应用较广的十进制、十六进制、7位二进制、12位二进制、14位二进制等几种产品。在需要其他任意进制计数器时，只能在现有中规模集成计数器的基础上，经过外电路的不同连接来实现。

这里以 74LS290 为例，利用其清零端进行反馈置 0，就可以得到小于或大于原进制的多种进制的计数器（大于原进制的计数器需要两片或两片以上的 74LS290 来实现）。例如：将74LS290 改接成六进制和九进制计数器。改接的电路如图 12.3.11（a）、（b）所示。

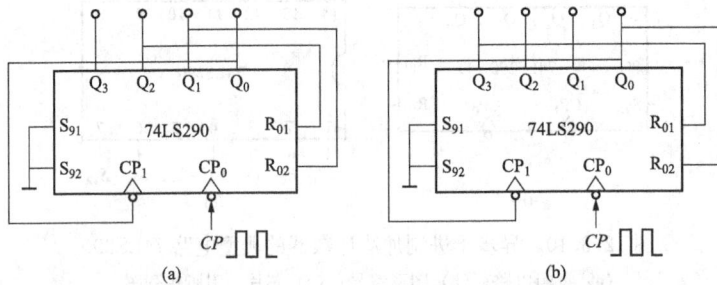

图 12.3.11 74LS290 构成的小于原进制的计数器
(a) 六进制计数器；(b) 九进制计数器

以图 12.3.11（a）为例，它从状态 0000 开始计数，在 CP_0 端加五个计数脉冲后，状态变为 0101。当第六个脉冲来到后，出现 0110 的状态，由于 Q_2 和 Q_1 端分别接到 R_{01} 和 R_{02} 清零端，强迫清零，0110 这一状态转瞬即逝，显示不出，就立刻回到 0000 状态。所以，计数器经过六个脉冲循环一次故为六进制计数器。同理，图 12.3.11（b）是九进制计数器。

【例 12-7】 数字钟表中的分、秒计数都是六十进制，试用两片 74LS290 连接成六十进制计数器电路。

解 六十进制计数器由两片组成，个位芯片（1）为十进制，十位芯片（2）为六进制，电路连接如图 12.3.12 所示。个位的最高位 Q_3 接到十位的 CP_0 端。

个位十进制计数器经过 10 个脉冲循环一次，每当第十个脉冲来到后，Q_3 由 1 变到 0，相当于一个下降沿，使十位的六进制计数器计数。个位计数器经过 10 个脉冲，十位计数器计数为 0001；经过 20 个脉冲，计数为 0010；依次类推，经过 60 个脉冲，计数为 0110。接着，立即清零，个位和十位计数器都恢复为 0000 的状态，这就是六十进制计数器。

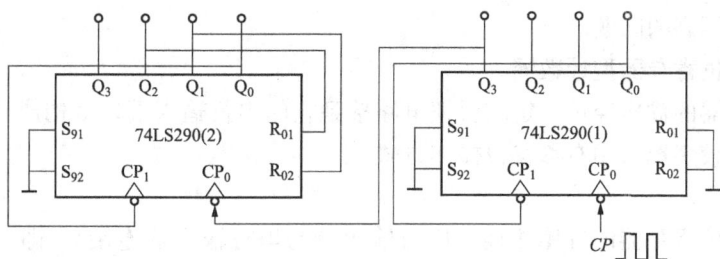

图 12.3.12　例 12-7 的图

【例 12-8】　利用同步十进制计数器 74LS160 构成六进制计数器。（$M=6$，$N=10$）

解　若采用同步预置数的方式，由于置数法可以在计数循环中的任何一个状态置入适当的数值而跳跃 N-M 个状态，得到 M 进制计数器。所以图 12.3.13 给出了两个不同的方案，其中图（a）的接法是用 $Q_3Q_2Q_1Q_0=0101$ 状态译码产生 $\overline{LD}=0$ 的信号，下一个 CP 信号到达时置入 0000 状态（此方案称最小值置入法），从而跳过 0110～1001 这 4 个状态，得到六进制计数器，如图 12.3.14 状态转换图中的实线所示。由于状态循环中所取的六个状态中没有1001 这个状态，所以，此时的进位输出信号不能取自 C 端而是从 Q_2 端引出。

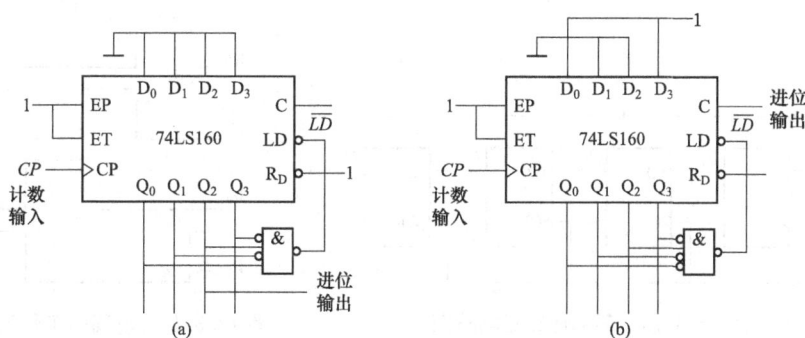

图 12.3.13　用置数法将 74160 接成六进制计数器

（a）置入 0000；（b）置入 1001

图（b）的接法是用 $Q_3Q_2Q_1Q_0=0100$ 状态译码产生 $\overline{LD}=0$ 信号，下一个 CP 信号到达时置入 1001 状态（此方案称最大值置入法），从而跳过 0101～1000 这 4 个状态，得到六进制计数器，如图 12.3.14 状态转换图中的虚线所示。由于状态循环中所取的 6 个状态中包括 1001 这个状态，故每个计数循环都会在 C 端给出一个进位脉冲，因此进位输出信号可以取自 C 端。

由于 74LS160 是同步式预置数，即 $\overline{LD}=0$ 以后，还要等下一个 CP 信号到达时才置入数据，而这时 $\overline{LD}=0$ 的信号已稳定地建立了，故它不存在异步置零法中因置零信号持续时

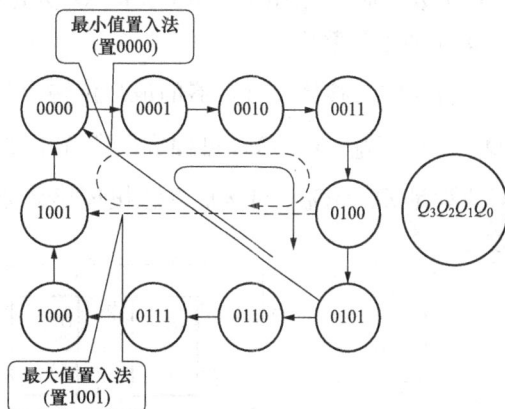

图 12.3.14　图 12.3.13 的状态转换图

间过短而可靠性不高的问题。

12.3.4　移位寄存器型计数器

将移位寄存器的输出经过一定的反馈电路接到它的串行输入端，就构成移位寄存器型计数器，它一般比较多地采用右移移位操作方式。

1. 环形计数器

若将 n 位移位寄存器的首尾相连（串行输出端与串行输入端连接），即对右移寄存器满足 $D_{IR}=Q_{n-1}$，而对左移寄存器满足 $D_{IL}=Q_0$，可分别构成右移或左移的环形计数器，那么在连续不断地输入时钟信号时，寄存器中的数据将循环右移或左移。图 12.3.15 所示为一个 4 位右移环形计数器。

工作时，先将计数器置为 $Q_0Q_1Q_2Q_3=0001$，而后不断输入时钟脉冲，每当在脉冲的上升沿来到时，电路的状态将按 $0001\rightarrow1000\rightarrow0100\rightarrow0010\rightarrow0001$ 的次序右移循环变化。因此，用电路的不同状态能够表示输入时钟信号的数目，也就是说，可以将该电路作为时钟脉冲计数器。图 12.3.16 为环形计数器的工作波形图。

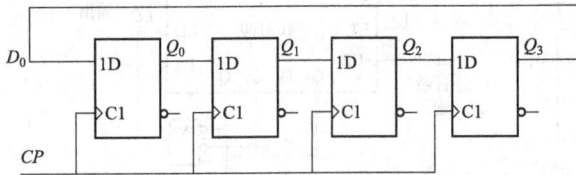

图 12.3.15　环形计数器电路图　　　　图 12.3.16　电路的工作波形图

环形计数器的特点是，电路结构极其简单。而且，若使状态循环中的每个状态都包含一个 1（或 0）时，可以直接以各触发器输出端的 1 状态（或 0 状态）表示电路的一个状态，不需要另加译码电路。但是，它没有充分利用电路的状态。其状态数仅等于构成环形计数器的触发器个数，而电路总的状态数为 2^n（n 为寄存器中触发器的个数）。

2. 扭环形计数器

若将 n 位右移移位寄存器的最高位输出求反后，再反馈到右移串行输入端，即将 $\bar{Q}_{n-1}$ 与 D_{IR} 相连（$D_{IR}=\bar{Q}_{n-1}$），可构成模数等于 $2n$ 的右移扭环形计数器；同理，对左移移位寄存器应满足 $D_{IL}=\bar{Q}_0$，可构成左移扭环形计数器。图 12.3.17 所示为一个 4 位右移扭环形计数器。

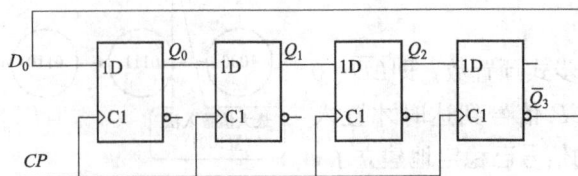

图 12.3.17　扭环形计数器电路图

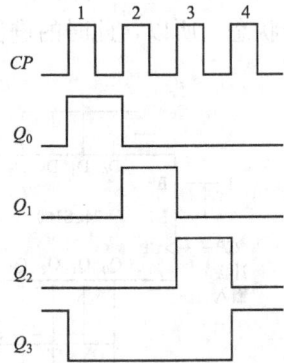

工作时，若将计数器置为 $Q_0Q_1Q_2Q_3=0000$，而后不断输入时钟脉冲，每当在脉冲的上升沿来到时，电路的状态将按图 12.3.18 所示的状态次序右移循环变化。因此，用电路的不同状态能够表示输入时钟信号的数目，也就是说，可以将该电路作为时钟脉冲计数器。图 12.3.19 为扭环形计数器的工作波形图。

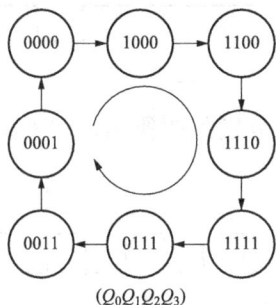

图 12.3.18 电路的状态转换图

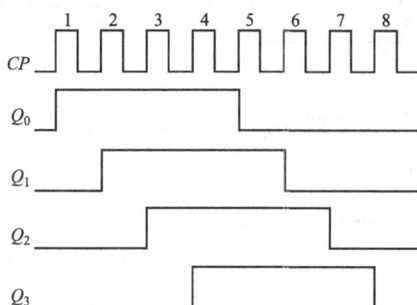

图 12.3.19 电路的工作波形图

扭环形计数器的特点是，计数器的进位模数是移位寄存器中触发器个数的二倍，其状态利用率比环形计数器提高了一倍。而且，如果采用图 12.3.18 中的有效循环，由于电路在每一次状态转换时相邻两个状态中仅有一位代码不同，也就是说只有一位触发器发生状态变化，这样就有效地提高了计数器工作的可靠性。

习　题

12.1.1　试写出 T' 触发器和 T 触发器的功能表。

12.1.2　试总结触发器的触发脉冲作用形式与图形符号的对应关系。

12.1.3　试画出图示电路在 CP 脉冲作用下各触发器输出端的波形，设各触发器初始状态为 0。

12.1.4　如图所示为一个防抖动输出的开关电路。当拨动开关 S 时，由于开关触点接触瞬间发生振颤，$\overline{S}_D$ 和 $\overline{R}_D$ 的电压波形如图中所示，试画出 Q、$\overline{Q}$ 端对应的电压波形。

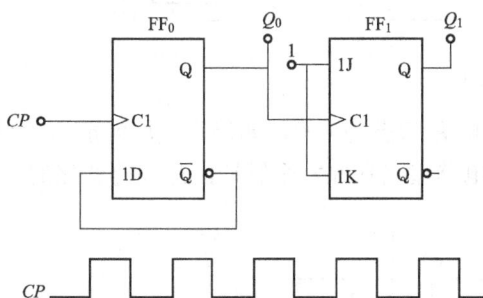

习题 12.1.3 图

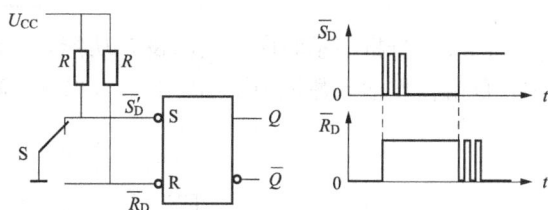

习题 12.1.4 图

12.1.5　JK 触发器及 CP、J、K、$\overline{R}_D$ 的波形分别如图所示，试画出 Q 端的波形。设 Q 的初态为 0。

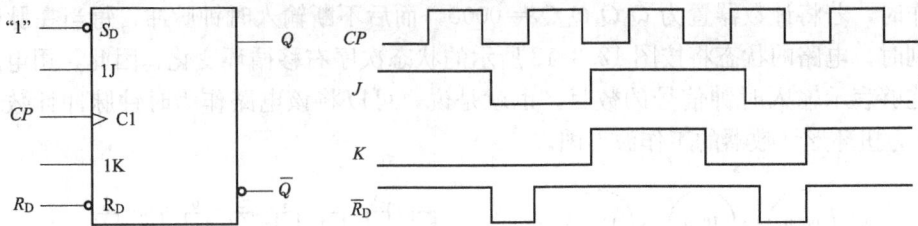

习题 12.1.5 图

12.1.6　D 触发器及输入信号 CP、D、$\overline{R}_D$ 的波形分别如图所示，试画出 Q 端的波形。设 Q 的初态为 0。

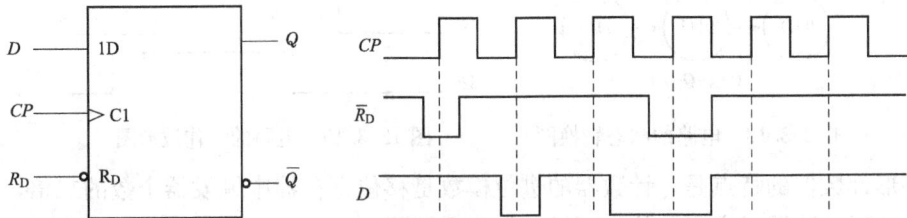

习题 12.1.6 图

12.2.1　在图示电路中，若两个移位寄存器中的原始数据分别为 $A_3A_2A_1A_0 = 1001$、$B_3B_2B_1B_0 = 0011$，试问经过 4 个 CP 信号作用后两个寄存器中的数据如何？这个电路完成的是什么功能？

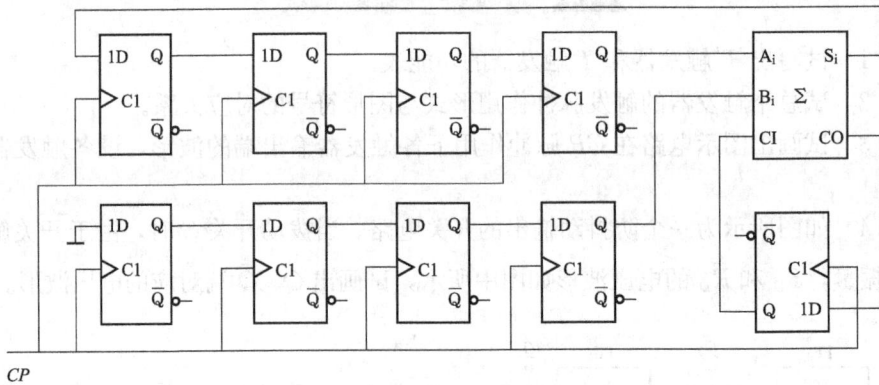

习题 12.2.1 图

12.2.2　分析图示时序电路的逻辑功能，假设电路初态为 000，如果在 CP 的前六个脉冲内，D 端依次输入数据为 1、0、1、0、0、1，则电路输出在此六个脉冲内是如何变化的？

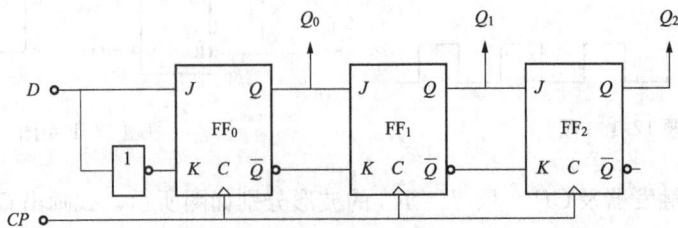

习题 12.2.2 图

12.3.1 一个七位二进制加法计数器，如果输入脉冲频率 $f=512$kHz，试求此计数器最高位触发器的输出脉冲频率。

12.3.2 回答以下问题：

(1) 一个 8421BCD 码十进制计数器，设其初始状态为 $Q_3Q_2Q_1Q_0=0000$，输入的时钟脉冲频率 $f=1$kHz。试问在 10ms 时间内，共输入多少个脉冲？求在 10.1ms 时计数器的状态 $Q_3Q_2Q_1Q_0$。

(2) 如果这个计数器是四位二进制计数器，同样设其初始状态为 $Q_3Q_2Q_1Q_0=0000$，输入的时钟脉冲频率 $f=1$kHz。试问在 11ms 时间内，共输入多少个脉冲？试求在 11.1ms 时计数器的状态 $Q_3Q_2Q_1Q_0$。

12.3.3 试用 74LS161 集成数字芯片构成八进制计数器。

12.3.4 分析图示计数器电路，说明这是几进制的计数器。十进制计数器 74LS160 的功能表如下表所示。

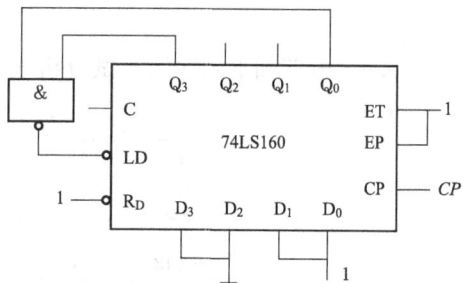

习题 12.3.4 图

习题 12.3.4 表

CP	$\bar{R}_D$	$\overline{LD}$	EP	ET	工作状态
$\times$	0	$\times$	$\times$	$\times$	异步置零
$\uparrow$	1	0	$\times$	$\times$	预置数（同步）
$\times$	1	1	0	1	保持（包括 C）
$\times$	1	1	$\times$	0	保持（$C=0$）
$\uparrow$	1	1	1	1	计数

12.3.5 分析图示计数器电路，说明这是几进制的计数器。十六进制计数器 74LS161 的功能表同 74LS160。

12.3.6 试用 4 位同步二进制计数器 74LS161 接成十三进制计数器，标出输入、输出端。可以附加必要的门电路。

12.3.7 试分析图示的计数器在 $M=1$ 和 $M=0$ 时各为几进制计数器。

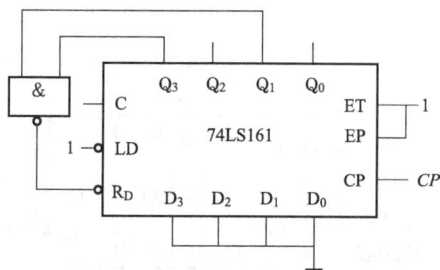

习题 12.3.5 图

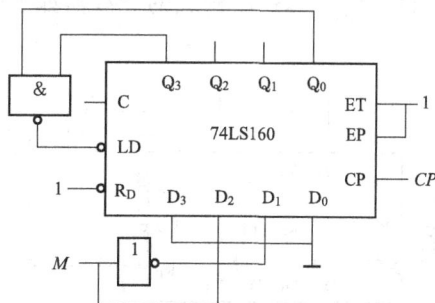

习题 12.3.7 图

12.3.8 分析图示电路为几进制计数器，要求列出电路的状态转换表。

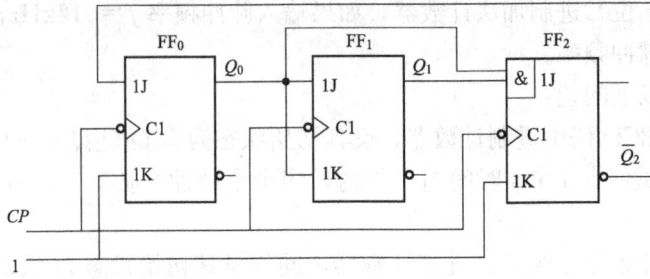

习题 12.3.8 图

12.3.9　电路如下图所示，试分析该电路的逻辑功能，列出电路的状态转换表。

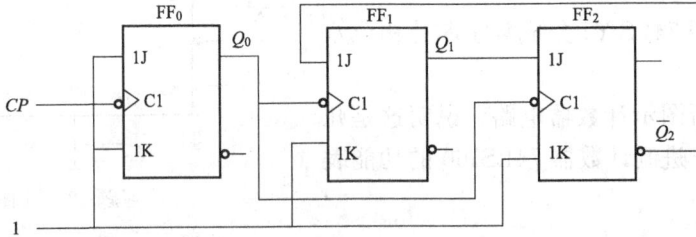

习题 12.3.9 图

12.3.10　用 74LS160 构成的计数器如下图（a）、（b）所示，试列出电路的状态转换表，指出电路构成的是几进制计数器。

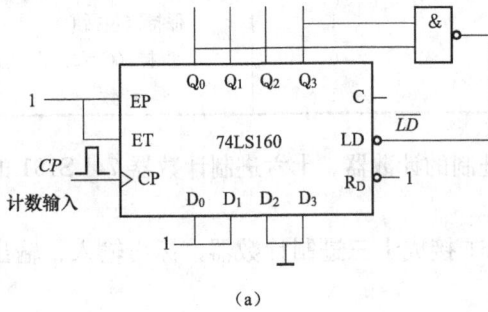

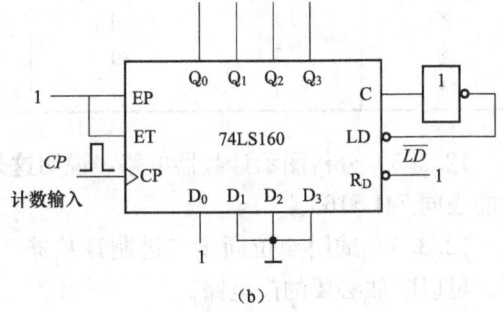

（a）　　　　　　　　　　　　　（b）

习题 12.3.10 图

12.3.11　用 74LS161 构成的计数器如下图（a）、（b）所示，试分析电路构成的是几进制计数器。

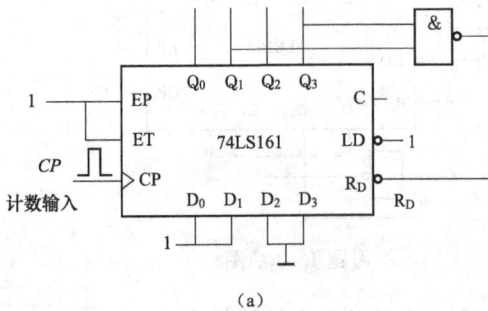

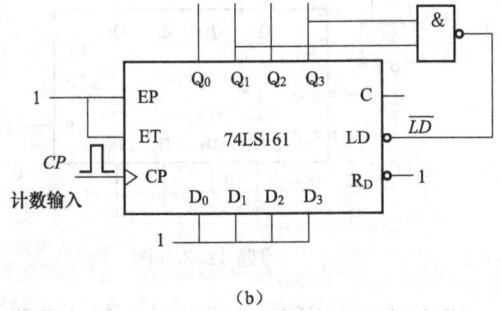

（a）　　　　　　　　　　　　　（b）

习题 12.3.11 图

12.3.12 用74LS290构成的计数器如下图（a）、（b）所示，试分析电路构成的是几进制计数器。

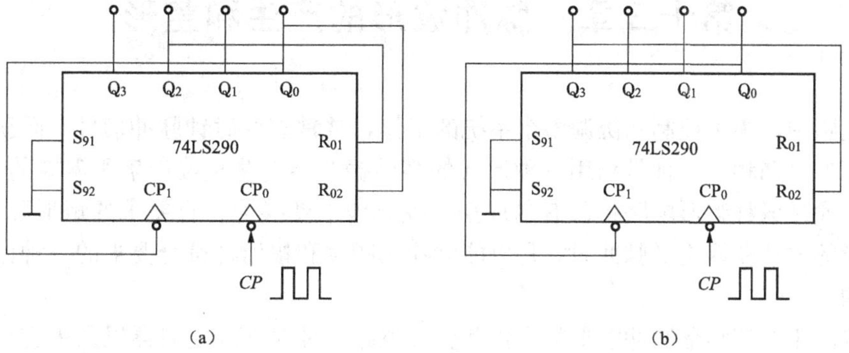

（a） （b）

习题 12.3.12 图

12.3.13 试用反馈置"9"法将74LS290型计数器接成七进制计数器。

第十三章 脉冲波形的产生和整形

数字电路中，为了控制和协调整个系统的工作，常常需要时钟脉冲信号。而获取脉冲波形的途径不外乎两种：一种是利用各种形式的多谐振荡器电路直接产生所需要的矩形脉冲，另一种则是通过各种整形电路将已有的周期性变化波形变换为符合要求的矩形脉冲。当然，在采用整形的方法获取矩形脉冲时，是以能够找到频率和幅值都符合要求的一种已有电压信号为前提的。

本章仅限于介绍矩形脉冲波形的产生和整形电路。针对 555 定时器以及由它构成的施密特触发器、单稳态触发器和多谐振荡器电路的组成、工作原理、相关参数计算进行分析。

13.1 施密特触发器

13.1.1 基本概念

1. 矩形脉冲的描述

在同步时序电路中，作为时钟信号的矩形脉冲控制和协调着整个系统的工作。因此，时钟脉冲的特性直接关系到系统能否正常地工作。为了定量描述矩形脉冲的特性，通常给出图 13.1.1 中所标注的几个主要参数。

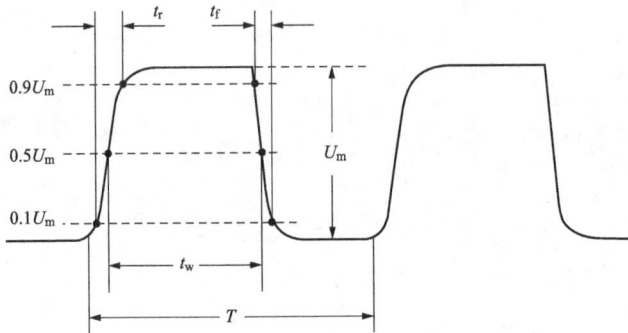

图 13.1.1 描述矩形脉冲特性的主要参数

脉冲周期 T——周期性重复的脉冲序列中，两相邻脉冲之间的时间间隔。
　　　　　　有时也使用频率 $f = 1/T$ 表示单位时间内脉冲重复的次数。

脉冲幅度 U_m——脉冲电压的最大变化幅度。

脉冲宽度 t_w——从脉冲前沿到达 $0.5U_m$ 起，到脉冲后沿到达 $0.5U_m$ 为止的一段时间。

上升时间 t_r——脉冲上升沿从 $0.1U_m$ 上升到 $0.9U_m$ 所需要的时间。

下降时间 t_f——脉冲下降沿从 $0.9U_m$ 下降到 $0.1U_m$ 所需要的时间。

　占空比 q——脉冲宽度与脉冲周期的比值，即 $q = t_w/T$。

此外，在将脉冲整形或产生电路用于具体数字系统时，有时还可能有一些特殊要求，这时需增加一些相应的性能参数来说明。

2. 施密特触发器的特点

施密特触发器和第 12 章所介绍过的触发器是性质完全不同的两种电路。施密特触发器是指一种可以存在于各种逻辑功能电路中的电路结构。如施密特与门、施密特与非门等。施密特触发器作为一种重要的脉冲整形电路而被经常用于脉冲波形的变换中，它能将变化缓慢的波形转变成矩形脉冲。

施密特触发器有两个重要的特点：

（1）输入信号在上升和下降过程中，电路状态转换时（即高电平跳变为低电平或低电平跳变为高电平）对应的输入电平不同。

（2）电路状态转换时伴有正反馈过程的发生，使输出波形边沿变得很陡。

13.1.2 555 定时器的电路结构与功能

555 定时器是一个中规模数/模混合集成电路，利用它可以很方便地构成施密特触发器、单稳态触发器以及多谐振荡器。正由于其使用灵活、方便的特点，555 定时器在仪器、仪表和自动化控制装置中应用很广。它可以组成定时、延时和脉冲调制等各种电路。

555 定时器产品型号繁多，但所有双极型产品型号的最后 3 位数码都是 555，所有 CMOS 型产品型号的最后 4 位数码都是 7555。而且，它们的功能和外部引脚的排列完全相同。为了提高集成度，随后又出现了双定时器产品 556（双极型）和 7556（CMOS 型）。

图 13.1.2 为 555 集成定时器的电路结构和外引线排列图。它由电压比较器 C_1 和 C_2、三个 $5k\Omega$ 电阻组成的分压器、与非门组成的基本 RS 触发器和集电极开路的放电三极管 VT_D 几个基本单元组成。其中电压比较器 C_1 和 C_2，参考电压 U_{C1} 和 U_{C2} 由电源 U_{CC} 经三个 $5k\Omega$ 电阻分压给出。

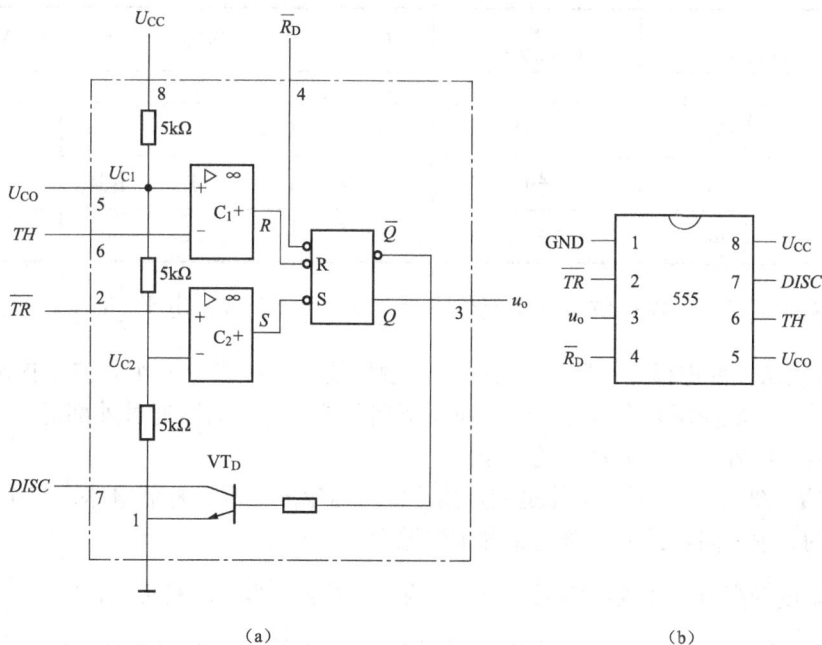

图 13.1.2　555 集成定时器
（a）电路结构图；（b）外引线排列图

从图 13.1.2 (b) 的外引线排列图可知，定时器具有 8 个引出端，各外引线的功能如下。

1 (GND)：接地端。

2 ($\overline{TR}$)：低电平触发端，即比较器 C_2 的输入端。当 2 端的输入电压大于 $\frac{1}{3}U_{CC}$ 时，C_2 输出为高电平 1；小于 $\frac{1}{3}U_{CC}$ 时，C_2 输出为低电平 0，使触发器置 1，即 $Q=1$。

3 (u_O)：输出端。

4 ($\overline{R}_D$)：复位端，是专门设置以便基本 RS 触发器可以从外部进行直接置 0。需要置 0 时，从 4 端输入负脉冲，即 $\overline{R}_D=0$ 时，$Q=0$。正常工作时必须使其处于高电平。

5 (U_{CO})：控制电压输入端，可从该端外接电压来改变电压比较器的参考电压，此时 $U_{C1}=U_{CO}$，$U_{C2}=\frac{1}{2}U_{CO}$。当该端不用时，$U_{C1}=\frac{2}{3}U_{CC}$，$U_{C2}=\frac{1}{3}U_{CC}$。为防止干扰的侵入，可由该端经过 $0.01\mu F$ 电容接地。

6 (TH)：高电平触发端，即比较器 C_1 的输入端。当 6 端的输入电压小于 $\frac{2}{3}U_{CC}$ 时，C_1 输出为高电平 1；大于 $\frac{2}{3}U_{CC}$ 时，C_1 输出为低电平 0，使触发器置 0，即 $Q=0$。

7 (DISC)：放电端，从 VT_D 管的集电极引出。VT_D 管构成开关，其状态受 $\overline{Q}$ 影响。$\overline{Q}=1$ 时，VT_D 管导通，为外接电容元件提供放电通路；$\overline{Q}=0$ 时，VT_D 管截止。

8 (U_{CC})：正电源端。电压可在 $4.5\sim18V$ 范围内使用。

综上所述，555 集成定时器的状态表可见表 13.1.1。

表 13.1.1   **555 集成定时器的状态表**

$\overline{R}_D$	u_6 （6 脚输入）	u_2 （2 脚输入）	R	S	$Q(u_O)$	$\overline{Q}$	VT_D 状态
0	×	×	×	×	0	1	导通
1	$>\frac{2}{3}U_{CC}$	$>\frac{1}{3}U_{CC}$	0	1	0	1	导通
1	$<\frac{2}{3}U_{CC}$	$>\frac{1}{3}U_{CC}$	1	1	保持	保持	保持
1	$<\frac{2}{3}U_{CC}$	$<\frac{1}{3}U_{CC}$	1	0	1	0	截止

可见，集成定时器不仅提供了一个复位电平 $\frac{2}{3}U_{CC}$ 和一个置位电平 $\frac{1}{3}U_{CC}$，而且提供了可通过 $\overline{R}_D$ 端直接从外部进行直接置 0 的基本 RS 触发器，还提供了一个状态受该触发器控制的晶体管开关。因此使用起来极为方便，应用范围非常广泛，只需通过外部适当的连接和接入合适的电阻、电容便能以多种方式工作。

【例 13-1】 图 13.1.3 所示电路是利用集成定时器组成的温度控制电路。其中 R_1 是具有负温度系数的热敏电阻，试分析该电路的工作原理。

解 当温度升高时，R_1 阻值减少，使 U_6 和 U_2 增加，当 $U_6>\frac{2}{3}U_{CC}$，$U_2>\frac{1}{3}U_{CC}$ 时定时器输出 $u_O=0$，利用这一电平去控制相应的机构，切断加热器，温度停止上升。

当温度下降时，R_1 阻值增加，使 U_6 和 U_2 减小，当 $U_6<\frac{2}{3}U_{CC}$，$U_2<\frac{1}{3}U_{CC}$ 时定时器输出

$u_O=1$，相应的机构接通加热器电源，使温度重新继续上升。

13.1.3 555定时器构成施密特触发器

图13.1.4所示是555定时器构成的施密特触发器。电路实际就是将555定时器的 u_6 和 u_2 两个输入端连在一起作为信号输入端，即可构成施密特触发器。

由于 u_6 和 u_2 是555定时器中电压比较器的输入端，而两个比较器的参考电压是不同的，当将 u_6 和 u_2 连接在一起时，RS触发器的置0、置1信号必然发生在输入信号 u_I 的不同电平。因此，输出电压 u_O 由高电平变为低电平或由低电平变为高电平所对应的 u_I 值也不相同。这样就形成了施密特触发特性。

图13.1.3 例11-1的电路

为提高比较器参考电压 U_{C1} 和 U_{C2} 的稳定性，通常在 U_{CO} 端接一个 $0.01\mu F$ 左右的滤波电容。

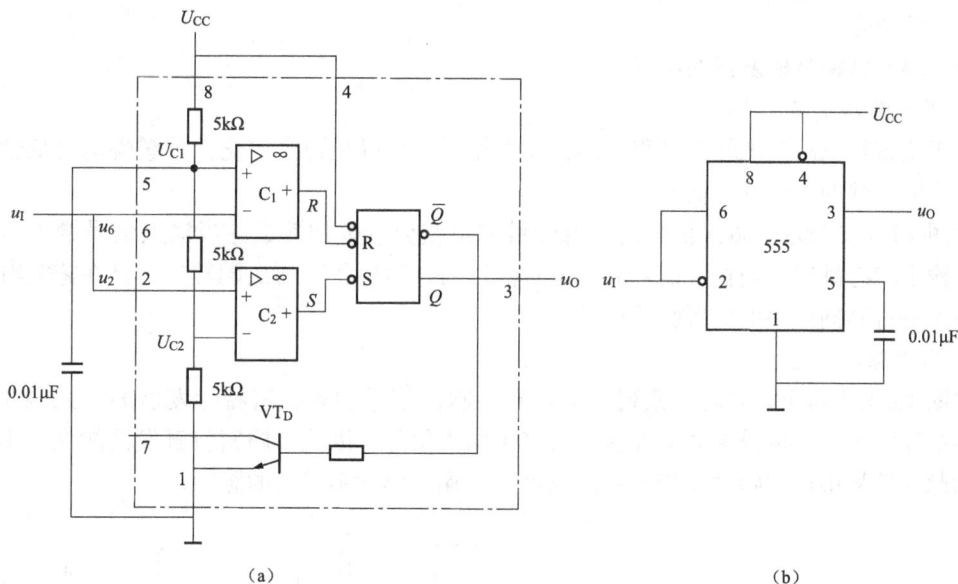

(a)　　　　　　　　　　　　　　　　(b)

图13.1.4 555定时器接成施密特触发器
(a) 完整电路；(b) 外引线连接图

下面讨论电路的工作原理，首先分析 u_I 从0逐渐升高的过程：

当 $u_I < \frac{1}{3}U_{CC}$ 时，$R=1$、$S=0$，$Q=1$，故 $u_O=U_{OH}$；

当 $\frac{1}{3}U_{CC} < u_I < \frac{2}{3}U_{CC}$ 时，$R=S=1$，触发器保持 $Q=1$ 的状态，故 $u_O=U_{OH}$ 保持不变；

当 $u_I > \frac{2}{3}U_{CC}$ 以后，$R=0$、$S=1$，$Q=0$，故 $u_O=U_{OL}$。因此，上阈值电压 $U_{T+}=\frac{2}{3}U_{CC}$。

其次，再看 u_I 从高于 $\frac{2}{3}U_{CC}$ 开始下降的过程：

当 $u_I > \frac{2}{3}U_{CC}$ 时，$R=0$、$S=1$，$Q=0$，故 $u_O=U_{OL}$；

当 $\frac{1}{3}U_{CC} < u_I < \frac{2}{3}U_{CC}$ 时，$R=S=1$，触发器保持 $Q=0$ 的状态，故 $u_O=U_{OL}$ 保持不变；

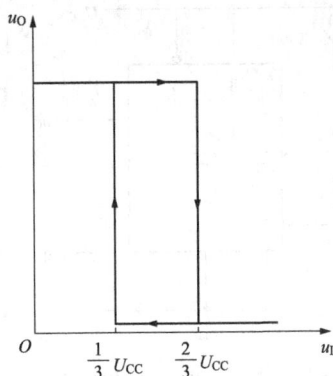

图 13.1.5　图 13.1.4 电路的
电压传输特性

当 $u_I < \frac{1}{3}U_{CC}$ 以后，$R=1$、$S=0$，$Q=1$，故 $u_O=U_{OH}$。

因此，下阈值电压 $U_{T-}=\frac{1}{3}U_{CC}$。

由此得到电路的回差电压为

$$\Delta U_T = U_{T+} - U_{T-} = \frac{1}{3}U_{CC} \qquad (13.1.1)$$

图 13.1.5 是图 13.1.4 电路的电压传输特性，它是一个典型的反相输出施密特触发特性。

如果参考电压由外接电压 U_{CO} 供给，则不难看出这时 $U_{T+}=U_{CO}$，$U_{T-}=\frac{1}{2}U_{CO}$，$\Delta U_T=\frac{1}{2}U_{CO}$。通过改变 U_{CO} 值可以调节回差电压的大小。U_{CO} 越大，ΔU_T 也越大。电路的抗干扰能力就越强。

13.1.4　施密特触发器的应用

1. 用于波形变换

由于施密特电路状态转换过程中的正反馈作用，可以把边沿变化比较缓慢的周期性信号变换成边沿很陡的矩形脉冲信号。

如图 13.1.6 所示，输入信号由直流分量和正弦分量叠加而成。当输入信号增加至 U_{T+} 以后，输出状态翻转；当输入信号减小至 U_{T-} 以后，输出状态再次翻转。于是在施密特触发器的输出端得到同频率的矩形脉冲信号。

2. 用于脉冲鉴幅

如图 13.1.7 所示，若将一系列幅度各异的脉冲信号加到施密特触发器的输入端时，只有那些幅度大于 U_{T+} 的脉冲才会在输出端产生输出信号。因此，施密特触发器能在一串幅度不等的脉冲信号中选出幅度大于 U_{T+} 的脉冲，而剔除幅度不够大的脉冲。

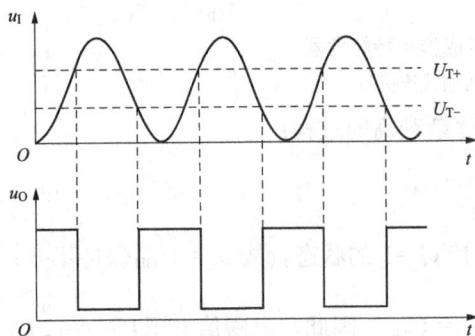

图 13.1.6　施密特触发器用于波形变换的波形图

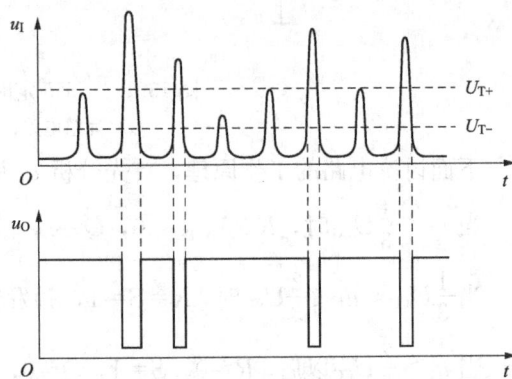

图 13.1.7　施密特触发器用于脉冲鉴幅的波形图

3. 用于脉冲整形

在数字系统中，矩形脉冲经传输后往往会发生波形畸变。如当传输线上电容较大时，会使波形的上升和下降沿明显变坏。又如其他脉冲信号通过导线间分布电容或公共电源线叠加到矩形脉冲信号上时，信号将出现附加的噪声。再如传输线较长且接收端阻抗与传输线阻抗不匹配时，在波形的上升沿和下降沿产生振荡现象。

　　无论出现上述哪一种情况，都可以通过用施密特触发器整形而获得比较理想的矩形脉冲波形。当然要求触发器的 U_{T+} 和 U_{T-} 必须设置合理，否则不可能获得满意的整形效果。图 13.1.8 所示是利用施密特触发器，将因传输线较长且接收端阻抗与传输线阻抗不匹配时，在波形的上升沿和下降沿产生振荡现象的畸变矩形脉冲整形。

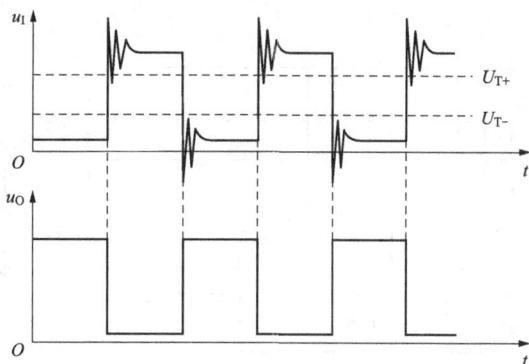

图 13.1.8　施密特触发器用于脉冲整形的波形图

13.2　单稳态触发器

13.2.1　555 定时器构成单稳态触发器

1. 单稳态触发器的特点

单稳态触发器是只有一个稳态的触发器。它的特点是：

（1）触发器有一个稳态和一个暂稳态。

（2）在外界触发信号作用下，能够从稳态翻转成暂稳态，然后在暂稳态维持一段时间 t_w 后，自动返回稳态，并在输出端产生一个宽度为 t_w 的矩形脉冲。

（3）暂稳态维持时间的长短取决于电路内部的参数，而与触发脉冲的宽度和幅度无关。

2. 单稳态触发器的构成及工作原理

集成单稳态触发器有现成的产品可供选择，也可以由集成定时器来组成。若以 555 定时器的低电平触发端 2 作为触发信号的输入端，负脉冲触发；并将由 VT_D 和 R 组成的反相器输出电压（即 VT_D 的集电极输出）接至高电平触发端 6，同时在 6 与地之间接入电容 C，就构成图 13.2.1 所示的单稳态触发器。R、C 为外接定时元件。下面对照图 13.2.2 所示的波形来说明它的工作原理。

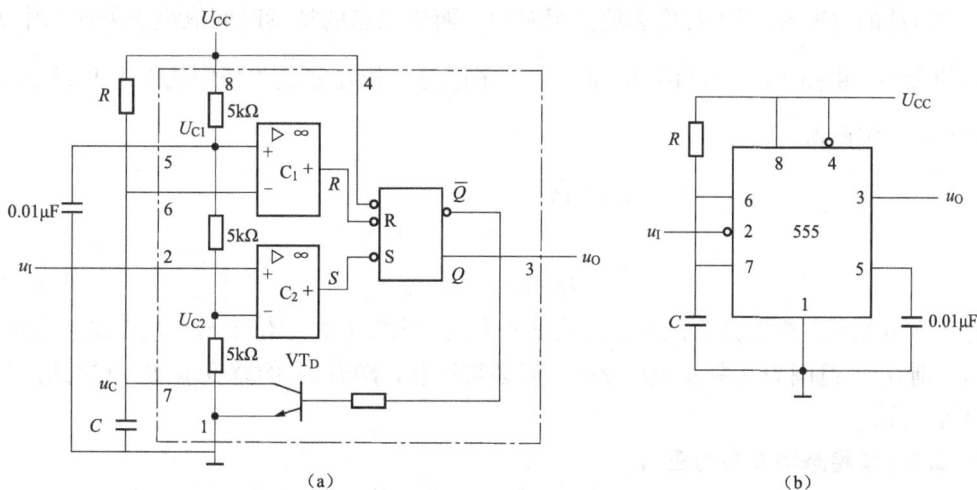

图 13.2.1　555 定时器接成单稳态触发器

（a）完整电路；（b）外引线连接图

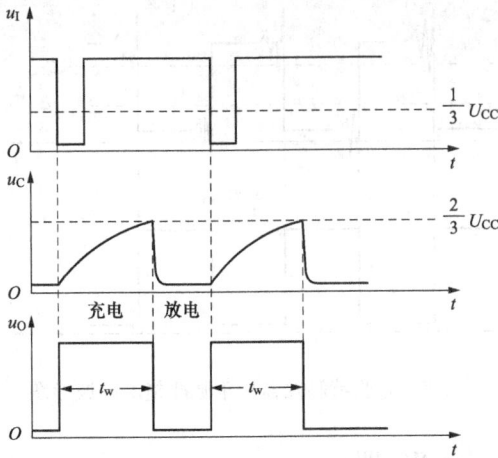

图 13.2.2　工作波形图

刚接通电源时，若没有触发信号，u_I 处于高电平，其值大于 $\frac{1}{3}U_{CC}$，故比较器 C_2 的输出为 1。那么在稳定状态时触发器究竟处于何种状态？这可以从两种情况来分析得出结论。

假定接通电源后 RS 触发器停留在 $Q=0$ 的状态，则 VT_D 导通使 $u_C=U_{CE(sat)}\approx 0$，电容 C 上无电荷。故比较器 C_1 的输出也为 1。RS 触发器保持 $Q=0$ 的状态，$u_O=0$ 将维持不变。

如果接通电源后 RS 触发器停留在 $Q=1$ 的状态，这时 VT_D 一定截止，电源 U_{CC} 便经电阻 R 向电容 C 充电。当 u_C 上升略高于 $\frac{2}{3}U_{CC}$时，比较器 C_1 的输出由 1 变为 0，使

RS 触发器置 0。同时，VT_D 导通，电容 C 经 VT_D 迅速放电，使 $u_C\approx 0$。此后由于比较器 C_1 和 C_2 的输出都为 1，RS 触发器保持 0 状态不变，输出也相应稳定在 $u_O=0$ 的状态。

可见，稳态的电路状态应自动地停留在 $Q=0$，即输出电压 $u_O=0$ 上。

当触发脉冲的下降沿到来时，只要负脉冲的低电平值小于 $\frac{1}{3}U_{CC}$，就使 $S=0$（此时 $R=1$），RS 触发器被置成 1，u_O 跳变为高电平，电路进入暂稳态。与此同时因 $\bar{Q}=0$，使 VT_D 截止，U_{CC} 经电阻 R 开始向电容 C 充电。

虽然此时输入端的触发脉冲已经消失，即 u_I 回到高电平，$S=1$，但充电继续进行，直到 u_C 上升略高于 $\frac{2}{3}U_{CC}$时，R 变为 0，从而使 RS 触发器自动返回 $Q=0$，$\bar{Q}=1$ 的状态，输出 $u_O=0$。同时 VT_D 又变为导通状态，电容 C 经 VT_D 迅速放电，直至 $u_C\approx 0$，电路恢复稳态。

输出脉冲的宽度 t_W 等于暂稳态的持续时间，而暂稳态的持续时间取决于外接电阻 R 和电容 C 的大小。由图 13.2.1（b）可知，t_W 等于电容电压在充电过程中从 0 上升到 $\frac{2}{3}U_{CC}$所需要的时间，因此得到

$$t_W = RC\ln\frac{U_{CC}-0}{U_{CC}-\frac{2}{3}U_{CC}}$$

$$= RC\ln 3 \approx 1.1RC \tag{13.2.1}$$

通常 R 的取值范围在几百欧姆到几兆欧姆之间，电容 C 的取值范围在几百皮法到几百微法之间，则 t_W 的范围为几微秒到几分钟。但必须注意，随着 t_W 的宽度增加，它的精度和稳定度也将下降。

13.2.2　单稳态触发器的应用

通过以上对单稳态触发器工作原理的分析，并结合其电路特点，可在实际应用中将单稳态触发器用于脉冲整形、延时以及定时电路。

1. 用于定时电路

改变 RC 值，可以改变脉冲宽度 t_w，从而可以进行定时控制。例如在图 13.2.3 中，单稳态触发器输出的是一宽度为 t_w 的矩形脉冲，把它作为与门输入信号之一，只有在 t_w 存在的时间内，信号 u_B 才能通过与门。通过计算在 t_w 时间内与门输出脉冲的个数可得到定时时间。

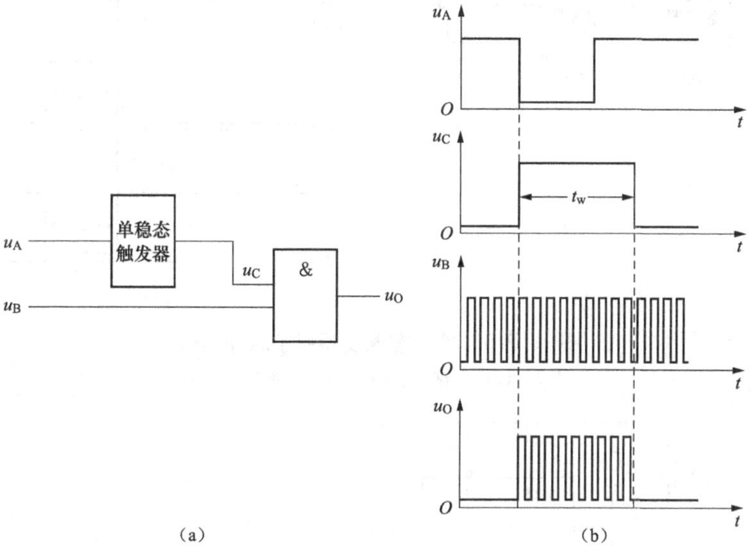

图 13.2.3　单稳态触发器的定时控制
（a）电路示意图；（b）波形图

2. 用于脉冲整形

输出脉冲的波形往往是不规则的（例如有光电管构成的脉冲源），即边沿不陡，幅度不齐。这种波形不能直接输入到数字装置，需要经单稳态触发器整形，因为单稳态触发器的输出只有"1"和"0"两种状态，在 RC 值一定时，就可得到幅度和宽度一定的矩形波输出脉冲，输出脉冲宽度即为暂稳态持续时间，主要取决于充、放电元件 R 和 C，如图 13.2.4 所示。

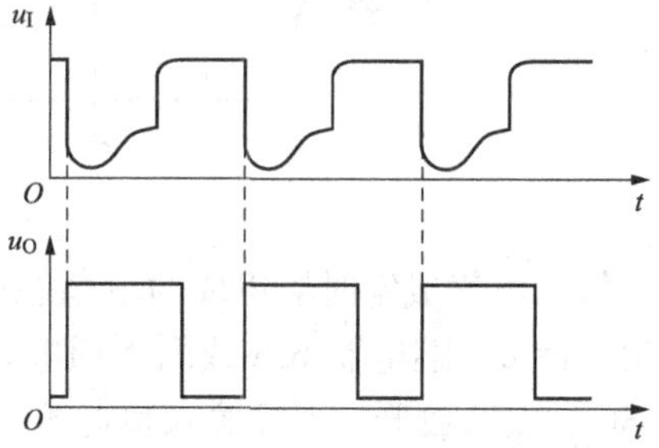

图 13.2.4　单稳态触发器用于脉冲整形

3. 用于脉冲延时

在数字系统中，有时要求将某个脉冲宽度为 t_0 的信号延迟一段时间 t_1 后再输出。利用两个单稳态触发器可以很方便地实现这种脉冲延时，其电路示意图和波形图如图 13.2.5 所示。从波形可以看出，第二级单稳态触发器输出信号 u_B 的下降沿相对输入信号 u_I 的上升沿延迟了 t_{w1} 时间。图中 $t_1 = t_{w1} \approx 1.1R_1C_1$，$t_0 = t_{w2} \approx 1.1R_2C_2$。

【例 13-2】　图 13.2.6 是一个洗相曝光定时电路。它是在集成定时器组成的单稳态触发器的输出端接一继电器 KA 的线圈，并用继电器的动合和动断触点控制曝光用的红灯和白灯。控制信号由按钮 SB 发出。图中二极管 VD_1 起隔离或导通作用，VD_2 用于防止继电器线圈断电时产生过高的电动势损坏集成定时器。试说明该电路的工作原理。

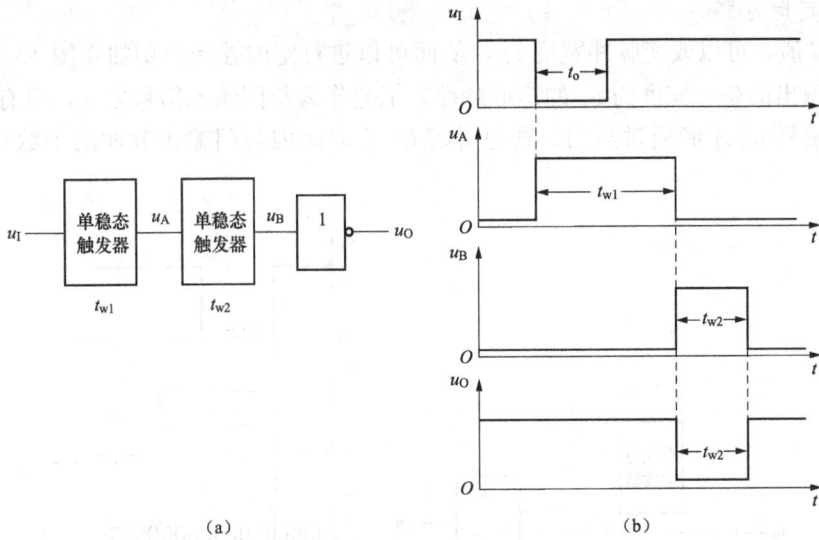

图 13.2.5　单稳态触发器用于脉冲延迟

(a) 电路示意图；(b) 波形图

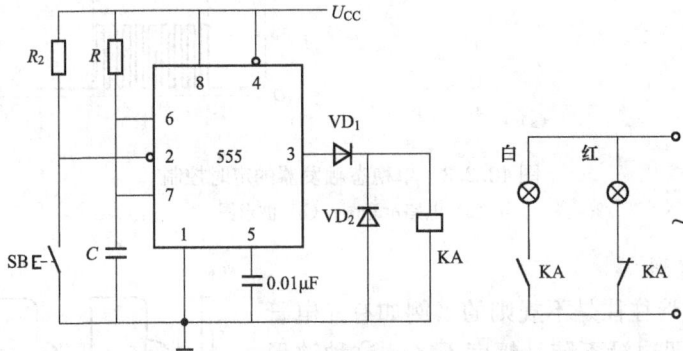

图 13.2.6　例 13-2 的电路

解　由集成定时器组成的单稳态触发器的工作原理可知，不按按钮 SB，2 端为高电平，输出 $u_O=0$，继电器 KA 线圈不通电，动合触点断开，白灯灭；动断触点闭合，红灯亮。按下 SB 后立即放开，2 端输入负脉冲，3 端输出矩形脉冲，KA 线圈通电，它的动断触点断开，红灯灭；动合触点闭合，白灯亮，开始曝光。当输出的矩形脉冲结束，KA 线圈又断电，白灯灭，红灯亮，曝光结束。改变 RC 即可改变曝光的时间。

13.3　多 谐 振 荡 器

13.3.1　555 定时器构成多谐振荡器

多谐振荡器也称无稳态触发器，它没有稳定状态，同时无须外加触发脉冲，就能输出一定频率的矩形脉冲（自激振荡）。因为矩形波含有丰富的谐波，故称为多谐振荡器。多谐振荡器是常用的一种矩形波发生器。触发器和时序逻辑电路中的时钟脉冲一般是由多谐振荡器产生的。由集成定时器组成的多谐振荡器电路如图 13.3.1 所示。其中 R_1、R_2 和 C 是外接元件。2 端和 6 端连在一起接到 R_2 与 C 之间。

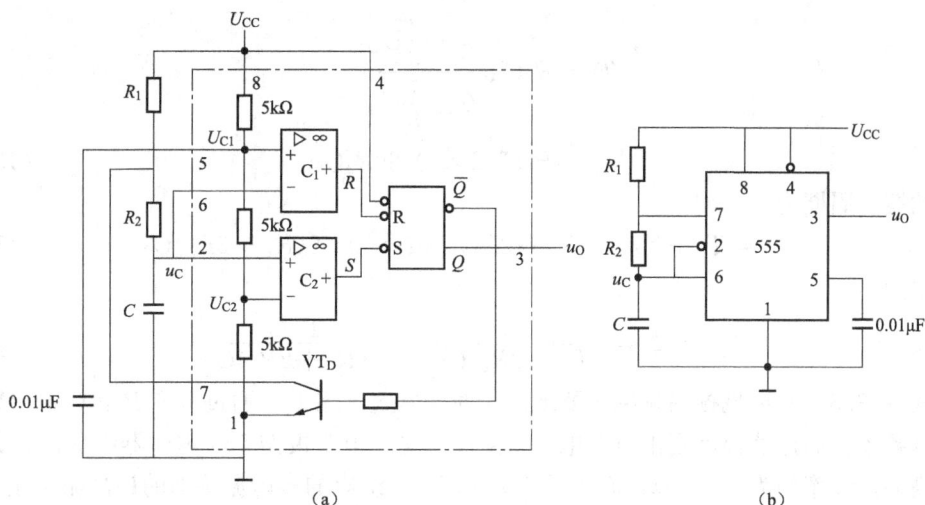

图 13.3.1　555 定时器接成多谐振荡器
(a) 完整电路；(b) 外引线连接图

当接通电源 U_{CC} 时，若电容 C 上的初始
电压为 0，即 $u_C=0$，它使两电压比较器的输
出为 $R=1$，$S=0$，RS 触发器置 1，故 u_O 为
高电平。而此时 $\bar{Q}=0$ 使放电三极管 VT_D 截
止，电源通过电阻 R_1、R_2 向电容 C 充电。
当 u_C 上升略高于 $\frac{2}{3}U_{CC}$ 时，比较器的输出
$R=0$，$S=1$，RS 触发器置 0，使 u_O 由高电平
跳变为低电平。而此时 $\bar{Q}=1$ 使放电三极管
VT_D 导通，电容 C 通过电阻 R_2 经 VT_D 放

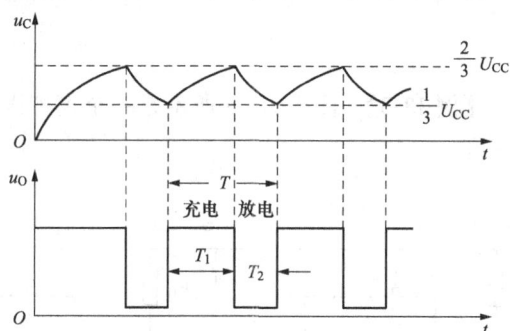

图 13.3.2　工作波形图

电。当 u_C 下降略低于 $\frac{1}{3}U_{CC}$ 时，比较器的输出 $R=1$，$S=0$，RS 触发器又置 1，使 u_O 由低电
平返回高电平。VT_D 又截止，电容 C 又开始充电。如此周而复始，便在输出端得到矩形脉
冲波形。根据上述分析可得到图 13.3.2 所示 u_C 和 u_O 的电压波形图。

可见，电路无稳定状态，只存在两个暂稳态。若设第一个暂稳态对应电容的充电过程，
其脉冲宽度 T_1 为 u_C 从 $\frac{1}{3}U_{CC}$ 充电上升到 $\frac{2}{3}U_{CC}$ 所需的时间：

$$T_1 = (R_1+R_2)C\ln\frac{U_{CC}-\frac{1}{3}U_{CC}}{U_{CC}-\frac{2}{3}U_{CC}}$$

$$= (R_1+R_2)C\ln2 \approx 0.69(R_1+R_2)C \tag{13.3.1}$$

设第二个暂稳态对应电容的放电过程，其脉冲宽度 T_2 为 u_C 从 $\frac{2}{3}U_{CC}$ 放电下降到 $\frac{1}{3}U_{CC}$ 所
需的时间：

$$T_2 = R_2 C \ln \frac{0 - \frac{2}{3}U_{CC}}{0 - \frac{1}{3}U_{CC}}$$

$$= R_2 C \ln 2 \approx 0.69 R_2 C \tag{13.3.2}$$

故电路的振荡周期为

$$T = T_1 + T_2 = (R_1 + 2R_2)C\ln 2 \approx 0.69(R_1 + 2R_2)C \tag{13.3.3}$$

振荡频率为

$$f = \frac{1}{T} = \frac{1}{(R_1 + 2R_2)C\ln 2} \approx \frac{1.44}{(R_1 + 2R_2)C} \tag{13.3.4}$$

由式（13.3.4）可见振荡频率主要取决于时间常数 R 和 C，通过改变 R 和 C 的参数可以改变振荡频率。而振荡幅度则由电源电压 U_{CC} 来决定。用双极型 555 定时器组成的多谐振荡器的最高振荡频率约为 500kHz，而用 CMOS 型 7555 组成的多谐振荡器的最高振荡频率也只有 1MHz。因此用 555 定时器接成的振荡器在频率范围上有较大的局限性，若要组成高频振荡器仍然需要使用高速门电路接成。

由式（13.3.1）和式（13.3.3）可求出输出脉冲的占空比为

$$q = \frac{T_1}{T} = \frac{R_1 + R_2}{R_1 + 2R_2} \tag{13.3.5}$$

【例 13-3】 图 13.3.3 所示是一个模拟声响发生器及电路的工作波形，试分析电路的工作原理。

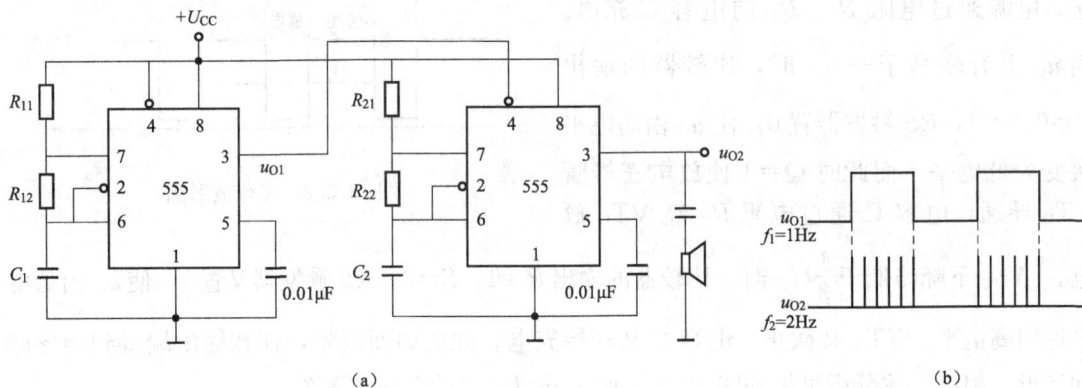

图 13.3.3　例 13-3 的电路
(a) 电路图；(b) 工作波形图

解　电路由两个多谐振荡器构成，定时元件 R_{11}、R_{12} 和 C_1 使第 1 个振荡器的振荡频率为 1Hz，而定时元件 R_{21}、R_{22} 和 C_2 使第 2 个振荡器的振荡频率为 2kHz，由于低频振荡器的输出端 3 接到高频振荡器的复位端 4，因此，当振荡器 1 的输出电压 u_{O1} 为高电平时，振荡器 2 就振荡；u_{O1} 为低电平时，振荡器 2 停止振荡。从而扬声器便发出"呜……"的间歇声响。

习　题

13.1.1　能否用施密特触发器存储 1 位二值代码？为什么？

13.1.2 反相输出的施密特触发器的电压传输特性和普通反相器的电压传输特性有什么不同?

13.1.3 若反相输出的施密特触发器输入信号波形如下图所示,试画出输出信号的波形。施密特触发器的转换电平 U_{T+}、U_{T-} 已在输入波形图上标出。

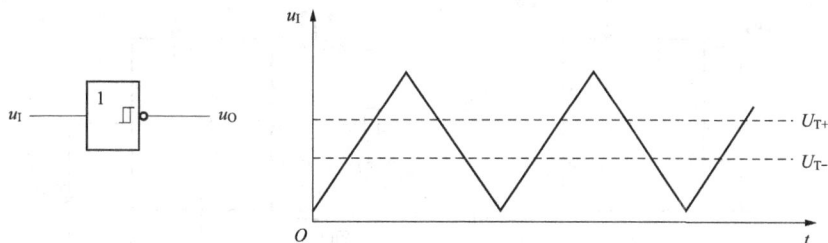

习题 13.1.3 图

13.1.4 在图示电路中,555 定时器接成施密特触发器电路采用什么方法能调节回差电压的大小?

13.1.5 图示电路是由 555 定时器构成的施密特触发器。

(1) 在图 (a) 中,当 $U_{CC}=15V$ 时,没有外接控制电压,求 U_{T+}、U_{T-} 及 ΔU_T 各为多少?

(2) 在图 (b) 中,当 $U_{CC}=9V$ 时,外接控制电压 $U_{CO}=5V$,求 U_{T+}、U_{T-} 及 ΔU_T 各为多少?

13.2.1 在图示电路中,555 定时器接成单稳态触发器,若触发脉冲宽度大于单稳态持续时间,电路能否正常工作? 如果不能,则电路应做何修改?

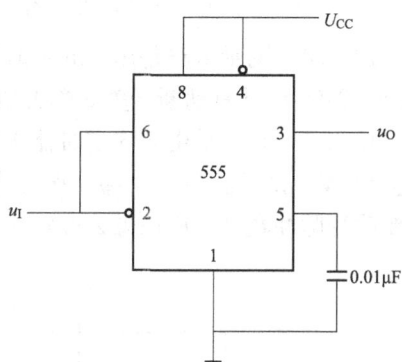

习题 13.1.4 图

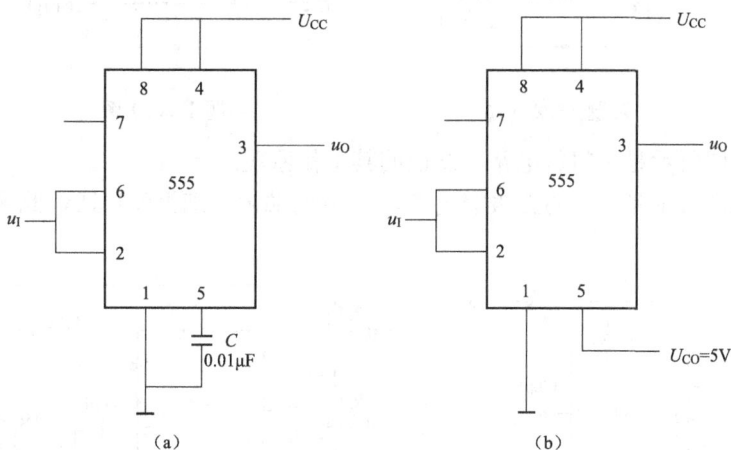

习题 13.1.5 图

13.2.2 在习题 13.2.1 电路中,555 定时器接成单稳态触发器,试问该电路对触发脉冲的幅度有什么要求?

13.2.3　一简易触摸开关电路如图所示，当手触摸金属片时，发光二极管亮，经过一定时间，发光二极管熄灭。试说明其工作原理，并问发光二极管能亮多长时间？（输出端电路只要稍加改变也可接门铃、短时用照明灯、厨房排烟风扇等）

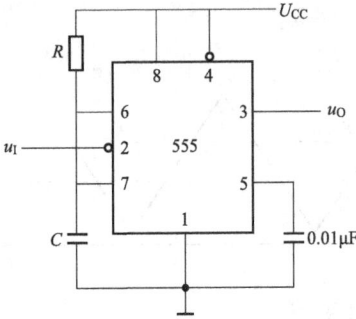 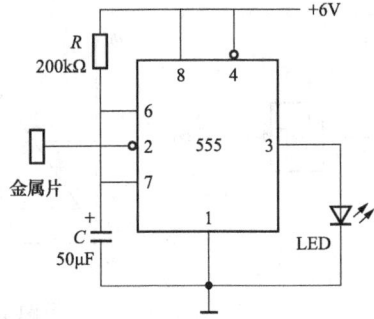

习题 13.2.1 图　　　　　　　　　　习题 13.2.3 图

13.2.4　图示电路是用 555 定时器组成的开机延时电路。若给定 $C=25\mu F$，$R=91k\Omega$，$U_{CC}=12V$，试计算动断开关 S 断开以后经过多长的延迟时间 u_O 才跳变为高电平。

13.3.1　在图示由 555 定时器构成的多谐振荡器中，若 $R_1=R_2=5.1k\Omega$，$C=0.01\mu F$，$U_{CC}=12V$。试求脉冲宽度 t_w、振荡周期 T、振荡频率 f 和占空比 q；如果不改变振荡频率，而要改变脉冲宽度，应该怎么办？

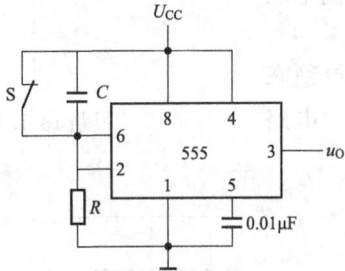 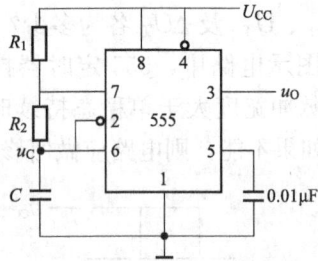

习题 13.2.4 图　　　　　　　　　　习题 13.3.1 图

13.3.2　如图所示是一门铃电路，试说明其工作原理。

13.3.3　如图所示是一个防盗报警电路，a、b 两端被一细铜丝接通，此铜丝置于认为盗

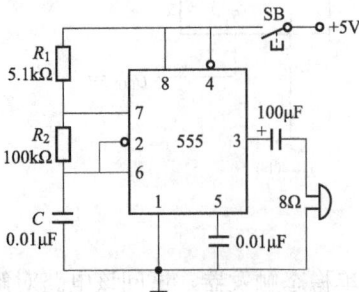 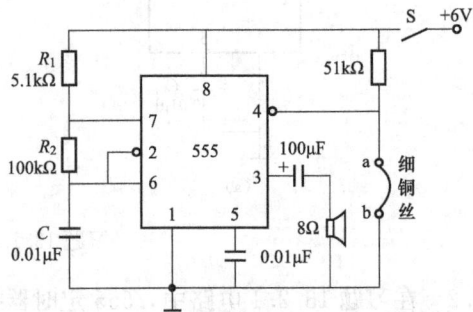

习题 13.3.2 图　　　　　　　　　　习题 13.3.3 图

窃者必经之处。当盗窃者闯入室内将铜丝碰断后，扬声器即发出报警声（扬声器电压为1.2V，通过电流为40mA）。

(1) 试问 555 定时器接成何种电路？

(2) 说明本报警电路的工作原理。

(3) 计算扬声器的鸣叫频率。

附录 A 电阻器、电容器的标称系列值

电阻器、电容器的标称系列值应符合下表所列数值之一，或再乘以 10^n 倍（n 为正整数或负整数）。

E24 容许 误差±5%	E12 容许 误差±10%	E6 容许 误差±20%	E24 容许 误差±5%	E12 容许 误差±10%	E6 容许 误差±20%
1.0	1.0	1.0	3.3	3.3	3.3
1.1			3.6		
1.2	1.2		3.9	3.9	
1.3			4.3		
1.5	1.5	1.5	4.7	4.7	4.7
1.6			5.1		
1.8	1.8		5.6	5.6	
2.0			6.2		
2.2	2.2	2.2	6.8	6.8	6.8
2.4			7.5		
2.7	2.7		8.2	8.2	
3.0			9.1		

（1）常用的固定电阻器分为线绕电阻器和非线绕电阻器两类。线绕电阻器的额定功率有 0.05、0.125、0.25、0.5、1、2、4、8、10、16、25、40、50、75、100、150、250、500W 等。非线绕电阻器的额定功率有 0.05、0.125、0.25、0.5、1、2、5、10、25、50、100W 等。

（2）电解质电容器的容量范围一般为 $1\sim5000\mu F$；直流工作电压有 6.3、10、16、25、32、50、63、100、160、200、300、450、500V 等。

附录 B　半导体分立器件型号命名方法

（国家标准　GB 249—1989）

第一部分		第二部分		第三部分		第四部分	第五部分
用阿拉伯数字表示器件的电极数目		用汉语拼音字母表示器件的材料和极性		用汉语拼音字母表示器件的类别		用阿拉伯数字表示序号	用汉语拼音字母表示规格号
符号	意义	符号	意义	符号	意义		
2	二极管	A	N 型，锗材料	P	小信号管		
		B	P 型，锗材料	V	混频检波器		
		C	N 型，硅材料	W	电压调整管和电压基准管		
		D	P 型，硅材料	C	变容管		
3	三极管	A	PNP 型，锗材料	Z	整流管		
		B	NPN 型，锗材料	L	整流堆		
		C	PNP 型，硅材料	S	隧道管		
		D	NPN 型，硅材料	K	开关管		
		E	化合材料	U	光电管		
				X	低频小功率晶体管（截止频率小于 3 MHz，耗散功率小于 1 W）		
				G	高频小功率晶体管（截止频率不小于 3 MHz，耗散功率小于 1 W）		
				D	低频大功率晶体管（截止频率小于 3 MHz，耗散功率大于 1 W）		
				A	高频大功率晶体管（截止频率不小于 3 MHz，耗散功率大于 1 W）		
				T	闸流管		

示例

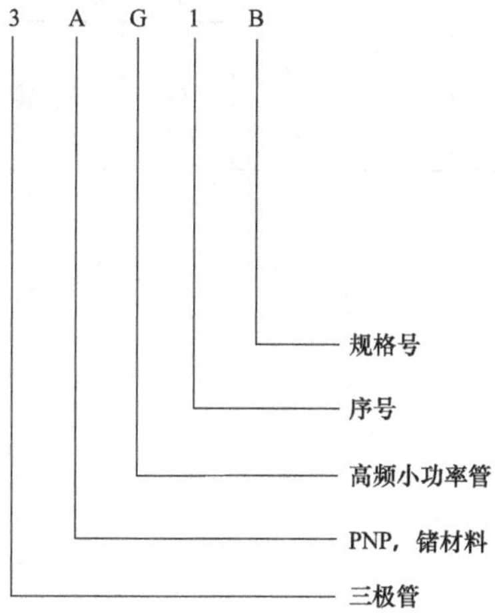

3　A　G　1　B

- 规格号
- 序号
- 高频小功率管
- PNP，锗材料
- 三极管

附录 C　半导体集成器件型号命名方法

（国家标准　GB 3430—1989）

第 0 部分		第 1 部分		第 2 部分	第 3 部分		第 4 部分	
用字母表示器件 符合国家标准		用字母表示器件类型		用数字表示器件的 系列和品种代号	用字母表示器 件的工作温度		用字母表示 器件的封装	
符号	意义	符号	意义		符号	意义	符号	意义
C	符合 国家 标准	T	TTL		C	0~70℃	F	多层陶瓷扁平
		H	HTL		G	−25~70℃		
		E	ECL		L	−25~85℃	B	塑料扁平
		C	CMOS		E	−40~85℃	H	黑瓷扁平
		M	存储器		R	−55~85℃	D	多层陶瓷 双列直插
		μ	微型机电路		M	−55~125℃		
		F	线性放大器				J	黑扁双列直插
		W	稳压器				P	塑料双列直插
		B	非线性电路				S	塑料单列直插
		J	接口电路				K	金属菱形
		AD	A/D 转换器				T	金属圆形
		DA	D/A 转换器				C	陶瓷片状载体
		D	音响电视电路				E	塑料片状载体
		SC	通信专用电路				G	网格阵列
		SS	敏感电路					
		SW	钟表电路					

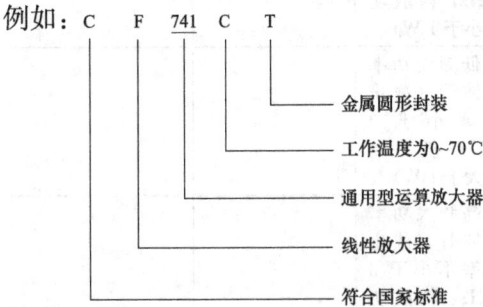

例如：　C　F　741　C　T

- 金属圆形封装
- 工作温度为0~70℃
- 通用型运算放大器
- 线性放大器
- 符合国家标准

附录 D　部分数字集成电路外引脚排列图

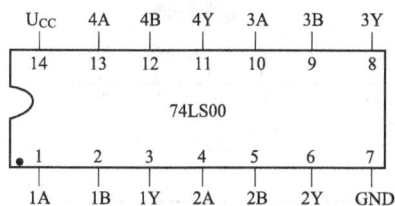

四2输入与非门

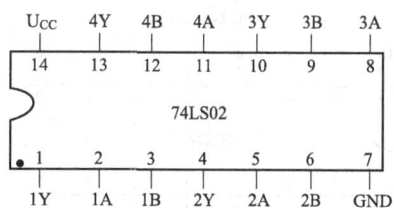

四2输入或非门

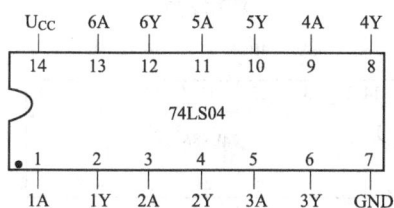

六反相器

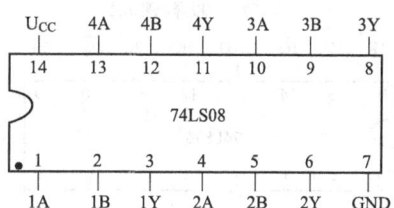

四2输入与门

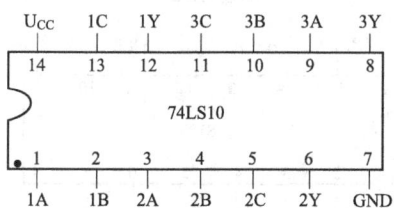

三3输入与非门

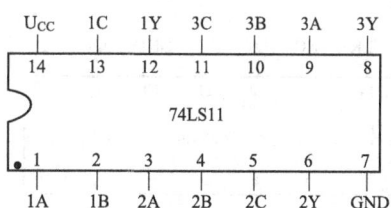

三3输入与门

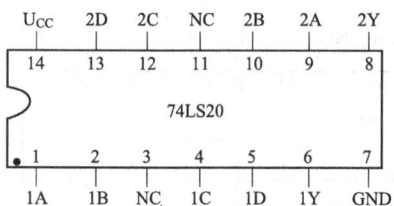

双4输入与非门

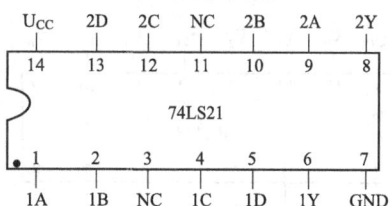

双4输入与门

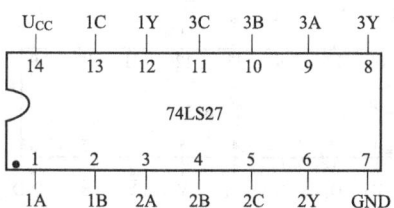

三3输入或非门

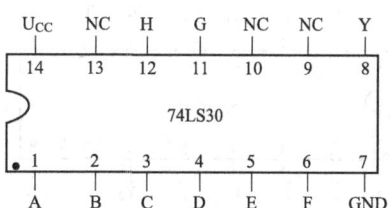

8输入与非门

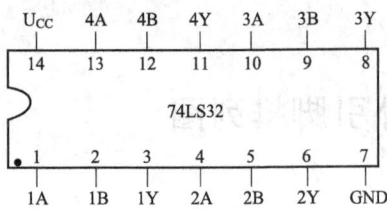

四2输入或门

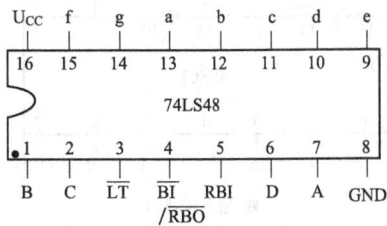

BCD—七段译码驱动器

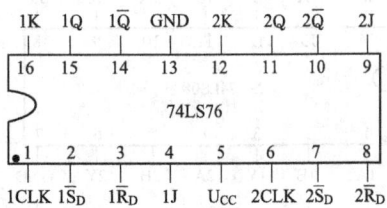

双JK触发器

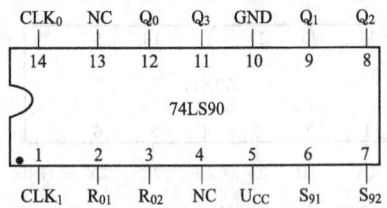

异步十进制计数器

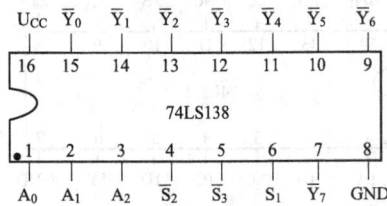

3—8线译码器

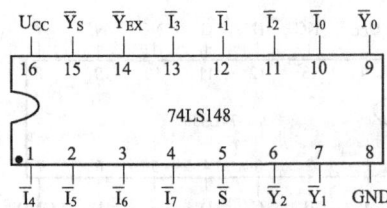

8—3优先编码器

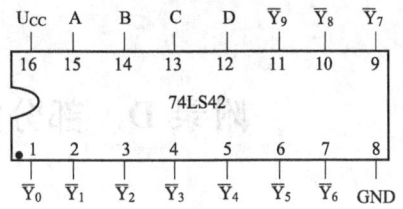

4—10线译码器

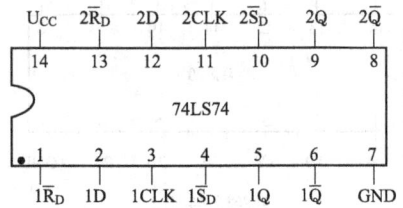

双D触发器

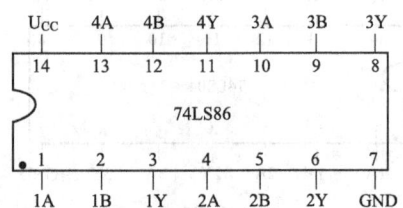

四2输入异或门

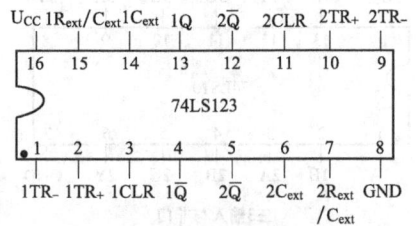

双单稳态可重触发器

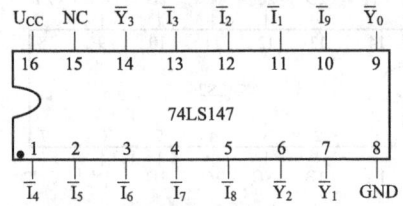

10—4优先编码器

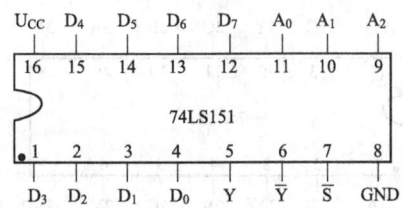

八选一数据选择器

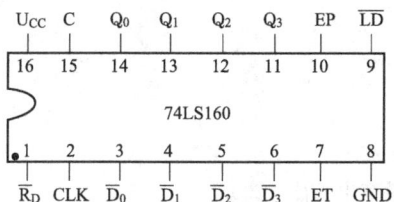

十进制同步计数器

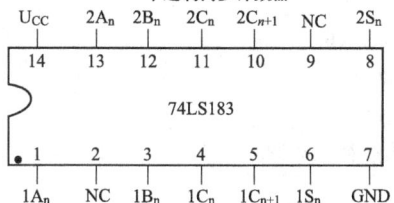

双全加器

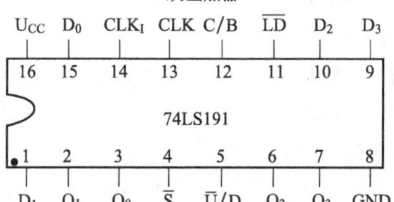

二进制可预置数加/减计数器

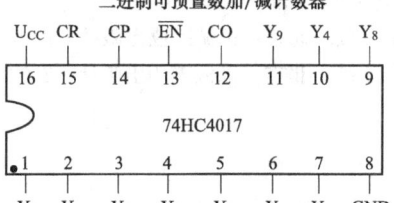

脉冲分配器/十进制计数器

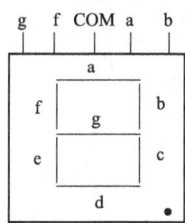

八段显示数码管（共阴）

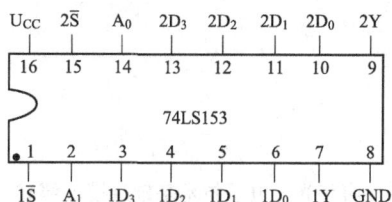

双四选一数据选择器

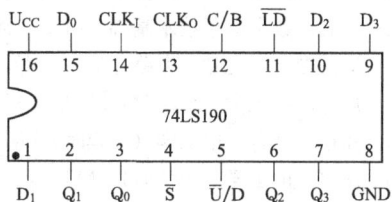

同步十进制可逆计数器

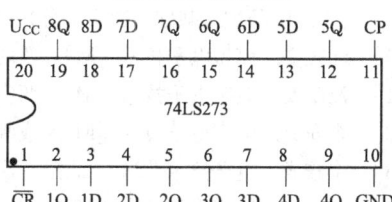

八D触发器

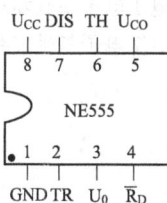

555定时器

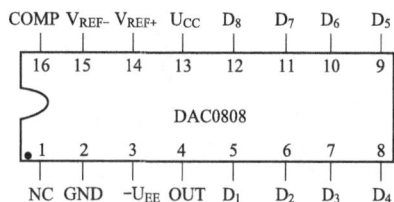

8位数字量输入数/模转换器

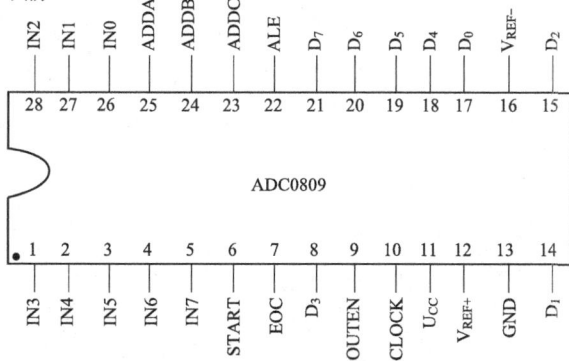

8路8位模/数转换器

参 考 文 献

[1] 康华光. 电子技术基础（模拟部分）[M]. 5 版. 北京：高等教育出版社，2006.

[2] 秦曾煌. 电工学 [M]. 6 版. 北京：高等教育出版社，2003.

[3] 闫石. 数字电子技术基础 [M]. 5 版. 北京：高等教育出版社，2006.

[4] 邱关源，罗先觉. 电路 [M]. 5 版. 北京：高等教育出版社，2006.

[5] 唐介. 电工学（少学时）[M]. 4 版. 北京：高等教育出版社，2014.

[6] 张楠，高言. 电工学（少学时）[M]. 2 版. 北京：高等教育出版社，2002.

[7] 房晔. 电工学（少学时）[M]. 北京：中国电力出版社，2009.

[8] 房晔. 电子技术基础（模拟部分）[M]. 北京：中国电力出版社，2011.

[9] 房晔. 电子技术基础（数字部分）[M]. 北京：中国电力出版社，2012.

[10] 江晓安. 模拟电子技术 [M]. 西安：西安电子科技大学出版社，1996.

[11] 江晓安. 数字电子技术 [M]. 西安：西安电子科技大学出版社，1998.

[12] 李守成. 电工电子技术 [M]. 成都：西南交通大学出版社，2005.

[13] 李守成. 电子技术 [M]. 北京：高等教育出版社，2000.

[14] 庞学民. 数字电子技术 [M]. 北京：清华大学出版社，北京交通大学出版社，2005.

[15] 曾建唐. 电工电子基础实践教程（上册）实验课程设计 [M]. 2 版. 北京：机械工业出版社，2007.

[16] 曾建唐. 电工电子基础实践教程（下册）工程实践指导 [M]. 2 版. 北京：机械工业出版社，2008.